디컨슈머

DECONSUMER

디컨슈머

소비하지 않는
소비자들이 온다

DECONSUMER

THE DAY THE WORLD
STOPS SHOPPING

J. B. 매키넌 지음 | 김하현 옮김

문학동네

가난한 사람은 적게 소유한 자가 아니라
더 많은 것을 갈망하는 자다.

───────────────

세네카

그리고 사람들에게 말씀하셨다.
"너희는 조심하여 온갖 탐욕을 멀리하여라.
재산이 차고 넘치더라도
사람의 생명은 거기에 달려 있지 않다."

───────────────

「누가복음」 12:15

지구는 모든 인간의 필요는 채울 수 있어도
모든 인간의 욕심은 채울 수 없다.

───────────────

마하트마 간디

소비사회는 이 세상을 돌보는 방법을 결코 알지 못한다……
소비하는 태도는 스치는 모든 것을 폐허로 만든다.

한나 아렌트

사람들은 물건에 빠져 허덕이고 있다.
그 물건을 왜 원하는지도 모른다.
사실상 물건은 아무 쓸모가 없다.
캐딜락과는 사랑을 나눌 수 없다.
그러나 모두가 그러려고 하는 듯 보인다.

제임스 볼드윈

소비사회에는 필연적으로 두 종류의 노예가 있다.
하나는 중독에 사로잡힌 노예이고,
다른 하나는 질투에 사로잡힌 노예다.

이반 일리치

여러분 모두에게 소비를 더 많이 할 것을 권합니다.

조지 W. 부시

일러두기

1. 각주는 모두 옮긴이 주다.

2. 원서에서 이탤릭체나 대문자로 강조된 부분은 고딕체로 표기했다.

3. 단행본과 잡지 등은 『』로, 논문 등은 「」로, 영화 및 TV 프로그램 등은 〈 〉로 표기했다.

4. 인명, 지명 등 외래어는 국립국어원 외래어표기법을 따랐으나, 회사명, 제품명 등은 일반적으로 통용
   되는 표기가 있을 경우 이를 참조했다.

| 프롤로그 | # 세상이 소비를 멈추는 날,
무슨 일이 벌어질까 |

나미비아 칼라하리사막의 한낮이다. 너무 뜨거워서 숨쉴 때마다 폐가 가죽으로 변하는 것 같다. 살을 벨 듯한(몸을 찌르고 옷에 걸릴 듯한) 덤불이 사방에 펼쳐져 있다. 근방이지만 이 열기 속에서 걸어가기엔 너무 먼 곳에 초가지붕을 올린 붉은 모래 색깔의 움막이 드문드문 흩어져 있다. 21세기에 접어든 지 20여 년이 지난 지금, 이 광경은 물건이 거의 없다는 점에서 주목할 만하다. 있는 것이라곤 태양에 달궈진 플라스틱 의자 몇 개, 한곳에 모인 젊은 사냥꾼들이 입은 빛바랜 옷, 저급 석탄 위에 찌그러진 주전자를 받치고 있는 삼각형 모양의 고철뿐이다. 문 없는 문간에 활과 화살통이 비스듬히 놓여 있다.

한 나이든 사냥꾼이 메마른 나무 아래 앉아 있다. 그늘이 너무 좁아서 무릎을 부딪치지 않고는 두 사람이 채 들어가기 힘들다. 이 사냥꾼의 이름은 외지인이 발음하기 어렵다. 그는 G♯kao로 통하는데, ♯는 앞니 뒤로 혀를 찰 때 나는 날카롭고 센 소리를 나타낸다. 그러면 '기트카오' 같은 소리가 나는데, 이런 식으로 생각하는 것이 도움이 된다면 분명 그도 너그러이 이해해줄 것이다. 또한 그는 잘 다듬은 회색 염소수염이 있고, 얼굴은 걱정보다 웃음으로 덮여 있으며, 장거리달리기 선수처럼 마르고 탄탄한 사람으로 생각해도 괜찮다.

"요즘 우리는 주로 덤불에서 채집한 것들을 먹고 삽니다." 기트카오가 내게 말한다. 이따금 공무원들이 찾아와 옥수숫가루가 담긴 커다란 자루를 집집마다 두 포대씩 나눠준다. 이곳 사람들은 정부 지원이나 수공예품 제작을 통해 약간의 현금을 얻기도 한다. 수공예품을 판매할 때는 한 명 또는 여러 명이 말을 타거나 걸어서 거의 40킬로미터 떨어진 춤퀘까지 가는데, 춤퀘는 이 지역의 중심지로 길이 하나뿐인 작은 마을이다. 그러나 Denǀui(대략 '덴구이'로 발음된다)라는 이름의 이 마을에서 생존하려면 사막에서 사냥과 채집을 하지 않을 수 없다.

"보아하니 다른 마을에 사는 몇몇 남자들은 사냥을 안 하고 심지어 사냥 도구도 없어요. 날이 밝아도 해가 질 때까지 그저 집안에 가만히 있지요. 그러나 우리 마을은 계속 사냥을 하고, 앞으로도 쭉 그럴 겁니다." 기트카오가 말한다. "힘든 때가 찾아오면, 좋은 시절이 다 끝나면, 혼자 힘으로 무언가를 할 수 있어야 해요."

물론 덴구이에 현대 세계의 손길이 닿지 않은 것은 아니다. 기트카오는 파란색 플라스틱 의자에 앉아, 춤퀘의 중고품점 가판대에서 산 옷(카우보이 스타일의 반짝거리는 벨트 버클이 달린)을 걸치고 있다(아프리카에 기부된 옷은 필요한 사람에게 가기보다는 대개 상인에게 판매되거나 폐기물로 소각된다). 그러나 오늘밤 기트카오는 채집한 채소와 함께 졸인 쿠두 고기를 먹을 것이다. 그는 총으로 사냥하지 않는다. 그에게는 직접 찾은 상구밤나무 가지에 영양의 척추뼈에서 얻은 힘줄을 매서 만든 활이 있다. 화살대는 두껍고 속이 빈 기다란 풀을 이용해서 만들고,

땅속에서 찾은 딱정벌레 유충을 으깬 것으로 화살촉에 독을 바른다. 화살통으로는 우산아카시아나무의 두툼한 뿌리에서 얻은 튜브 모양의 억센 껍질을 사용하는데, 땅에서 파낸 뿌리를 자른 뒤 불에 구우면 손으로 톡톡 치기만 해도 속을 제거할 수 있다. 가끔 그는 작은 화살통과 독을 바르지 않은 한 움큼의 화살을 만들어 마을을 찾은 몇 안 되는 관광객들에게 팔기도 하지만, 이것들은 그가 시장가치 때문에 유지하는 기술이 아니다. 이것들은 그가 일상을 살아가는 방식이자 수단이다.

　기트카오는 자신이 Ju|'hoansi(대략 '주관시'로 발음된다) 중 하나라고 말할 것이다. 그의 언어에서 주관시는 '진실한 사람들'을 뜻한다. 반면에 『내셔널 지오그래픽』 특집호나 이제는 고전이 된 코미디 영화 〈부시맨〉에서 이들의 모습을 보거나 이들이 사용하는 독특한 '클릭 랭귀지*'를 들은 외부인 대다수는 이들을 칼라하리의 부시먼이나 산족**으로 알고 있다. 이 용어들의 역사적 무게를 두고 여전히 논쟁이 벌어지고 있다. 그러나 커리어 대부분을 주관시 연구에 쏟은 영국의 인류학자이자 작가 제임스 수즈먼의 말처럼 "이들에 관한 문제는 다른 사람들이 이들을 어떻게 지칭하는가가 아니라, 이들을 어떻게 대하는가이다".

　1964년 아직 이십대였던 리처드 B. 리Richard B. Lee라는 캐나다 인류학자가 장차 1년 넘게 이어질 주관시 연구를 시작했고, 이 연구는 훗날 20세기 과학에서 가장 중요한 내용 중 하나로 칭송받게 된다. 리가 칼라하리사막에 도착했을 때 인류학자들은 외부인 대다수와 마찬가지로 이들의 삶을 수렵과 채집을 생존하기 위한 필사적 투쟁이자 현대 인류보다는 야생동물에 더 가까운 발달단계로 이해했다.

....

* 혀 차는 소리인 흡착음을 사용하는 언어.
** 칼라하리사막에 거주하는 민족으로, 코이코이족과 합쳐 코이산족으로 불리기도 한다.

리는 이러한 가정을 실증적으로 검증하기로 했다. 먼저 한 달 동안 부락에 있는 개개인이 시간을 정확히 어떻게 사용하는지 기록했고, 다음 한 달 동안 주콴시가 먹는 모든 음식의 칼로리를 합산했다. 그는 이런 식으로 연구를 이어나갔다. 리의 연구 결과는 수렵·채집인의 생활방식이 실은 좋은 것일 수 있다는 사실을 보여주었다. 어떤 기준에서는 이들의 삶이 선진국의 삶보다 더 나을지도 몰랐다.

우선 주콴시는 그리 열심히 일하지 않았다. 이들은 먹을 것을 구하거나 요리하고 장작을 모으는 등의 집안일을 하는 데 일주일에 평균 30시간 정도를 썼다. 당시 '최초의 풍요로운 사회', 즉 미국에 사는 사람들은 일주일에 평균 31시간을 직장에서 보냈고 퇴근한 뒤에는 가구당 평균 22시간을 들이는 집안일을 분담해야 했다. 더욱 놀라운 것은, 리가 관찰한 사람 중 가장 근면했던 ǂOma(대략 '토마'라고 발음된다)가 사냥꾼으로서 일주일에 32시간을 일했다는 것이다. 오늘날 드물지 않은 주중 60시간 이상 근무와는 영 거리가 멀다. 게다가 노인이나 20세 미만인 사람은 대개 수렵이나 채집을 아예 하지 않았다.

이들은 굶주리고 영양이 부족한 사람들이 아니었나? 리는 결코 그렇지 않다고 말했다. 주콴시는 자신들의 체구와 활동 수준에 필요한 양보다 더 많이 먹었다. 이들은 사냥한 동물 외에도 다양한 종류의 야생식물을 먹었다. 왜 농사를 시작하지 않느냐고 묻자 주콴시 중 한 명은 리에게 이렇게 말했다. "이 세상에 몽곤고나무 열매가 이렇게 많은데 왜 더 심어야 합니까?"

비교적 여유로운 이 삶에도 대가는 있었다. 리처럼 새로 출시된 포드 머스탱과 비틀스의 세계에서 온 사람의 눈에 가장 명백한 대가는 주콴시가 가진 물건이 거의 없다는 것이었다. 이곳 남자들은 동물 가죽으로 만든 옷 몇 벌과 담요(칼라하리에서도 기온이 영하로 떨어질 수 있다), 사냥 도구, 직접 만든 단순한 악기를 소유했고, 여자들은 옷과 뒤지개,[*] 나무와 씨앗과 타조 알의 껍데기로 만든 장신구 몇 점을 소유했다.

　이들이 얼마나 오랜 시간 버텨왔는지를 볼 때 주콴시와 남아프리카의 관련 문화는 세계에서 가장 성공적인 수렵·채집 생활방식의 사례다. 우리가 속한 종인 **호모사피엔스**가 정확히 아프리카 어디에서 진화했는지는 아직 아무도 모른다. 분명한 사실은 호모사피엔스가 진화하고 얼마 지나지 않아 우리가 남아프리카에 존재했다는 것과 이곳에서 인간이 둘로 갈라졌다는 것이다. 한 집단은 북쪽으로 이동해 결국 아프리카인 농부와 유럽인 선원, 중국인 상인, 실리콘밸리의 벤처 투자자가 되었다. 주콴시의 선조가 속한 다른 한 집단은 계속 남아프리카에 남았다. 이들은 지난 15만 년간 자신이 속한 환경에 맞는 최선의 생활방식을 찾았다.

　외부인이 결코 예상치 못한 놀라운 평안함을 세상에 알린 사람이 리뿐만은 아니었다. 전 세계에서 이와 유사한 연구 결과가 꾸준히 이어졌다. 우리는 인간종으로서 존재한 시간의 10분의 9 이상을 수렵·채집인으로 살았다. 리를 비롯해 1960년대에 스스로를 돌아본 연구자들은 자신들의 문화가 그토록 오래 지속될 수 있으리라 확신하지 못했다. 핵무기 경쟁이 이어졌고 전 세계 인구수가 급증했으며 지구환경이 파괴되고 있었다. 과학자들은 본인들이 '온실효과'라 이름 붙인 것을 갈수록 염려했고, 이 온실효과가 기후를 바꾸려 하고 있었다. 당시 인류학자들은 오늘날 많은 사람이 느끼는 것과 똑같은 말 못 할 기분을 느꼈다. 문화의 발전 과정 어디쯤에서 우리가 길을 잘못 들었다는 느낌이었다. 수천 년이 지난 뒤 그 길은 결국 자동으로 청소되는 고양이 화장실과 치아

---

[*] 채집할 때 땅속을 파헤치는 도구.

미백 칫솔과 〈스토리지 워〉*와 그 밖에 현대생활의 여러 기상천외한 잡동사니의 세계로 이어질 것이었다.

리가 1966년에 시카고에서 열린 콘퍼런스에서 자신의 연구를 발표하자 또다른 인류학자인 마셜 살린스가 이 새로운 연구 결과에 반응했다. 그는 이렇게 말했다. "생각해보면 이 사회야말로 최초의 풍요로운 사회였다." 인간이 모두의 욕구와 필요를 충족하기 위해 택할 수 있는 별개의 두 가지 경로가 있는 듯 보였다. 하나는 더 많이 생산하는 것이었고, 다른 하나는 더 적게 원하는 것이었다. 살린스는 주콴시와 다른 수렵·채집 문화가 '부유함 없는 풍요', 즉 필요가 적고 얼마 없는 필요도 주변 환경에서 쉽게 충족할 수 있는 생활방식을 개발했다고 말했다. ("나는 적은 것만을 원함으로써 부유해진다"라고 말한 헨리 데이비드 소로는 주콴시의 선례를 따른 것이었다.) 수렵·채집인이 먹을거리와 그 밖의 다른 물질을 바로 구할 수 있는 양 이상으로 축적하지 않는다는 사실에 주목한 살린스는 '제 능력을 다 발휘하지 않는다는 것의 숨은 의미'를 고민했다. 그리고 어쩌면 그러한 자제력이, 끊임없이 더 많은 돈과 소유물을 좇는 것보다 더 충만하고 만족스러운 삶을 가져오는 것은 아닐지 물었다. 과학자들은 이것이 대답하기 어려운 질문이라는 데 동의했다. 너무나 잔혹한 이유 때문이었다. 이들은 회의록에 이렇게 기록했다. "연구할 사냥꾼이 남지 않을 시기가 빠르게 다가오고 있다."

수렵·채집인에게는 다른 계획이 있었고, 자신들의 땅과 문화에 가해지는 끈질긴 공격에도 불구하고 계속 인내했다. 기나긴 모래 길의 끝에 있는 사막으로 외부와 차단된 덴구이는 '사냥 정신'이 여전히 강하게 남아 있다고 알려진 주콴시 마을 중 하나다. 기트카오는 그가 한결같이

----

* 창고 경매를 소재로 한 미국의 리얼리티 TV 프로그램.

수렵·채집인으로 살아왔으며 가차없이 밀려드는 세계화된 삶에 맞서는 사람이라는 첫인상을 풍긴다. 그러나 이 첫인상은 사실이 아니다. 그는 한때 남아프리카공화국의 군대에서 복무했다. 그 이후에는 춤퀘에서 공무원으로 일하며 가게에서 쓸 돈을 벌었다. 텔레비전을 보고, 자동차를 운전하고, 전 세계에서 수입된 음식을 먹고, 핸드폰의 등장을 지켜봤다. 자신의 통제 밖에 있는 힘에 거의 전적으로 의존하는 이러한 삶의 방식은 그의 눈에 언제나 불안정하고 위태롭고 취약해 보였다.

그러다 그는 그만두었다. 이러한 삶을 영원히 떠나기로 결정했다.

"항상 오래된 지식으로 돌아가고 싶다고 생각했습니다. 언제나 그게 나의 꿈이었어요." 기트카오가 말한다. "나는 이 마을로 돌아왔고, 영원히 이곳에 머물며 사냥을 할 겁니다."

사고 사고 또 사는 것이 시민의 의무인 시대

우리도 언젠가 소비문화를 영원히 떠나겠다고 결정할 수 있을까? 벌고 쓰는 순환 고리의 고달픈 분주함, 소셜미디어와 리얼리티 프로그램 시대의 적나라한 지위 경쟁, 우리에게 옷과 자동차, 각종 기기를 제공하고 삶을 어지럽히는 체제의 심각한 환경 파괴 대신, '제 능력을 다 발휘하지 않는다는 것의 숨은 의미'를 탐험할 수 있을까? 문명이 제 무게에 짓눌려 무너질 것이므로, 큰 깨달음을 통해서가 아니더라도 결국 우리가 더 단순한 삶을 살게 될 거라고 믿는 사람이 점점 늘고 있다. 기트카오가 적은 필요, 그보다도 더 적은 욕구를 가진 삶으로 되돌아온 것은 이러한 결과에 대한 우리의 희망과 두려움을 잘 보여준다. 한편으로 우리가 가진 고대인의 영혼은 간소함을 갈망하고 있을지 모른다. 다른 한편으로 그것은 석기시대로의 복귀를 의미한다.

21세기가 되자 심각한 딜레마가 더욱 명백하게 드러났다. 우리는 쇼핑을 멈춰야 하지만 멈추지 못한다. 유엔의 국제자원전문가위원회에 따르면, 새 천 년이 시작될 무렵 소비는 인구수를 제치고 가장 심각한 환경문제로 떠올랐다. 기후변화와 생물종 멸종, 물 고갈, 독성 오염, 삼림 벌채 등의 위기와 관련해서 이제는 우리 각자의 소비량이 총인구수보다 더 중요하다. 부유한 국가의 평균 소비량은 가난한 국가의 평균 소비량보다 열세 배 더 많다. 환경에 미치는 영향의 측면에서 볼 때 이는 곧 미국이나 캐나다, 영국, 서유럽에서 아이 한 명을 낳는 것이 방글라데시나 아이티, 잠비아 같은 국가에서 아이 열세 명을 낳는 것과 마찬가지라는 뜻이다. 부유한 국가에서 아이 둘을 기르는 것은 가난한 국가에서 아이 스물여섯 명을 기르는 것과 같다.

수십 년간 우리는 석유에서 원석, 자갈, 금에 이르는 모든 주요 천연자원의 소비가 거의 끊임없이 증가하는 것을 지켜보았다. 우리는 지구가 재생할 수 있는 속도보다 1.7배 빠른 속도로 지구의 자원을 소모하고 있다. 만약 모두가 일반적인 미국인처럼 소비한다면 1.7배는 다섯 배가 될 것이다. 그건 마치 매년 연봉을 전부 써버린 다음, 자녀에게 물려주려 했던 저축액에서 연봉의 절반 이상을 꺼내 역시 다 써버리는 것과 마찬가지다. 이 속도라면 2050년의 자원 이용량은 21세기 들어서만 세 배로 증가할 것이다.

여기저기서 비닐봉지와 플라스틱 빨대 사용을 금지한다. 그러나 플라스틱 총생산량은 세계경제보다 두 배 빠른 속도로 늘어나며 비약적으로 증가하고 있다. 오늘날 우리가 구매하는 의류를 전부 합치면 매년 5000만 톤에 달하는 옷 무더기가 된다. 이 크기의 소행성이 지구로 떨어지면 웬만한 대도시는 전부 산산조각나고 전 세계에 지진이 발생할 것이다. 지난 20년 사이에 1인당 구매하는 의복 수는 60퍼센트 이상 늘어난 반면 그 옷들의 수명은 거의 절반으로 줄었다. 우리의 게걸스러운 소비 욕구를 얼마나 정확하게 측정할 수 있을지에 의문을 품는다 해도 그건 별문제가 되지 않는다. 이 수치가 크게 빗나간 것이라 해도 지구는 여전히 위기일 것이다.

현재 미국인은 매년 디지털 기기에 2500억 달러, 개인 미용 및 위생 용품에 1400억 달러, 장신구와 시계에 750억 달러, 가전제품에 600억 달러, 가방류에 300억 달러 이상을 쓴다. 그러나 전 세계에서 가장 쇼핑에 중독된 망나니라는 미국의 이미지는 지금까지는 옳았을지언정 이제는 정확하지 않다. 카타르와 바레인, 아랍에미리트 같은 석유 부국이 미국의 1인당 소비량을 넘어섰으며, 이는 룩셈부르크도 마찬가지다. 유럽연합의 전체 쇼핑객은 거의 미국 쇼핑객만큼 돈을 쓰며, 캐나다인의 생활방식은 지구에 남기는 발자국 면에서 거의 미국인에 맞먹는다. 현재 중국에서는 인구의 3분의 2가 자신이 실제 필요한 양보다 옷을 더 많이 소유했음을 인정한다. 세계은행 보고서의 말마따나, 전 세계에서 가장 가난한 시민들조차 '자신에게 '필요'한 것이 아니라 기꺼이 값을 지불하고 싶은 것'을 구매한다. 전 세계 45억 명의 저소득층은 매년 5조 달러 이상을 지출하는 하나의 거대한 소비시장이다.

조리대도 더 커졌고 침대도 더 커졌으며 옷장의 크기는 두 배로 늘어났다. 기술권technosphere(우리가 만드는 모든 것, 즉 우리의 **물건**)은 이제 지구상의 모든 생명체보다 무게가 더 많이 나가는 것으로 추정된다. 우리가 가진 소유물을 지구 표면에 고르게 펼치면 1제곱미터당 50킬로그램이 쌓일 것이다. 작은 텔레비전과 파인애플, 2구 토스터, 신발 한 켤레, 콘크리트 블록, 자동차 타이어, 보통의 미국인이 1년 동안 먹을 치즈, 치와와 한 마리가 쌓인 모습을 상상해보라.

우리가 버리는 것들에 대해서는 아직 시작조차 하지 않았다. 미국과 캐나다의 연간 쓰레기 생산량을 트럭에 실으면 지구 둘레를 열두 바퀴 돌 수 있다. 과거에는 미국인이 유럽인보다 물건을 훨씬 많이 버렸지만 이제는 독일이나 네덜란드 같은 국가가 미국을 따라잡았다. 여느 프랑스 가구는 1970년보다 쓰레기를 네 배 더 많이 버린다. 전 세계 음식의 약 5분의 1이 결국 쓰레기통에 버려지는데, 놀랍게도 이것은 부유한 국가뿐 아니라 가난한 국가의 문제이기도 하다. 과거에는 개와 고양이가 남은 음식을 처리했다. 이제는 침대에서 장난감, 의류, '펫테크'* 제품에 이르기까지 개와 고양이에게도 자기들만의 소비재가 있으며, 이 시장의 가치는 미국에서만 160억 달러가 넘는다. 우리의 반려동물들도 제 몫의 쓰레기를 만들어낸다.

우리가 그동안 이 모든 것에 대처해온 방식은 소비를 줄이는 것이 아니라 '녹색화'하는 것이었다. 전 세계가 휘발유를 태우는 자동차를 전기차로 대체하고 석탄이 아닌 바람과 태양에서 얻은 에너지로 핸드폰을 충전하는 데 초점을 맞추었다. 현재 유기농 식품, 무독성 페인트, 재활용 컴퓨터, 고효율 텔레비전, 물 절약 식기세척기가 널리 사용된다.

이러한 기술의 진보가 없었다면 우리가 누리는 제품과 서비스는 환경에 훨씬 큰 피해를 입혔을 것이다. 그러나 소비문화를 녹색화함으로써 물질 소비가 극적으로 줄어든 지역은 전 세계에 단 한 곳도 없다. 2019년에 당시 유엔환경계획UNEP의 책임자였던 조이스 음수야가 한 말처럼, "우리의 천연자원 수요는 그 어떤 시점에도, 그 어떤 소득수준에서도 꺾이지 않았다". 실제로 2000년 이후 천연자원의 이용 효율은 전반적으로 낮아진 반면 추출 속도는 더욱 빨라졌다.

물론 희망적인 조짐도 있다. 전 세계의 천연자원 개발이 폭발적으로

---

* 반려동물을 위한 기술.

늘어난 지난 20년간, 부유한 국가들이 책임져야 할 몫은 증가량의 극히 일부일 뿐이었다. 지구에서 가장 부유한 쇼핑객들은 실제로 녹색 기술 덕분에 전만큼 진한 발자국을 남기지 않고 있다. 그러나 1인당 지구에 끼치는 피해는 여전히 선진국이 단연코 높은데, 이는 지금도 이들이 전 세계에서 소비를 가장 많이 하며 그 속도 또한 계속 빨라지고 있기 때문이다. 우리의 소비 욕구를 녹색화한 그 어떤 조치도 소비 욕구가 불어나는 속도를 따라잡지 못했고, 그 결과 녹색화를 향한 확고하고 헌신적인 노력은 우스꽝스러울 정도는 아닐지라도 기이한 것이 되어버렸다. 소비가 일으키는 피해를 줄이고 싶다면…… 소비를 줄여보는 것은 어떨까?

이 주장의 정당성은 기후를 덥히는 이산화탄소 오염을 줄이려는 노력에서 가장 잘 드러난다. 국제적 공조를 펼치고 녹색 기술에 수십억 달러를 투자하고 재생에너지 공급을 인상적일 만큼 높였는데도, 그것만으로는 지구 대기권에 진입하는 이산화탄소의 양을 단 한 해도 줄이지 못했다. 감소량은 전 세계의 소비 증가량으로 남김없이 상쇄된다. 유사 이래 전 세계의 온실가스 배출량이 실제로 줄어든 것은 심각한 경기 침체가 발생했을 때, 즉 세계가 쇼핑을 멈췄을 때뿐이었다. 2020년 초에 코로나19로 봉쇄령이 내려져 소비문화의 문이 닫히자 대부분의 국가에서 탄소 오염이 5분의 1에서 4분의 1가량 줄었고, 탄소 배출 절감 목표에서 몇 년씩 뒤처졌던 국가들이 갑자기 일정보다 몇 년 앞서게 되었다. 물론 이러한 현상은 지속되지 않았다(중국은 세계경제가 '정상'으로 복귀하기 시작하고 겨우 한 달 뒤에 탄소 배출량의 신기록을 경신했다). 그러나 소비 중단이 기후변화와 맞서 싸운 속도와 규모는 무시할 수 없는 수준이었다.

그럼에도 우리는 소비를 멈추지 못한다. 21세기에 우리가 배운 또 다른 핵심 교훈은 사고 사고 또 사는 것이 시민의 의무라는 것이다.

2001년 뉴욕과 워싱턴 DC에 9·11 테러가 발생하고 9일 뒤, 조지 W. 부시가 미국 의회에서 전 세계에 알려질 연설을 했다. 그는 사람들에게 관대하고 침착하고 너그럽고 인내심 있게 행동할 것을 부탁했다. 그리고 이렇게 말했다. "미국 경제에 계속 참여하고 경제를 신뢰해주길 바랍니다." 이 말은 부시가 상처 입은 국민에게 "소비를 하라"고 말한 순간으로 기억되었다. 부시가 실제로 이 단어를 말하지는 않았다는 사실은 잊어도 된다. 새 리넨 침구를 사고 집을 다시 꾸미는 것이 막 시작된 테러의 시대에 도움되는 대응이라는 이면의 뜻이 어찌나 강렬한 인상을 남겼는지, 대통령이 (아직) 말하지 않은 그 두 단어가 그가 말한 단어만큼이나 유명해졌다.

부시의 연설이 충격적인 이유는 대부분의 인류 역사에서 소비가 의혹의 대상이었기 때문이다. 모든 주요 종교와 정치 세력을 대표하는 도덕적 지도자들(이 책의 앞부분에 공자와 벤저민 프랭클린, 헨리 데이비드 소로, 베티 프리단, 올더스 헉슬리, 마틴 루서 킹, 존 메이너드 케인스, 마거릿 애트우드, 척 D를 비롯해 더 많은 사람의 말을 실을 수도 있었다)이 우리에게 물질을 밝히지 말라고, 소비문화의 노예가 되지 말라고 충고했다. 종종 자본주의의 아버지로 불리는 18세기 스코틀랜드의 경제학자 애덤 스미스조차 물질주의가 선이 아닌 악이라고 주장했다. 그는 "장난감 애호가들이 풍요라는 방종 속에서 성인 남성의 진지한 취미보다는 어린애들이 갖고 노는 것에 더 가까운 조잡한 장신구와 잡동사니나 따라다닌다"라고 맹비난했다. 더 적게 사는 것은 늘 우리가 마땅히 따라야 하는 행동이었다. 실제로 그렇게 하는 사람이 드물었을지라도 말이다.

소비주의를 경고하는 사람들은 두 가지 주장을 한다. 첫째는 돈과 물건에 대한 사랑이 탐욕과 허영, 시기, 사치처럼 우리 본성의 선한 천사와는 거리가 먼 것들을 용인한다는 주장이다. 둘째는 돈과 물건에 대해 생각하는 시간에 봉사를 하거나 지식 및 영적 생활을 추구함으로써 인간 공동체에 더 많이 기여할 수 있다는 주장이다.

소비문화에 대한 또다른 두 가지 비난이 약 50년 전부터 널리 경종을 울리기 시작했다. 하나는 ("간소하게 살아라, 다른 이들이 그저 생존할 수 있도록"이라는 밈에서 드러나듯이) 제 몫을 넘어서는 소비는 결국 다른 사람을 빈곤하게 만듦으로써 스스로를 부유하게 만드는 행동이라는 것이다. 그리고 이러한 '과소비'를 줄여야 한다는 요구는, 우리가 고대 산림을 베어내 화장실 휴지를 만들고, 캔을 여섯 개씩 묶음 포장하는 플라스틱 고리로 갈매기의 목을 조르고, 텔레비전 재방송을 보는 데 사용할 전기를 생산하기 위해 장대한 강물에 댐을 쌓고, 무엇보다 화석연료를 너무 많이 태워서 기후를 엉망으로 만들고 있다는 사실을 깨달으면서 더욱 긴급해졌다.

그러나 9·11 테러 이후 소비주의에 대한 우리의 유구한 불안은 증발한 듯했다. 이 공격으로 미국은 최소 600억 달러와 50만 개 이상의 일자리를 잃었다. 대부분의 피해는 테러리스트 때문이 아니라 미국과 전세계가 갑자기 쇼핑에 열정을 잃은 결과였다. 여기서 조금 더 나아가자 소비하지 않는 것 자체가 현존하는 명백한 위험이라는 결론이 나왔다. 당시 부시가 한 말처럼, "우리 편이 아니라면 테러리스트의 편"이었다.

부시의 연설은 우리가 소비를 논하는 방식을 바꾸어놓았다. 소비를 향한 열정이 최대한도 아래로 떨어질 때마다 세계 지도자들이 나가서 소비하라고 노골적으로 말하는 것이 일상이 되었다. 마치 소비가 선택이 아닌 필수인 것처럼 말이다(결국 부시는 2006년에 대침체*의 기미가 보이기 시작하자 미국인에게 실제로 "소비하라"라고 말했다). 2020년에

----

* 2008년 세계 금융위기 이후 시작된 경기 침체.

코로나바이러스로 팬데믹이 발생해 소비지출이 역사상 가장 급격히 하락하자 곧 평론가들은 경제를 계속 '개방'하기 위해 얼마나 많은 죽음을 용인할 수 있는지를 논하기 시작했다. 쇼핑이 단순한 취미나 오락이 아니라 우리와 문명의 붕괴 사이를 막아선 유일한 것이라는 생각은 우리의 귀에 지극히 평범하게 들렸다.

게다가 이러한 생각은 현실이 되어 우리 눈앞에 펼쳐졌다. 문 닫은 상점가, 텅 빈 공항, 창문에 판자를 덧댄 식당, 직업을 잃거나 파산에 직면한 수백만 명의 사람들. 그러나 코로나19로 봉쇄령이 내려진 동안 로스앤젤레스와 런던의 하늘이 충격적일 만큼 새파래지고, 베이징과 델리의 공기가 깨끗해지고, 온실가스 오염이 역사상 가장 가파르게 줄어든 것 또한 부정할 수 없는 사실이었다. 바다거북과 악어가 평소 관광객으로 뒤덮였던 열대 해변을 되찾고, 평소의 소란이 사라져 지구의 진동이 놀라울 만큼 잠잠해지자, 온실가스 배출전망치business as usual*의 대가를 묻는 날카로운 질문이 제기되었다.

소비에 대한 우리의 오래된 불안은 사실 완전히 사라지지 않았던 것으로 드러났다. 우리는 삶에서 놓친 무언가를 대신하는 보잘것없는 대체물로서 물건을 구매하고 소비하는 것일까? 물건에 몰두하는 행위가 더욱 중요한 생각과 감정, 관계에서 우리의 주의를 딴 데로 돌리는 것일까? 한동안 사람들이 소비의 부재로 생긴 빈 공간을 창작활동과 인간관계, 자아 성찰로 채우면서 이러한 생각들이 새로운 중요성을 띠게 되었다. 지난 10년간 행복 연구가 말해온 내용, 즉 부유한 국가를 비롯한 전 세계의 점점 더 많은 지역에서 벌고 쓰는 행위가 우리 삶에 그리 큰 행복을 더해주지 않는다는 것을, 수백만 명이 몸소 체감했다. (한 친구는

* 온실가스를 감축하려는 노력 없이 현재 추세가 이어질 경우 예상되는 온실가스 배출량.

격리중 내게 이렇게 말했다. "일단 얼마간 멈추면 그렇게 그립지 않아.") 지구 자원을 공정하게 분배하는 문제는 분명 해결되지 않았다. 억만장자들이 초대형 요트에서 자가 격리를 하는 동안 다른 사람들은 잘못이 전혀 없는데도 하룻밤 사이에 빈곤층이 되어 자선단체가 나눠주는 식료품을 받으러 교통 체증 속으로 뛰어들었다.

소비의 속도를 늦추면 분명 경제에 심각한 결과가 발생할 것이다. 동시에 정확히 그렇게 하지 않으면, 최소한 지금 필요한 짧은 기간 내로는 지구온난화를 멈출 수 없을지도 모른다. 게다가 기후변화는 여러 병폐 중 하나일 뿐이며, 그 모든 병폐가 소비문화로 인해 더욱 악화되고 있다. 신중한 전문가들조차 그 결과로 정치적 격변이나 대규모 인명 피해가 발생할 수 있다고 말한다.

우리는 쇼핑을 멈춰야 하지만 멈추지 못한다. 이 소비의 딜레마는 간단히 말해 지구에서 인류의 삶을 유지할 수 있느냐 없느냐의 문제가 되었다.

25퍼센트, 세상을 뒤흔들 만큼 극적인 숫자

역사 내내 우리에게 더 적게 소유하고 살라고 촉구한 모든 목소리에 우리가 갑자기 귀기울인다고 가정해보자. 어느 날 이 세상은 소비를 멈춘다.

이것이 바로 내가 이 책에서 착수한 사고실험이다. 이 실험은 나 자신이 소비의 딜레마에 직면했을 때 시작되었다. 오늘날의 많은 사람들처럼 나 또한 기후변화와 삼림 파괴, 바다의 플라스틱 오염, 우리 세계를 사람이 살 수 없는 곳으로 만드는 여타의 많은 생태 위기에 나의 소비가 어떤 영향을 미치고 있는지 고민하곤 했다. 나는 내가 소비를 줄일 수 있음을 알았다(젊었을 때 노숙인에게 잔돈을 준 적이 있다. 그 사람은 앞코가 벌어져서 양말 신은 발이 훤히 드러난 내 신발을 보고 내게 돈을 돌려주었다. 그리고 "당신한테 필요한 돈인 것 같네요"라고 말했다). 그러나 모두가 똑같이 소비를 멈춘다면 세계경제가 초토화될 거라고 믿으면서 어떻게 쇼핑을 멈출 수 있겠는가? 이 난제에서 벗어날 방법이 있는지 알아보려면 그 시나리오를 끝까지 밀고 나갈 필요가 있다고 생각했다.

이 책은 맨 처음부터 시작한다. 세상이 소비를 멈춘 처음 몇 시간과 며칠 동안 무슨 일이 벌어질까? 우리는 욕구와 필요를 어떻게 구분할까? 누구의 삶이 가장 많이 변하고 누구의 삶이 가장 덜 변할까? 지구는 회복하기 시작할까? 만약 그렇다면, 그 속도는 얼마나 빠를까? 여기서부터 이 책은 불가피해 보이는 경제 붕괴를 탐구하고, 이러한 재난 속에서도 우리가 어떻게 적응하기 시작할지를 살펴본다. 우리가 기억하는 다른 모든 경제 붕괴와 달리, 나의 사고실험은 세상이 다시 충실하게 쇼핑몰로 되돌아가는 결말로 끝나지 않는다. 쇼핑 없는 최초의 하루가 몇 주에서 몇 달까지 이어지는 동안 우리는 물건을 만드는 방식을 바꾸고, 새로운 우선순위에 따라 우리의 삶을 구성하며, 소비 욕구를 잃어버린 세계의 문화에 적합한 새로운 사업 모델을 찾는다. 마지막으로 가상현실로의 침잠에서 지구의 자연환경 회복, 어쩌면 우리가 구하려 했던 것보다 더욱 간소한 삶에 이르기까지, 이러한 전개가 수십 년, 심지어 천 년 뒤에 우리를 어디로 데려갈지 알아본다.

'쇼핑을 멈춘다'라는 것은 정확히 어떤 의미일까? 때때로 우리가 "쇼핑을 하러 간다"라고 할 때 이 말은 음식과 세제, 학용품 (그리고 당연히) 화장실 휴지 같은 기본 필수품을 사러 간다는 뜻이다. 다른 한편 "쇼핑하러 가자"라고 할 때 종종 이 말은 사실 전혀 필요치 않은 물건들을 찾아 헤매러 간다는 뜻이다. 오늘날 우리 대다수는 사회·경제적 삶이 주로 소비 중심으로 구성되는 사회에서 살아간다. 우리는 소비자다. 그러나 일상 대화에서 '소비자'는 대개 옷과 장난감, 싸구려 장신구, 휴가, 화려한 음식, 또는 이 모든 것에 돈을 펑펑 쓰는 것이 최고의 취미인 사람을 가리킨다. 그리고 '소비문화'는 나날이 쏟아지는 광고와 할인, 유행, 패스트푸드, 패스트패션, 오락, 최신 전자기기와 이 모든 것에 대한 우리의 집착을 가리킨다.

나는 이 사고실험을 단순화하고자 했다. 세상이 쇼핑을 멈추는 날, 전 세계의 소비지출은 25퍼센트 하락한다. 블랙프라이데이의 폭동과 플라스틱 물병을 끊임없이 바다로 흘려보내는 거센 강물을 비롯한 소비 욕구의 무자비함을 감안하면, 어떤 이들에게 이 숫자는 보수적으로 보일 수 있다. 실제로 지구적 규모에서 소비를 4분의 1 줄이는 것은 약 10년 전의 지출 수준으로 되돌아가는 것밖엔 안 된다. 한편 이 책을 쓰기 시작했을 때 전 세계 소비가 25퍼센트 하락할 수 있다는 생각은 지극히 무모한 추측처럼 보였다. 너무 기괴한 나머지 내가 대화를 나누려 한 많은 사람이 상상조차 거부한 공상이었다.

그때 이 생각이 현실이 되었다. 중국에서 신종 코로나바이러스가 발생했고, 몇 주 만에 돈을 벌고 쓰는 우리의 집단적 패턴, 방대한 규모로 쇼핑하고 여행하고 외식하는 패턴이 돌연 휘청였다. 미국의 가계 지출은 두 달에 걸쳐 거의 20퍼센트가량 하락했고, 관광업처럼 가장 심한 타격을 입은 산업은 그보다 네 배 더 깊이 가라앉았다. 중국의 소매 판매는 최소 5분의 1 감소했다. 대부분의 국가에서 개인 소비의 거의 3분의 1이 줄어든 유럽에서는 평소라면 쇼핑에 쓰였을 4500억 달러가 은행에 쌓였다. 세상이 소비를 멈추는 날 소비가 25퍼센트 감소할지도 모른다는 생각은 갑자기 타당한 전제가 되었다. 25퍼센트는 현실에서 가능성이 있을 만큼 온당하면서도, 세상을 뒤흔들 만큼 극적인 숫자였다.

이 책을 사고실험이라 칭한다고 해서 이 책이 공상과학소설이라는 뜻은 아니다. 이 책을 일종의 가상 보도로 여겨도 될 것이다. 이 책은 분명 실재하는 사람들과 장소, 시간을 들여다봄으로써 실제가 아닌 시나리오를 탐험한다. 현재까지 이어진 역사 내내 수많은 대중, 때로는 국가 전체가 급격히 소비를 줄였다. 보통 그 원인은 전쟁이나 경기 침체, 재난 같은 끔찍하고 충격적인 사건이었다. 그러나 물질주의에 반대하는 대중운동, 광범위한 사람들이 소비문화에 의문을 품은 순간, 매주 상거래를 금하는 안식일을 엄격하게 지키던 시대 또한 존재했다. 그간 학자들은 쇼핑을 하지 않는 현상에 대해 곰곰이 고민하고, 컴퓨터 모델을 돌려보고, 우주에서 그 현상을 검토했다. 또한 이들은 그러한 현상이 고래와 우리의 기분, 지구환경에 미치는 영향을 관찰했다. 언젠가 물건을 덜 구매할지 모를 세상을 위한 제품과 사업, 새로운 생활방식을 고안중인 사업가와 활동가도 있다. 칼라하리사막에서 핀란드, 에콰도르, 일본, 미국에 이르는 여러 지역에서 나는 소비문화에 대항하는 흐름이 계속 이어지며 우리가 살 수 있을 다른 생활방식을 속삭이는 것을 발견했다. 그 흐름이 우리 대다수의 몸속에도 흐르고 있을 거라고 장담할 수 있다.

처음 이 책을 쓰기 시작했을 때는 내가 무엇을 찾게 될지 전혀 알지 못했다. 어쩌면 소비의 딜레마를 넘기는 방법에 대한 여러 상충하는 비전이 마구잡이로 쏟아질지도 몰랐고, 소비의 딜레마에서 헤어날 방법이 아예 없을지도 몰랐다. 그러나 시공간을 가로질러 여러 사례를 철저히 조사하면서 언제 어디서든 인류가 소비를 멈출 때마다 몇몇 주제가 되풀이해 등장하는 것을 볼 수 있었고, 이 패턴이 소비를 멈춘 세상이 어떤 모습이고 어떻게 기능할지를 넌지시 알려주었다. 과거와 현재의 흔적에서부터 미래의 윤곽을 그려나갈 수 있었다.

소비를 멈추는 것이 가능할 수도 있다. 그렇다면 남는 것은 더욱 개인

적인 질문이다. 우리는 소비를 멈추고 싶은가? 삶은 정말 나빠질 것인

가, 아니면 더 좋아질 것인가?

1부

조짐

우리가 알던
세상의 종말

1장

첫번째 희생자는 아마존이 될 것이다

세상이 쇼핑을 멈췄음을 가장 먼저 깨달은 이들은 자신의 직업 안정성을 걱정하고 있는 무심한 듯 쿨한 청년들이다. 이 청년들은 전 세계 의류 소매점의 직원들이며, 일일 매출 목표를 달성하는 데 (형편없이) 실패했다.

예를 들어 리바이스는 아제르바이잔에서 몰도바, 잠비아에 이르는 전 세계 수많은 국가에 거의 3000개의 점포를 두고 자사의 유명한 파란색 청바지를 판매한다. 그런데 거의 모든 지역에서 옷 구매자 수, 쇼핑객 1인당 구매 제품 수, 쇼핑객 수가 하나같이 곤두박질쳤다. 이날 새 청바지가 필요한 사람이 지구상에 단 한 명도 없었던 것은 아니지만, 대다수에게는 청바지가 필요치 않았다. 우리 대부분은 이미 청바지를 한 벌, 또는 세 벌, 또는 쉰 벌 갖고 있다.

이날 밤 불안해진 점포 관리자들이 지역 관리자들에게 이 상황을 보고하고, 깜짝 놀란 지역 관리자들은 지사장들에게 이 소식을 전달하며,

기분이 언짢아진 지사장들은 부사장들에게 전화를 건다. 겨우 열여덟 시간이 지났을 때 세상이 쇼핑을 멈춘 날의 자료가 리바이스의 세 글로벌 부사장의 책상 위에 놓인다. 이들은 각각 브뤼셀과 싱가포르, 그리고 텔레그래프 힐과 샌프란시스코의 해안가 사이의 놀라울 만큼 휴먼스케일을 중시한 벽돌 건물에 있다.

리바이스의 글로벌 제품 혁신 담당 부사장인 폴 딜린저Paul Dillinger는 이렇게 될 줄 알았다고 말할 수 있는 몇 안 되는 인물 중 하나다. 직물 샘플이 흩어진 샌프란시스코 본사의 사무실에서 종말론적 시나리오를 숙고하는 것이 그의 업무 중 하나다. 그는 이를 "디자인 계획의 종말"이라 말한다. 2017년에 남아프리카공화국 케이프타운에서 물이 고갈될 수도 있다고 발표했을 때 딜린저는 미래의 자원 부족이 어떤 모습일지 관찰할 기회를 얻었다. 그는 신선한 패션 아이디어를 떠올렸다. 그 아이디어는 특별히 디자인한 주머니 두 개가 달린 데님 재킷으로, 주머니 하나는 물병을, 다른 하나는 권총을 담는 용도였다.

이미 파악했겠지만 딜린저는 사람들이 생각하는 전형적인 부사장이 아니다. 세상이 쇼핑을 멈추는 날 다국적 의류 기업에서 어떤 상황이 펼쳐질지 논의하기 위해 리바이스의 회의실에서 딜린저를 만났을 때 그는 검은색 후드티를 입고 검은색 스니커즈를 신고 있었으며, 대공황시대의 악명 높은 은행털이범이었던 종조부 존 딜린저와 똑같은 커다란 귀는 검은색 비니에 덮여 있었다. 물론 리바이스 청바지를 입고 있었는데, 그는 물 절약을 위해 몇 년 전부터 청바지를 빨지 않고 있다(그 대신 보드카를 뿌려서 청바지를 관리한다). 두뇌 회전이 빠르고 딱 적절하게 서투른 모습이, 홈스쿨링을 받으며 『초심자를 위한 마르크스』와 『초심자를 위한 자본주의』를 공부하는 사이에 피아노를 완벽히 익히는 영재의 성인 버전 같다.

세계자원연구소는 소비를 '회의실 안의 새 코끼리'로 규정했다. 너무 심각해서 우리에게 물건을 파는 기업들이 입에 올리지도 못하는 문제라는 뜻이다. 기업들이 두려워하는 것은 '래트너 사태'다. 20년 전, 영국 보석 회사 사장 제럴드 래트너는 자사에서 무늬를 넣은 유리 술병 하나와 술잔 여섯 개, 쟁반을 단돈 몇 파운드에 판매할 수 있는 것은 사실 그 제품들이 "완전 쓰레기"이기 때문이라고 말해 악명을 얻었다. 그는 대중의 분노로 사장직에서 물러나면서 80만 달러의 연봉을 잃었고, '미스터 크래프너Mr. Crapner'*로 유명세를 떨쳤다(그러나 이후 그는 다시 성공한 보석업자가 된다). 이 사건은 다른 기업들에게 소비문화에서는 자신이 파는 물건이 살 가치가 없을 수도 있다는 사실을 절대 인정하면 안 된다는 날카로운 경고가 되었다.

그런 의미에서 딜런저는 드문 인물이다. 그는 의류 산업이 "불필요한 소비 위에 세워져 있다"라고 공공연하게 선언한 것으로 유명하다. 또한 그는 리바이스에 가장 큰 위협은 사람들이 옷을 더이상 사지 않는 게 아니라 오히려 그 반대라고 말했다. 바지와 셔츠, 드레스, 재킷을 구매하려는 욕구가 끝없이 늘어나면 그 옷들을 만드는 데 필요한 물과 석유, 목화를 공급하는 지구의 유한한 능력이 언젠가 소진되리라는 것이다. 코로나바이러스가 발생하기 몇 년 전, 딜런저는 특히 심각한 경기 침체나 전 세계적 팬데믹이 의류 수요를 박살낸다면 어떤 일이 벌어질지 상상해보았다. 그는 판매량이 반드시 정상으로 회복된 뒤 계속해서 더욱 상승할 것이라고 결론 내렸다.

물론 세상이 쇼핑을 멈추는 날 그런 상황은 발생하지 않는다. 그 대신 소비 욕구 자체가 사라져버리고 되돌아오지 않는다. "일주일간 쇼핑을

---

* 쓰레기라는 뜻의 crap과 이름 ratner를 합친 단어.

멈추면 시장에 큰 충격이 발생할 겁니다." 딜런저가 말했다. "한 달간 쇼핑을 멈추면 이 산업은 완전히 무너질 겁니다."

소비의 급증과 '거대한 가속'

쇼핑 중단의 가장 뚜렷한 특징은, 웬만해선 그런 일이 벌어지지 않는다는 것이다. 실제로 쇼핑을 멈추는 드문 때가 찾아오면 즉시 우리는 필요 대對 욕구, 즉 계속 구매할 것은 무엇이며 포기할 것은 무엇인지에 대한 유구하고도 골치 아픈 문제에 직면한다.

최근 역사학자와 인류학자는 역사에서 인류가 처음 소비자가 된 시기를 명확하게 짚어내고자 노력했다. 그리고 그것은 불가능한 것으로 드러났다. 소비문화의 심리학적 토대는 물질주의, 즉 부와 재산, 사회적 지위에 초점을 맞추는 일련의 가치와 신념이다. 어떤 사람이 얼마나 강력한 소비자가 될지를 다른 어떤 특성보다 잘 예측하는 요소가 바로 물질주의의 강도다. 우리 대다수는 물질주의자를 돈과 자기 이미지, 물건에 극도로 집착하는 사람으로 생각한다. 물질주의자는 탐욕스럽고 얄팍한 잘난 척쟁이다. 그러나 우리 모두는 사실 어느 정도 물질주의자다. 인간의 진화 과정에서 물질주의가 유용한 이유는 물질적 필요를 충족하고 공동체 내에서 지위를 유지하라고 우리를 떠밀기 때문이다. 물질주의는 인간 삶의 필수 요소다.

우리가 물질주의와 연결된 모든 행동의 흔적을 먼 옛날부터 발견할 수 있다. 우리가 속한 호모사피엔스가 등장하기도 훨씬 전인 최소 150만 년 전에 선조들은 손도끼 같은 도구에 자기만의 스타일을 남겼는데, 이러한 행위는 소비자의 선택과 소지품을 통한 자기표현을 암시한다. 소유한 것이 거의 없이 수렵과 채집을 하며 살아가던 사람들도 자신이 가진 것을 다른 사람의 것과 비교하며 질투를 느꼈을지 모른다. 약 4000년 전 중앙아메리카에서 등장하기 시작한 마야인들은 자기 물건에 강력한 애착을 형성했고, 물건에 독자적 의지가 있다고 여길 만큼 큰 의미를 부여했다(마야인의 한 기원 설화에서는 푸대접을 받은 소유물 ― 냄비와 토르티야를 부치는 철판, 개와 칠면조, 심지어 집까지 ― 이 최초의 인간에게 맞서 들고일어난다). 거의 500년 전 중국의 부유한 상업지역에서는 시골 마을에서도 이미 시양('인기 스타일')이 주기적으로 바뀌고 있었다.

17세기 초 튀르키예 이스탄불에는 1만 개가 넘는 상점과 노점이 있었다. 평범한 영국 가정은 산업혁명으로 물건 가격이 낮아지기 전에도 이미 도자기와 거울, 시계, 주방 용품, 특별한 식사용 별도의 식기 세트로 가득했다. 아마존닷컴이 등장하기 2세기 전인 1800년대에 잔지바르나 타히티의 구매력 있는 쇼핑객은 카탈로그를 넘기며 해외 배송 상품을 주문할 수 있었다. 제일차세계대전이 발발했을 무렵 유럽인은 의자처럼 기본적인 물품을 구매할 때 수천 개의 디자인 중에서 하나를 선택할 수 있었다. 오늘날 광고는 우리를 둘러싸고 심지어 우리를 추적하지만, 미국 경제에서 마케팅비가 차지하는 비율은 100년 전인 광란의 1920년대에 절정에 달했다.

역사는 우리가 소비자로 변한 것이 아니라고 말하는 듯하다. 우리는 애초부터 소비자다. 전염병에서 세계대전, 식민주의에 이르는 다양한 위력이 그간 우리의 경제생활을 파괴해왔지만, 세계 곳곳에 있는 우리 대다수는 서서히 더 많은 물건을 축적해왔다.

인간이 늘 소비자였다는 생각은 오늘날 우리의 소비 행태가 어딘가 비정상적이라는 느낌을 어느 정도 완화해준다. 또한 엄청난 규모의 차이를 무시한다. 수렵·채집사회와 오늘날의 쇼핑객이 소비자 심리의 맥락을 공유하고 있다고 해서 우리가 다 똑같은 처지에 있다는 뜻은 아니다. 제이차세계대전 말미의 미국을 시작으로 부유한 국가의 가계 지출은 가파르게 증가하기 시작했다. 1965년 이후로 가계 지출은 더욱 큰 목표를 향해 달렸다. 소비의 급증은 세계 인구와 전반적인 부, 도시화, 자원 개발, 오염이 전속력으로 급증한 이른바 '거대한 가속great acceleration'과 동시에 발생했다. 그때가 되어서야 수많은 사람이 '소비사회'가 전 세계에 퍼져나가고 있음을 이해하기 시작했다. 소비사회에서 우리는 다른 무엇보다 돈을 벌고 쓰는 소비자다.

이 새로운 열정이 최초로 진정한 시험대에 오른 것은 1973년이었다. 미국의 정책에 불만을 품은 중동의 산유국들이 미국에 석유 수출 금지 조치를 내렸고, 이로써 현대 들어 주요 경제가 받은 가장 큰 충격 중 하나가 발생했다. 리처드 닉슨은 텔레비전 연설에서 이 석유파동을 어느 정도 미국의 소비주의와 관련지었다. 닉슨 대통령은 이렇게 말했다. "오늘날 우리가 에너지 부족을 겪는 이유는 경제가 엄청나게 성장했기 때문이며, 이러한 번영 속에서 한때는 사치로 여겨졌던 것이 이제 필수품으로 여겨지기 때문입니다." 지미 카터가 대통령에 취임한 1977년에 금지 조치는 철회되었으나 석유 공급은 여전히 빠듯했다. 훗날 이 시기를 정의하게 된 이미지 속에서 베이지색 카디건을 입은 카터 대통령은 벽난로 앞에 앉아 미국인에게 '약간의 희생'을 치르고 '검소하게 사는 법을 익힐 것'을 당부했다. 이후 그는 더욱 비난조의 발언을 했다. "너무 많은 사람이 방종과 소비를 숭배합니다. 인류의 정체성은 이제 무엇을 하느냐가 아니라 무엇을 소유했느냐로 정의되고 있습니다."

미국인에게는 소비를 멈추라고 촉구하는 정치적 좌·우파 대통령만 있는 것이 아니었다. 1970년대는 2000만 명이 첫번째 지구의 날 행사에 참여하면서 시작되었다. 지구의 날 행사는 강물에 불이 붙을 만큼 강물을 심각하게 오염시키고, 비를 산성으로 만들고, 고속도로를 쓰레기

천지로 만드는 소비문화가 얼마나 많은 폐기물을 생산하는지를 보고 기겁해 더 단순한 삶을 요구하고 나선 환경보호운동이었다. 에너지 위기 때 미국 국민은 해외 석유에 덜 의존하기 위해 무엇을 희생해야 할지 논의했다. 크리스마스 조명 장식을 금지해야 할까? 공무원들이 리무진을 못 타게 해야 할까? 인디애나폴리스의 500마일 자동차 경주를 중단해야 할까? (인디애나폴리스의 경주는 중단되지 않았지만, 데이토나의 경주는 일시적으로 거리를 500마일에서 450마일로 줄였다.)

1970년대의 석유파동을 연구하는 프린스턴대학교의 역사학자 메그 제이컵스Meg Jacobs는 내게 이렇게 말했다. "최초로 소비를 줄여야 할 필요성이 대두된 겁니다. 미국인의 사고방식에는 무척 급격한 변화였죠."

미국인은 1970년대 내내 가계 지출을 늘리는 것으로 대응했다. 에너지부 전 장관이었던 제임스 슐레진저는 이처럼 확고했던 소비에의 헌신을 돌아보며 이렇게 말했다. "기억하세요, 우리는 지금 미국인의 습관에 대해 말하고 있는 겁니다. 도덕을 중시하는 사람들은 이러한 습관을 비난할지 모르지만, 대중은 이러한 습관을 만족스러워합니다."

'역사의 쓰레기통'에 버려진 것들

제이차세계대전과 베트남전쟁 내내, 1960년대의 사회적 격변 내내, 석유파동이 발생하고 환경주의가 대두되는 내내, 열한 번의 경기 침체 내내 소비를 멈추지 않았던 미국의 소비자들은 2009년에서야 마침내 지갑을 내려놓았다. 대침체 기간은 71년 전에 발생한 대공황 이후 처음으로 미국인의 소비지출 총액이 실제 감소한 시기였다. 여러 다른 국가의 국민들도 소비를 줄였다. 이로써 전쟁이나 팬데믹 같은 재난이 발생하지 않은 상황에서 우리가 필요와 욕구를 어떻게 구분하는가에 대한 현대적 그림을 그려볼 수 있었다.

경제학자들은 누가 봐도 기본적인 생존에는 필요치 않지만 그럼에도 우리가 필수품으로 여기는 것들이 있음을 이미 오래전에 발견했다. 커피나 술 같은 작은 기쁨(또는 중독)이 대표적인 사례다. 반면 전기나 휘발유 같은 것들은 우리가 사는 시대에 반드시 필요한 것으로 여겨진다. '필수품'이라 불리는 이러한 것들은 마지막까지 사람들이 구매를 포기하지 않는 물건으로 묘사되기도 한다.

거대한 사륜구동 자동차인 허머의 유명한 광고가 말했듯, "필요는 매우 주관적인 단어"이다. 소비문화에서 우리가 소비하는 물건은 자신의 신념과 정체성을 다른 사람에게 표현하는 데 매우 중요한 역할을 한다. 소지품은 우리가 더 큰 사회질서에 속한다는 의미와 동시에, 우리가 고유한 개인으로서 사회질서에서 한발 떨어져 있다는 의미를 끊임없이 전달한다. 우리가 의식하든 못 하든 간에, 이러한 신호는 소비사회를 살아가는 사람들이 매우 유창하게 사용하는 하나의 언어다. 그 과정이 어찌나 자연스러운지, 우리는 특대형 트럭을 모는 온순한 남자나 금박을 입힌 조각상이 늘어서 있는 졸부의 집처럼 메시지가 지나치게 빤할 때에야 그 언어의 존재를 알아차린다.

우리가 광고가 시키는 대로 물건을 구매하는 좀비 소비자라는 생각은 사실이 아닌 것으로 드러났다. 쇼핑몰에 갔다가 집에 빈손으로 돌아오는 불가사의한(그러나 전혀 드물지 않은) 현상을 떠올려보라. 예를 들어 파란색 청바지 한 벌이 갖고 싶다고 해보자. 우리는 청바지 차림이 자연스러울 것임을 알며(인류학자 대니얼 밀러Daniel Miller의 추산에 따르면 어느 날이든 지구상 인류의 절반이 청바지를 입는다), 청바지는 입기 편하고 내구성이 좋고 대개 가격도 그리 비싸지 않다. 그러나 자신이 힙합을 선호하는지 컨트리음악을 선호하는지, 반항과 순응 중 어디에 끌리는지, 손으로 일하는지 머리로 일하는지 등등, 우리가 청바지를 통해 세상에 말하고자 하는 것은 그보다 훨씬 많다. 밀러는 저서 『소비와 그 결과Consumption and Its Consequences』에서 "쇼핑객은 엄청나게 다양한 소비재 앞에서 매우 놀라울 만큼 정밀한 자기개념을 갖는다"라고 말한다. 충분히 만족스러운 청바지를 찾지 못한다면(핸드폰에 뜨는 광고와 소셜 미디어의 인플루언서, 수백 가지의 스타일에도 불구하고) 우리는 청바지를 한 벌도 구매하지 않을 수 있다.

모든 것이 필수품이 될 수 있다고 해서 모든 것이 실제로 필요하다는 뜻은 아니다. 수집 가치가 있는 도자기 인형, 협곡 탐험을 위해 특별히 제작된 신발, 매일 맥도날드에서 하는 식사는 누구에게나 삶이 매우 절박해지기 전까지 기꺼이 돈을 지불하고 싶은 대상일 수 있다. 그러나 대침체 기간에 미국(매우 상세한 가계 지출 통계가 있는 국가)에서 나타난 패턴은 상황이 힘들어졌을 때 미국인이 대체로 비슷한 방식으로 필요와 욕구를 구분한다는 사실을 보여주었다.

미국인이 가장 먼저 포기한 것은 무엇일까? 인디애나주 엘크하트의 지역사회가 분명한 답을 제공한다. 전 세계 레저용 차량의 수도이자 트레일러 마을로 알려진 엘크하트는 캠핑카와 캐러밴, 캠퍼, 육상 요트 등 미국에서 제작되는 모든 레저용 차량의 5분의 4를 생산한다. 이러한 사실 때문에 엘크하트는 오래전부터 소비 심리의 동요를 감지하는 조기 경보 시스템의 역할을 해왔다. 예를 들어 한 제조업체 중역은 1973년의 에너지 위기 당시 사람들이 "누가 스위치를 끈 것처럼" 레저용 차량 구매를 멈췄다고 말했다. 그러나 네 달 후 위기가 완화되자 "그 어느 업체도 필요한 만큼 빠르게 레저용 차량을 생산해내지 못했다". 엘크하트는 대침체가 최소 1년 일찍 시작되었다. 레저용 차량 판매량이 단 일주일 동안 80퍼센트 감소한 때도 있었다. 캠핑카는 사람들이 쇼핑을 멈출 때 가장 먼저 사라지는 것 중 하나다.

(누군가에게는 불필요한 것이 다른 사람에게는 반드시 필요한 것일 수 있음을 증명하는 여담으로, 보통 10만 달러를 호가하는 레저용 차량과 '밴 라이프'를 위해 캠핑용으로 개조한 밴은 코로나19로 팬데믹이 발생했을 때 레스토랑과 호텔, 비행기처럼 붐비는 장소를 피하면서도 여행을 즐기고 싶은 사람들 사이에서 판매량이 급증했다.)

대침체가 발생했을 때 레저용 차량과 함께 구매가 가장 줄어든 항목은 모든 지형에서 주행 가능한 사륜 차량ATV이었다. 그다음은 판매량이 거의 3분의 1 줄어든 스포츠 유틸리티 차량SUV과 픽업트럭이었고, '취미용 개인 비행기'와 오토바이, 레저용 보트가 그뒤를 바짝 따랐다. 그다음은 승용차였다. 미국인은 승용차에 전보다 25퍼센트를 덜 썼다. 전부 쉽게 이해할 수 있다. 앞서 말한 것들은 사람들 대다수가 정말 새것이 필요해질 때까지 몇 년 더 버틸 수 있는 값비싼 항목이기 때문이다. 그다음으로 위기에 처한 물품은 카펫이었다.

이제부터는 더 일상적인 항목이다. 미국인은 장신구와 꽃, 실내에서 기르는 식물, 악기, 가구에 지출하는 비용을 15~20퍼센트 줄였고, 학습서, 냉장고와 식기세척기 같은 가전제품, 퀵서비스, 항공 요금, 공구와 장비, 시계, 스포츠 용품(여기에는 총도 포함되는데, 총 또한 팬데믹 동안 수요가 많았다), 조리 도구, 식기에 지출하는 비용을 10~15퍼센트 삭감했다. "맞아요, 맞습니다." 애리조나주 피닉스에서 상업용 부동산 공인중개사로 수십 년을 일한 앨런 젤이 창문에 판자를 덧댄 가게들을 떠올리며 말했다. "전부 꼭 살 필요가 없을지도 모를 가외 지출 항목들이죠."

어떤 물품과 서비스(일반전화, 카메라 필름, 비디오 대여점)는 이전부터 매출이 하락해오다가 대침체가 마지막 일격이 되어 역사의 쓰레기통으로 들어갔다. 그러나 사람들이 전반적으로 비용을 줄였다고 말하

40

는 것은 부정확할 것이다. 대침체 시기에는 널리 공유된 필수품도 있었다. 텔레비전은 사람들이 돈을 추가로 들여 더 커다란 평면 모델을 구매하면서 판매량이 급증했다. 우리가 핸드폰과 개인용 컴퓨터, 전자기기, 인터넷 접속에 지출하는 비용 역시 경기가 후퇴하는 동안 매년 증가했다. 식당에서 하는 식사 비용은 하락했지만 겨우 6퍼센트였다. 많은 국가에서 외식은 더이상 사치가 아닌 현대생활의 핵심이다. 합리적 가격의 호사를 약속하는 네일숍 역시 제자리를 굳게 지켰으나, 앨런 젤은 네일숍이 어떻게든 영향받았다는 사실로 대침체의 심각성을 드러냈다. "보통 네일숍은 전혀 영향받지 않는 종류의 사업입니다. 그냥 잘 굴러가는 것처럼 보이죠."

대침체가 끝나고 10년 뒤, 피닉스 하늘에서는 여전히 경기 침체의 흔적이 뚜렷하게 보였다. 면도하다 난 상처 위에 티슈를 올려놓은 것처럼, 황토색 도시 군데군데에 네모 모양의 텅 빈 대형 매장이 흩어져 있었다. 대형 플라자와 쇼핑몰 사이에 있는 리넨 가게만 열세 곳이 사라졌다. 그러나 피닉스 시민들은 무엇이 그 버려진 공간을 채우고 있었는지를 금세 잊었다. 전자제품 판매점인 서킷시티, 인테리어 물품 판매점인 리넨스앤드싱스, 대형 할인 마트인 케이마트는 전부 간판을 내렸다. 모든 건물이 다 똑같아 보였고, 소노란사막의 태양 아래 페인트 색깔이 흐릿해졌다. 이 가게들은 미국인이 없이 살아도 괜찮다고 결정한 물건들의 상징이었다.

그러나 경기 침체는 심각한 것이라 해도 소비가 사라진 날의 대강의 윤곽만 보여줄 뿐이다. 일반적인 경기 침체기에 대다수는 물건을 더 적게 사는 것이 아니라 더 저렴한 물건을 구매하고, 부유한 사람들은 계속해서 자유롭게 원하는 물건을 구매한다. 한편 가장 가난한 사람들은 생필품 지출마저 줄인다. 대침체기 전반에 걸쳐 미국인의 가계 지출은 겨우 3.5퍼센트 줄었다. 소비주의의 종말이라고 보긴 힘든 수치다.

세상이 소비를 멈추는 날은 이와 다를 것이다. 우리가 지출을 줄이는 물건들은 대침체기의 양상을 따를 테지만, 지출의 하락 규모는 코로나바이러스로 전 세계가 봉쇄되었을 때와 더 가까울 것이다. 봉쇄 때 지출이 줄어든 물품 중에는 필수품도 있었다. 그중 대다수는 자전거, 제빵과정에서 칼집을 내는 나이프, 원예용 장갑처럼 소비문화에서 빠른 속도로 멀어질 때에도 우리가 의지할지 모를 종류의 제품들이었다. 그러나 전 세계의 소비가 4분의 1 줄어들면, 인류가 거의 모든 물품을 더 적게 구매하고 있다는 사실을 부인할 수 없을 것이다.

"우리 편이 아니라면 테러리스트의 편입니다"

딜린저는 세상이 쇼핑을 멈추고 약 48시간이 지나면 의류 및 패션 산업 전체가 소비 심리의 급작스러운 붕괴에 대해 고찰하느라 떠들썩할 것이라고 말했다. 충격의 여파가 새로운 방향으로 퍼져나가며 수천만 명에게 영향을 미치기 시작하는 것이 바로 이때다.

의류 무역의 총가치는 1조 3000억 달러다. 만약 패션의 왕국이 실존하는 국가라면 경제 규모가 전 세계에서 열다섯번째로 클 것이며, 거의 미국 인구에 맞먹는 규모의 국제 노동 인력을 고용할 것이다. 오로지 면직업에서만 8개국의 2억 5000만 명에게 임금을 지급하며, 이 수치는 세계 인구의 약 3퍼센트에 해당한다. 리바이스는 매해 생산되는 면의 1퍼센트 미만을 사용하지만, 그렇다 해도 리바이스의 판매량이 절반으로 줄어들 경우(쇼핑이 감소할 때 보통 의류 산업은 전체 소비보다 큰 타격을 입는다) 세계에서 세번째로 규모가 큰 면 생산국인 미국을 비롯해 전 세계 약 125만 명의 소득이 날아가는 결과로 이어진다.

42

　일반적인 해에 리바이스는 16개국에 있는 면직 공장에서 원단을 구매하는데, 이중에는 중국과 인도, 방글라데시처럼 의류 라벨에서 알 수 있는 주요 면 생산지도 있지만 바레인과 레소토, 니카라과 같은 국가들도 있다. 천을 염색하고 꿰매는 등의 작업을 통해 리바이스 제품을 생산하는 공장을 포함하면 공급업체는 총 500곳이 넘으며, 업체 대부분이 직원 수천 명을 고용하고 있다. 리바이스가 생산량을 급격히 줄이려 한다는 메시지는 캄보디아 프놈펜에 본사를 둔 스플렌디드 찬스 인터내셔널과 멕시코 과달라하라에 있는 슬리퍼스, 캘리포니아주 커머스에 있는 킵잇히어 주식회사처럼 실제 인물들이 소유하고 고용하는 실제 회사들로 조금씩 흘러들 것이다.

　"그 메시지는 얼마나 빨리 지퍼 생산업체와 면직 공장에 도착할까요?" 딜린저가 말했다. "면직 공장은 목화를 조달하는 사람들에게 얼마나 빨리 그 메시지를 전달할까요? 그 사람들 역시 어딘가에 있는 밭에서 목화를 입수하는 거겠죠. 목화밭은 이 메시지를 가장 늦게 알게 될 겁니다. 이미 목화를 심어놓은 상태일 거고요. 안 그래요?"

　아이러니하게도 값싼 새로운 스타일을 끊임없이 뽑아내는 패스트패션 기업은 전통적인 의류 기업보다 민첩하게 대응할 것이다. 어떤 패스트패션 레이블은 겨우 몇 주 안에 옷을 디자인하고 제작해 시장에 내놓을 수 있으며, 그만큼 순환을 빠르게 멈출 수 있다. 리바이스처럼 생산과정이 느린 기업들은 기존 주문의 생산을 끝내고 싱가포르와 상하이 같은 초대형 항만에 있는 화물선에 싣는 데까지 수개월이 걸릴 것이다. "배를 그냥 바다 위에 세워놓지 않을 겁니다. 그러니 물건을 싣고 오겠죠. 그러면 심각한 재고 문제가 발생할 겁니다." 판매되지 않은 청바지와 그 밖의 의류가 리바이스의 창고에 산더미처럼 쌓이기 시작할 것이다.

　거의 모든 산업에서 이와 유사한 물결이 퍼져나갈 것이다. 스마트폰은 현대의 필수품이지만, 소비가 줄어든 세상에서는 더 많은 사람이 기존 핸드폰을 (최소한) 1~2년 더 사용한 후 새 핸드폰으로 업그레이드할 것이다. 이때 영향받는 이들은 누구일까? 언젠가 한 연구에서 아이폰의 공급망을 조사해 캘리포니아의 디자이너와 네덜란드의 소프트웨어 개발자, 일본의 카메라 기술 기업, 중국의 생산업체 등 여러 다양한 기여 주체를 찾아낸 적이 있다. 24개국에서 거의 800개에 달하는 사업체가 생산에 관여했는데 이는 금과 납, 구리처럼 친숙한 광석에서 이트륨과 프라세오디뮴 같은 희토류 광물에 이르는 열아홉 개의 원소를 비롯해 아이폰에 들어가는 여러 원자재를 채굴하고 가공하는 업체는 포함하지 않은 수치다.

1970년대에 에너지 위기가 발생했을 때 트럭 운전사들(당시에는 이들이 물품 운송을 도맡았다)은 미국 소비 침체의 '첫번째 희생자'로 불렸다. 오늘날 첫번째 희생자는 아마존이 될 것이다. 워싱턴주 시애틀에 있는 아마존 본사는 그 자체로 하나의 도심이다. 여느 때처럼 비가 오는 날이면 본사는 명랑한 전체주의 느낌이 나는 회사의 주황색과 하얀색 우산을 쓴 프로그래머와 택배 기사들로 붐빈다. 아마존은 시애틀에만 수백억 달러를 지출해왔으며, 수많은 직원은 그 돈을 카페와 수제 맥주 양조장, 비건 음식점, 체육관을 비롯한 수십여 개의 사업체로 퍼뜨리고 있다.

팬데믹 기간에 쇼핑이 온라인으로 자리를 옮기자 아마존은 호황을 맞이했다. 그러나 결국 아마존에 동력을 공급하는 것은 가계 지출이다. 세상이 쇼핑을 멈추는 순간 주황색과 하얀색 우산들은 접히기 시작할 것이다. 2010년대에 택배 물량이 네 배로 뛴 뉴욕에서 온라인 주문이 25퍼센트 감소한다는 것은 곧 일일 택배량이 37만 5000건 줄어든다는 뜻이다. 거의 하룻밤 사이에 미국에서 가장 극심한 교통 체증이 완화되어, 수년 만에 처음으로 맨해튼에서 가장 혼잡한 도로의 차량 속도가 조깅하는 사람의 속도보다 빨라질 것이다.

그러나 가장 최악의 혼란과 손실은 오늘날 전 세계 물건의 대다수를 생산하고 수많은 서비스를 제공하는 가난한 국가의 국민에게 돌아갈 것이다. 휴스턴에서 활동하는 인권운동가 세라 레보위츠Sarah Labowitz는 수년간 이러한 노동자들의 여건을 개선하기 위해 힘써왔다. 2013년 방글라데시에서 영국과 스페인, 이탈리아, 미국, 캐나다 등에 기반을 둔 의류 브랜드의 옷을 생산하던 천여 명의 사람들이 건물 붕괴로 목숨을 잃은 라나플라자 참사가 일어났다. 당시 방글라데시를 찾은 레보위츠는 그곳의 노동자들에게 서구 소비자에게 전하고 싶은 메시지가 있는지 물었다. "사람들은 '네, 있어요. 계속 옷을 주문하세요'라고 말했습니다." 노동자들은 노동법이 개선되기를 원했지만, 그들의 가장 큰 두려움은 자신에게 급료를 지급하는 산업이 붕괴되는 것이었다.

딜린저의 생각은 즉시 폭력적인 이슬람 근본주의자들이 많은 추종자를 끌어모으고 있으며 의류 산업이 국가경제에 크게 기여하는 국가들로 향한다. 소비 둔화는 대부분의 소비가 발생하는 부유한 국가에서 가난한 국가로 흐르는 충격이지만, 타격이 역으로 발생할 위험도 존재한다. "서구 국가에서 소비하는 돈이 더이상 튀르키예와 이집트, 튀니지, 파키스탄으로 흘러들지 않을 때 무슨 일이 발생할지를 우리 모두가 염려해야 합니다." 딜린저가 말했다. "그동안 우리의 국외 소비는 우리가 환영받지 못하는 지역에서 돈으로 구매한 정치적 안정 같은 것이었어요."

소비 중단과 국제적 테러의 급증은 곧바로 연결된다. 조지 W. 부시의 말이 예언처럼 보이기 시작한다. "우리 편이 아니라면 테러리스트의 편입니다."

세계경제에 '소행성 충돌'과 같은 충격이 발생한다

소비를 멈춘 세상에서 갑작스러운 타격을 느끼지 않는 유일한 공간은 바로 우리의 옷장이다. 쇼핑 없는 하루? "아무도 바지를 안 입은 채로 뛰어다니지 않을 겁니다." 일주일? "그래도 모두가 바지를 입고 있을 겁니다." 한 달? 어떤 이들(예를 들면 임산부나 성장하는 아이들)에게는 새 옷이 필요할 만큼 몸이 바뀔 수 있는 시간이다. "그러나 대체로는 다들 바지를 입고 있을 겁니다." 패션이 극적으로 변화하는 속도는 결코 빠르지 않다. 딜런저는 1990년대의 인기 텔레비전 시트콤인 〈사인필드〉의 출연진 사진과 2010년대의 시트콤 〈모던패밀리〉의 출연진 사진을 나란히 보여주는 것을 좋아한다. 두 프로그램 사이에는 20년의 세월이 있지만 배우들의 복장을 서로 바꿔도 차이를 거의 느끼지 못할 것이다. 딜런저는 세계 인구가 100억 명으로 증가하는 와중에도 이미 있던 옷을 수선하면 추가 구매를 전혀 하지 않고도 모든 사람에게 옷을 입힐 수 있다고 말했다. "우리에겐 필요한 원재료가 충분합니다. 이미 우리 옷장에 가득하거든요."

그의 주장은 수치로 입증된다. 2016년 글로벌 컨설팅 기업인 맥킨지앤드컴퍼니는 의류 열 벌 중 여섯 벌이 생산된 지 1년 이내에 쓰레기장이나 소각장에 버려진다고 보고했다. 판매되지 않아서 버려지는 옷은 그중 작은 일부일 뿐이며, 대부분은 우리가 구매한 뒤 버린 옷이다. 이 옷들은 선물 받았지만 마음에 안 드는 옷, 행사에서 홍보용으로 나눠준 티셔츠와 모자, 성 패트릭의 날에 걸칠 초록색 옷이 필요해서 일회성으로 산 것들이다. 그러나 저렴하다는 이유로 계속 입을지 깊이 고민하지 않고 구매한 옷들이 점점 늘어나고 있다.

어쨌거나 오늘날 생산되는 옷 다수가 오래가게끔 만들어지지 않는다. 양말과 스타킹은 몇 시간 만에 해지고, 셔츠는 단추가 떨어지고, 바지는 찢어지고, 스웨터는 보풀이 생기고, 많은 옷이 줄어들거나 얼룩이 생기거나 세탁기 안에서 망가지고, 티셔츠에는 인터넷 게시물의 주요 주제인 자그맣고 불가사의한 구멍들이 생긴다(좀이 슬었을까? 벌레일까? 아니다. 계획적 진부화planned obsolescence 때문이다. 구멍이 난 것은 오늘날 생산 라인에서 얇디얇은 천을 작업대 같은 것에 문대기 때문이다). 의류 매출의 극치는 흰색 티셔츠인데, 이 티셔츠는 값싸게 생산되고 쉽게 얼룩지며 중고품점에서 헐값에 팔린다. 누구도 얼룩진 싸구려 흰색 티셔츠를 사려 하지 않기 때문이다.

한 해 동안 옷 열 벌을 구매했다고 상상해보자. 보통 1년 이내에 내버리는 여섯 벌을 제하면 네 벌이 남는다. 이제 한 해에 절반인 다섯 벌을 구매한다고 상상해보자. 여전히 네 벌을 갖고 한 벌을 내버릴 수 있다.

한마디로 이건 소비의 딜레마다. 옷 구매를 절반으로 줄이면 세계경제에 소행성 충돌과 같은 충격이 발생한다. 그러나 우리의 옷장은 줄어들기 시작하지도 않는다.

2장

그들이 물건 대신 사는 것

리바이스 본사에서 남쪽으로 6000킬로미터 떨어진 곳, 남미 에콰도르의 수도인 키토에서 페르난다 파에스가 땡볕이 내리쬐는 한낮의 거리를 달렸다. "전 그렇게 가난하지도, 그렇게 부유하지도 않아요." 파에스가 웃으며 말했다. "옷차림은 평범한 편이고요." 세상이 쇼핑을 멈추는 날, 이 사실 덕분에 파에스는 세계적으로 중요한 인물이 된다.

파에스는 탁시스타, 즉 택시 운전사다. 전 세계 어디에서나 그렇듯, 에콰도르에서도 여성 택시 운전사는 드물다. 우리가 처음 만났을 때 파에스는 기본 세단(택시 특유의 노란색 쉐보레 아베오)를 몰고 있었다. 중고로 이 차를 구매한 뒤 겨우 2년 반 만에 10만 킬로미터를 달렸다. 내게 이 이야기를 할 때 파에스는 운전석에 아주 꼿꼿이 앉아 있었다. 파에스는 키가 크지 않다. 작고 몸무게도 가벼우며, 삼십대인 본인의 나이보다 어려 보인다. 그런데도 그에게서 강인함이 느껴진다. 파에스는 자기 말을 강조하고 싶을 때 선글라스테 너머로 상대에게 시선을 고정하는 습관이 있다.

"네, 집에 텔레비전 있어요." 그가 말했다. "방마다 하나씩 있지는 않을 뿐이에요."

지구상의 모든 사람이 보통의 미국인처럼 산다면 지구 다섯 개만큼의 자원이 있어야 생활방식을 유지할 수 있다는 말을 들어본 적 있을 것이다. 명백한 문제는 우리에게 지구 다섯 개가 없다는 것이다. 우리에겐 지구가 하나밖에 없다.

비영리단체인 지구생태발자국네트워크Global Footprint Network는 이러한 계산을 거의 20년간 섬세히 조정해왔다. 이들은 먼저 지구를 헥타르(일반 축구장보다 약간 더 넓은 단위)로 나눈다. 이 헥타르들은 인간이 이용할 수 있는 생물학적으로 생산적인 땅으로, 1헥타르당 그 생산성의 평균값이 부여된다. '글로벌헥타르'라는 이름으로 불리는 이 구획들을 전 인류에게 골고루 나누면 각자 1.6글로벌헥타르를 갖게 된다. 이것이 바로 전 세계의 땅과 물자원을 공평하게 분배했을 때 모든 개인에게 주어질 대략적인 몫이다. 물론, 전 세계의 자원은 공평하게 분배되지 않는다.

필요와 욕구 외에도 소비 중단의 의미를 구분할 또하나의 방법이 있다. 바로 지구가 유지될 수 있는 이상으로 쇼핑을 하는가, 그렇지 않은가다. 지구생태발자국네트워크에 따르면 현재 인류는 개인 평균 2.7글로벌헥타르를 소비하고 있다. 이것이 바로 우리 '생태발자국'의 크기이며, 이는 지구가 장기적으로 제공할 수 있는 양보다 170퍼센트 더 큰 규모다(대부분의 국제적 자료와 마찬가지로 생태발자국 또한 투박한 기준이다. 지구생태발자국네트워크의 과학자들은 이 기준을 '인간이 자연에게 얼마만큼을 요구하는지 측정할 수 있는 최소한의 기준값'이라 칭한다). 우리 모두가 일반적인 미국인처럼 생활한다면 지구가 얼마나 많이 필요할지 계산할 때 과학자들은 먼저 얼마만큼의 글로벌헥타르가 있어야 보통의 미국인이 자신의 소비 수요를 충족할 수 있는지를 알아본다. 일반적인 미국인의 생태발자국은 8글로벌헥타르다. 8글로벌헥타르는 전 세계 개인에게 주어지는 1.6글로벌헥타르의 다섯 배이므로, 미국이라는 행성을 지탱하려면 지구가 다섯 개 필요함을 알 수 있다.

다른 국가에도 똑같은 계산을 적용할 수 있으며, 이렇게 하면 전 세계에서 소비가 얼마나 불공평하게 발생하는지가 뚜렷하게 드러난다. 우리 모두가 세계에서 가장 가난한 국가 중 하나인 아프가니스탄의 보통 시민처럼 산다고 가정해보자. 그렇다면 지구를 절반으로 줄여도 모두가 기존 생활수준을 유지할 만큼 충분한 자원이 남는다. 모두가 일반적인 중국인처럼 산다면 지구가 두 개보다 조금 더 많이 필요하고, 모두가 스페인인과 영국인, 뉴질랜드인처럼 산다면 지구는 약 두 개 반이 필요하다. 우리가 이탈리아 행성과 독일 행성, 네덜란드 행성에서 산다면 지구 세 개가, 러시아인과 핀란드인, 노르웨이인처럼 산다면 지구 세 개 반이, 스웨덴과 대한민국, 오스트레일리아, 캐나다의 생활방식을 누린다면 지구 네 개 이상이 필요하다. 그리고 우리가 에콰도르 행성에서 산다면 딱 지구 한 개가 필요하다. 실제로 존재하는 만큼이다.

에콰도르의 소비자 생활방식은 '세계적으로 지속 가능한' 것으로 여겨진다. 천연자원을 고갈시키지 않고 모두가 보통의 에콰도르인(예를 들면 페르난다 파에스)처럼 소비할 수 있다는 뜻이다. 이러한 생활방식은 "하나의 지구를 위한 생활one-planet living"이라고 불리기도 한다.

이러한 생활은 어떤 모습일까? 그러니까 풍력 비행기와 케일로 만든 옷이 있는 가상의 미래가 아닌, 현재의 지구에서 지속 가능한 소비수준은 어떤 것일까?

여기서 불편한 진실이 등장한다

키토는 마치 안데스산맥이라는 그릇 안에서 뒤섞인 샐러드처럼 생겼다. 키토에서 파에스가 사는 교외 지역으로 이동하는 데는 자동차로 한 시간 반이 걸린다. 카라풍고라는 이름의 이 지역은 키토를 둘러싼 산봉우리와 세상의 중심으로 흐르는 가파른 협곡 사이의 길고 좁은 평지에 펼쳐져 있다(이 나라는 지구를 남북으로 가르는 적도equator에 의해 둘로 나뉘기 때문에 에콰도르Ecuador라는 이름을 얻었다. 적도는 수도인 키토의 북쪽 끝을 지난다). 카라풍고는 지저분하고 여기저기 그라피티가 그려져 있다. 중심가에는 작은 가게들이 늘어서 있고, 가게 주인들이 부서진 보도를 쉬지도 않고 티끌 하나 없이 깔끔하게 비질하는 중이다.

"이곳 사람들은 좀 고생하긴 해도 괴로워하진 않아요." 파에스가 말했다.

파에스의 생활 형태는 우리에게도 무척 익숙하다. 그에게는 헨리라는 파트너와 자녀 둘(남자애 한 명과 여자애 한 명으로, 파에스는 이때 이후로 아들 하나를 더 낳았다), 로키라는 이름의 스탠더드 슈나우저 한 마리가 있었다. 이들은 시부모가 소유한 멜론색 건물의 꼭대기 층에 살았고, 시부모는 그 아래층에 살았다. 먹을 음식이 충분했고, 이들이 입은 옷(이 가족은 축구 테마의 스포츠웨어를 가장 좋아했다)은 유럽이나 북미의 호화로운 지역을 제외하면 어디에서든 자연스러울 법했다.

그러나 부유한 국가에 사는 수많은 사람의 눈에는 파에스의 생활방식이 불충분해 보일 것이다. 파에스가 사는 아파트 수도꼭지에서는 온수가 나오지 않았다. 그 대신 가족들은 샤워할 때 즉석으로 물을 데우는 전기온수기를 사용했다. 아이들은 한방을 썼고 하루에 용돈 1.5달러를 받았다(에콰도르는 통화로 미국 달러를 사용한다). 냉장고와 세탁기는 있지만 건조기는 없어서 옷을 테라스에 널어 말렸다. GM 자동차에 들어갈 시트를 만드는 공장에서 일하는 헨리는 크리스마스가 되면 현금이 아닌 약 1년치 분량의 쌀과 설탕, 식용유를 보너스로 받아왔다. 가족 모두가 함께 쓰는 데스크톱컴퓨터가 한 대 있었고, 어른들만 핸드폰을 이용했다. "기술은 필수가 되었어요." 파에스가 말했다. "꼭 갖고 있어야 하죠." 이들의 예산은 빠듯했지만 사치품이 전혀 없는 것은 아니었다. 파에스는 신발이 총 서른 켤레 있었다.

이 가족은 외식을 거의 하지 않았고, 여가 시간에는 (모두 함께) 축구를 하거나 친구 및 가족과 모임을 가졌다. 카라풍고에는 자동차가 없는 사람이 많았지만 이 가족은 가끔 파에스의 택시를 타고 에콰도르의 국립공원 중 하나로 떠나거나, 해발고도가 거의 3킬로미터에 달하는 안데스산맥의 자택에서 태평양 연안의 해변으로 쭉 내려가곤 했다. 그러나 가족 중 비행기를 타본 사람은 아무도 없었다.

에콰도르인 대다수가 이렇게 살아간다. 부유한 국가와 비슷하지만 생활방식은 세탁으로 인해 약간 줄어든 듯한 모양새다. 에콰도르에는 '제삼세계'의 느낌이 없다. 빈곤은 특히 도심 빈민가에서 눈에 띄지만, 두터운 중산층의 삶을 빼놓을 수는 없다. 사람들은 마라톤 훈련을 하고 가족들은 중국 음식점에서 외식을 하며, 새로 포장한 도로도 많다. ("우리나라의 고속도로는 남미 최고예요." 한 남자가 내게 말했다. "운전자들은 최고가 아니지만.") 화장실은 수세식이고 전깃불도 들어온다.

그러나 4성급 호텔의 화장실조차 작디작은 비누와 안약 크기의 샴푸를 제공한다. 에어컨은 찾아보기 힘들다. 식사는 배부르고 맛도 좋지만 고기는 별로 없고, 음식을 일회용기가 아닌 진짜 그릇에 담아 금속 식기와 함께 내놓는 노점이 드물지 않다. 가세와 식당, 카페, 술집은 대체로 붐비지 않는다. 놀라울 만큼 많은 가게가 주말에 문을 닫으며, 부유한 동네 밖에서는 취미로 쇼핑을 한다는 사람을 만나기 힘들다. 키토 주민들은 키테뇨라는 이름으로 불린다. 걸어서 시내를 돌아다닌다고 말하면 키토 주민들은 웃으며 이렇게 말한다. "아, 키테뇨처럼요."

유엔은 '낮음'에서 '매우 높음'으로 이어지는 인간개발지수에 따라 국가를 분류한다. 2018년 기준으로 개발지수가 매우 높은 62개국(쉽게 떠오르는 모든 국가를 비롯해, 칠레와 카자흐스탄, 말레이시아처럼 떠오르지 않았을지도 모를 여러 국가가 여기에 포함된다) 중 생활수준이 하나의 지구에 걸맞은 곳은 하나도 없었다. 그러나 좋은 소식도 있다. 개발지수가 '높은' 몇 개 국가가 실제로 하나의 지구를 위한 삶을 살아가고 있다. 에콰도르도 그중 하나다.

확실히 해야 할 점이 있다. '매우 높은' 개발지수와 그냥 '높은' 개발지수는 차이가 크다. 개발지수가 매우 높은 국가의 시민들이 생활수준을 에콰도르 평균으로 바꾸려면 약 5년의 기대수명과 교육을 포기해야 한다. 국가별로 비교하면 차이는 줄어든다. 미국인은 에콰도르인보다 수명이 겨우 2년 더 길다. 인간개발지수가 매우 높은 캐나다는 에콰도르보다 교육 기간이 겨우 1년 더 길다. 에콰도르는 유럽연합의 모든 회원국을 비롯해 개발지수가 '매우 높은' 대다수 국가보다 소득 불평등이 심각하지만 미국과는 엇비슷하다. 실제로 에콰도르는 미국의 여러 주 및 자치령보다 소득이 더 평등하게 분배된다. 예를 들면 에콰도르는 푸에르토리코나 워싱턴 DC보다 소득분배가 훨씬 더 평등하다.

가장 최근 수치를 보면 인간개발지수가 높으면서도 소비수준이 하나의 지구에 거의 걸맞은 국가가 아홉 개 있었다. 그 아홉 국가는 바로 쿠바와 스리랑카, 아르메니아, 도미니카공화국, 필리핀, 자메이카, 인도네시아, 이집트, 에콰도르다. 이 국가들이 공유하는 한 가지 특징이 있는데, 9개국 모두 1인당 국민소득이 선진국보다 엄청나게 낮다. 세계은행의 수치에 따르면 에콰도르 일반 국민의 구매력은 미국에서 연간 1만 1500달러를 버는 사람의 구매력과 같다. 한편 미국의 1인당 국민소득은 6만 5000달러가 넘는다.

구매력이 적은 사람들은 제품과 서비스에 쓸 돈도 적다. 솔직히 말하면, 소비에 관한 한 가난한 사람들은 문제가 아니다. 이 세상에는 평균 소비수준이 하나의 지구에 걸맞은 국가가 최소 53개 있다(인도 행성은 지구 크기의 4분의 3이면 된다. 모두가 아프리카의 뿔에 있는 빈곤국 에리트레아의 일반적인 주민처럼 산다면 달보다 약간 더 큰 크기의 세상에서도 생존할 수 있다). 이 국가들을 전부 합치면 전 세계 인구의 거의 절반에 해당한다.

여기서 불편한 진실이 등장한다. 생태발자국을 기준 삼았을 때, 세상이 소비를 멈추는 날에는 더 부유한 국가들에서 어마어마한 소비의 감축이 요구될 것이다. 한편 수십억 명의 사람들은 아직 쇼핑을 시작하지도 않았다. 어떤 이들은 이미 자신에게 주어진 몫만을 소비하고 있다. 그 외의 다수는 덜 소비하고 있다. 이들은 여전히 자신의 기본적 욕구를 충족할 수 있는 날을 기다리고 있다.

완전히 새로운 영역의 소비가 퍼졌다

부유한 국가에도 소비수준이 하나의 지구에 걸맞거나 그보다 낮은 사람들이 있다. 대체로 이들은 자전거를 열심히 타느라 다리가 근육질이고 비건 식단을 하는 도시인이 아니다. 이들은 돈을 많이 벌지 못하는 사람들이다.

워싱턴 DC의 경제정책연구소는 미국 전역의 생활비를 연구해 한 가족이 '검소하지만 충분한 생활수준'을 영위하기 위해 벌어야 하는 금액을 결정한다. 이들은 이 금액을 '가계 예산'이라 부른다.

"빈곤을 뜻하는 것은 아닙니다." 연구소의 선임 경제학자인 엘리스 굴드Elise Gould가 내게 말했다. "이 나라에는 매달 빠듯하게 살아가는 사람이 수백만 명 있어요. 가계 예산은 그런 개념을 나타냅니다."

가계 예산으로 살아가는 미국 가정은 돈을 평균보다 25퍼센트 적게 지출한다. 내 사고실험에서 이들은 사실상 쇼핑을 중단한 것이다. 이들은 생존할 수 있을 뿐만 아니라 그 시대의 사회·경제적 삶에 참여할 여유가 있는 사람들, 즉 소비자 문제의 선구자였던 캐럴라인 웨어Caroline Ware가 1940년대에 '경제 시민권economic citizenship'이라 칭한 것을 얻을 수 있는 사람들이다. 이들에게 최신 아이폰은 없을지 몰라도, 가족 내 성인은 종류가 뭐든 간에 각자 핸드폰을 소유할 것이다. 도시에 산다면 아마도 아파트에 살 것이고, 시골에 산다면 아마 자그마한 집에 살 것이다. "보통 이들은 집에 텔레비전과 식탁, 앉을 곳이 있습니다. 텅 빈 집을 돌아다니지는 않아요." 굴드가 말했다.

이들의 삶은 페르난다 파에스에게 익숙해 보일 것이다. 마찬가지로 에콰도르에 사는 파에스의 삶도 그들에게 평범해 보일 것이다. 가계 예산으로 살아가는 가정은 아이들이 쓸 여분의 침실이 최소한 한 개 있고, 컴퓨터 한 대와 자동차 한 대가 있다. 냉장고와 부엌 선반은 음식으로 가득차 있으며(아마 유기농 식품은 아닐 텐데, '이들은 할인 상품을 찾기' 때문이다) 이 가족이 외식을 하는 일은 드물다. 이들의 옷은 최신 유행은 아니지만 그렇다고 유행에 뒤떨어지지도 않았다. "이들은 겨울에 겨울 외투를 살 수 있고 신발을 사 신을 수 있지만, 그게 트렌드를 따른다는 의미는 아닙니다"라고, 굴드는 말했다. 이들은 비행기를 한 번도 타보지 않았거나 드물게 타본 미국인 53퍼센트 중 큰 부분을 차지한다. 미국에서 생활비가 가계 예산 기준에 가까운 지역으로는 플로리다주의

드퓨니악 스프링스와 테네시주의 프렌즈빌, 그리고 캔자스주가 있다. 보통은 여행객이 절대 찾지 않는 곳들이다. 도시 중에서는 뉴욕이나 로스앤젤레스가 아닌, 디트로이트와 휴스턴을 꼽을 수 있다. 미국인의 약 절반이 가계 예산 또는 그 이하의 수준으로 소비한다.

20세기를 기억하는 사람이라면 이러한 생활방식이 낯익을 것이다. 레스토랑에서 하는 식사는 드문 호사였고, 옷은 물려받아 입었으며, 집 가까운 곳으로 휴가를 떠났고, 소비하는 삶의 속도는 무척이나 느렸다. 또한 그때는 일상에서 돈을 쓰는 것이 통칙이 아니라 예외라는 감각이 있었다. 이러한 것들이 널리 통용되는 규범이었던 시기를, 오늘날 많은 사람이 여전히 기억할 것이다. 지구생태발자국네트워크에 따르면 아마도 1970년이 인류 전체가 여전히 하나의 지구에 걸맞은 생활을 했던 마지막 해였다. 물론 선진국들은 훨씬 일찍 그 수준을 넘어섰다. 생태발자국네트워크의 분석가들은 미국의 평균 생활방식이 1940년에서 1960년 사이의 어느 시점에 세계적으로 지속 가능한 수준을 넘어섰다고 추산한다. 영국과 캐나다, 독일을 비롯한 대다수의 선진국도 마찬가지이며 스페인과 이탈리아, 일본 같은 일부 국가는 1960년대 중반에, 한국은 1979년에 그 선을 넘었다. 이런 식으로 한번 생각해보자. 현재 미국 인구는 1970년보다 60퍼센트 더 많지만, 총소비지출은 물가 상승률을 감안해도 400퍼센트 증가했다. 1965년과 비교하면 그 수치는 거의 500퍼센트에 달한다. X세대까지만 시계를 돌려도 지구 몇 개만큼의 과잉 소비를 없앨 수 있다.

스스로 경제 시민이라 느끼는 기준은 갈수록 높아지고 있다. 우리는 점점 더 자주 외식을 한다. 더 다양한 행사를 위해 더 많은 신발을 갖춘다. 팬데믹은 가구가 완비된 '야외 공간'을 마련하는 추세를 가속화했고, 어떤 야외 공간에는 대형 텔레비전까지 있다. 자동차는 점점 더 커지고 새것이 된다. 전 세계 자동차 판매량에서 SUV가 차지하는 비율은 2000년 이후 매년 두 배로 뛰었다. 20년 전에는 거의 존재하지조차 않았던 완전히 새로운 영역의 소비가 널리 퍼져 있다. 온갖 것을 갖다주는 아마존 스타일의 배송 서비스, 음식을 향한 열렬한 관심, 그 어느 때보다 다양한 주방 용품 목록, 집안의 잡동사니 정리를 도와주겠다는, 아이러니하게도 그 수가 너무 많은 제품들. 옷뿐만 아니라 가정용품, 가구, 심지어 집의 기본 구조(방의 크기, 벽의 개수)까지 유행 주기에 따라 빠르게 바뀐다. 일과 놀이, 가정생활의 사이에서 오늘날 많은 사람이 21세기 초반에는 오직 외교관과 영화배우, 정치인, 교황 같은 엘리트만 가능했던 수준으로 비행기 여행을 떠난다. 요즘에는 가계 예산으로 살아가는 가정조차 최대한도의 신용카드와 대출로 구매한 싸구려 물건들로 뒤덮여 있을지 모른다. 우리는 과거보다 훨씬 더 많이 소비하지만, 느낌상 아무것도 변하지 않은 것 같다.

에콰도르는 과거의 생활수준이 그럭저럭 괜찮을 뿐만 아니라 더 낫다고 생각하는 사람들을 끌어모으고 있다. 내가 만난 브루스 핀치는 전에는 텍사스주 오스틴에 살았으나 지금은 코타카치에 살고 있다. 코타카치는 키토에서 약 두 시간 거리의 화산 자락에 있는 조용하게 바쁜 작은 마을이다. 은발에 턱이 각지고 파나마 모자와 티셔츠, 반바지 차림을 한 핀치는 전형적인 그링고*처럼 보였지만, 그는 에콰도르를 찾아왔다기보다는 미국을 떠난 것에 가깝다. 그는 자신이 미국에서 내몰린 요인 중 하나가 "정치적 올바름과 거기에 따라오는 헛소리"라고 말했다. 그러나 미국의 생활방식 또한 요인 중 하나였다. 그는 자국에서 더이상 미국의 생활방식을 발견하지 못했다. 그 대신 에콰도르에서 발견했다.

....
* 라틴아메리카에서 미국인을 낮추어 부르는 속어.

"에콰도르는 저의 어린 시절을 떠올리게 합니다. 저는 남부 텍사스에 있는 작은 마을에 살았어요. 모두가 서로를 알았고, 식료품점 주인의 이름을 알았죠. 정말 기분좋은 일이었습니다. 지금 여기가 그렇죠." 핀치가 말했다. "오스틴에선 안 그렇습니다. 아는 사람이 아무도 없고, 식료품점에도 망할 차를 타고 가야 해요. 여기선 어디든 걸어다니죠. 몸무게가 13킬로그램이나 빠졌다니까요! 빼려고 한 것도 아닌데, 이런 삶을 사니까 그냥 빠졌어요."

핀치는 코타카치의 중심가 중 한 곳에 있는 아파트에 산다. 다시 미국으로 돌아갈 계획은 없었다.

"이 사람들은 기본적으로 행복합니다." 그가 말했다. "미국인처럼 가진 게 많진 않지만, 미국인이 추구하는 건 오직 물건뿐이에요. 미국인은 물질만능주의자입니다. 여기 사람들은 그만큼은 아니에요. 물론 물건을 좋아하긴 하죠. 하지만 물건을 얻으려고 영혼까지 속이진 않아요."

부엔 비비르, 행복을 자아내는 능력

"아무것도 모르면서, 멕시코 사람들은 만족해하는 행복한 사람들이라는 말들을 종종 한다. '그들은 아무것도 원하지 않는다.' 물론 이 말은 멕시코인들의 행복을 말해주는 것이 아니라, 그 말을 하는 사람의 불행을 말해준다."

존 스타인벡은 80년 전 멕시코의 기나긴 캘리포니아만을 항해하다가 한 무리의 남성들을 만나고 이렇게 썼다. 스타인벡은 이들이 카누 한 척과 낚시용 작살, 바지, 셔츠, 모자를 얻고 스스로 "생활의 기반을 잘 닦았다"라고 생각하는 듯 보인다고 말했다. 스타인벡은 자신이 본 것을 믿지 않았다. 이 사람들은 정말로 행복할까?

정신없이 바쁜 서구 물질주의자가 가난한 국가로 여행을 떠나 그곳에서 목격한 간소하고 행복한 삶을 찬양하는 것은 오래된 클리셰다(그 여행자들 중 고향에 돌아와 즉시 물질주의를 포기하는 사람은 극히 드물다). 전 지구적 차원의 설문 조사 덕분에 오늘날 우리는 이 문제에 관해 더욱 객관적인 정보를 말할 수 있다. 내가 방문했을 때 에콰도르는 본인이 직접 보고한 행복도에서 전 세계 국가 중 50위에 올랐다. 대부분의 부유한 국가보다는 낮지만 쿠웨이트와 한국, 일본, 러시아보다는 높은 순위였다.

에콰도르를 비롯한 많은 개발도상국이 빛을 발하는 분야는 더욱 지속 가능한 소비수준에서 행복감을 느끼는 능력이다. 영국에 기반을 둔 신경제재단New Economics Foundation이 집계하는 행복지수Happy Planet Index는 본인이 직접 보고한 행복도와 기대수명, 불평등, 생태발자국을 척도로 삼는다. 이 기준들에 따르면 에콰도르는 상위 10개국에 속했다. 고도로 발전한 국가들은 대부분 상위 20위에도 들지 못한다. 미국은 총 140개국 중 108위로 곤두박질치고, 캐나다는 85위로 가라앉는다. 실제로 부유한 국가들은 효율 문제를 겪는다. 이들은 돈을 마구 쓰면서도 그 소비를 기쁨으로 바꾸지 못한다. 미국인의 소비가 25퍼센트 증가한 지난 15년간 행복도 25퍼센트 증가했을까? 아니, 행복이 조금이라도 늘긴 했을까?

2010년대의 거의 5년간 에콰도르에는 행복부 장관이 있었다. 어쨌거나 전 세계 미디어는 그를 그렇게 불렀다. 그 밖에 좋은생활부 장관이나, 웰빙부 장관이라고 불리기도 했다. 그의 이름은 프레디 엘러스로, 유명 텔레비전 스타인 그는 자신의 트레이드마크인 솜브레로 데 파하 토키야(파나마 모자를 뜻하는 말로, 모든 에콰도르인이 사실 이 모자는 에콰도르에서 발명했음을 알려줄 것이다)를 쓰지 않고서는 좀처럼 모습을 드러내지 않는다. 그의 실제 직함은 세크레타리오 델 부엔 비비르였다. 그는 이 직함을 제대로 번역하는 것이 불가능하다고 생각했다. 그는 내게 부엔 비비르*를 영어로 옮긴 용어 중 '더 나은' 삶이라는 뜻을 내포하지 않은 것이 없다고 말했다. 이 사실은 그에게 서구 문화에 대해 많은 것을 말해주었다.

"'더 나은'이라는 단어를 사용하면 무언가와 비교를 해야 해요." 그가 버려진 음산한 공항에 있는 근무처의 회의실에 앉아 내게 말했다. "그럼 무엇과 비교할까요? 내 할아버지보다 더 잘살고 싶습니다. 내 아버지보다 더 잘살고 싶습니다. 내 형제보다 잘살고 싶고, 특히 내 이웃보다 잘살고 싶어요. 20년 전의 나보다, 10년 전, 5년 전의 나보다 더 잘살고 싶습니다. 우리는 더 나은 삶을 제안하지 않아요. 더 나은 삶이 지구를 파괴하고 있거든요. 우리는 잘살자고 제안하죠."

엘러스는 자기 이름이 아닌 웃는 나무 그림으로 서류에 서명을 하고, (국군 대령을 비롯한) 방문객들에게 점심시간에 자기와 함께 참선을 하자고 설득하는 논란 많은 인물이었다. 그는 이렇게 말했다. "빈곤은 누가 가진 것이 적고 많은가의 문제가 아니에요. 빈곤은 더더더 많은 것을 원하면서 이미 가진 것으로는 절대로 만족하지 못하는 것이죠." 수많은 사람이 필수품을 살 여유가 없으면서도 텔레비전으로 매일같이 부유한 자들의 생활방식을 바라보는 국가에서 이 말은 먹혀들지 않았다. 새 정권이 선출된 첫날 엘러스는 바로 해고당했다. 에콰도르인들은 자신들이 부엔 비비르를 가졌다는 생각을 거부했다.

페르난다 파에스는 예외였다. "난 우리가 부엔 비비르를 가졌다고 생각해요." 그가 말했다.

----

* 좋은 삶이라는 뜻.

파에스가 어렸을 때 그의 가족은 키토에 있는 한 정비공의 차고에서 관리인 일을 하며 살았다. 아이들이 놀기에 안전한 곳은 아니었다. 아홉 살 때 파에스는 버려진 버스 뒤를 기어오르다가(어린이들이 늘 그렇듯) 바닥으로 떨어졌다. 그리고 골반이 부러져 6개월 동안 침대 신세를 졌다. 파에스의 부모님은 그 6개월 동안 당시에는 시골이었던 카라풍고에 집을 한 채 지었다. 새집은 수도도 전기도 없었다. 그러나 파에스는 그곳이 살기에 몹시 평화로운 곳이었다고 말했다.

"사람들은 이렇게 말했어요. 누가 카라풍고에 살겠어? 그런 버려진 땅에 누가 살겠느냐고? 그런데 보세요!" 파에스가 마을 입구를 향해 손짓한다. 이제는 수십 명이 남북 아메리카를 횡단하는 고속도로의 길가에서 어느 때고 버스와 택시를 기다리고, 마이크로맥시스라는 잡화점을 돌아다닌다. "카라풍고에는 부족한 게 없어요."

그렇기는 하지만 파에스와 헨리는 근처 쿠차라(스페인어로 '숟가락'이라는 뜻인데, 에콰도르에서 이 단어는 '막다른 골목'을 뜻하기도 한다)에 빈 땅을 사두었다. 그들은 이곳에 새집을 지을 예정이다. "작은 집을 짓게 될 것 같아요." 파에스가 말했다. "아이들이 다 자라면 집을 떠날 거고, 우리가 다 쓰기에 애들 방은 너무 클 테니까요." 그래도 이 집은 카라풍고의 몇 없는 단독주택이 될 것이다. 파에스와 그의 가족은 수입이 에콰도르 평균을 넘어서려 하고 있었다. 세상이 쇼핑을 멈추는 날, 어쩌면 이들도 소비를 약간 줄여야 할지 모른다.

세상이 소비를 멈추는 날은 전 세계에서 거의 80억 개에 달하는 개개의 이야기로 나타날 것이다. 가난한 국가에서는 대다수 가정의 일상이 좀처럼 바뀌지 않는 한편 소수의 부유한 시민은 소비를 급격히 줄일 것이다. 부유한 국가에서는 정반대 패턴이 나타난다. 소수의 사람들은 차이를 거의 느끼지 못할 테지만 대다수가 변화의 급류에 떠내려갈 것

이다. 그 충격이 너무나도 커서, 아마 시간 자체가 휘어진 듯 느껴질 것
이다.

3장	# 이제, 다른 종류의 시간이 흐르기 시작한다

맥도날드 세트 메뉴에서 값비싼 테슬라 SUV까지 온갖 것을 살 수 있는 가든 스테이트 플라자의 주차장에는 1만 1000대까지 주차가 가능하다. 이 쇼핑몰을 휘감은 흑연색의 아스팔트 도로는 오늘 거의 텅 비었다. 문 닫은 메이시스* 앞에서 아이들이 스트리트 하키를 하며 놀고 있다. 쇼핑몰 정원에서 큰 어치들이 까악까악 운다. 6차선 고속도로 위에는 자동차가 이따금 쌩 지나갈 뿐이다. 그 고요함과 정적에는 마치 코로나바이러스로 봉쇄령이 내려졌을 때의 한 장면처럼 세상에 종말이 온 듯한 분위기가 감돈다. 쇼핑몰이 문을 닫은 걸까? 뭔가 심각한 일이 벌어진 것이 분명하다.

"한때 이건 다른 미국적인 것들만큼이나 평범한 일이었습니다."『안식일의 세계The Sabbath World』의 저자 주디스 슐레비츠가 내게 말했다. 가

----

* 미국의 백화점 브랜드.

든 스테이트 플라자는 여전히 일요일 쇼핑을 금지하는 미국의 마지막 카운티인 버건에 있다.

지금껏 사람들이 자진해서 쇼핑을 멈추는 것은 거의 전례없는 일임을 살펴봤지만, 버건 카운티는 일주일에 한 번 실제로 그렇게 한다. 그리고 버건은 17세기 이후로 유행이 한 번도 변한 적 없는 고립된 종교적 거주지가 아니다. 오히려 그와는 거리가 멀다. 버건은 허드슨강을 사이에 두고 뉴욕시와 마주보고 있으며, 타임스스퀘어에서 출발하면 30분 만에 도착할 수 있다. 왜 버건 카운티에서는 일요일 휴업법이 사라지지 않은 것일까? "퍼래머스." 폴 콘틸로가 말했다. "퍼래머스, 그게 제가 드릴 수 있는 답입니다. 이곳에서 벌어지는 일들의 중심이죠."

퍼래머스 지구는 버건 카운티의 경제 허브이며, 이제 구십대가 된 콘틸로는 이 지역에서 맡을 수 있는 거의 모든 정치직을 한 번씩 거친 버건의 전설적 인물이다. 흰머리에 파란 눈, 귀족적 태도를 지닌 그는 영화 속 로마 원로원 역할에 딱 어울린다. 그가 처음 브루클린에서 버건으로 이사한 1955년에 퍼래머스는 시골이었고("뒤뜰에 사슴과 여우가 돌아다녔지요") 사람들은 뉴저지주의 해컨색 같은 근처 중심지의 번화가에서 쇼핑을 했다. 오늘날 퍼래머스는 거리에 녹음이 무성하고 새하얀 식민시대풍 집들이 늘어섰으며 쇼핑몰과 아웃렛, 대형 매장이 성대한 축제를 여는 지역이 되었다.

1950년대부터 뉴욕의 쇼핑객들을 유혹하는 할인 매장이 퍼래머스의 고속도로를 따라 버섯처럼 퍼져나가기 시작했다. 또한 쇼핑몰을 포함한 최초의 외곽 계획도시 중 하나가 버건에 들어서게 되었다. 대형 쇼핑몰과 경쟁하기 위해 일주일 내내 일해야 하는 상황을 우려한 지역의 영세 상인들은 교회 및 교통 혼잡을 우려한 주민들과 모여 압력단체를 형성했고, 퍼래머스는 첫번째 쇼핑몰이 문을 열기도 전에 일요일 영업을 제한하는 '파란색 법Blue Law'을 통과시켰다(역사가들은 일요일 휴업법을 뜻하는 이 미국식 용어가 초기 청교도 정착민이 안식일 규칙을 인쇄할 때 사용한 종이의 색깔에서 나왔거나, 그 시대에 청교도주의를 가리켰던 속어에서 나왔다고 말한다).

1957년 말, 퍼래머스는 미국에서 가장 큰 쇼핑 단지의 본거지였다. 대형 쇼핑몰이 버건 카운티의 영세 소매업자들에게 미친 영향은 실로 상당했다. 3년이 지나지 않아 해컨색 번화가에 있는 가게 중 10퍼센트가 문을 닫았다. 뉴저지주의 국회의원들은 뉴저지주의 각 카운티가 일요일에 의류와 가구, 가전제품, 건축자재의 판매를 금지하는 파란색 법을 주민 투표에 부치는 것을 허용하기로 했다. 버건을 비롯해 뉴저지주 카운티의 절반 이상이 주민 투표를 실시했고, 버건은 일요일 쇼핑을 거의 전면 금지하게 되었다. 미국은 점차 지구상에서 안식일을 가장 엄격히 준수하는 국가가 되었다. 1960년대에는 알래스카를 제외한 모든 주에 일종의 일요일 휴업 규칙이 존재했다. 이것이 얼마나 급진적인 조치인지를 간과하기 쉽다. 일요일 휴업은 현대인에게는 기이하게 들리겠지만, 만약 내일 이 법이 시행된다면 즉시 지구에서 쇼핑 시간의 15퍼센트가 줄어들게 된다.

파란색 법이 온전하게 남아 있는 곳은 버건뿐인데, 그건 소비문화의 부상에도 불구하고가 아니라, 소비문화의 부상 때문이다. 일주일에 6일간 버건, 특히 퍼래머스는 세일과 값싼 물건들, 트렌드, 패션, 오락, 기술이 넘쳐나는 초현대적 상점가다. 당신이 남긴 발자국이 즉시 반짝반짝하게 닦이는 쇼핑몰 안에 이 모든 것이 들어차 있다. 그러나 일주일에 한 번 영업이 중단된다. 일요일 아침에 자기 집에서 휴식을 취하던 콘틸로는 이러한 휴업이 당파와 종교, 문화를 초월해 널리 받아들여진다고 말했다. "일요일은 가족이 함께 시간을 보내는 날입니다." 사람들은 함께 모여 식사를 하거나 대화를 나누거나 술을 마시거나 스포츠를 즐기거나 해안가로 소풍을 떠난다. "아니면 그냥 아무것도 안 하거나요."

소비주의에 반대하는 행위일까?

"우린 다른 단어를 사용합니다." 콘틸로가 대답했다. "우린 그걸 '삶의 질'이라고 부르죠."

우리는 비영리적 시간을 상대하고 있었다

소비를 멈추면 사람들은 실제로 무엇을 할까? 코로나바이러스가 소비주의에 제동을 걸기 전까지 우리는 이 질문에 대한 답을 거의 잊고 있었다. 한 세대가 넘는 시간을 쉼없이 작동하는 경제 속에서 살았고, 1년 365일 영업하는 가게와 레스토랑의 목록이 갈수록 길어졌다. 소비문화가 아직 일상의 모든 순간에 스며들지 않은 낯선 장소에 산다 해도(예를 들면 부탄이나 남극), 언제나 핸드폰으로 영화를 볼 수 있고 앱과 연결해서 설정 가능한 2300달러짜리 샤워기를 온라인으로 구매할 수 있다. 언제 어디서든 물건을 구매할 수 있는 능력은 마치 우리가 헤엄치는 물처럼 변한 나머지, 과거에는 이렇지 않았다는 사실을 금방 잊고 말았다.

그러나 이러한 삶의 방식은 새롭고도 드문 것이었다. 겨우 30년 전만 해도 일요일 휴업은 세계에서 가장 부유한 국가들 사이에서 무척 흔했다. 많은 사람이 일요일마다 텅 빈 쇼핑몰 주차장에서 운전 연습을 하던 것과 십대 시절 문 닫은 시내를 돌아다니던 것을 기억할 만큼 최근의 일이다. 세상이 쇼핑을 멈추는 날에는 노동과 소비에 쓰이지 않는 시간을 토대로 오래된 고릿적 시간 구조가 되살아난다. 개인의 변화로 향하는 길을 닦기 시작할 첫번째 변화다.

가장 오래된 인류 문화에도 경제생활을 쉬는 날들이 있었지만, 영적인 일을 위한 공간을 마련하고자 일주일에 하루를 콕 집어 현실적인 일을 쉬는 날로 정한다는 생각은 유대교에서 안식일을 창시하면서 생겨났다(이스라엘의 시인 차임 나크만 비알리크는 안식일을 "히브리 정신이 만들어낸 가장 눈부신 창작품"이라 말했다). 유대교 전통에서 안식일은 새로운 것을 만드는 일을 중단하는 날이자 시누이Shinui, 즉 변화의 감각으로 정의되는 날이었다. 안식일은 우리 삶의 모든 순간이 분주함과 상업, 거래로 가득차 있다는 생각에 맞서는, 즉 현재 우리가 익숙한 시간에 맞서는 초기의 저항 행위였다.

유대교 안식일은 주로 토요일이지만 전 세계 대부분 지역에서 안식일은 주로 일요일이었다. 이러한 관행은 기독교인이었던 로마의 황제 콘스탄티누스가 일요일마다 공무와 제조업을 금지한 1700년 전에 시작되었다. 그 이후로 일요일 안식일은 많은 것을 의미해왔다. 음악을 즐기며 마음껏 먹고 마시는 날, 격렬한 승마 같은 범죄를 저지르면 체포되거나 심지어 태형을 받을 수도 있는 도덕적 순결의 날, 텔레비전으로 스포츠 경기를 보는 날. 그러나 이날은 언제나 일하지 않는 날, 그리고 쇼핑하지 않는 날이었다.

1940년대 후반, 매스 옵서베이션이라는 사회연구단체가 영국의 안식일에 사람들이 무엇을 하는지를 밝혀내기 시작했다. 이 연구에는 이번이 마지막 기회라는 절박함이 있었다. 런던에서 술집과 대중교통, 미술관, 영화관은 이미 일요일 영업을 시작했고, 수영장 같은 오락 시설도 마찬가지였다. 그러나 식당과 카페를 비롯한 대다수는 여전히 일요일에 휴업해야 했고 단체 스포츠 또한 금지되었다. 런던 밖에서는 휴업이 거의 전면적이었다. 심지어 스코틀랜드에서는 어린이용 그네도 탈 수 없었다. 팬데믹으로 봉쇄령이 내려져 놀이터가 '조심'이라고 적힌

띠 뒤로 폐쇄되기까지 약 70년 동안은 다시 보지 못할 광경이었다.

기독교는 수십 년간 이어진 영국의 안식일 배후에 있는 지배 세력이 아니었다. 매스 옵서베이션이 설문 조사를 위해 거리로 나섰을 무렵 겨우 스무 명 중 세 명만이 일요일에 교회에 갔다. 일요일에 술집에 가는 사람보다 더 적은 수였고, 정원을 가꾸는 사람의 절반도 안 되는 수였다. 안식일과 코로나 팬데믹의 또다른 기이한 유사점은, 사람들 대다수가 아예 집밖을 나서지 않았다는 것이다. 일요일의 주요 활동은 (만약 그것을 활동이라 부를 수 있다면) 행복 추구가 아닌 목적 없음의 추구였다.

사람들은 수다를 떨었다. 낮잠과 늦잠을 잤다. 카드 게임을 하고, 차를 마시고, 잡일을 하고, 편지를 썼다. 토요일 밤의 숙취를 풀었다. 어떤 이들은 친구나 노인, 장애인과 함께 시간을 보냈다. 날씨가 맑으면(기후변화 이전의 영국에서는 더 드문 일이었다) 사람들은 줄지어 공원과 해변, 시골로 향했다. 특히 젊은 사람들은 자전거를 타고 오늘날의 건강 수준으로는 불가능해 보이는 소풍을 떠났다. 예를 들면 런던에서 사우스엔드온시까지 왕복 140킬로미터를 자전거로 오가는 식이었다. 청년들은 자기들만의 즐거움을 만들어냈다. 해머스미스 지구에는 자전거용 경주 도로가 있었는데, 제이차세계대전 때 독일군이 떨어뜨린 폭탄이 집 여러 채를 무너뜨린 곳에 지은 것이었다. 이 도로를 중심으로 여러 클럽이 헬멧과 고무장화, "인조가죽으로 된 전신복"이라 묘사된 것을 걸친 채 영광을 차지하기 위해 경쟁을 벌였다.

매스 옵서베이션은 일요일을 바라보는 영국인의 전반적 태도를 한 15세 청소년의 말로 요약했다. "특별한 일은 벌어지지 않지만, 따분하다고 말하진 않을 거예요." 세 명 중 두 명이 일요일을 있는 그대로 좋아했고, 그보다 더 많은 사람이 일요일에 대해 적어도 복잡한 감정을 느꼈다. 설문 조사가 실시되기 몇 년 전, 싱가포르의 창이 포로수용소에 수

감되어 향수병을 앓던 두 영국 군인이 런던의 일요일을 노래하는 곡을
썼다. 그 노래는 일요일에는 할 수 없는 다양한 오락거리, 일어나지 않
는 모든 행위를 나열한다. 가사는 이렇게 이어진다. "좀 이상해 보일 수
는 있지만, 우리는 그걸 좋아한다네."

일요일은 그저 볼륨을 낮춘 삶이 아니라, 아예 다른 종류의 하루였다.
일요일에는 '시누이'가 있었다. 매스 옵서베이션의 표현처럼, 당시에는
'일요일의 뉴스 몰아 읽기'라는 것이 있었다. 열 명 중 아홉 명이 일요일
에 최소 한 개의 신문을 읽었고, 4분의 1 이상이 세 개 이상의 신문을 읽
었다. 신문을 읽는 방식 또한 평소와는 달랐다. 바쁜 주중에 사람들은
주로 일간 뉴스를 챙겼다. 그러나 일요일에는 더욱 깊이 읽으면서도(사
건의 맥락을 제공하는 더욱 긴 길이의 기사) 더욱 얕게 읽었다(연예 뉴스,
가십, 스캔들). 또한 라디오도 많이 들었다.

식사하는 방식도 달랐는데, 음식을 더 정성 들여 푸짐하게 준비했다.
일요일에 양가감정을 느낀 대표적 집단은 주부들이었다. 이들에게 일
요일은 추가 노동을 의미했기 때문이다. 또한 사람들은 옷도 다르게 입
었는데, 교회에 가든 안 가든 '제일 좋은 옷Sunday best'*을 차려입었다. 심
지어 술 마시는 방식도 달라서, 술집에서 눈에 띄게 느린 속도로 맥주를
홀짝였다. 결론은 명백하다. 일요일에는 사람들 자체가 달라졌다. 이 사실
은 어느 영국 철강 도시에서 한 경찰관과 그의 관할 지역이 맥주를 두고
마치 달이 변하듯 태도를 전환한 데서 잘 드러난다.

어떤 50세 경감은 매일 한낮에 술집에 들어와 비터 맥주 반 파인트를
두세 잔 마신다. 경감은 그 누구에게도 맥주를 대접하지 않고, 그 누구

---

* 사람들이 자신이 가진 가장 좋은 옷을 입고 교회에 가던 것에서 나온 말.

도 경감에게 맥주를 대접하지 않는다. 일요일 한낮에 경감은 비터 맥주 반 파인트를 아홉 잔까지 마신다. 사람들이 경감에게 맥주를 대접하고, 경감도 모두에게 맥주를 한 잔씩 돌린다. 일요일만 되면 매번 이런 일이 벌어진다.

매스 옵서베이션의 보고서에는 사람들이 이처럼 다른 종류의 시간을 사용하는 데 능숙하다는 느낌, 이런 시간을 잘 보낸다는 느낌이 있다. 코로나19로 봉쇄가 시작되었을 때 우리는 오늘날 대다수가 그렇지 않다는 사실을 알게 되었다. 통근과 일, 쇼핑, 여행, 외식, 수많은 다른 오락거리로 채워지지 않는 시간이 끝없이 확장되는 현실 앞에서 많은 사람이 공포에 가까운 감정을 느꼈다. 미디어는 거의 즉시 자기 계발을 위한 아이디어로 넘쳐흘렀다. 우리는 더 납작해진 배, 완벽하게 정리된 옷장, 끝내주는 홈 메이드 홀랜다이즈 소스, 유창한 외국어 실력과 함께 고립에서 벗어날 수 있었다. 안식일의 원래 개념이 의도적 행위를 하지 않는 것이었다면(심지어 사워도우 한 덩이를 굽거나 반죽하는 것도 금지되었다), 팬데믹이 발생하고 처음 몇 주간의 황금률은 바로 그러한 행위만을 하는 것이었다. 수많은 사람이 그동안 자신이 갈구해왔다고 말한 것을 움켜잡는 데 실패했다.

때때로 '타임푸어'라는 말이 21세기의 끝없이 분주한 느낌을 묘사하는 데 사용된다. 이러한 느낌의 핵심에는 모순이 하나 있다. 엄밀히 말하면 평균 가정이 임금노동과 집안일에 들이는 시간은 지난 수십 년간 거의 바뀌지 않았다. 문제는 현재 우리가 자신의 자유 시간을 빽빽이 채우고 있다는 것이다. 안식일을 지키던 영국에서 사람들이 빈둥거린 것은 딱히 다른 할일이 없어서였다. 물론 오늘날에는 바느질과 정원일, 개 산책, 사교 모임 같은 오래된 취미에 더해, 카페에 앉아 있거나 친구와 외식을 하거나 워터파크에 가거나 부티크가 늘어선 거리에서 쇼핑을 하거나 낙하산 타기를 배우거나 지역 극단의 〈세일즈맨의 죽음〉 공연을 도울 수도 있다. 자유 시간의 운명은 스마트폰에서 잘 드러난다. 스마트폰은 세탁기처럼 시간을 절약해주는 장치가 될 잠재력이 있었다. 그러나 자기 삶을 그때그때 조직할 수 있는 전례없는 능력을 얻은 우리는 똑같은 양의 일을 더 짧은 시간 내에 하는 것이 아니라 더 많은 일을 욱여넣는 방식으로 대응했다. 새천년이 시작될 무렵 인류학자 데이비드 캐플런이 말했듯, "그러한 사회에서 소비자가 되는 것은 곧 노동이다".

자신의 야심 때문이든, 강압적인 고용주의 요구 때문이든, 형편없는 임금에서 비롯된 재정난 때문이든, 대다수가 정말로 여가가 부족하다. 나른하고 느긋한 진짜 자유 시간, 수축하는 게 아니라 확장하는 듯 보이는 시간은 어디서나 공급이 부족하다. 이러한 현실이 달라진 것은 코로나바이러스로 수백만 명이 집에서 몇 주씩 시간을 보내게 되면서였다. 갑자기 모두가 시간이 유연해졌다고 말하고 있었다. 시간은 때로는 바람에 날리는 이파리처럼 지나갔고 때로는 상처처럼 깊이 벌어졌다. 문제는 우리의 익숙한 패턴과 스케줄이 무너졌다는 것만이 아니었다. 우리는 완전히 다른 종류의 시간, 즉 비영리적 시간을 상대하고 있었다.

미국에서 일요일 휴업은 수차례 대법원의 시험대에 올랐다. 이렇게 제기된 법적 이의 중 가장 중요한 판결은 1961년에 나왔다. 메릴랜드 백화점의 직원들이 일요일에 3공 바인더 하나와 바닥 광택용 왁스 한 캔, 스테이플러와 심, 장난감 잠수함을 판매해 벌금을 물었다. 피고는 일요일 휴업법이 기독교 교리를 강요해 자신들에게 경제적 피해를 입혔다고 주장했다. 법원은 이에 동의하지 않았다. 판결에서 대법원장 얼 워런은 일요일 휴업이 보호하는 것은 종교의 안식일이 아니라, 세속적

인 다문화사회로의 이행을 수월하게 버텨낸 "특별한 분위기"라고 말
했다.

"국가는 하루를 여느 날과 다른 휴식과 평안, 휴양, 평정의 날로 정하
고자 한다. 이날은 모든 가족 및 공동체 구성원이 함께 시간을 보내며
즐길 수 있는 날, 격렬한 매일의 경제활동에서 분리된 비교적 고요한
날, 주중에는 만날 수 없는 친구와 가족을 방문할 수 있는 날이다"라고
법원은 선언했다. 미국에서 그날은 일요일이었다. 법원은 모두가 누릴
수 있는 자유의 한 형태로서 일요일 휴업을 옹호했다.

1949년 영국에서 매스 옵서베이션의 설문에 참여한 사람들도 자국
의 안식일을 이와 유사하게 이해했다. 동시에 한 대중운동이 휴일에 '시
차 두기'를 요구하고 나섰다. 오늘날의 체제처럼 사람마다 휴일을 달리
쓰자는 것이었다. 그 밖에 미술관과 영화관, 스포츠, 카페, 식당, 심지어
쇼핑 같은 즐거움을 더 다양하게 누림으로써 일요일을 '더 환히 밝히자'
는 요구들도 있었다. 딜레마는 매우 명확했다. 매스 옵서베이션은 "일
요일을 더 환히 밝히자는 요구를 수용하면, 일요일은 인구의 절반이 즐
거울 수 있도록 다른 절반이 노동하는 하루가 될까? 해답은 무엇일까?"
라고 물었다.

비영리적 시간, 작가 D. H. 로런스의 표현으로는 "삶의 오래된 이중
성이 위험에 처했다". 한 세기가 넘도록 세계에서 가장 부유한 국가의 사
람들은 프랭크 트렌트먼Frank Trentmann이 소비문화의 세계사를 다룬 저서
『물건의 제국Empire of Things』에서 설명한 '기발한 합의'에 동의해왔다. 일
주일에 6일은 점점 가속화되는 상업문화의 지배를 받았고, 나머지 하
루는 그러한 문화에 대한 거의 전면적인 거부로 정의되었다. 오늘날에
는 일요일에 자전거를 빌리거나 라테를 사 마시거나 페인트 전문점에
서 어떤 색조의 하얀색(리넨 화이트? 프렌치 마카롱?)으로 벽장을 칠할

지 세 시간 동안 고민할 수 없다는 말이 터무니없게 들린다. 1980년대에 퍼래머스에서 일요일에 컴퓨터 본체를 켜는 것을 금지하려 했다는 이야기는 마치 코미디 같다. 그러나 퍼래머스의 주민들이 가장 우려한 것은 신앙이 아니었다. 그들이 우려한 것은 일요일의 모든 새로운 영리 활동이 (거의 누구도 일하거나 소비하지 않는) 비영리적 시간을 소멸시키고 있다는 괴로운 사실이었다.

매스 옵서베이션이 인터뷰한 사람들은 현대사회의 가장 끈질긴 유행병인 외로움 또한 이미 예측하고 있었다. 이들에게 일요일은 보통 다른 사람과 함께 보내는 날이었다. 1949년 영국에는 52번의 일요일과 별도의 휴일이 있었는데, 사람들은 그날 자신이 알거나 모르는 모든 사람이 일을 쉬며 아무것도 하지 않거나 쌓인 신문이나 읽을 것이라고 확신할 수 있었다. 한 66세의 청소부는 실제로 일요일이 지루하다고 생각해 그날을 싫어했지만, 휴일에 시차를 두는 것에는 강력하게 반대했다. "그건 일요일보다도 더 끔찍할 겁니다." 그가 말했다. "그건 모든 사람과의 관계가 끊어진다는 뜻이에요."

휴일에 시차를 두고 일요일을 '더욱 환하게' 밝혔을 때, 사실상 우리는 영리적 시간이 영원토록 이어지게 만든 것이었다. 사람들은 휴식 시간에 낮잠을 자고 산책을 하고 카드 게임을 하는 행동을 적어도 완전히 그만두지는 않았다. 중대한 차이점은, 오늘날에는 이 모든 행동이 개인의 일정에 따른다는 것이다. 한편 추수감사절과 크리스마스, 한밤중에 가게문을 닫는 것에서 마티니 세 잔을 곁들이는 뉴욕의 호화로운 점심 식사, 런던에서 근무중 오후에 마시는 맥주에 이르기까지, 끊임없는 생산성과 소비에 맞서는 다른 모든 형태의 저항도 점차 패배를 맞이했다. 이제 이스라엘에서 안식일은 일주일 중 가장 붐비는 쇼핑일이다. 스페인의 정치인들은 일요일 휴업법을 비롯해 자국이 전통적으로 매일 지켜온 일과 쇼핑으로부터의 휴식, 즉 시에스타를 서서히 없애나갔다. 영국과 독일, 프랑스처럼 역사적으로 안식일을 엄격히 지켜온 국가들은 주요 도시에서 일요일 쇼핑 규제를 소멸 직전까지 약화했다. 몇 년 전 독일 대법원이 파란색 법을 유지하기로 결정하자, 다양한 정치 스펙트럼의 미디어들이 성원을 보냈다. 한 신문의 사설은 "일요일이 일요일인 것은 다른 요일들과 다르기 때문이다"라고 말했다. "일요일은 사회를 동기화하는 날이다." 그러나 법원의 이 판결은 3주를 초과해서 연달아 일요일에 영업하는 것을 제한할 뿐이었다.

물론 일요일 휴업이 가장 큰 타격을 입은 것은 훨씬 이전이었다. 1994년 8월 11일, 필라델피아의 한 남성이 뉴햄프셔주 내슈아에 기반을 둔 가상공간의 쇼핑몰에서 스팅의 앨범 〈텐 서머너즈 테일스〉를 주문했다. 이는 디지털 보안 온라인 소매 판매로 알려진 최초의 사례였다. 뉴욕 타임스는 '쇼핑객들 주목: 인터넷이 문을 열었습니다'라는 헤드라인 아래 이 역사적 사건을 보도했다.

버건 카운티의 파란색 법 또한 종종 공격의 대상이 된다. 최근 이 법에 반대한 미치 혼은 베이비저러스에서 행동에 나서야겠다고 마음먹었다. 그는 일요일에 육아에 필요한 물건과 원하는 물건을 사오려고 3주 내리 버건에 있는 집에서 이웃한 허드슨 카운티까지 왕복 45분 거리를 오갔다. 일요일을 제외한 날에는 집에서 5분도 안 걸리는 동네 베이비저러스에 들를 수 있었다. 미국의 다른 모든 카운티에서는 일요일에도 합법적으로 그렇게 할 수 있었다.

"이건 결국 자유에 관한 문제예요." 혼이 내게 말했다. "우리에게는 요일과 시간에 상관없이 자신이 원하는 때에 물건을 판매하고 구매할 권리가 있습니다."

혼은 파란색 법을 지키지 않는 곳이 많다는 데서 고무적 신호를 찾았다. 그는 일요일의 스타벅스에서 커피를 마시다(카페는 일요일 영업이 허용된다) 갑자기 선반에서 물품을 치우고 있는 직원에게 말을 걸었다.

"그거 프렌치 프레스죠?" 그가 물었다. "누군가는 오늘 그걸 사겠죠?"

"그렇죠." 직원이 대답했다.

"저건 요리 도구예요." 혼이 만족스럽다는 듯 내게 말했다. "금지된 거래라고요."

마지막 저항의 흔적을 지우려 하는 혼에게 적대감을 느끼기 쉽다. 버건 카운티의 안식일은, 생물학자들이 멸종 위기종의 마지막 생존 개체를 칭하는 말인 '엔들링endling'과 같다. 그러나 혼은 다른 세상에서 대다수가 이미 누리고 있는 것을 원할 뿐이며, 그의 근거는 다른 모든 지역에서 안식일을 쓰러뜨린 근거와 똑같다. 바로, 영리적 시간이 발달하면서 비영리적 시간을 참을 수 없게 되었다는 것이다. 성인 두 명이 맞벌이를 하는 가정이 일반화되고, 영업시간이 야간 근무와 그 밖의 다른 비표준 근무시간으로 확대되면서, 일요일에 쇼핑을 할 수 없다는 사실은 무척 불편한 것이 되었다. 시민생활이 소비와 동의어가 되자 오락으로서의 쇼핑이 등장했다. 쇼핑몰에서의 하루는 교회나 야구장에서의 하루와 똑같은 가족 나들이가 되었다.

매스 옵서베이션과 인터뷰한 사람들의 말에서 찾아볼 수 없는 두 가지가 눈에 띈다. 첫번째는 아무도 일요일 휴업의 불편함을 호소하지 않는 듯 보인다는 것(또는 그 수가 거론할 만큼 충분하지 않다는 것)이다. 그때도 이미 삶은 종종 '광적인 속도'라는 말로 묘사되었지만, 모두가 7일 중 6일은 쇼핑을 끝내기 충분한 시간이라고 생각했던 것 같다. 두번째는 그 누구도 일요일 휴업이 기업 매출이나 영국 경제에 미칠지 모를 영향을 신경쓰지 않는 듯 보인다는 것이다. 그 이후 진행된 수많은 연구가 일요일 휴업이 미치는 경제적 영향을 증명하는 데 실패했다. 예를 들어 버건 카운티는 뉴저지주에서 가장 부유한 카운티 중 하나이자, 미국에서 소매 매출이 상위 10위 안에 드는 지역 중 하나다. 아마 당시 영국 시민들은 이 사실을 경험을 통해 이해했을 것이다. 또다른 가능성은 영국 시민들이 일주일에 한 번 영리적 시간에서 벗어나는 경험을 통해, 경제적 잠재력을 극대화하는 것이 단 하나의 불가분한 삶의 의미가 아닐지도 모른다는 꼭 필요한 관점을 얻었다는 것이다.

그때, 작은 기적이 일어났다

팬데믹이 있기 전까지는 안식일이 거의 사라졌고 다시는 돌아오지 않으리라는 가정이 타당해 보였다. 우리는 의문에 빠졌다. 매주 기나긴 하루를 머릿속 사방의 벽을 멍하니 바라보며 보낸 옛날 사람들은 어떤 면에서 우리보다 훨씬 풍요로운 삶을 살았을까? 우리는 자기 자신과 자기 행동을 옛날만큼 깊이 성찰하지 않는 것일까? 이 질문들의 대답은 이제 찾을 수 없을 것 같았는데, '그러한 일요일의 기분'이 영원히 사라진 듯 보였기 때문이다. 비영리 시간이 어떻게든 다시 등장해도, 우리는 끊임없이 연결된 상태였고 계속해서 목표를 좇았으며 고독을 느끼거나 난롯가 옆에서 오래도록 삶의 의미에 대해 대화를 나누기에는 정신이 너무 산만했다. "우리가 다시 돌아가게 될 것 같진 않습니다. 그런 일이 벌어질 거라곤 상상할 수 없어요." 팬데믹이 발생하기 훨씬 전, 우리가 처음 대화를 나누었을 때 주디스 슐레비츠가 내게 말했다. "그게 바로 제가 『안식일의 세계』에서 쓸쓸히 호소한 내용입니다."

안식일을 지키기가 결코 쉽지 않긴 했지만, 알고 보니 안식일을 놓아버리는 것 또한 쉽지 않았다. 팬데믹이 발생하기 오래전부터 사람들은 슐레비츠가 말한 '분주함이 가치 있다고 여기는 것'에 맞서기 시작했다.

그저 사회 전체가 아닌 개인의 삶과 가정 내에서 그렇게 했을 뿐이다. 아이러니하게도 그러한 저항의 상당수는 소비의 형태를 취했다. 스파, 명상 프로그램, 올 인클루시브 리조트에서의 휴가, 정리용 물품, 여기에 더해 약물과 알코올 같은 다른 도피 수단들까지.

미국 건국부터 현대에 이르기까지 물질주의적 생활방식에 저항한 시도들을 추적한 『단순한 삶The Simple Life』에서 역사가 데이비드 시David Shi는 분주함이 소비문화의 가장 핵심 문제 중 하나라고 본다. 그는 이렇게 말했다. "돈이나 재산, 활동 그 자체는 단순함을 해치지 않습니다. 그러나 돈을 향한 사랑, 물건에 대한 열망, 활동의 감옥은 단순함을 해치죠." 격리 기간이 며칠에서 몇 주로 늘어나면서, 점점 더 많은 사람이 그 감옥을 뒤에 남기고 떠나는 듯 보였다. 성취 중심적 사고와 끊임없이 계획되는 업무가 점점 모습을 감췄고, 많은 사람이 안식일을 즐기던 과거의 시민들처럼 더 적은 것을 지니고 사는 기술뿐만 아니라 일을 더 적게 하는 기술을 습득했다. 그때가 되어서야 시간은 두렵게 펼쳐지는 것, 채워야 할 구멍이기를 멈추고, 넓어지고 느려지기 시작했다. 그때 작은 기적이 일어났다. 삶이 점점 길어지기 시작한 것이다.

봉쇄령이 내려지고 한 달이 지났을 무렵, 친한 친구에서 거의 모르는 사람에 이르기까지 나의 인맥 내에서 최대한 널리 설문 조사를 했다. 그리고 생산성이 점점 피로해진다는 말, 시간 속에 침잠하고 있다는 말을 들었다. "전보다 더 많은 것을 알아차리고 있어요." 한 사람은 이 같은 가장 단순한 말로 자신의 변화를 설명했다. "앞으론 다시없을 방식으로 봄을 알아차리고 즐길 기회를 얻었어요." 또다른 사람이 말했다. 많은 답변이 70년 전 매스 옵서베이션이 묘사한 잃어버린 세계를 되풀이하는 것 같았다. "어떤 주제에 대해 다른 사람들과 깊이 있는 대화를 나눌 기회가 생겼다는 사실이 흥미로워요." 한 여성이 말했다. "국토 횡단 열

차 안에 있는 느낌, 상호작용의 본질을 떠올리게 해요." 전혀 강요하지
않았음에도 몇몇은 격리를 일종의 안식일로 묘사했다.

팬데믹 이후로 텅 빈 고속도로나 버건 카운티처럼 주차된 차가 없는
쇼핑몰 주차장을 볼 때면 재난을 떠올리지 않을 수 없게 되었다. 그러나
이러한 풍경은 한편으로 초반의 봉쇄가 일종의 해방이기도 했음을 상
기시키는 역할을 한다. 버건 카운티에서 주말을 보낼 때 가장 먼저 알아
차리게 되는 것은 바로 일요일의 교통이다. 코로나바이러스가 발발했
을 때 우리가 목격했듯 이곳의 일요일에는 교통량 자체가 훨씬 적다.
그러나 이번에도 그저 양의 문제인 것만은 아니다. 퍼래머스 경찰은 일
요일의 차량 흐름이 평소와는 다르다고 말할 것이다. 사람들은 더 천천
히, 덜 공격적으로 운전하며, 뒷골목을 지름길로 이용하는 현상도 훨씬
적다.

철학자 루소는 한가한 시간을 성인기로부터의 탈출로 묘사했다. 아
니나 다를까, 스케이트보드를 타는 사람들이 보드를 360도 회전시키는
킥플립을 연습하고, 부모들이 텅 빈 널따란 포장도로 위에서 아이들에
게 자전거 타는 법을 가르친다. 한편 삶의 스펙트럼의 다른 한쪽에서 코
로나바이러스는 그동안 우리가 취약한 상태로 고립된 노인들을 위해
얼마나 시간을 적게 썼는지 떠올리게 했다. 퍼래머스에 있는 요양원의
주차장은 일요일마다 자동차로 가득찬다.

봉쇄가 완화되면서 많은 사람이 더 자유로워진 이 시간 감각을 유지
하겠다고 굳게 맹세했다. 팬데믹 동안 뉴욕을 떠나 은퇴 후 지내려 했
던 캐츠킬스의 작은 마을에 머물렀던 슐레비츠는 그 약속을 지킬 수 있
는 사람은 몇 없을 것임을 정확히 예측했다. "혼자서 그럴 수 있을 거라
생각하지 않아요." 그가 말했다. "그렇게 지낼 수 있는 건 다른 모든 사
람이 동시에 그렇게 하기 때문이에요. 반드시 집단으로 움직여야 해요.

집단 전체가 그렇게 하지 않으면 교통량이 줄지도 않을 거고, 집에 있는 사람들을 찾을 수도 없을 거고, 이웃들과 함께 시간을 보낼 수도 없을 거예요. 이웃들은 아이들을 축구 경기에 데려가거나 쇼핑을 하러 갈 테니까요." 안식일은 휴전 같은 것이다. 모두가 참여하지 않으면 실재할 수 없는 것. 모두가 일을 멈춰야 한다. 모두가 소비를 멈춰야 한다. 그렇게 하면 새로운 시간의 형태가 등장해 세상을 새롭게 만들기 시작한다.

가장 즉각적인 변화 중 하나가 지구의 대기에서 발생한다. 소비를 멈추는 그 찰나의 순간, 우리는 지난 수십 년간 해내지 못한 것을 이루게 된다. 그것은 바로 지구 기후변화를 일으키는 탄소 오염을 줄이는 것이다.

4장 ----- **'탈성장'이라는 불가능
혹은 해결책**

이산화탄소 오염을 볼 수 있다면, 그러니까 이산화탄소가 스모그처럼 눈에 보이는데 갈색이 아니라 질 좋은 만년필 잉크처럼 진한 청색이라고 치면, 기후변화의 위협은 적어도 아름다울 것이다. 차 한 대가 지나가면 지구온난화에 가장 크게 기여하는 희미한 푸른색 기체가 배기관 뒤로 길게 흔적을 남길 것이다. 공장 굴뚝에서는 화가 난 신의 손가락 지문처럼 푸른 연기가 피어오를 것이다. 이 모든 것 위에서는 지중해 빛깔의 두터운 구름, 비를 절대 뿌리지 않는 폭풍이 요동칠 것이다.

우리 대다수를 둘러싼 공기는 고혹적인 청색 안개가 될 것이다. 우리가 '대기' 중의 이산화탄소를 논할 때 그건 마치 우리보다 훨씬 높은 곳에 있는 것 같다. 그러나 사실 이산화탄소는 그중 대부분이 방출되는 지면에서 가장 농도가 짙고, 서서히 더 높은 층으로 섞여 들어간다. 여객기를 타고 하늘로 올라가면(비행기 뒤로 기다랗게 청색 자국이 남는다)

해수면에서 약 10킬로미터 높은 순항고도의 공기는 더 깨끗하다. 그곳의 대기는 인류가 지금보다 탄소를 훨씬 덜 쏟아내던 시기를 기억한다. 고개를 들면 다른 종류의 푸른색, 그러니까 진짜 하늘색이 보이기 시작할지도 모른다.

우주에서 내려다보면 청색 대기에 정신이 아득해질 것이다. 도시와 산업 중심지에서 파란 기둥이 솟아오르다 사방으로 퍼지고, 그렇게 축적된 옅은 푸른색의 이산화탄소가 지구 전체에 거의 고르게 퍼져 있을 것이다. 푸른색이 대초원과 바다 위로 이리저리 흐르고, 고원지대의 산길 틈으로 쏟아져나오고, 강 한복판에서 바위를 만난 물처럼 산맥 뒤에서 소용돌이를 일으키는 광경이 보일 것이다.

자연이 만들어내는 이산화탄소와 인간이 만들어내는 이산화탄소 둘 다 북반구에 가장 많다. 여름이면 숲과 초원이 푸르른 이파리를 틔워내며 이산화탄소를 흡수하고 우리가 들이쉬는 산소를 방출하기 때문에, 우리를 둘러싼 푸른색 대기가 더 옅고 밝아질 것이다. 그러나 겨울이 다가오면 푸른색은 거의 모든 지역에서, 도시뿐만 아니라 시골에서도 더욱 짙어지는 듯 보일 것이다. 초목과 낙엽이 땅에 떨어져 썩어가면서 탄소를 흡수하는 대신 오히려 내보내기 때문이다. 대기 중 탄소량이 연중 최고점을 찍는 시기는 늦겨울이다. 이때가 되면 세계의 위쪽 절반은 회오리치는 청색의 두터운 덮개 아래로 사라질 것이다. 봄이 오면 덮개는 다시 옅어지기 시작한다. 나사 대변인(내 설명은 나사의 데이터 시각화에 근거했다)은 내게 이러한 순환을 심장박동으로 설명했다. "지구의 쿵쾅거림이죠."

그러나 대기의 이산화탄소 축적에 동력을 제공해 기후를 망치고 있는 것은 인류의 이산화탄소 방출이다. 이산화탄소가 눈에 보이는 세상에서 우리의 소비 및 산업 생산 중심지(서유럽과 동남아시아, 북아메리카의 동쪽 해안, 그 밖에 캘리포니아와 일본처럼 더 작은 규모의 도시 및 산업 중심지)를 우주에서 내려다보면 마치 푸른 연기를 끝없이 내뿜고 있는 듯이 보일 것이다. 남반구는 연기를 거의 내뿜지 않을 것이다. 건기가 되어서야 아프리카와 남아메리카, 오스트레일리아에서 거대한 푸른 소용돌이가 발생할 텐데, 그건 인간 활동 때문이 아니라 들불 때문이다(그러나 그 들불 역시 기후변화로 더욱 악화되고 있다). 매년 점점 더 많은 이산화탄소가 대기에 보태지면서 전 세계 하늘은 갈수록 더 짙은 청색으로 변할 것이다.

그리고 세상이 소비를 멈추는 바로 그 순간부터 공기는 맑아지기 시작할 것이다. 며칠 안에 지면에 쌓인 파란 안개는 눈에 띄게 옅어질 것이다. 북반구 곳곳에서 피어오르던 모닥불들도 연기를 전보다 적게 올려보낼 것이다.

탄소가 두텁게 축적된 청색 하늘 아래, 더 깨끗한 공기층이 형성될 것이다. 탁한 강의 하구에 깨끗한 조류가 흘러들듯 말이다.

'녹색 성장'이라는 성배

물론 우리는 이산화탄소를 볼 수 없다. 이산화탄소는 무색의 기체다. 그러나 우리가 팬데믹 기간에 알게 되었듯이 탄소 배출량의 감소는 틀림없이 눈에 보인다.

도시에서 자주 보이는 누르스름한 갈색 스모그인 오염 입자는 공장, 석탄 또는 가스 발전소, 차량용 화석연료에서 배출되는데, 이것들은 온실가스의 주범이기도 하다. 코로나바이러스로 전 세계의 소비경제가 정지되자 연무가 걷히기 시작했다. 전 세계 도시에서 충격적일 만큼 갑작스레 등장한 파랗디파란 하늘은, 아마도 우리의 일상적 행동이 지구에 영향을 미친다는 사실과 관련해 인간이 그동안 받은 것 중 가장 큰 규모의 판결이었을 것이다. 또한 이 사실은 우리 눈에 보이지 않는 탄소 역시 서서히 사라지고 있다는 뜻이었다.

처음에 이러한 변화는 인도 거의 전역, 중국, 파키스탄처럼 세계에서 가장 대기오염이 심한 곳에서 유난히 두드러졌다. 이 지역들은 전 세계 소비재의 상당수를 생산하는 곳이다. 봉쇄가 시작되고 며칠 지나지 않아 2019년 세계에서 가장 대기질이 나빴던 인도 가지아바드에서도 파란 하늘이 보고되었다. 보통 4월에는 대기오염이 가장 심한 100개 도시 중 55개 도시의 대기질이 오염 입자 때문에 '건강에 매우 나쁨'에서 '위험' 사이에 위치한다. 그러나 2020년 4월 말경에 대기질이 이 범위에 든 도시는 겨우 세 곳뿐이었다(이 세 도시에 해당하는 베트남 하노이, 중국 광저우와 청두인데 이곳들은 코로나바이러스가 초기에 휩쓸고 지나갔기 때문에 이미 산업 활동에 재시동을 걸고 있었다). 오염체를 측정하는 위성사진을 보면 타오르는 지구의 불길이 실제로 가라앉고 있는 것처럼 보였다.

부유한 국가들은 이미 공기가 비교적 깨끗한 상태였는데, 자국에서 제품을 거의 생산하지 않기 때문이다. 이 국가들은 환경을 오염시키는 산업을 대부분 다른 나라로 이전했다. 그러나 얼마 지나지 않아 마치 얕은 물가에서 깊은 물속으로 들어간 듯 눈에 더욱 파랗게 보이는 하늘이, 애초에 지구에서 가장 공기가 깨끗했던 밴쿠버 같은 도시에서도 나타나기 시작했다. 어떤 날에는 런던과 뉴욕이 세계에서 공기가 가장 깨끗한 도시가 되었다. 토론토는 도시가 존재하기 전에 있었던 참나무와 소나무 대초원의 냄새가 났고, 로스앤젤레스는 비 온 뒤의 신선한 산쑥 향기와 함께 아침을 맞이했다. 우리 모두가 그동안 생각보다 더 지저분한 공기를 마시고 있었다는 사실이 돌연 이해되었다. 눈에 보이지 않는 기후

오염의 대리인으로서, 눈에 보이는 연무의 부재는 오싹할 만큼 의미심장했다.

많은 사람이 공기가 깨끗해진 것은 다들 집에 머물고 있기 때문이라고 말했다. 그러나 더 정확한 이유는 소비경제가 멈춘 것이었다. 공장이 문을 닫았다. 비행기가 운항되지 않았다. 돈을 벌기 위해, 또는 쓰기 위해 매일 하던 통근이 중단되었다. 이것이 바로 본질을 꿰뚫은 듯 분명해진 소비의 딜레마였다. 우리 경제의 동력은 소비지만, 소비는 탄소 배출의 동력이다. 이 관계가 너무나도 견고해서, 기후과학자들은 오래전부터 둘 중 하나의 성장을 다른 하나의 성장 지표로 삼았다. 유행 주기가 가속화되면 기후변화도 가속화된다. 크리스마스에 돈을 덜 흥청망청 쓰면 그해 대기에 진입하는 이산화탄소 분자 수도 적어진다. 그러나 그동안 정치 지도자들은 소비의 규모를 줄임으로써 기후변화에 대응한다는 생각을 단 한 번도 진지하게 고려하지 않았다.

로마클럽이 1972년에 『성장의 한계』를 발표해 유한한 자원의 지구에서 무한한 성장을 추구하는 것의 위험성을 전 세계에 경고한 이후, 우리가 영원히 성장하는 소비경제와 깨끗하고 건강한 자연 세계를 동시에 가질 수 있느냐를 두고 논쟁이 이어졌다. 인류는 환경을 훼손하지 않고도 그동안 익숙해졌거나 열망하게 된 모든 편의(에어컨, 한 가구 세 차량, 끊임없이 업데이트되는 옷장, 끝없는 신상품, 세계 각지로 떠나는 휴가)와 함께 살아갈 수 있을까? 로마클럽의 보고서는 그 가능성을 배제하지 않았다. 보고서는 이렇게 말한다. "오늘날의 세계를 살아가는 수많은 탁월한 인물은 한계를 성공적으로 극복함으로써 문화적 전통을 형성한다."

이러한 지배적 세계관은 변하지 않았으며, 화물차를 기차와 분리하듯 (의류 공장과 풋볼 게임, 소 목축, 대중 관광을 비롯한) 우리의 모든 경제행위를 환경 파괴와 '분리'할 수 있다는 생각이 오늘날 전 세계의 정부와 기업을 인도하는 불빛 역할을 하고 있다. 환경을 파괴하지 않고 영원히 성장하는 경제. 이것이 바로 우리의 생활방식을 크게 바꾸지 않고도 기술이 기후변화를 해결할 수 있다는 믿음의 초석이자, '녹색 성장'이라는 이름으로 알려진 성배다.

2010년대 중반, 이 분리의 약속이 갑자기 현실이 된 듯 보였다. 2014년에 전 세계의 이산화탄소 배출량을 보여주는 연간 자료를 입수하고 보니, 이산화탄소 배출량이 현상태를 유지한 것이었다. 전년도보다 대기에 탄소를 덜 쏟아낸 것은 아니었지만, 최소한 더 쏟아내지는 않았다. 그러더니 2015년에도, 다시 2016년에도 똑같은 일이 발생했다. "낙관할 근거가 있습니다." 당시 로라 코지Laura Cozzi가 내게 말했다. 코지는 전 세계의 30개 회원국을 대변하는 국제에너지기구International Energy Agency(이하 IEA)에서 관련 자료를 분석하는 팀의 책임자였다.

비관할 근거 또한 있었다. 탄소 배출량은 여전히 무모할 만큼 극도로 많았다. 2014년에 연간 배출량이 처음으로 제자리를 유지했을 때 그 배출량은 사상 최고치였다. 이것이 어떤 의미인지 이해하기 위해 대기를 욕조라고 생각해보자. 그리고 상상 속 욕조에 탁구공을 넣어보자. 이 탁구공들은 대기에 축적되는 이산화탄소를 의미한다. 우리는 매해 점점 더 많은 탁구공을 욕조에 넣다가, 2013년에 (예를 들어) 탁구공 열 개라는 기록을 세웠다. 2014년 우리는 또다시 탁구공 열 개를 욕조에 추가했지만 적어도 열한 개, 열두 개를 넣진 않았다. 2015년 우리는 다시 탁구공 열 개를 욕조에 추가했고, 2016년에도 똑같은 일이 벌어졌다. 욕조에 쌓인 탁구공의 개수(즉 대기에 축적된 이산화탄소)는 계속 늘어나고 있지만, 우리가 탁구공을 추가하는 속도는 마침내 안정 상태에 접어든 것이다.

더 좋은 소식은 우리가 탄소 오염의 증가 추세를 완화하는 동안 세계 인구가 1억 7000만 명 늘어났으며 세계경제가 10퍼센트 성장했다는 것이다. 성장이 계속되는 와중에 이산화탄소 배출량은 현상을 유지하면서, 이 두 가지가 함께 발맞춰 증가하는 대신 마침내 다른 길을 가는 듯 보였다.

이산화탄소 배출이 둔화된 데에는 여러 이유가 있었다. 첫번째 이유는 세계에서 가장 부유한 국가들이 중국과 함께 이산화탄소 배출을 크게 줄인 것이었다. 유럽은 몇 년 전부터 삭감에 앞장서고 있었지만, 세계에서 두번째로 탄소를 많이 배출하는 미국은 이제 막 싸움에 동참했다. 서구 국가들의 공장 이전 물결로 인해 세계 최대의 생산국이 된 중국 역시 세계 최대 탄소 배출국이지만, 중국의 평균 소비자는 웬만한 선진국 국민보다 탄소 배출량이 적다. 그러나 중국도 서구와 마찬가지로 석탄 사용을 줄이고 천연가스 사용을 늘리고 있었으며, 재생에너지와 원자력을 대대적으로 지원했다. 녹색 성장은 실제로 발생하고 있었다.

그러나 이산화탄소 오염 속도가 안정기에 접어든 또다른 주원인이자, 헤드라인에 잘 오르지 않은 원인이 있었다. 바로 경제성장 속도가 전반적으로 느려졌다는 것, 특히 중국과 미국, 유럽에서 그러했다는 것이었다. 탄소 배출량을 지연시킨 것은 녹색 기술만이 아니었다. 우리의 소비 또한 줄어들었다. "우리의 탄소 배출량은 아슬아슬한 정체 상태에 있습니다." 스탠퍼드대학교의 환경과학자인 롭 잭슨Rob Jackson이 말했다. 당시 그는 기후과학자들이 참여하는, 탄소 배출량을 추적하는 주요 단체인 글로벌탄소프로젝트의 수장이었다. "세계경제가 호황을 맞이하면 배출량은 일정하게 유지되지 않을 겁니다."

잭슨의 스탠퍼드 동료 중 한 명은 탄소 오염이 아직 정점을 찍지 않았으며 곧 배출량이 다시 증가할 거라는 데 1만 달러를 걸었다. 잭슨은 내기에 참여하지 않았다. 그러나 탄소 배출량이 1년에 2퍼센트 이상 증가하는 일은 다시없을지 모른다고 말했다.

글로벌탄소프로젝트의 계산에 따르면 그다음 해였던 2017년, 탄소 배출량은 2퍼센트 증가했다. 세계경제가 급성장한 2018년에는 배출량이 거의 3퍼센트 가까이 늘어났다. 석탄 사용이 다시 서서히 증가하고 있었다. 석유와 가스 사용은 여전히 조금도 줄어들지 않았다. 그동안 그렇게 분리를 논해왔음에도, 경제성장과 탄소 배출은 과거에 비해 아주 조금 느슨해졌을 뿐 여전히 꼭 들러붙어 있다는 말이 더 정확했다.

지금까지 우리가 한 번도 이루지 못한 성취

세상이 소비를 멈추는 날, 탄소 배출량은 의도된 결과로서 전 세계적 규모로 감소할 것이다. 지금까지 우리가 한 번도 이루지 못한 성취다.

제이차세계대전 이후 전 세계의 이산화탄소 오염은 1980년대 중반, 1990년대 초반, 2009년, 2020년, 이렇게 딱 네 번 줄어들었다. 이중에서 경제성장과 환경 파괴의 분리, 녹색 성장, 그 밖에 지구를 보호하려는 다른 의도적 행위의 결과로 이산화탄소 배출량이 감소한 사례는 없으며, 네 경우 다 심각하고 광범위한 경기 침체가 관련되었다. 탄소 배출량은 세상이 소비를 멈출 때 줄어든다. 배출량이 가장 급격하게 감소한 것은 코로나19가 발생했을 때였는데, 그해 전 세계의 배출량이 7퍼센트 줄었다. 그러나 팬데믹이 감소세가 가장 오래 지속된 사례는 아닐지도 모른다.

"지금까지 탄소 배출량이 가장 크게 억제된 시기는 소련이 붕괴한 1990년대였습니다. 세계경제 대부분이 위축됐었죠." 사회구조가 소비와 환경오염에 어떤 영향을 미치는지 연구하는 오리건대학교의 사회학자 리처드 요크Richard York가 말했다.

소련은 1991년에 무너졌다. 뒤이은 거의 10년간 옛 공산주의 왕국은 요크가 말한 '탈근대화'를 거쳤다. 구소련 국가에서 이산화탄소 배출량은 거의 3분의 1이 줄었는데, 이는 팬데믹 동안 가장 단속이 엄격했던 4주간 중국에서 감소한 25퍼센트보다 더 큰 감소량이었다. 소련의 감소 추세가 너무 극적이어서, 다수의 서구 국가에서 발생한 심각한 경기침체까지 더해지자 지구 전체의 탄소 배출량이 2년간 줄었고 이어진 10년간은 아주 느린 속도로 증가했다. 당시 독일이나 네덜란드 같은 일부 서유럽 국가가 이미 탄소 배출 감소에 힘쓰고 있었다는 사실이 많이 잊히긴 했지만, 그 어떤 국가도 구소련 공화국만큼 탄소 배출이 급격히 감소하지 않았다. 요크는 이렇게 말했다. "경제 규모를 바꾸지 않으면 최소한 배출량을 크게 삭감하기는 힘들다고 볼 수 있습니다."

물론 문제는, 구소련에서나 팬데믹 동안 나타난 수준의 경기후퇴가 수백만 명에게 끔찍한 고통을 안긴다는 것이다. 라슬로 바로는 헝가리가 아직 철의 장막 뒤편에 있던 시기에 부다페스트에서 성장했다. 모스크바에서 멀리 떨어진 부다페스트는 경치와 분위기가 유럽의 수도에 더 가까웠다. 헝가리가 공산주의하에 있던 1980년대에도 바로는 서구 젊은이들처럼 자유롭게 〈스타워즈〉를 보고 코카콜라를 마실 수 있었다. 물질적 번영의 측면에서 많은 헝가리인은 자유시장경제에 속한 오늘날보다 소련시대에 형편이 더 나았다.

그런데도 소련이 붕괴했을 때 헝가리인 다섯 명 중 한 명이 직업을 잃었다. 공산주의하에서는 에너지가 공짜였는데, 소련 붕괴 이후 천연가스 비용을 낼 수 없었던 일부 가정은 장작을 태워야 했다. 헝가리는 다른 많은 소련 국가보다 상황이 나았는데도 소비가 최소 25퍼센트 감소했다. 대침체기 미국의 거의 모든 지역보다 훨씬 심한 추세였다.

"그건 이례적으로 심각한 사회·정치적 충격이었어요." 바로가 말했다. "그런 기후 정책은 정치적 실행 가능성이 전혀 없습니다. 일부러 그걸 원하는 사람은 누구도, 단 한 사람도 없어요. 그런 일이 일어날 수도 있겠지만, 그런 나라에서는 살고 싶지 않을 겁니다."

현재 바로는 IEA의 수석 경제학자다. IEA의 중요한 임무 중 하나는 지구 전체가 연간 탄소 배출량을 감축할 전략을 짜는 것이다. 바로는 이런 시나리오들이 전부 녹색 성장을 목표한다고 말했다. IEA는 사람들이 기후변화를 막기 위해 자진해서 소비를 줄일 수 있다는 가능성을 전혀 고려하지 않는다. 즉 이들은 기후 오염과 끝없는 경제성장을 분리하는 것이 현실적으로 가능하다고 여기고, 경제를 '탈성장'하는 것(계획하에 경제 규모를 조금이나마 줄이는 것)은 상상조차 할 수 없다고 생각한다.

"저는 정부가 '의도적으로 당신의 소비를 줄일 것입니다'라는 공약으로 민주 선거에서 승리한 국가를 한 번도 본 적 없습니다." 바로가 말했다. "우리는 인간 본성이 바뀌지 않을 것이라는 가정을 따랐어요."

2008년 IEA는 세계경제가 더욱 공격적으로 경제성장과 환경 파괴를 분리하지 못한다면 2018년에는 에너지 수요가 15퍼센트 증가할 것이며, 그에 따른 탄소 배출량 증가가 미래 기후에 '충격적인' 영향을 미칠 것이라 경고했다. 2018년에 그 보고서를 읽는 것은 마음이 복잡해지는 경험이었다. IEA의 예측은 현실이 되었다. IEA는 그해 기후 위기에 대응하는 새로운 시나리오를 발표했다. 이번에 IEA가 촉구한 가장 현실성 있는 비전은 앞으로 20년간 에너지 수요를 4분의 1만 늘리면서 세계 경제의 성장과 인구 증가를 유지하는 것이었다. 이 꿈이 현실이 되려면 에너지 효율이 매우 극적으로 증가해야 하기 때문에, 전 세계의 그 어떤 선진국에서도 에너지 수요가 증가해선 안 된다. 모든 성장은 수백만 명의 생활수준이 여전히 더 높아질 필요가 있는 개발도상국에서 발생할 것이다.

이 시나리오대로 탄소 배출량을 제한하려면 천연가스와 풍력에너지, 태양에너지의 사용을 지금껏 없었던 천문학적인 속도로 확대해야 한다. 마찬가지로, 주로 아시아에 있는 개발도상국만이 새 석탄 발전소를 건설할 수 있다. 전 세계에서 자동차 운행용 석유의 양은 5년 안에 정점을 찍어야 하지만, 전반적인 석유 사용은 (주로 석유화학제품 생산, 트럭과 화물선 운송, 비행기 여행으로 인해) 계속 증가할 것이다. 우리가 재활용하는 플라스틱의 양은 지금의 두 배가 되어야 하지만, 이렇게 재활용규모가 늘어나도 플라스틱 제품을 향한 인류의 커져가는 갈망을 따라잡진 못할 것이다.

즉, IEA의 가장 현실적인 시나리오는 전 세계가 협조하는 충격적 규모의 노력을 요구한다. 그리고 그 결과 우리는 기후변화의 해결이라는 목표에서 지금보다 더 멀어질 것이다. 이산화탄소 배출은 지금까지보다 속도는 느려질지언정 계속 증가할 것이다. IEA도 이 비전이 "과학적지식에 기초했을 때 기후변화를 막기 위해 필요한 조치와 매우 동떨어져 있다"라는 점을 인정했다.

2020년 IEA는 기후변화를 막는 데 필요한 조치와 비슷할지도 모를새 시나리오를 제안했다. 이 새로운 비전은 2050년까지 탄소 배출량을제로로, 또는 그 근처까지 줄이는 것이다. 그러려면 에너지 효율을 극대화하고 재생 가능 동력원을 사용하고 비행기 대신 기차를 이용하는 등의 변화를, 지구사회를 재창조한다는 말로밖엔 표현할 수 없는 규모와속도로 이행해야 한다. 2030년에는 총배출량이 45퍼센트 감소해야 한다. 기억해야 할 것은, 이러한 감소가 온전히 경제성장과 환경 파괴를 분리하려는 노력을 통해 이뤄져야 한다는 것이다. 그동안 꾸준히 증가한

에너지 수요는 2006년 수준으로 떨어져야 하는데, 2006년의 세계경제 규모는 2030년 예측 규모의 절반이었다. 석탄을 태우는 비율은 1970년대 수준으로 낮아져야 하는데, 1970년대에 세계 인구수는 지금의 절반이었다. 반드시 실행해야 할 일상생활의 변화로는, 2020년대가 끝나기 전까지 한 시간 미만의 비행을 전부 금지하고, 3킬로미터 미만의 이동(많은 도시 내의 이동)에는 걷거나 자전거를 타거나 저탄소 대중교통을 이용해야 하는 것이 있다. 전기차의 연간 판매량은 거의 2000퍼센트 가까이 뛰어야 하고, (아마 가장 상상하기 힘든 것일 텐데) 여전히 자동차로 이동할 때는 낮아진 제한속도를 받아들여야 한다. 우리가 앞에서 말한 것에 더해 훨씬 훨씬 더 많은 조치를 실제로 이행한다면, 목표를 달성해 정말 위험한 지구온난화를 예방할 수 있을지도 모른다.

물론 2020년에 약간의 '좋은' 소식도 있었다. 팬데믹으로 인한 전 세계적 경기 침체로 에너지 수요가 줄면서, 공중보건 비상사태가 발생하기 전의 예측보다 배출량이 감소한 것이다. 그러나 IEA는 소비경제의 속도를 늦추는 것이 기후변화와의 싸움에 일조할 수 있다는 생각을 다시 한번 일축했다. 우리의 지도자들에게는 지난 30년간 계속해서 실패해온 것보다 더욱 극단적인 기술·문화적 변화를 급속도로 성취할 수 있다는 생각이, 물건 구매를 약간 줄이자고 전 세계 시민을 설득할 수 있다는 생각보다 여전히 더 타당하다.

바로는 이렇게 말했다. "지난 5000년간 사람들이 기꺼이 소비를 줄였다는 역사적 증거는 극히 희박합니다."

"이런, 건드리기엔 너무 큰 문제인데요"

세상이 소비를 멈추는 날 기후 오염이 얼마나 줄어들 것인지 예측하기는 힘들다. 팬데믹이 발생해 거의 모든 소비자가 경기 침체의 영향을 받은 첫해에, 이산화탄소 배출량은 세계경제보다 더 많이 위축되었다. 반면 대침체 중 가장 힘들었던 해에 전체 탄소 배출량은 경제보다 다소 적게 움츠러들었다. 소비의 증감이 경제 전반을 바싹 따라가는 경향이 있긴 하지만 예외도 분명 있다.

이 두 가지가 대략 비슷한 정도로 위축된다고 해보자. 즉 소비가 25퍼센트 줄면 탄소 배출량도 25퍼센트 감소한다. 이로써 발생할 경제적 혼란은 우선 제쳐두고, 지금은 기후 위기에만 집중하자. 소비를 멈추는 첫날, 우리는 탄소 배출량의 상승 곡선이 평평해지는 것이 아니라 완전히 하락하는 것을 보게 될 것이다. 전 세계의 탄소 배출량은 사상 최고치에서 안정 상태를 유지하는 게 아니라(이것이 지금껏 녹색 성장을 추구하면서 우리가 이룬 최고의 성과다) 2003년 수준으로 가파르게 떨어질 것이다.

우리는 계속해서 욕조에 탁구공을 집어넣을 것이다. 기후과학자 대다수가 지구의 기온을 안정적으로 유지하려면 인류의 탄소 배출을 제로까지 줄여야 한다는 데 동의한다. 충격적이게도, 전 세계의 소비를 25퍼센트 줄여봤자 그 목표의 4분의 1만 이루는 셈이다. 그렇다 해도 이는 기념할 만한 성취인데, 섭씨 1.5도가 상승하기 전까지(기후과학자들은 기온이 섭씨 1.5도 이상 상승하면 '자연과 인류 시스템에 크나큰 위험'이 될 것이라 차분히 예측한다) 추가 조치를 취할 시간을 몇 년 더 벌 수 있기 때문이다. 현재의 추세에 따르면 기온이 1.5도 상승하는 시기는 2030년대 초반이다. 잭슨은 "우리가 변할 수 있는 시간이 더 늘어날 겁니다"라고 말했다.

소비가 대대적으로 감소해도 기후변화 해결에 가까워질 수조차 없다는 사실이 낙담스럽다. 기후변화에 맞서는 일이 이렇게나 어렵다. 그러나 우리가 지난 몇십 년간 알게 되었듯이, 녹색 기술과 청정에너지에 의존해서 기후변화에 맞서는 것 역시 극도로 어려운 일이다. 소비의 속도를 늦추거나 경제성장에서 벗어남으로써 얻어낸 감소량이 경제성장과 환경 파괴의 분리로 해소되었어야 할 격차를 줄인다. 이것이 팬데믹에 발생한 또하나의 비현실적 사건이었다. 전 세계 40억 명이 온전히, 또는 일부분 격리되었던 2020년 4월, 세계경제의 규모가 크게 줄어든 결과 재생에너지만으로 우리의 현대 문명에 동력을 공급할 수 있는 수준에 그 어느 때보다 가까워졌다.

탄소 배출량이 안정적으로 유지되었던 5년 전, 잭슨은 기후변화 문제에서 경제성장이나 그 동력원인 소비가 논의에 포함되어야 하는지 확신하지 못했다. "이런, 건드리기엔 너무 큰 문제인데요." 그는 말했다. "탈성장은 정치적으로 불가능한 개념이라고 생각해요. 그렇다고 그게 틀린 건 아니지만요." 팬데믹이 발생하기 직전, 탄소 배출량이 또다시 사상 최고치를 찍었을 때 나와 다시 대화를 나눈 그는 눈에 띄게 좌절해 있었다. 그의 생각은 전과 달랐다. 그가 말했다. "탈성장이 해결책에 포함되어야 한다고 생각합니다."

5장

다시 밤에 익숙해지다

1962년 2월 20일까지만 해도 지구상의 대부분 지역은 밤이 칠흑처럼 새까맸다. 그날 미국 최초로 우주 궤도에 오른 우주비행사인 존 글렌이 한낮의 지구에서 캄캄한 쪽으로 넘어갈 때, 그 아래의 세상은 질문의 답을 기다리고 있었다. 우주에서 뇌우가 보일까? 도시와 시내의 불빛은 200킬로미터 상공에서 어떻게 보일까? 심지어 몇몇 물리학자는 아무것도 보이지 않을 것이라 예측했다. 얼마간 글렌은 새까만 인도양 위를 날았다. 그리고 마침내 입을 열었다. "바로 오른쪽에 커다란 빛 패턴이 보입니다. 해안가인 것이 분명합니다. 시내의 윤곽이 보여요."

글렌이 말한 지역은 이 우주비행사를 맞이할 준비를 마친 오스트레일리아의 퍼스였다. 글렌이 하늘 위를 지나갈 것을 알았던 퍼스 시의회는 투표를 통해 가로등을 계속 켜놓자는 결정을 내렸고(그리 오래지 않은 과거에는 많은 도시가 밤에 가로등을 껐다), 퍼스 시민들도 동참해 현관 등과 자동차 헤드라이트를 켜거나 하늘을 향해 플래시를 비추었다.

심지어 석유사 브리티시 페트롤리엄의 퍼스 지역 정유 공장에서는 시추중 새어나오는 가스를 연소해 불기둥을 만들었다("매우 밝은 빛"이라고, 글렌은 말했다). 광활한 오스트레일리아 대륙의 나머지 지역은 어둠에 덮여 있었지만, 퍼스는 환하게 빛났다. 글렌이 지상의 팀원들에게 말했다. "빛이 아주 잘 보입니다. 조명을 켜준 분들께 대신 감사를 전해주겠습니까?"

세상은 정말 많이 변했다. 2020년에는 극지방의 만년설을 제외한 지구 대륙의 거의 4분의 1이 인공조명이 만들어낸 산란광으로 뒤덮여 있었다. 밤의 지구를 찍은 나사의 사진 '블랙 마블black marble'을 보면 북극과 사하라사막, 아마존 우림의 한가운데에도 점 같은 불빛이 퍼져 있고, 북아메리카 동부와 서유럽, 나일강 유역, 인도의 대부분 지역, 동아시아, 그리고 이제 '빛의 도시'라는 별명을 얻은 퍼스를 비롯한 지구의 거의 모든 지역에서 칠흑 같은 어둠이 완전히 사라졌다.

세상이 쇼핑을 멈추는 날, 그 밝은 빛이 약해지기 시작한다.

픽셀화된 세상

애덤 스토리가드Adam Storeygard는 그 변화를 목격했다.

매사추세츠 메드퍼드에 있는 터프츠대학교의 경제학자인 스토리가드는 전 세계의 빛을 이용해, 특히 다른 자료가 제한된 지역의 경제 변화를 측정한다. 알고 보니 조명은 소비경제와 밀접한 관련이 있었으며, 탄소 배출량과 마찬가지로 에너지 효율과 녹색 기술이 발달하는 동안 줄어들기보다는 오히려 늘어나는 경향을 보였다. 우리는 그 어느 때보다 밝게 빛나는 지구에서 살고 있다.

소수의 예외가 있긴 하지만, 보통 밝은 지역의 면적과 전반적인 밝기

(복사휘도)는 그 국가의 경제 규모와 일치한다. 국가의 인구수는 관련성이 훨씬 적다. 예를 들어 방글라데시는 네덜란드보다 인구밀도가 더 높지만 어두운 지역이 훨씬 넓고, 캐나다와 아프가니스탄은 인구수가 비슷하지만 캐나다가 훨씬 밝다. 인간의 노력이 만들어낸 많은 결과물과 마찬가지로, 이 세상의 빛은 결코 고르게 분배되지 않는다.

조명은 쇼핑의 대상이다. 우리는 빛을 소비한다. 대체로 경제활동이 많을수록 조명도 더 많아지는데, 물건과 서비스 대부분을 생산하고 소비하는 활동이 실내에서나 밤에 불을 켠 채로 진행된다는 단순한 이유 때문이다. 2017년 광공해light pollution 전문가 팀은 학술지 『사이언스 어드밴시스』에 "인간은 대략 GDP의 0.7퍼센트에 해당하는 금액으로 인공조명을 구매해 사용한다"라고 밝혔다. 지구에서 가장 밝게 빛나는 국가인 미국에서 그 금액은 연간 1400억 달러에 달한다. 즉 집과 공장, 식당, 쇼핑몰, 미술관, 경기장, 공원 등을 빛으로 휘감는 데 1인당 대략 450달러가 들어가는 셈이다. 반면 남아프리카 국가 짐바브웨의 일반 주민은 매년 약 10달러만큼의 조명만을 누린다.

소비경제가 하락하면 빛도 어두워진다. 이 변화는 매우 빠르게 발생할 수 있다. 스토리가드와 그의 동료들은 위성으로 수집한 자료를 이용해 1997년 금융위기가 발생하기 직전에 호황이던 인도네시아의 밝기를 측정했다. 1년 뒤 인도네시아는 6퍼센트 어두워졌다. 짐바브웨 경제는 21세기의 초반 10년간 50퍼센트 하락하며 붕괴되었고, 국가 전체가 부쩍 어두워졌다.

지상에서 빛의 실종은 어떤 모습일까? "운전하는 사람이 줄고, 자동차와 트럭 같은 차량이 더 적어집니다." 스토리가드가 말했다. "사업체도 있죠. 어떤 사업체들은 특별히 저녁에 문을 열어요. 조명이나 간판을 달고 사람들을 불러모으는 야외 장소나 식당 같은 곳들이 문을 닫으면 아마 불을 켜지 않을 거예요."

이러한 효과는 개발도상국에서 가장 강하게 드러나지만, 소비가 줄어들면 부유한 국가들도 어두워지기 시작한다. 2012년 오랫동안 경제가 소강상태에 빠져 있던 디트로이트는 예산을 절약하기 위해 가로등 일부를 끄기 시작했다. 게다가 불이 들어오는 가로등의 거의 절반은 고장나 있었다. 아웃렛과 자동차 대리점, 레스토랑 체인이 빛을 밝히는 시내 외곽에서 어둠이 번지기 시작한다(대형 매장 수십 곳이 버려진 피닉스를 떠올려보라). "미국에서 불빛이 외곽에서 도시 쪽으로 얼마간 줄어든다 해도 저는 놀라지 않을 겁니다." 스토리가드가 말했다.

우주에서 보이는 가장 밝은 불빛 중에는 유정과 가스정(존 글렌이 퍼스 근처에서 본 '매우 밝은' 정유 공장과 유사하다)이 있다. 이처럼 유정이 타오르는 한 지역이 바로 미국에서 석유와 가스 매장량이 가장 많은 곳 중 하나인 노스다코타주의 바켄셰일이다. 이곳의 유정들은 매우 넓은 지역에 빽빽하게 분포되어 있어서, 밤에 우주 궤도에서 바라보면 풍경이 마치 픽셀화된 것처럼 보인다. 석유와 가스 기업은 경기가 불황에 이를 만큼 심각하게 둔화될 때에도 유정을 폐쇄(업계 용어로는 '셧 인shut in')하기를 꺼린다. 그 대신 기업들은 퍼올리는 석유의 양을 줄이는데, 그 결과 유정에서 타오르는 불꽃의 밝기가 약해진다. 그러나 스토리가드는 세상이 소비를 멈추면 그만큼 연료 사용이 줄어들 것이고(업계 용어로 '수요 파괴'), 분명 바켄셰일의 유정도 곧 폐쇄될 것이라고 예측했다. 그리고 팬데믹으로 그의 예측이 옳았음이 밝혀졌다. 전 세계가 봉쇄되고 2개월이 지나자, 바켄셰일과 다른 석유 생산지의 픽셀들은 어두워지는 데서 더 나아가 하나둘씩 뚜렷하게 빛을 잃어갔다.

마을 전체가 사라질 수도 있다. 1998년 마다가스카르 일라카카의 작은 트럭 휴게소 불빛은 한밤의 우주 궤도에서 감지되지 않았다. 그해 근처에서 사파이어와 루비가 엄청나게 매장된 것이 발견되었고, 5년 후 일라카카는 손으로 직접 원석을 채굴하는 스위스뱅크 같은 이름의 광산들에 둘러싸여 밝게 빛나고 있었다. 더이상 원석을 구매하지 않는 세상에서는 존 글렌이 퍼스에서 본 것과 반대되는 일이 일어난다. 일라카카는 어둠 속에서 빛을 발하는 대신 어둠 속으로 사라질지도 모른다.

베를린의 어느 평범한 밤

시카고 불빛의 90퍼센트가 사라진다고 상상해보자. 대부분의 미국 도시에서 조명 중 3분의 1이나 5분의 1이 사라진다고 상상해보자. 마드리드나 밀라노의 환한 거리와 광장이 반쯤 어두워진 모습을 떠올려보자. 투광등을 받아 다채로운 색으로 반짝이는 스카이라인이 황푸강에 무지개를 비추는 상하이, 거대한 전광판이 내뿜는 불빛에 젖은 도쿄 하치코광장 같은 곳들이 어둠 속에 가라앉은 모습을 떠올려보자. 런던이 너무 어두워져서 도시를 감싼 외곽순환 고속도로가 더이상 우주에서 보이지 않는다고 상상해보자. 소비의 급격한 하락이 전 세계를 어둡게 만들었을 때, 이런 도시에서 일상은 어떤 모습일까?

그 모습은 아마 독일 베를린의 어느 평범한 밤과 같을 것이다.

"적어도 위성에서 측정할 수 있는 면에서 보면, 독일은 대부분의 부유한 국가보다 훨씬 어둡습니다." GFZ 독일 지질학연구소의 물리학자이자 광공해 연구원인 크리스토퍼 키바Christopher Kyba가 말했다. "그 이유는 아직 온전히 파악하지 못했는데, 가로등과도 관련이 있지만 문화와도 관련이 있는 것으로 보입니다."

시인 로버트 프로스트는 "나는 밤에 익숙하다"라고 말했다. "바로 제 얘기입니다." 키바가 말했다. 그는 촛불을 켠 식당을 좋아하고, 요즘 베린에서 종종 그렇듯 여름이 가지 않고 길게 늘어질 때도 햇볕에 탄 흔적이 전혀 없다. 그의 옷은 검은색과 회색이며, 그가 입는 티셔츠 중 하나에는 '모든 낮에는 밤이 필요하니까'라고 적혀 있다. 키바는 다섯 살에 광공해를 인식했는데, 그의 가족이 에드먼턴 남쪽에 있는 작은 마을에 살았기 때문이다. 그는 남쪽의 밤하늘과 북쪽 도시의 산란광 사이의 극명한 차이를 목격할 수 있었다.

키바는 베를린의 방침이 "오직 합리적이고 필요한 만큼의 불만 켜는 것"이라고 말했다. 베를린의 가로등은 다른 도시에서처럼 어둑해질 기미가 보이자마자 켜는 것이 아니라 정말로 땅거미가 내려앉은 시점에 켠다. 런던이나 라스베이거스, 로마, 서울에서라면 새하얗게 빛났을 쇼핑센터의 불빛은 빈티지 필터를 씌운 사진처럼 부드럽고 거칠다. 상점 간판과 거리의 광고판은 대체로 다른 도시에 비해 작고 덜 밝다. 키바는 베를린에서 특히 환한 곳에 서 있을 때조차(투광등을 설치한 카이저 빌헬름 기념 교회 근처를 말한다. 감동적이게도 이 교회는 제이차세계대전 때 폭격을 받아 일부가 파괴된 상태 그대로 보존되어 있다) 대부분의 도심보다 별을 1.5배는 많이 셀 수 있을 거라고 추정했다.

최근까지 베를린에는 4만 개 이상의 가스등이 있었다. 그 어떤 도시보다도 많은 숫자다. 이 가스등을 더 밝고 에너지 효율이 좋은 조명으로 바꾸고 있지만, 수상하다 싶을 만큼 은은한 가스등의 황금색 불빛을 선호하는 많은 베를린 주민이 이러한 변화에 저항하고 있다. 키바가 보기에 이러한 상황은 도시인이 반드시 밝은 불빛을 이상적으로 여기는 것은 아님을 보여주는 분명한 증거다.

베를린의 공원에는 조명이 아예 없다. "진짜 어두운 곳에 들어간다는 느낌이 들어요. 처음에는 정말 무섭죠." 키바가 말했다. "안에 들어가면 아무것도 보이지 않을 것 같거든요." 그러나 눈은 금세 어둠에 적응한

99

다. 그때 보이는 것은 사람들이다. 십대들이 벤치 주위에 모여 있고, 그들의 얼굴이 핸드폰 불빛으로 파랗게 빛난다. 남자들과 여자들이 혼자서, 또는 개와 함께 산책을 한다. 나란히 걷는 사람들이 어둠 속에서 조용히 대화를 나눈다. 키바는 말했다. "베를린 사람들은 왜인지 어둠에 더 익숙해요."

밤이 정말로 새까만 경우는 드물다. 1900년에 파리에서 열린 과학회의에서 미국의 민족지학자 월터 허프Walter Hough는 "어두운 시간에 지구에 사는 생물을 돕기 위해 찾아오는 자연 속 여러 빛의 징후"에 대해 이야기했다. 물론 모두가 달과 별의 존재를 안다. 우리 대다수가 보는 하늘은 광공해로 수많은 별을 빼앗겼지만 말이다. 그러나 허프는 청중에게 다른 빛들을 상기시켰다. 북극과 남극의 오로라, 우주먼지에 반사된 태양빛 때문에 지평선에서 피라미드 모양으로 희미하게 빛나는 황도광, 남반구에서 빛이 번진 것처럼 보이는 한 쌍의 마젤란운, 발광성 식물과 균류, 미네랄, 물, '가스 소산물', 육지의 반딧불이와 당시 자체적으로 빛을 낸다고 알려진 150종의 바다 생물까지. 허프는 "애리조나사막의 맑은 밤하늘 아래서 대기는 별 안개로 가득찬 듯 보입니다. 몇 마일 떨어진 언덕의 윤곽이 보일 수도 있고, 손목시계의 시간이 보일 수도 있고, 별 어려움 없이 길을 따라갈 수 있습니다"라고 말했다. 또한 그는 어떤 환경에서는 금성 혼자서도 탁 트인 땅 위의 여행자에게 다른 빛이 필요하지 않을 만큼 충분한 양의 빛을 뿌릴 수 있다고 말했다(언젠가 키바는 살면서 반드시 해야 할 일들의 목록을 만든다면 금성에 비친 자신의 그림자를 보는 것이 그중 하나일 거라는 트윗을 올렸다).

소비를 멈춘 세상의 더욱 깜깜해진 밤은 여러 면에서 유익할 것이다. 지난 10여 년간 광공해 연구가 쏟아지면서 아마도 인간을 비롯한 많은 생명체가 자신의 안녕을 위해 자연의 어둠에 의지한다는 사실이 밝혀졌다. 가족을 먹이기 위해 둥지로 똥을 굴리는 것으로 유명한 쇠똥구리는 밤하늘에 있는 은하수의 위치를 보고 길을 찾는다. 쇠똥구리는 은하수가 없으면 말 그대로 길을 잃는데, 오늘날에는 수백 킬로미터 떨어진 곳에서 발생했을지 모를 산란광에 가려져 은하수가 보이지 않는 곳이 많다. 전 세계 인구의 3분의 1 이상이 자신이 사는 곳에서 더이상 은하수를 보지 못한다. 은하수가 밤하늘에 투영된 우리 은하라는 점을 고려하면, 우리 역시 어떤 면에서는 우주에서 길을 잃은 것이 아닐까?

광공해가 미치는 영향의 또다른 사례가 있다. 때는 6월 말이고, 광활한 이리호 위로 해가 저물고 있는데 기상레이더가 어둠 속에서 급속도로 크기를 키우고 있는 불길한 구름을 감지한다. 그때 구름이 클리블랜드 쪽으로 이동하기 시작한다. 지역 방송의 뉴스 진행자가 이런 트윗을 올린다. "오. 마이. 갓."

그 거대한 구름은 수백만, 어쩌면 수십억 마리의 하루살이다. 좋은 소식은, 인간에게 무해하고 물고기를 비롯한 많은 생명체가 가장 좋아하는 먹이인 이 하루살이가 미국 동부의 호수와 강이 독소로 너무 오염되는 바람에 수십 년간 생존하지 못하다 다시 대규모로 부화하고 있다는 것이다. 나쁜 소식은, 현재 이 하루살이들이 클리블랜드 같은 광공해의 근원지(한 곤충학자는 이런 곳을 '빛 폭탄'이라 칭했다)를 향해 곧장 날아들고 있다는 것이다. 하루살이들은 조명을 받은 아스팔트와 주차된 차들을 달빛이 비친 수면으로 오해해 마른땅에 헛되이 알을 낳고 죽는다. 실제로 과학자들은 조명이 전 세계 매우 다양한 생물종의 개체수 감소를 야기하고 있다고 본다. 한편 세계보건기구는 인간의 수면장애가 암을 유발하는 원인이라고 파악했으며, 다른 연구 결과는 광공해를 우울과 비만, 그 밖의 다른 건강 문제와 관련짓는다.

가을의 베를린 거리에서 나뭇잎들은 붉은색, 주황색, 노란색으로 변한다. 그러나 나뭇가지가 가로등과 가까운 곳에서 어떤 나무들은 녹색을 훨씬 오래 유지한다. 인공적으로 빛을 밝힌 쪽의 나무는 여름이고, 어두운 쪽은 가을이다. 그러나 그 대가로 나무가 희생을 치르는 것인지는 아직 아무도 모른다. 분명한 것은 베를린의 어둠이 일부 생물종에게 이익이 된다는 것이다. "베를린은 나이팅게일에게 무척 중요한 장소입니다." 키바가 말했다. 밤에 우는 것으로 유명한 이 자그마한 갈색 새는 유럽의 일부 지역에서 지난 10년간 개체수가 절반으로 줄었으나 베를린에서는 지금도 흔하다. 그 이유 중 하나는 베를린에는 여전히 나이팅게일이 노래할 밤이 있다는 것이다.

어둠의 귀환을 알아챈 사람은 거의 없었다

우리가 일상을 밝히면서 소비하는 충격적인 양의 에너지와 광공해를 동시에 줄일 수 있는 기술적 해결책은 이미 수년 전부터 이용 가능했다. 그러나 안타깝게도 이러한 해결책만으로는 충분하지 않았다. 빛의 사용이 소비자들의 태도에 달렸기 때문이다.

바다에 플라스틱을 버리거나 광물 찌꺼기로 토양을 오염시키거나 대기에 이산화탄소를 쏟아부을 때, 그 결과는 수 세기는 아니더라도 수년간에 걸쳐 나타나기 때문에 문제를 깔끔하게 해결하기가 어렵다. 그러나 광공해는 그렇지 않다. "말 그대로 불을 끄면 됩니다." 인공조명의 영향을 연구하는 영국의 생태학자 케빈 개스턴Kevin Gaston이 말했다. "잃어버린 것을 상당히 쉽게 되찾을 수 있죠."

에너지 절약의 측면에서도 마찬가지다. 여러 분야에서 녹색 기술이 매우 천천히 발전하고 있는 것과 달리, 에너지 효율이 좋은 발광다이오드LED는 쉽게 구할 수 있고 가격도 그리 비싸지 않다. LED는 기존 모델보다 에너지를 최소 75퍼센트 적게 사용하며, 기구를 잘 설계하면 조명이 필요한 공간에만 빛을 쏨으로써 광공해를 예방할 수 있다. 환경친화적 조명 시스템을 전 세계에 갖추는 것이 쉽게 달성 가능한 일이라, 빛을 연구하는 과학자들은 더 어려운 세계 문제를 해결할 수 있다는 자신감을 고취하는 방법으로 이러한 조명 시스템을 구축해야 한다고 주장하고 있다.

그러나 정반대의 상황이 벌어지고 있다. LED가 인기를 끌면서 우리가 연료비에서 절약한 돈을 더 많은 조명을 사는 데 쓴다는 증거가 늘고 있는 것이다. '미디어 아키텍처(건물 전면부에 부착되어 영상을 재생하는 거대한 화면)'가 전 세계에서 유행중이다. 중국 난징의 빌딩 두 개짜리 국제청소년문화센터가 좋은 사례다. 70만 개의 LED 불빛이 60층 건물의 외벽을 덮고 있으며, 지상에서도 이 건물을 향해 투광등을 쏜다. 테네시주 멤피스에 있는 에르난도 데 소토 다리의 '웅장한 빛Mighty Lights'은 다리 전체에 색을 바꿀 수 있는 1만 개의 발광체를 달아서 만들었다. 한편 스위스 취리히의 고급 상점가로 유명한 반호프스트라세는 지난 5년 동안에만 전광판이 40배 이상 늘었다. 가정집과 마당에서도 장식용 조명 사용이 폭발적으로 증가했다. 키바는 말했다. "야외 조명을 전부 LED 조명으로 교체해서 에너지 효율을 높인다 해도, 광고와 투광조명의 총량이 늘어난다면 세계 규모나 국가 규모에서는 실제로 에너지가 그리 절약되지 않을 수 있습니다."

키바와 그의 동료들은 2012년과 2016년 사이에 일어난 전 세계 불빛의 총량과 밝기 변화를 들여다보았고, 대부분 지역이 점차 밝아지고 있음을 알게 되었다. 점점 어두워진 소수의 국가는 대개 전쟁으로 나라가 파괴되었거나 경제 악화에 시달리고 있었다. 이 국가들은 소비가 둔화된 곳들이었다.

우리는 다시 밤에 익숙해질 수 있을까?

지난 10년간 영국의 여러 도시와 자치구가 늦은 밤에 가로등 불빛을 줄이거나 아예 끔으로써 돈을 절약하기 시작했다. 최근 연구에 따르면 그 결과 교통사고 발생 건수가 변화하거나 범죄율이 높아지지는 않았다(불빛을 낮춘 지역에서 범죄가 줄었다는 증거도 일부 있었다). 대다수는 가로등을 껐다는 사실을 인지하거나 신경쓰지 않았다. "가로등은 별문제가 아니에요. 큰 차이가 있진 않습니다." 영국 시골에서 보통 가로등이 꺼진 뒤 퇴근하는 한 바텐더가 말했다.

키바는 어둠의 귀환을 알아챈 사람이 거의 없다는 게 그리 놀라운 일은 아니라고 말했다. 베를린을 방문한 대다수는 누가 알려주지 않으면 베를린의 불빛이 특히 어둡다는 사실을 깨닫지 못한다. 빈에서 매일 밤한 시간씩 조명의 조도를 50퍼센트 낮췄을 때도 천문학자를 제외하고는 그 누구도 그 사실에 주목하지 않았다(그리고 천문학자들은 무척 기뻐했다). 마찬가지로 LED 전구의 수명은 불빛이 30퍼센트 이상 약해질 때까지 시간이 얼마나 걸리느냐로 측정하는데, 이 지점이 전구가 더이상 제대로 기능하지 않는다는 사실을 대다수가 인지하는 때이기 때문이다. 이는 곧 밝기가 3분의 1 줄어든 뒤에야 우리가 그 사실을 깨닫게 된다는 뜻이다.

우리가 알아차리는 것은 밤 그 자체다. 영국에서 가로등의 조도를 낮춘 지역을 대상으로 설문 조사를 실시했는데, 가장 많이 나온 대답은 밤하늘을 바라보는 것이 기쁘다는 것이었다. 팬데믹 동안 대기오염과 광공해가 대폭 감소하자 전 세계의 도시인들이 살면서 본 것 중 가장 선명하게 빛나는 별들을 보고 감격에 빠졌다. 지난 세기 전 세계에 퍼져나간 빛은 '밤의 정복'으로 묘사되었고, 모든 정복이 그렇듯 여기에는 얻은 것뿐만 아니라 잃은 것도 있었다. 일본에 처음으로 가로등이 설치되기 시작했을 때 한 작가는 일본인이 더이상 그림자의 진가를 알아보지 못할까봐 우려했다. 1860년대에 파리가 2만 개의 가스등으로 거리를 밝히며 최초의 빌 뤼미에르ville lumière(빛의 도시)가 되었을 때도 밤의 상실이 논란을 일으켰다. 어떤 이들은 불빛이 규칙에 순응하라는 압박을 가한다고 느꼈고, 또다른 이들은 '어둠이 주는 안전함'이 종말을 맞이했다고 느꼈다.

우주비행사 존 글렌은 처음으로 지구의 궤도를 돈 해로부터 36년이 지난 1998년에 다시 우주로 향했다. 그리고 밤의 세계가 완전히 달라진 것을 목격했다. 이제 전 세계의 거의 모든 도시와 마을이 '빛의 도시'가 되어 있었다. 퍼스의 시민들은 다시 한번 글렌을 위해 모든 조명을 켰다. 이번에는 지상에 있는 팀원들이 글렌의 말을 기록으로 남기지 않았으나, 동료 우주비행사들에 따르면 우주선이 퍼스 위를 지날 때 글렌은 "와, 퍼스는 저번에 봤을 때보다 더 커졌네"라고 말했다. 그러고 나서 이렇게 덧붙였다. "좋아요, 여러분. 이제는 불을 꺼셔도 됩니다."

소비를 멈춘 세상은 더 어두워질 것이다. 어쩌면 이 생각은 이미 현실화할 때가 되었는지도 모른다. 그러나 어둠 속으로 후퇴하는 데는 우리를 걱정시키는 상징적 의미가 있다. 약 50만 년 전 불을 다스리는 능력이 널리 퍼진 것은 인류의 진화에서 가장 결정적인 순간 중 하나였으며, 밤을 없애고 전기로 어둠을 밝히는 것은 지금도 발전의 이정표로 간주된다. 영국에서는 다시 보이기 시작한 별빛 아래서 산책을 즐긴 사람들조차 이러한 변화가 문명과 발전의 퇴보를 나타내는 것은 아닌지 우려했다. 심지어 팬데믹 기간 동안 궤도에서 찍은 사진 속에서 유정이 사라졌을 때는 으스스한 느낌마저 들었다. 환하게 불을 밝힌 우리의 야경 속에서 진짜 별들이 사라졌듯이, 유정은 마치 하늘에서 자취를 감춘 별처럼 느껴졌다.

세상이 소비를 멈춘 뒤 처음 며칠간에도 이런 이중성이 존재한다. 고요함과 차분함, 시간이 늘어나고 오래된 생활방식이 되돌아오는 느낌이 퍼져나간다. 여전히 식탁에는 음식이 올라오고, 옷장 속에는 옷이 걸려 있다. 평화롭고 향수가 일며, 어쩌면 속도가 살짝 많이 느릴지도 모른다. 그리고 이 모든 것의 너머에는 훨씬 더 고된 시간이 다가오고 있다는 괴로운 감각이 있다.

2부

균열

디컨슈머의
탄생

6장

성장의 종말 vs 경제의 종말

내가 피터 빅터Peter Victor에게 캐나다의 가계 소비지출이 지난밤 50퍼센트 하락했다고 말한 것은 토론토의 어느 온화한 오후였다. 요크대학교에 있다가 은퇴한 경제학자인 빅터가 눈썹을 치켜떴다. 역사 내내 우리에게 더 간소하고 덜 물질적인 삶을 살라고 촉구했던 목소리들은, 우리가 정말 그 권고를 받아들였을 때 무슨 일이 벌어질지에 대해 한 번도 말한 적이 없는 듯 보였다. 그 빈 공간을 채운 것은 경제학자들이었다. 이들은 쇼핑을 멈추면 경제가 성장을 멈추고 위축되기 시작한다고 말했다. 그렇게 되면 반드시 시장이 붕괴하고, 실업이 만연해지고, 가게들이 문을 닫고, 공급망이 무너진다. 심지어 폭도들이 나라를 통치하거나 기근이 발생할 수도 있다.

　빅터도 이러한 주장에 어느 정도 동의한다. 그는 특정 변화가 경제에 어떤 영향을 미칠지를 모델링하는 전문가로, 자기 노트북을 이용해 주기적으로 경기 침체와 공황, 시장 붕괴를 시뮬레이션한다. 소비와 관련된 그의 업무는 여러분과 내가 하는 소비가 물가와 세금, 부의 분배, 이 자율 같은 더 커다란 경제 요인에 얼마나 크게 영향받는가를 명확하게 드러내는 것이다. 이 요소들을 특정한 방식으로 올리거나 내리면(정부에게는 그럴 힘이 있다) 경제의 승자와 패자를 골라낼 수 있고, 심지어는 호황과 불황 사이에서 경제의 운명을 좌우할 수도 있다. 빅터는 쇼핑 중단이 경제성장을 나락으로 떨어뜨릴 수 있음을 안다. 그리고 그저 모든 것이 무너져내리지만은 않으리라는 것 또한 안다. 시장 붕괴가 완전한 실패로 이어지지 않도록 여러 조치를 취할 수 있다.

"무슨 일이 일어나는지 한번 봅시다." 빅터가 이렇게 말하고 키보드를 두드리기 시작했다.

그는 1950년대에 매사추세츠공과대학의 교수 제이 포레스터가 개척한 시스템 다이내믹스 접근법을 사용한다. 이 접근법은 우리 머릿속에서 이해하기엔 너무 복잡한 시스템 속에서 여러 변수가 서로 어떤 관계를 맺는지 살펴보기 위해 고안되었다. 오늘날 우리는 이처럼 복잡한 시스템에 파묻혀 있기에 우리 행동에서 비롯된 의도치 않은 뜻밖의 결과와 끊임없이 씨름한다. 중국 우한 지역의 시장에서 판매한 야생동물이 몇 달 뒤 세계경제를 멈춘 것처럼, 그중 어떤 사례들은 전 세계의 주목을 받는다. 그러나 대개는 알려지지 않은 채로 그 사실 근처에 있는 사람들에게만 문제를 일으킨다. 예를 들어 기술 진보로 저렴해진 태양력과 풍력은 화석연료에 뒤지지 않는 경쟁력을 가졌어야 했지만, 이와는 다른 일이 벌어졌다. 화석연료 기업이 재생에너지를 석유와 가스 생산의 동력원으로 이용하기 시작한 것이다. 즉, 풍력과 태양력은 화석연료가 풍력과 태양력에 뒤지지 않는 경쟁력을 갖게 하는 데 이용되었다.

빅터가 연구하는 시스템은 캐나다의 경제다. 그는 10년 넘게 유리병 안에 배 모형을 만들듯 작은 정보를 추가하고 또 추가하며 자기 컴퓨터로 캐나다 경제의 모델을 만들어왔다. 영국의 경제학자 팀 잭슨과 협업해서 개발한 가장 최근의 모델을 이용하면, 버튼 하나로 시공간을 가로질러 연결고리를 만들 수 있다. 오늘 세율이 약간 오른 것이 지금부터 30년 뒤의 온실가스 배출량에 어떤 영향을 미칠까? 빅터와 그의 노트북은 정보에 근거해 그 답을 예측할 수 있다.

그러나 지금까지 그의 목표는 다른 질문의 답을 찾는 것이었다. 경제가 아주 조금만 성장하면서(또는 아예 성장하지 않거나, 심지어 후퇴하면서) 여전히 살 만한 자본주의 시스템을 갖추는 것이 가능할까? 빅터는 오랜 시간 캐나다인으로 살았지만 태어난 곳은 영국이었고, 그가 품은 질문의 음울한 뮤즈는 바로 영국의 전 총리인 마거릿 대처다. 이 이른바 철의 여인은 자본주의의 가장 열렬한 옹호자 중 한 명이었으나 자본주의를 바라보는 대처의 관점은 암울했다. 그는 오늘날 우리가 아는 자본주의를 모든 것을 총체화하는 이념으로 그려냈다. 즉 일종의 감옥인데, 많은 수감자에게 편안하게 마련된 감옥인 것이다. 규제되지 않는 시장, 개인주의, 사기업, 긴축이라는 대처의 비전은 영원히 성장하는 경제를 핵심으로 하고 있었다. 이 비전은 자주 인용되는 대처의 말, "대안은 없다There is no alternative"의 앞 글자를 딴 TINA 정책으로 알려지게 되었다.

"정말이지 따분한 세계관이었습니다." 빅터가 말했다.

이 세계관은 지금도 지배적이다. "자본주의의 종말보다 세상의 종말을 상상하는 것이 더 쉽다"라는 것이 최근의 선전 구호다. 성장의 문제는 소비의 딜레마의 핵심인데, 소비 둔화를 불가능하게 만드는 듯 보이는 바로 그 주장의 내용이 소비가 둔화되면 성장이 끝난다는 것이기 때문이다. 소비경제를 끝없이 확대하는 것이 시의회에서 대통령 집무실에 이르는 모든 정치인의 목표이며, 국립공원을 만들고 이민법을 제안하고 코로나19 사망자 수를 얼마나 용인할지 결정하는 등의 모든 일이,

성장을 억제할 것인가 촉진할 것인가의 시험대에 오른다.

빅터는 참 이해할 수 없는 일이라고 말했다. 거의 모든 인간 역사상 경제가 적게 성장하거나 아예 성장하지 않는 것이 규범이었기 때문이다.

GDP의 함정

고대부터 18세기까지 세계경제는 매우 느린 속도로 성장했다. 아마 매년 평균 성장률이 약 0.1퍼센트 정도였을 것이다. 거의 모든 연간 성장률이 완만한 인구 증가에서 비롯되었다. 사회에 사람이 많아지면 생산하고 소비하는 재화와 서비스도 많아지고, 그 결과 경제가 확대된다. 그러나 1인당 물건과 서비스의 양은 매해 거의 바뀌지 않았다. 만약 우리가 1700년대 말 이전의 시기를 살았다면, 부모와 조부모, 증조부모가 가진 것과 거의 비슷한 물건을 가지고 살았을 것이다. 실제로 의류를 비롯한 소지품 대부분은 그들에게 물려받은 것이었다.

1800년대 초반에 산업혁명이 시작되고 나서야 1인당 생산량이 가파르게 늘기 시작했다. 그리고 1913년과 2013년 사이의 100년간 연간 세계 경제성장률은 역사 내내 경제가 성장한 속도의 30배로 뛰었다. 해가 갈수록 더 많은 물건이 생산되고 판매되었다. 소비경제가 태어난 것이었다.

성장이 경제적 성공의 주요 지표라는 생각은 그보다도 역사가 더 짧다. 대공황이 끝나갈 무렵 러시아계 유대인 이민자이자 뛰어난 경제학자였던 사이먼 쿠즈네츠가 미국 최초의 국가회계 시스템을 개발했다. 그 결과 처음으로 대공황 동안 미국 경제가 얼마나 위축되었는지 말할 수 있게 되었다(미국 경제는 절반으로 쪼그라들었다). 이 정보는 프랭클린 루스벨트의 뉴딜 정책에 영감을 주었다. 이 정책은 소비자의 주머니에 직접 돈을 꽂아주는 방법을 비롯해, 정부 지출을 통해 경제를 다시 성장시키고자 한 것이었다.

국가의 총생산량을 파악하는 쿠즈네츠의 척도는 국내총생산이라는 이름을 얻었고, 오늘날에는 주로 GDP라 불린다. 1950년대 무렵이 되자 영향력 있는 경제학자들은 경제 수익 중 투자자와 기업가가 가져가는 몫과 노동자와 사회 전체가 가져가는 몫 사이의 오래된 긴장을 해소하는 마법 같은 해결책으로 GDP 성장을 열렬히 받아들였다. 마침내 부자의 돈을 빼앗아 가난한 사람에게 주는 일 없이 모두의 부를 키울 수 있는 방법을 찾은 듯했다. 그 방법은 바로 1인당 주어지는 돈과 물건을 매해 더 많이 만들어내는 것이었다. 이 방법의 지지자들은 곧 '경제성장 우선주의'를 '모든 배를 뜨게 하는 밀물'로 묘사하기 시작했다.

그러나 GDP는 처음부터 비판에 부딪혔고, 비판자 중에는 쿠즈네츠 본인도 있었다. 그는 이 주제에 관해 의회에 제출한 첫번째 보고서에서 한 국가의 번영은 그저 국민소득을 측정하는 것으로는 "추론이 거의 불가능하다"라고 말했다. 그리고 자신의 새로운 통계가 부의 분배에 대해서는 말해주는 바가 거의 없음을 명확히 지적했다. 예를 들어 대공황을 통해 분명히 알게 되었듯이, 성장의 밀물과 썰물이 대부분의 배를 띄워 올리거나 내려앉힌 것은 사실이지만, 사회와 경제가 어떻게 조직되느냐에 따라 어떤 배는 특히 더 높이 올라가고 어떤 배는 특히 더 낮게 내려앉을 수 있었다.

또한 쿠즈네츠는 모든 경제성장이 동등하지는 않다는 점을 인정했다. 훗날 그는 "'더 큰' 성장의 목표는 무엇의, 무엇을 위한 성장인지를 구체적으로 밝혀야 한다"라고 『뉴 리퍼블릭』에 말하곤 했으며, 독재 정권에서는 두려움이나 외적을 향한 증오를 동력으로 더 열심히 일하도록 사람들을 몰아가거나 억압함으로써 성장을 이뤄낼 수도 있다는 사실을 언급했다. 쿠즈네츠는 국가의 회계장부에 더하기 칸과 빼기 칸이 다 있어야 한다고 생각했지만, 각 칸에 어떤 경제활동이 포함되느냐는 토론의 여지가 있다고 보았다. 쿠즈네츠 본인은 군사비를 오늘날처럼 GDP에 더하는 대신 GDP에서 빼야 한다고 생각했는데, 방위비는 잠재적 공격자 때문에 국가가 어쩔 수 없이 지출하는 항목이며 그 돈을 국민의 생활수준을 향상하는 데 쓸 수도 있기 때문이다. 쿠즈네츠는 소비문화의 대단한 팬이 아니었다. 어떤 경제활동은 바람직하지 않고 파괴적이라고 생각했던 애덤 스미스와 마찬가지로, 쿠즈네츠는 GDP가 "물질을 숭배하는 사회의 관점이 아니라 더욱 계몽된 사회철학의 관점에서 나온" 경제적 목표를 반영해야 한다고 단언했다. 그가 '이익이 아닌 해악'이므로 빼야 한다고 생각했던 경제활동 중에는 광고와 금융 투기가 있었다. 또한 그는 가정주부의 무보수 노동이 국가회계에 포함되어야 할 활동은 아닌지 공개적으로 고민했다.

쿠즈네츠의 주장은 로버트 F. 케네디가 1968년 암살되기 겨우 석 달 전 미 대통령 후보 경선에서 했던 연설에서 재등장했다. 케네디는 미국에서 물질적 빈곤보다 "만족감, 목적, 존엄의 빈곤"이 더 심각하다고 말하며, GDP가 국가의 상태를 제대로 파악하지 못하는 형편없는 척도라고 비난했다. 그리고 "너무 많이, 또 너무 오랫동안, 우리는 그저 물질적인 것들을 축적하느라 개인의 탁월함과 공동체의 가치를 포기한 것 같습니다"라고 말했다. 그는 담배 광고, 구급차, 주택 보안장치, 감옥, 삼나무숲의 파괴, 도시의 난개발, 네이팜탄, 핵탄두, 미국 도시에서 경찰이 폭동 진압에 사용하는 장갑차로도 GDP가 상승한다고 말했다. "GDP는 우리가 짓는 시의 아름다움이나 우리의 결혼생활이 가진 힘, 공개 토론의 지혜, 공무원들의 성실함을 포함하지 않습니다. GDP는 우리의 재치도 용기도 지혜도 학식도 측정하지 못하고, 우리의 열정도 국가를 향한 헌신도 측정하지 못합니다. 즉, GDP는 삶을 가치 있게 만들어주는 것을 제외한 모든 것을 측정합니다"라고 케네디는 말했다.

오늘날 GDP를 비판하는 사람들(세계은행의 현 총재부터 점점 세력이 커지고 있는 '탈성장' 운동에 이르기까지 나날이 그 수가 늘고 있다)은 쿠즈네츠와 케네디의 주장을 더욱 자세히 부연한다. 경제성장의 열매는 계속해서 매우 불공평하게 분배된다. 중국이나 인도 같은 일부 저개발 국가가 유럽과 북아메리카, 오스트레일리아와 뉴질랜드, 일본처럼 그동안 성장 경쟁에서 우승해온 국가들을 점점 따라잡고 있지만, 이 두 사례를 과장하지는 말아야 한다. 매년 세계경제가 생산하는 부를 고르게 분배하면 세상 모든 사람에게 약 1만 2000달러씩 지급할 수 있다. 전 세계 인구의 겨우 5퍼센트가 거주하는 캐나다와 미국의 평균 소득은 그보다 400퍼센트 더 높다.

국가 간 불평등이 서서히 줄어드는 와중에도 국가 내 불평등은 계속 증가하고 있다. 프랑스의 경제학자 토마 피케티가 말했듯 이러한 불평등은 전 세계 상위 1퍼센트 부자가 아니라 상위 0.1퍼센트 부자 사이에서 확연히 드러난다(서류상에서 그렇다는 말이다. 실생활에서는 이러한 불평등을 인식하기가 무척 어려울 수 있다). 미국에서 이처럼 상위 0.1퍼센트 안에 드는 소득자들은 지난 40년간 세후 소득이 420퍼센트 증가한 반면 1인당 GDP는 겨우 79퍼센트 증가했다(전체 미국인 노동자의 하위 절반은 GDP가 20퍼센트 증가했다). 최근 몇 년간 이러한 초상류층 계급은 국가 평균보다 100배 많은 소득을 향해 천천히 다가가고 있다. 피케티의 말처럼 미국의 소득은 "지금껏 관찰된 그 어느 지역 못지않게 불공평하게 분배된다". 그러나 서유럽처럼 부의 분배가 훨씬 공평한 국가들에서도 여전히 상위 10퍼센트가 하위 50퍼센트보다 소득이 훨씬 많다.

　　로버트 F. 케네디의 시대 이후로 GDP에서 뺄 것을 빼야 한다는 주장은 기묘하고 괴상한 것들의 기나긴 목록을 통해 계속해서 힘을 얻었다. 대침체 때 그랬듯이 정부가 납세자의 돈을 망해가는 은행에 쏟아부으면 GDP가 증가한다. 더 적은 돈을 쓰고도 달성할 수 있는 결과를 돈을 낭비해가며 성취하는 비효율적인 행위는 GDP 성장에 도움이 된다. 금융 저널리스트인 데이비드 필링이 지적했듯이, 이 세상 모든 어머니가 (지구상의 거의 모든 소아과 전문의의 권고에 반하여) 자기 아기에게 모유를 수유하는 대신 분유를 사서 먹인다면 GDP가 증가할 것이다. 전 세계의 자원봉사자를 유급 노동으로 대체한다면 경제성장에 엄청난 도움이 될 것이다. 팬데믹 동안 마스크와 산소호흡기, 개인 보호 장비, 백신, 술, 가상 대화 소프트웨어를 공급하는 사업은 전부 절망과 고립의 표지였음에도 GDP의 희망이었다. 팬데믹 당시 필수품을 비축해두었다가 바가지요금으로 판매해 폭리를 취한 부도덕한 기회주의자들은 GDP 성장의 관점에서 보면 실제로 선善을 행한 것이었다.

　　2019년에 뉴질랜드는 GDP를 경제성장의 주요 지표에서 공식 배제한 최초의 국가가 되었고, 스코틀랜드와 아이슬란드는 주요 지표로서 시민의 행복을 측정할 계획이라고 발표했다. 그 밖의 여러 국가와 지역에서도 참진보지수Genuine Progress Indicator(이하 GPI)를 기록한다(미국의 메릴랜드주는 2010년부터 매년 GPI를 산출하고 있다). GPI는 경제에서 사회와 환경의 피해를 고려하고자 한다. 예를 들어 GDP는 공장의 생산성을 무조건 성장으로 간주하지만, GPI는 생산과정에서 발생하는 대기오염을 성장에서 제한다.

　　20년에 걸친 연구들은 GDP와 GPI가 서로 다른 길을 간다는 사실을 보여준다. 먼저, 진정한 진보는 GDP보다 더 느리게 발생한다. 또한 GDP와 GPI는 보통 국가경제가 성장하면서 함께 증가하지만 어느 선까지만 그렇다. 부유한 국가들에서 GDP는 제이차세계대전 이후로 가파르게 상승했지만, GPI는 1970년대 중반 이후 거의 지지부진한 상태이며 성장한다 한들 매우 느린 속도로 성장한다. 지난 수십 년간 세계에서 가장 강력한 소비경제 국가들은 경제성장을 시민들의 더욱 만족스러운 삶으로 전환하는 데 처참히 실패했다.

현재 시점에서 성장을 옹호하는 주장 중 비판받지 않는 것은 하나도 없다. 예를 들어 경제성장으로 수백만 명이 빈곤에서 벗어났다는 주장은 반박의 여지가 없다. 극도의 빈곤 속에 살아가는 인구 비율은 경제가 급속히 성장하기 전보다 더 낮아졌다. 그러나 빈곤층 비율이 그 어느 때보다 낮다 해도 가난한 사람들의 절대적 수는 계속 늘고 있다. 오늘날 전 세계에서 매우 가난한 사람들의 수는 19세기가 시작될 무렵의 세계 인구수에 맞먹는다.

'제로 성장 사태'와 '느린 소비 시나리오'

어느 온화한 날, 자신의 조용한 동네에 있는 가장 좋아하는 떡갈나무 아래 앉아 소비의 종말로 컴퓨터 모델 속 캐나다에 충격을 가해야 한다는 사실을 피터 빅터는 좋아하지 않았다. 내 시나리오를 실험하기 위해 그는 먼저 경제학자들이 말하는 '한계소비성향', 즉 일반적인 사람이 추가로 버는 소득 중 소비에 지출하는 금액이 얼마인지를 측정하는 단위를 낮추었다. 만약 사람들의 소비성향이 21세기 내내 이어진 궤도를 따라간다면, 캐나다인은 지금으로부터 50년 뒤에 지금보다 170퍼센트를 더 소비하고 있을 것이다(이미 캐나다처럼 부유한 국가에서 소비가 이 정도로 증가하는 것을 상상할 수 없다면, 현재 매년 6만 달러를 버는 캐나다의 평균 가정이 매년 약 16만 달러를 버는 가정처럼 살아가는 모습을 떠올려보면 된다). 빅터는 이 한계소비성향을 50퍼센트 낮추었다. 하룻밤 사이에 소비로 추동되는 경제가 버려진 것이다.

그다음 그는 쇼핑이 되돌아오지 않도록 추가로 몇 가지를 조정했다. 보통 소비가 둔화되면 강력한 경제적 힘이 소비를 다시 활성화하려 한다. 정부는 세금을 감면하고 도로나 다리를 보수하는 등의 일자리 창출 프로그램에 공적 자금을 쓰기 시작한다. 은행들은 최저 금리로 대출을 내준다. 가게와 식당은 가격을 내린다. 그러나 돈을 쓰고자 하는 욕망이 절반으로 뚝 떨어졌다면 그 무엇도 효과를 발휘하지 못할 것이다. 빅터는 불안해 보였다.

그의 마우스 커서가 실행이라고 쓰인 버튼 위를 맴돌았다.

잠시 후 여러 그래프가 나타났다. 그래프의 선들이 위나 아래로 꺾이거나 그 사이를 왔다갔다 날뛰었다. 빅터가 그래프를 자세히 들여다보았다. 그리고 실업률과 부채가 너무 높아서 차트를 벗어났다고 일러주었다. 투자자들은 막대한 돈을 잃는다. 문명의 후퇴를 막기 위해 정부가 애를 쓰는 와중에 일반 가정은 결국 소득의 60퍼센트가 세금으로 나간다. 인구가 점점 증가하고 있음에도, 세상이 소비를 멈춘 날로부터 50년이 지났을 무렵에 캐나다인은 지금처럼 쭉 살았다면 소비했을 양보다 거의 300퍼센트 적게 소비할 것이다. 오늘날의 소비 규모와 비교해도 훨씬 적은 양이다. 놀랍게도, 이러한 혼돈 속에서도 온실가스 배출량은 훨씬 느린 속도로나마 계속 증가한다. 종합해보면, 이 모델은 심각한 불황이 이어지는 가운데 그나마 나은 시절이 짧게(그리고 무척 불가사의하게) 드문드문 나타날 것이라 예측한다.

빅터는 야외용 의자에 등을 기댄다. 붉은 벨벳보다 더 쨍한 색의 홍관조가 빅터가 가장 좋아하는 나무를 드나든다. 소비가 사라진 세상에서 빅터는 곧 이 나무를 베어 장작으로 쓸지도 모른다. 그는 "당신이 자본주의를 끝장내고 있는 걸지도 모르겠네요"라고 말했다.

빅터의 쇼핑 중단 모델은 다른 두 가지 사례와 유사하다. 하나는 코로나바이러스 봉쇄로 촉발된 경제 위기다. 다른 하나는 '제로 성장 사태No Growth Disaster'라는 이름을 얻은, 빅터가 이전에 개발한 시나리오다. 빅터는 캐나다에서 경제성장과 인구 성장이 돌연 멈추는 상황을 상상했다. 그 결과 GDP가 가파르게 하락하고 실업률이 치솟았으며, 정부 부채가 눈덩이처럼 불어나고 빈곤이 급증했다. 유일하게 긍정적인 면은 온실가스 배출량이 14퍼센트 줄었다는 것이었다. 빅터는 쇼핑 중단 시나리오가 이보다도 더 심각하다고 말했다. "이 시나리오는 왜 정책 입안자들이 소비 증진을 그토록 중시하는지를 보여줍니다." 그가 말했다. "모든 사람의 소득은 다른 사람의 지출에서 나옵니다. 모두가 지출을 줄이면 소득도 줄어듭니다. 일부러 성장의 속도를 극적으로 낮추는 데에는 큰 위험이 따릅니다."

이것이 이야기의 전부는 아니다. 환경주의자들과 마찬가지로 경제학자에게도 피케티가 말한 '종말론적 예언을 지나치게 선호하는 취향'이 있다. 경제가 고도로 성장한 시대는 오늘날 우리가 아는 세상이 만들어진 시대이기도 했으므로, 사람들은 종종 이 두 가지가 불가분하게 엮여 있다고 생각한다. 경제성장의 종말이 곧 세상의 종말이라는 것이다. 그러나 빅터는 처음 캐나다 경제모델을 돌리기 시작하고 얼마 지나지 않아 곧 이단적 결론에 도달했다. 성장 없는 삶은 전적으로 가능하다.

빅터가 한번 소비를 4퍼센트 줄여보자고 말했다. 어쩌면 이 시나리오를 느린 소비 시나리오라고 부를 수 있을지도 모른다. 그는 "목표가 늘 소비인 문화에서 이건 사소한 것이 아닙니다"라고 말했다. 새 숫자를 입력한다. 그 결과 캐나다에는 완전한 재앙이 아닌 천천히 지속되는 경기 침체가 발생하고, 실업과 투자금 손실, 정부 세입 감소 같은 익숙한 고난이 이어진다.

빅터는 몸을 앞으로 기울여 몇 가지 항목을 더 조정했다. 사람들이 소비를 줄이면 상품과 서비스 수요도 줄기 때문에 경제활동이 줄어든다. 할일이 줄어든다. 대량 실업을 막기 위해 빅터는 남은 일자리를 최대한 많은 사람에게 분배할 수 있도록 조치를 취했다. 그는 근무시간을 줄여 대다수가 일주일에 5일이 아닌 4일만 일하게 했다. 그리고 캐나다 인구의 성장 속도를 늦추었다. 이제 캐나다의 인구 성장은 오로지 이민 인구에서 나오는데, 이 조치 또한 일자리를 구하는 사람의 수를 제한한다(사람들이 계속 나이들며 노동인구가 줄기 때문에 여전히 이민자를 어느 정도 수용할 수 있다). 그다음 빅터는 녹색 투자를 늘렸다. 이렇게 하면 우리가 여전히 소비성향을 갖는 상품과 서비스 생산에 필요한 자원의 양을 줄이는 동시에 일자리와 소득을 만들어낼 수 있다. 여전히 경제에서 생산되는 부를 더욱 평등하게 분배하기 위해 세율도 조정했다.

마침내 빅터는 실업률을 역사적 범위 내로 유지하면서 대다수에게 적절한 생활수준을 제공하고, 소비만 줄일 때보다 기후와 환경이 받는 압박을 더 많이 줄이는 데 성공했다. 분리와 탈성장이 주는 혜택을 동시에 거둔 것이다. 빅터의 완화된 모델에서도 실업률이 가끔 급증하지만, 가난한 계층에게 정부 지출을 돌리면(교육이나 군사처럼 돈이 많이 드는 분야의 경비는 줄어든다) 빈곤은 심화되지 않는다. 적어도 이론상으로는 경제가 붕괴하는 일 없이 소비와 성장에 매우 극적인 제동을 걸 수 있다. 빅터가 자신의 저서 『성장 없이 살아가기Managing Without Growth』에서 말한 것처럼, '재난이 아닌 계획에 따른 감속'이다.

이중 자연히 발생하는 것은 없다. 전부 권력자들이 결정을 내린 결과다. 이 시나리오에서는 빅터가 꼭두각시를 움직이듯 모든 것을 통제하지만, 현실에서는 정치 지도자와 국가공무원이 그 자리를 대신할 것이다. 훨씬 잔혹한 선택지도 있다. 예를 들어 근무시간과 소득이 줄어들 때 정부는 일과 소득을 오로지 특권을 지닌 소수의 수중에 몰아넣을 수 있다. 투자자들을 보호하기 위해 빈곤과 실업을 악화시킬 수도 있다. 줄어드는 쇼핑의 양 자체도 불공평하게 나타날 수 있다. 과소비가 심각한 사람들이 소비를 크게 줄이지 않을 수 있도록, 애초에 과소비하지 않았던 사람들이 강제로 지출을 줄여야 할지도 모른다. 사실 이 선택지들이 오늘날 우리가 아는 세계의 소비사회와 더 잘 어울린다.

느린 소비 모델은 '지속 가능한 번영'이라는 이름으로 알려진 빅터의 최근 시나리오 중 하나와 유사하다. 이 시나리오에서 GDP 성장은 50년에 걸쳐 서서히 제로까지 하락한다. 그는 소비지출을 4퍼센트 줄일 때 적용한 것과 같은 조치를 이용해, 근무시간과 소득 불평등은 줄어드는 한편 심각한 고용률 악화를 방지할 수 있었다. 정부 부채가 늘긴 했지만 현실에 비하면 미미한 정도였고, 경제가 붕괴하는 결과로도 이어지지 않았다. 전반적인 가계 재산은 경제가 더욱 가열차게 성장할 때만큼은 아니지만 계속해서 증가했다.

이 시스템은 여전히 자본주의 체제일까? 강경하게 부를 재분배하는 정책 때문에 (특히 미국에 있는) 많은 사람이 빅터의 시스템을 사회주의라 칭할 것이다. 그러나 이 시나리오에는 여전히 투자자들이 있다. 이들은 오늘날만큼 돈을 많이 벌진 않지만 그렇다고 그 차이가 엄청난 것은 아니며, 노사 간 성과의 분배는 역사적으로 평범한 수준을 넘어서지 않는다. 한편 지속 가능한 번영 시나리오에서 탄소 배출량은 사반세기가 지나기 전에 제로로 떨어진다. 계속 성장하는 경제 속에서 기후변화를 늦추기 위해 재생에너지와 녹색 기술에 집중할 때보다 훨씬 빠른 속도다.

빅터는 재빨리 이 모델들이 불완전하다는 사실을 강조한다. 매우 중

요한 예를 하나 들자면, 컴퓨터 모델은 빅터가 입력하는 엄청난 변화를
사람들이 받아들일 것인지 아닌지를 예측하지 못한다. 그러나 빅터가
모델에 적용하는 조치는 전부 고도로 발달한 선진국에서 이미 사용하
는 것들이며, 팬데믹 동안 고통과 사회적 불만이 폭발적으로 퍼져나가
는 것을 막고자 최근에도 실시되었다. 실제로 우리는 언제든 의도적으
로 소비경제의 속도를 늦추기 시작할 수 있는 듯 보인다.

물론 나의 사고실험에서는 변화가 이처럼 단계적으로 완만하게 발생
하지 않는다. 세계는 난데없이 쇼핑을 중단하며, 뒤이은 추락은 갑작스
럽고 빠르고 길고 고통스럽게 이어진다. 그때 무슨 일이 벌어질지 알고
싶다면 그래 본 경험이 있는 곳으로 가야 한다.

핀란드처럼.

7장

일상의 소비 재난이 끝나는 순간

여덟 살 소녀가 아버지가 부엌 식탁에서 돼지를 반으로 가르는 모습을 지켜본다. 늦가을에 낮이 점점 짧아지면서 소녀의 금발이 점점 어두워진다. 소녀는 집에서 직접 만든 옷을 입었다. 문간에는 소녀가 가진 유일한 신발이 한 켤레 있는데, 집안에서는 절대로 신지 않으며 아마 찢어질 때까지 쭉 신을 것이다. 소녀는 눈앞에 펼쳐진 피와 내장에 매혹되었다가 역겨워했다가 한다. 돼지의 뇌가 아름다운 분홍빛 산호처럼 훤히 드러나 있다.

　먼 옛날의 장면처럼 느껴진다. 제이차세계대전이나 대공황이 발생했던 때, 아니면 풍요와 브랜드, 패스트패션의 시대가 찾아오기 이전의 시대. 그러나 다른 정보들을 보면 앞뒤가 맞지 않는다. 직접 만든 소녀의 옷 중에는 호피 무늬의 인조 모피 재킷이 있다. 주방 한구석에는 비디오 플레이어와 텔레비전이 놓여 있다. 소녀의 방에는 불이 들어오는 마술 지팡이가 있는데, 2년 전에 핀란드의 캄캄한 겨울을 떠나 아열대인 플로리다로 가족 여행을 갔을 때 기념품으로 사 온 것이다. 소녀의 가족은 디즈니월드에 다녀왔다.

이 기억을 간직한 밀레니얼 바르푸 포리는 다른 부유한 국가에서 이만큼 경제적으로 힘들었던 시기를 기억하기엔 나이가 너무 어린 듯 보인다. 포리는 아기 로사와 함께 카페 알토에 앉아 있다. 핀란드 수도인 헬싱키의 항구에서 중심가까지 이어지는 우아한 산책로 옆에 있는 곳이다. 카페의 이름은 건축가이자 디자이너였던 알바 알토의 이름에서 따온 것으로, 내부는 날카롭고 현대적인 선에 가죽과 나무, 천장에서 늘어뜨린 조명의 황동색 빛으로 따뜻함을 더한, 알바 알토가 떠올린 소비문화에 대한 비전으로 가득하다. 이것은 추운 나라 특유의 아름다움이며, 우리 주변의 핀란드인들은 추워서가 아니라 습관에서 가을옷을 걸치고 있다. 바깥 날씨(10월의 무더위)는 이들의 믿음과 부조화스럽다.

포리는 핀란드의 라이프스타일 블로그인 '그녀의 핀란드'의 엔지니어이자 제작자다. 1990년에 그는 숲으로 둘러싸인 작은 마을 쿠흐모이넨에 사는 소녀였다. 다른 많은 아이들과 마찬가지로 포리도 거시경제학에 별 관심이 없었다. 그 대신 숲과 들판에서 놀고, 조그마한 학교에 다니고, 핀란드의 고전 만화인 '무민'을 좋아했다. 그는 말했다. "누릴 수 있는 최고의 어린 시절을 보냈어요." 어머니가 고기를 반값에 구매하려고 포장지에 적힌 유통기한에 맞춰 장을 보러 가기 시작하고 나서야 포리는 어느새 다가온 가난을 깨달았다.

갑자기 쿠흐모이넨 주민의 절반이 직업을 잃은 것 같았다. 포리의 부모님은 운좋게도 일자리를 지켰지만 파산한 친조부모를 부양해야 했다. "지금도 그 사정을 잘 몰라요. 우리는 돈 얘기를 잘 안 하거든요. 매우 핀란드다운 특징이죠." 포리가 말했다. "어쨌거나 조부모님은 그전에 분수에 넘치는 삶을 사셨어요." 몇 달 전만 해도 포리의 가족은 낚시와 장작 패기를 시골생활의 소박한 기쁨으로 여겼으나 이제는 이 두 가지에 의존해 먹을 것을 마련하고 난방을 했다. 넓은 텃밭에 채소를 잔뜩 심었고, 그만큼 커다란 감자밭도 있었다. '관 냉장고(문 하나짜리 기다란 냉동고)'에 들새와 무스 고기를 가득 채웠다. 더이상 디즈니월드 여행은 없었다. 1년 중 가장 선명한 기억은 돼지 뇌에 대한 기억이 될 것이었다.

속도에 눈이 멀다

핀란드의 불황은 1990년에 시작되어 4년간 이어졌으나, 경제는 7년이 지나서야 제대로 상승세에 올랐다. 이 위기는 최근에 부유한 민주주의 국가에서 발생한 가장 심각한 '소비 재난(소비지출이 1인당 10퍼센트 이상 하락)'이었다.

"정말, 정말, 정말 힘들었습니다." 당시 헬싱키의 금융 저널리스트였던 라세 야스켈라이넨이 말했다. 1980년대에 핀란드의 주식시장과 주택시장은 온갖 금융 규제 완화와 쉬운 신용대출, 거품 낀 투자, 이 모든 것이 절대 끝나지 않으리라는 영원한 호황에 대한 믿음 위에서 급등했다. 다른 선진국과 마찬가지로 당시는 여피의 시대였고, 라코스테 브랜드의 폴로셔츠에서 콜벳 컨버터블에 이르기까지 디테일도 정확히 정해져 있었다. 1980년대 말 『비즈니스위크』는 "이 시스템은 투자에서 투기 쪽으로 기울어지고 있다"라고 경고했다. 오늘날 우리는 주택시장과 주식시장을 실재하는 실용적 상품을 거래하는 장이라기보다는 거대한 카지노로 바라보는 것을 당연하게 여기지만, 1980년대 당시 그러한 관점은 광란의 20년대 이후로 그리 널리 퍼져 있지 않았다. 핀란드에서는 그러한 관점이 단 한 번도 널리 퍼지지 않았다. 뒤늦게 산업혁명에 합류

125

한 핀란드에서는 많은 사람이 여전히 1950년대에 처음 수입된 오렌지를 맛보던 것을 기억했고, 육류는 1960년대까지도 사치품이었다. 그로부터 20년이 채 지나지 않았을 때 생활방식은 이미 크게 뒤바뀌어 있었고, 식사에 와인을 곁들이고 겨울에는 따뜻한 곳으로 떠나는 것이 너무나도 평범한 일이 되었다.

"속도에 눈이 머는 거예요." 야스켈라이넨이 과거를 회상했다. "모두가 술집에 앉아서 자신이 아닌 다른 사람처럼 보이려 애썼어요." 야스켈라이넨 본인은 조금 별난 데가 있어서 다른 이들을 따라 하지 않았다. 그는 냉소적인 핀란드인의 전형이며, 그가 좋아하는 것 중에는 무술과 히말라얀 고양이가 있다(그러나 둘을 섞지는 않는다). "제 안의 작은 목소리가 이렇게 말했어요. '멀리 떨어져 있어.'"

1980년대 말과 1990년대 초반에 전 세계 여러 곳에서 경제가 파산했지만, 핀란드의 경제 위기는 가장 큰 무역 상대국이었던 소련의 쇠퇴로 더욱 악화되었다. 위기가 발생하고 첫 한 달 동안 야스켈라이넨의 주택은 가치가 3분의 1 하락했다. 핀란드가 쇼핑을 멈추자 헬싱키 전역의 가게들이 문을 닫기 시작했다. "2년 만에 뉴욕에 있는 작은 상점 4만 개에서 5만 개가 망한다고 상상해보세요."

'소비 재난'이라는 단어는 소비가 얼마나 절대적인 것이 되었는지를 잘 보여준다. 소비가 조금만 줄어도 전쟁과 기근, 끔찍한 지진에 맞먹는 경제 상황이 벌어진다. 대개 이러한 재난들은 함께 발생한다. 거시경제적 위기의 전 세계 데이터베이스를 만든 하버드대학교의 경제학자 로버트 배로에 따르면 제이차세계대전 당시 잔혹한 소비 재난이 유럽과 아시아 대부분을 휩쓸었고, 그중에는 역사상 가장 극심한 사례도 있어서 네덜란드는 54퍼센트, 러시아는 58퍼센트, 그리스와 일본은 64퍼센트, 대만은 무려 68퍼센트나 소비가 하락했다. 그러나 일부 국가는 팬데믹 이전까지 수세대에 걸쳐 소비 재난을 한 번도 경험하지 않았다.

사실 핀란드에서 불황이 시작되었을 무렵, 산업화된 국가에 사는 많은 사람이 그 시기를 경제적 재앙이 완전히 사라진 평화의 시대로 믿었다. 그러나 핀란드는 자국 역사에서 대공황 때보다도 더욱 극심한 경제위기를 겪었다. 게다가 그때는 세계화와 핸드폰, 비디오게임 콘솔, 월드와이드웹이 등장한 시기였다.

핀란드인은 대침체 때 미국인이 그랬듯 필요와 욕구를 구분했으나, 자세한 내용은 달랐다. 세계에서 가장 강력한 복지국가 중 하나였던 핀란드에서 갑자기 눈앞에 나타난 식량 배급 줄(먹을 것을 받으려고 기다리는 사람들)은 큰 충격이었다. 상반신을 노출한 여성들이 '반반' 맥주(절반 크기의 잔에 제공되는 알코올 함량이 절반인 맥주)를 나르는 술집이 값싼 사치로 등장했다. 그러나 핸드폰과 인터넷은 (한 핀란드 경제학자의 표현에 따르면 '빵과 같은') 새로운 필수품이 되면서 핀란드의 경제 침체기 동안 지출이 열 배로 증가했다. 주변 경제가 무너지자 사람들은 자신이 적어도 다른 한 생명체에게만큼은 중요한 존재라는 기분과 위안을 느끼고자 고양이와 개를 구매했다. 이러한 현상은 30년 뒤 코로나19 발발로 '팬데믹 반려동물'에 대한 수요가 급증하면서 또 한번 재현되었다.

1980년대의 호황이 끝났을 때 핀란드인 대부분은 높은 주택담보대출과 임대료에 묶여서 자잘한 쇼핑에 쓸 돈이 거의 없는 상태였다. 그러나 버블경제를 만들어낸 장본인인 로비스트와 정치인들은 탐욕과 무절제에 빠져 경제 위기를 일으켰다며 평범한 시민에게 비난의 화살을 돌렸다. 역사적으로 검소한 이 나라의 많은 국민은 수치심에 휩싸여 지출을 필요 이상으로 줄였다.

"심리적인 문제였습니다." 뾰족한 턱과 빙하처럼 푸른 눈을 가진, 북유럽 신화의 대서사시 속 휘몰아치는 눈발에서 막 걸어나온 듯한 사학자 유하 실탈라Juha Siltala가 말했다. "이전 세대가 경험한 것보다 더 높은 생활수준을 누린 사람들은 자신들이 규범을 어겼고 경제 붕괴는 신이 분노했다는 증거라고 생각합니다. 그렇다면 자신을 채찍질하고 모든 것을 포기함으로써 분노한 신과 하늘의 뜻을 진정시켜야 하죠." 일부 가정은 어쩔 수 없이 가진 것을 거의 다 팔아야 했고, 어떤 이들은 형편이 안 된다는 이유로 출산을 포기했다. 핀란드가 특히 높은 자살률로 악명을 떨치게 된 것 또한 불황 때였다. 높은 자살률은 알려진 정보가 별로 없는 이 나라의 가장 많이 알려진 특징 중 하나다.

핀란드 불황 당시 소비는 4년이라는 긴 시간에 걸쳐 겨우 14퍼센트 하락했다. 가계 지출이 조금 줄어든 것이 이렇게 심각한 결과를 일으킬 수 있다는 사실이 놀랍다. 미국에서 발생한 대침체는 일자리와 집, 사업, 저축액을 전부 앗아갔지만, 수치상으로는 국가적 재난이라 할 만한 수준이 아니었다. 2020년의 팬데믹도 마찬가지다. 지난 150년간 미국이 진정한 소비 재난을 경험한 것은 두 번뿐이었다. 첫번째는 제일차세계대전 이후 연방 지출 삭감으로 소비가 약 15퍼센트 하락했던 1920~1921년이었다. 그로부터 10년 뒤 대공황이 찾아와 몇 년에 걸쳐 소비가 21퍼센트 하락했다. 많은 미국인이 대침체나 코로나바이러스 위기 때 일상생활이 대공황 때만큼 힘들게 느껴지지 않았던 이유를 궁금해하는데, 그 이유 중 하나는 두 경우 다 재난이라 할 만큼 심각하지 않았기 때문이다. 비록 수많은 미국인이 참담한 고난을 겪었지만 말이다.

최근의 경제 위기가 그리 심각해 보이지 않았던 또다른 이유는, 선진국 국민 대다수가 배를 곯으며 살지는 않기 때문이다. 평균 가계 예산의 4분의 1이 식비였던 1930년대에 직업을 잃은 사람들은 실제로 굶주리는 상황에 맞닥뜨렸다. 당시 사람들이 썩은 바나나와 동물 사료를 먹었다는 이야기가 있다. 그러나 대침체 때 미국의 많은 소비자는 그저 아이튠즈에서 몇 곡을 덜 사고, 덜 비싼 식당에서 밥을 먹고, 핸드폰과 케이블 텔레비전 옵션을 더 저렴한 것으로 바꾸었을 따름이다. 오늘날 미국의 소비를 핀란드 불황 때와 똑같이 14퍼센트 줄인다 해도(물가 상승률을 고려해도) 미국인의 소비수준은 겨우 5년 전으로 되돌아간다. 그러나 동시에 그 하락세는 역사상 가장 심각한 경제적 재앙 중 하나일 것이다.

거의 모든 것이 '베블런재'다

재앙의 역설은 사람들이 종종 그때를 애틋하게 돌아본다는 것이다. 1920년대에 소수의 사회과학자가 '재난 연구'라는 분야를 만들면서 그 이유가 파악되기 시작했다. 초기의 중요한 연구 결과에 따르면, 할리우드 영화에서 보는 것과 달리 전쟁이나 지진, 허리케인 같은 대재앙을 겪은 사람들은 서로를 이용하기보다는 돌보고, 원초적 두려움이 아닌 이유와 목적을 지니고 행동할 확률이 높다.

재난 연구의 선구자 중 한 명인 사회학자 찰스 E. 프리츠Charles E. Fritz는 제이차세계대전으로 5년째 공포와 궁핍에 시달리고 있던 영국에 도착했다. 그는 훗날 이렇게 말했다. "누군가는 가족 및 친구들의 죽음과 부상에 원통해하고 오랫동안 자신의 생활을 박탈당한 데 분노하는, 전쟁에 지쳐 공황 상태에 빠진 사람들을 상상할지 모른다. 그러나 내가 발견한 것은 최선을 다해 삶을 즐기고 놀라우리만큼 명랑함과 삶에 대한 애정을 드러내는, 찬란하게 행복한 사람들이었다." 지금도 쓰이는 표어 '평정심을 유지하고 하던 일을 계속하라Keep Calm and Carry On'에서 잘 드러나는 영국의 이 사례는 익히 알려져 있다. 그러나 독일을 비롯한 많은 국가에서도 이와 비슷한 회복력이 기록되었다는 사실은 그만큼 알려지지 않았는데, 독일에서 공중폭격의 심리적 영향을 평가한 결과 폭격을 가장 심하게 당한 도시가 사기 또한 가장 높았다. 물론 여기에는 한계가 있다. 그 누구도 전 세계의 절박한 난민들이 좋은 삶을 살고 있다고 주장하지 않는다. 그러나 절대적 결핍의 사례를 제외하면 재난을 마주한 사람들은 더 적게 가진 삶에 빠르고 꾸준히 적응하며, 보통 그 과정에서 더 친절하고 참을성 있는 사람이 되고 서로 더 똘똘 뭉치고 관대해진다.

미국의 작가 리베카 솔닛은 샌프란시스코에서 직접 경험한 강력 지진에서 영감을 얻은 저서 『이 폐허를 응시하라』에서 이러한 존재 방식이 재앙의 한복판에서 우리에게 그토록 강렬하게 다가오는 이유는 보통 때는 그러한 방식이 부재하기 때문이라는 점을 지적한다. 평소에 우리 대다수는 사회적 고립과 끝없는 시간의 압박으로 씨름하며, 소득과 기회의 불평등함, 또는 자기 삶에 목적이나 의미가 없다는 기분을 느낀다. "일상은 이미 일종의 재난이며, 실제 재난은 이러한 일상에서 우리를 해방시킨다"라고, 솔닛은 말한다.

안타깝게도 경제적 재난은 그렇지 않은 듯 보인다. 핀란드에서 그랬듯이 시장 붕괴나 경기 침체의 피해자들은 보통 자기 운명의 책임이 자신에게 있다는 비난을 들으며, 거시적 원인(주로 기업과 사회, 정치계 권력자들의 행동)은 간과된다. 경제 위기는 우리의 삶을 의미로 가득 채우는 대신 고립을 심화하고 삶에서 목적을 제거하며, 고용 안정과 공과금 납부 같은 매일의 걱정거리를 더욱 키운다.

이 암담한 상황에 주목할 만한 예외가 있다. 경제적 재난은 종종 소비와 관련된 지위의 압박을 완화해준다. 예를 들어 경기 침체가 발생하면 소득 불평등이 더욱 악화될 수 있지만, 부의 과시는 천박한 것으로 여겨진다. 사람들은 소박한 옷차림을 하고 호화스러운 집과 자동차 구매를 줄이는 경향을 보이며, 검약이 더욱 용인된다. 핀란드인은 집단으로서는 과거의 불황에 별 향수를 느끼지 않지만, 그 시기에 어린 시절을 보낸 많은 핀란드인이 그때를 자유로웠던 시기로 기억한다. 전 세계적으로 경기가 침체했던 1990년대의 유럽과 북아메리카에서도 마찬가지였다. 1980년대에 인기를 끈 화사한 색감의 의류와 대대적으로 선전한 브랜드는 검은색 옷, 가죽 재킷, 청바지에 밀려났고, 옷은 해진 것일수록 더 좋았다. 취업의 기회가 차단되자 야망이 좌절되었지만, 한편으로는 성공해야 한다는 압박 또한 사라졌다. "소비가 적은 생활방식을 따르면 많은 문제를 피할 수 있어요." 한 여성이 내게 말했다. "무슨 옷을 입을지, 자동차와 집이 최신식인지를 걱정할 필요가 없거든요." 이러한 안도감은 소비를 멈춘 세계에서 가장 중요한 심리적 변화 중 하나다.

1899년 노르웨이계 미국인인 사회경제 사상가 소스타인 베블런이 상류층의 행동을 냉정하게 관찰한 책 『유한계급론』을 썼다. 이 책에서 베블런은 남들에게 훤히 드러내는 것이 주요 목적인 소비를 설명하기 위해 '과시적 소비'라는 용어를 만들었다. 그가 제시한 대표적 사례의 중심에는 왜 굳이 수공예 은수저를 갖고 싶어하는가라는 질문이 있다. 베블런이 살던 시대에 은수저는 20달러를 호가한 데다, 기계로 만든 20센트짜리 알루미늄 숟가락보다 수프를 입에 더 효과적으로 날라준 것도 아니었다.

베블런은 은수저를 옹호하는 명백한 주장이 있을 것을 예상했다. 즉, 은수저의 기능은 수프를 뜨는 것만이 아니라 잘 만든 아름다운 물건을 사용하는 기쁨에도 있다는 것이다. 베블런은 세 가지 주장으로 가차없이 받아쳤다. 첫째, '결이나 색의 본질적 아름다움'의 측면에서 은과 광택을 낸 알루미늄의 차이는 100배 더 비싼 은수저의 가격을 정당화할 만큼 충분하지 않다(많은 사람이 눈으로는 이 두 가지 금속을 구분하지 못하며, 알루미늄과 은 모두 망원경에 들어가는 것과 같은 고급 거울에 사용될 만큼 빛을 잘 반사한다). 둘째, (오늘날이라면 장인의 제품이라 표현할지 모를) 직접 만든 은수저가 사실은 기계로 제작된 것이었음이 돌연 밝혀진다면, 물건 자체는 변함이 없는데도 가치의 80퍼센트가 즉시 사라질 것이다. 셋째, 두 금속의 무게 차이를 제외한 모든 면에서 은수저와 정확히 똑같은 알루미늄 수저를 만든다 해도, 그 물건은 절대 은수저와 비슷한 가격에 팔리지 못한다. 베블런은 부유해야만 은수저를 소유할 수 있다는 사실, 그리고 모두가 그걸 안다는 사실에서 주로 은수저의 가치가 발생한다는 결론을 내렸다.

"숟가락은 전형적인 사례다." 베블런이 말했다. "비싸고 이른바 아름다운 제품을 사용하고 감상하는 데서 오는 더 큰 만족감은 보통 아름다움이라는 이름으로 가장한, 가격이 비싸다는 것을 아는 데서 오는 만족감이다."

과시적 소비는 베블런에게 이름을 얻은 이후로 널리 인식되고 있다. 이러한 소비는 1980년대의 여피 문화, 21세기의 요란한 장신구와 인스타그램 문화, 전용기의 좌석 안전벨트를 24캐럿으로 도금한 억만장자 미국 대통령의 권세에서도 익히 드러난다. 사람들 앞에서 값비싼 립스틱을 바르고, 람보르기니를 몰고, 5000달러짜리 샤넬 '호보 백'을 들고, 단거리 비행에서 비즈니스 클래스를 이용하는 것은 전부 전형적인 과시적 소비를 보여주는 현대의 대표적 사례다.

과시적 소비는 광고 산업이 가장 많이 광고하는 대상이자 우리가 쇼핑을 말할 때 주로 이야기하는 내용이다. "또래 집단의 영향력은 아무도 없는 데서 소비하는 상품보다 타인의 눈앞에서 소비하는 상품에서 언제나 더 크게 나타납니다." 1990년대에 과시적 소비 연구의 부활을 이끈 미국의 줄리엣 쇼어가 말한다. 점점 더 많은 소비가 과시적으로 변하고 있다. 난방기와 온수기, 침실 커튼처럼 쇼어가 1990년대에는 '타인의 눈앞에서 소비하는' 것으로 여기지 않았던 상품들이 오늘날에는 페이스북과 인스타그램의 사진 속에서 과시적으로 소비되는 것을 쉽게 발견할 수 있다. 얼마 전까지만 해도 우리는 모르는 사람은 고사하고 친구와 가족도 휴가지나 식당에서 무엇을 소비하는지 정확히 알지 못했으나, 이제는 실시간으로 알 수 있다. 공교롭게도 베블런은 이러한 세상이 찾아올 것을 예측했다. 그는 말했다. "물건의 과시적 소비는 서서히 중요성이 커지다 결국 최저한도의 살림만을 남긴 채 구할 수 있는 모든 상품을 집어삼킬 것이다." 이제는 거의 모든 것이 '베블런재Veblen good'다.

베블런은 사람들이 이렇게 행동하는 이유를 깊이 고심했다. 베블런 이론의 문화적 측면을 요약하면 다음과 같다. 가난한 사람은 부유한 사람을 선망하므로 부유해지려고 애쓰거나, 부유한 사람의 행동을 똑같이 따라 하려고 노력한다. 그러므로 베블런이 말한 과시적 소비는 경쟁적 소비, 지위 소비, 심지어는 불쾌한 소비(타인에게 원망과 질투, 분노를 일으킬 만한 소비)라는 말로 묘사된다. 그러나 베블런은 좀더 동정심이 있었다. 그는 우리가 과시적 소비를 하는 본질적 이유는 우리가 탐욕스럽고 샘이 많고 경쟁적이어서가 아니라고 말했다. 그 이유는 우리가 '자기 존중이라 부르는 만족스러운 상태'를 추구하기 때문이다.

슬프게도 우리 대다수는 그저 식탁에 먹을거리를 올려놓고 몸에 옷을 걸치고 머리 위에 지붕을 두는 것만으로는 자기 존중감을 키우지 못하는 듯 보인다. 우리는 자신이 비교하는 사람들처럼 잘살고 있다고 느끼지 못할 때 불만족을 느끼고 만다. 이처럼 비교 대상이 되는 사람들이 꼭 부자일 필요는 없으며, 대개는 부자가 아니다. 이들은 오늘날 우리가 자신의 관계망 또는 네트워크라고 부르는 집단이다.

　이제 우리는 어떤 대상을 비교 대상으로 삼는가라는 문제가 성가실 만큼 복잡하다는 사실을 안다. 우리가 비교하는 대상은 친구와 동료, 동네 주민에서부터(이웃 따라잡기) 유명인(카다시안 따라잡기), 소셜미디어상의 전혀 모르는 사람에 이르기까지 매우 다양하다. 우리는 주변 사람들과의 관계 속에서 자기 위치를 찾는 데 끊임없이 소비를 이용하기 때문에, 오늘날 학자들은 이러한 소비를 종종 '위치 소비'라 칭한다. 실제로 우리는 매우 신중하게 자신을 위치시키기 때문에 어떤 과시적 소비는 기이할 만큼 눈에 띄지 않는다. 히우트* 청바지 한 벌, 로베앤드버킹 수저, 토토로 세계 속 먼지덩어리인 스스와타리가 그려진 티셔츠는 어떤 이들에게는 즉시 알아챌 수 있는 신호를 보내겠지만, 대부분에게는 전혀 눈에 띄지 않은 채로 남을 것이다.

　어떤 평론가들은 오늘날 우리의 소비 방식이 너무 정교하고 개인적이어서 이제 과시적 소비를 논하는 것이 아무 소용이 없다고 주장한다. 그러나 오늘날의 수많은 소비가 여전히 적나라한 지위 경쟁을 드러낸다. 예를 들어 집은 너무 중요한 지위의 상징이기 때문에, 연구자들은 집 대부분이 200제곱미터인 동네에서 넓이 300제곱미터인 집을 소유하는 것과 집 대부분이 600제곱미터인 동네에서 넓이 400제곱미터인 집을 소유하는 것 중에 선택해야 할 때, 대다수가 이웃의 집보다 넓다는 이유로 넓이 300제곱미터의 집을 택한다는 사실을 발견했다. 2010년대에 어떤 브랜드가 '높은 지위'를 상징하는지를 조사한 결과는 대개 1980년대부터 그대로였을 것이며, 이 브랜드들은 미국에서 부자와 빈자의 격차가 큰 지역의 소셜미디어에서 더 많이 언급된다. 상위 열 개 브랜드는 구찌, 메르세데스, 루이비통, 롤렉스, BMW, 샤넬, 애플, 프라다, 아르마

* 영국의 환경친화적인 청바지 주문 생산 브랜드이다.

니, 베르사체다. 우리는 여전히 눈에 띄는 부의 지표를 잘 파악한다. 여전히 소비를 이용해 위계 서열 속에서 자기 위치를 표시한다. 또다른 중요한 연구 결과는, 거의 모두가 자신은 위치 소비를 하지 않는다고 주장하지만 연구 자료는 거의 모두가 위치 소비를 한다는 사실을 보여준다는 것이다.

위치 소비는 소비주의가 낳는 가장 명확한 불행의 원인 중 하나다. 40년 전의 한 연구는 이러한 영향력이 예기치 못한 방식으로 나타난다는 사실을 발견했다. 연구자들은 텔레비전에서 범죄가 매우 빈번하게 묘사된다는 점을 고려해 1950년대 미국의 텔레비전 보급이 범죄 증가로 이어졌는지를 알아보고자 했다. 결과는 그렇지 않았으나, 연구자들은 한 가지 예외를 발견했다. 텔레비전이 도입된 모든 지역에서 얼마 지나지 않아 절도(사유재산을 훔치는, 텔레비전 프로그램에서 잘 등장하지 않는 범죄)가 증가한 것이다. 연구자들은 절도 증가의 여러 잠재적 원인을 차례차례 배제한 뒤 '높은 수준의 소비를 시청하는 것과 관련된 요인, 아마도 상대적 박탈감과 좌절감'을 원인으로 지목했다. 당시 텔레비전에 등장하는 인물의 85퍼센트가 중상류층의 생활방식을 따르는 모습으로 그려지고 있었다. 과시적 소비에 급격하게 노출되는 것만으로도 사람들이 범죄로 이끌릴 수 있는 듯 보였다.

게다가 아주 부유했던 한 사람은 비공개 인터뷰에서 베블런에게 과시적 소비가 기쁨이자 짐이라고 말했다. 사람들은 때때로 자신이 '주택과 가구, 장식품, 옷장, 식사'의 '정교하고 거추장스러운' 무게에 짓눌려 있다고 느꼈다. 그러나 '상대적 박탈감과 좌절감'이라는 표현은 여기에도 적용된다. 입에 풀칠하느라 고생하든 완벽한 부자이든 간에, 자신이 잘해내고 있다고 느끼면 어느 정도 평안함을 느낄 것이다. 자신이 앞서나간다고 느낀다면 더더욱 좋다(베블런은 이를 '극도의 만족감'이라 칭했다). 그러나 자신이 뒤처지고 있다는 느낌(사회에서 자신의 위치가 밀려나고 있다는 느낌)은 우리의 행복을 크게 꺾어놓는다.

현대 연구는 불평등이 소비주의의 작동에 도움이 된다는 사실을 입증한다. 불평등이 지위 경쟁을 심화해 더 값비싼 핸드폰이나 고급 승용차, 소셜미디어에 올릴 수 있는 세계 여행 같은 부의 명백한 표지를 더욱 중요한 것으로 만들고, 그 결과 돈을 추구하는 것이 더욱 중요해진다. 간단히 말하면 불평등은 물질주의적 가치를 독려한다. 불평등 연구자 리처드 윌킨슨이 말한 지위 경쟁이 요구하는 '수행의 시련'에, 우리는 다양한 반응을 보인다. 어떤 사람은 과시적 소비를 하는 전형적인 물질주의자가 되고, 어떤 사람은 자존감이 끊임없이 공격받아 우울이나 불안에 빠진다. 또다른 사람은 약물이나 알코올, 소비로 도피하는 방식으로 대응한다(실제로 쇼핑은 지위 불안에 일시적 '소비 치료'를 제공할 수 있다). 아마 대다수가 자기 삶을 들여다보면 앞에 말한 방식들이 조금씩 섞여 있음을 알게 될 것이다.

저널리스트 아누 파르타넨은 부유하지만 비교적 평등한 국가인 핀란드에서 선진국 중 소득 불평등이 가장 심한 국가인 미국으로 이주한 뒤 자신이 관찰한 내용을 바탕으로 『우리는 미래에 조금 먼저 도착했습니다 The Nordic Theory of Everything』를 썼다. 그는 헬싱키에 있는 카페에 앉아 핀란드를 떠나기 전에는 성공을 겉으로 드러내야 한다는 압박을 아예 느끼지 않았다고 회상했다. 그때는 재정적으로 안정되어 있다고 느꼈고, 다른 사람들과 자신의 생활방식이 규모 면에서 거의 다르지 않은 듯 보였다. 실제로 핀란드의 부자들은 자기 재산을 대놓고 즐길 수 없으며 검소하게 살아야 존경받는다는 사실에 때때로 불만을 표했다.

뉴욕으로 이주한 파르타넨에게 미국의 물질주의는 노골적이면서도 유혹적이었다. 그는 누가 봐도 더 값비싼 옷, 더 크고 멀끔한 아파트, 더 호화로운 자동차를 가진 사람들과 끊임없이 마주쳤다. 미디어 속에서 유명 인사들이 하는 소비는 과시적 소비 중에서도 으뜸이었다. "유명인들은 자신이 가진 커다란 집들을 자랑하고 싶어해요. 아예 그런 내용으로 구성된 텔레비전 프로그램도 있고요. 그게 감탄할 만한 것, 갖고 싶은 것인 거죠. 게다가 엄청 과도해요. 페라리 한 대로는 충분하지 않아요. 열 대는 있어야 해요." 파르타넨이 말했다.

동시에 파르타넨은 뉴욕의 거리와 지하철에서 유럽에서 본 것과는 비교도 할 수 없는 깊이의 가난을 보았고, 미국에서는 실업, 심지어 저임금 일자리도 노숙과 굶주림, 절망으로 이어질 수 있음을 깨달았다. 파르타넨의 불안을 가중한 것은 가난은 이렇게 눈에 잘 띄는 반면 재산은 보통 그렇지 않다는 사실이었다. 마침내 그는 자신이 또래 집단으로 여긴 많은 사람이 본인의 수입이 아닌 유산이나 가족의 도움으로 살아가고 있음을 알게 되었다. 최악은 집을 소유하고, 아이들을 대학에 보내고, 믿을 만한 건강보험을 가질 수 있을 만큼 충분히 돈을 벌기가 매우 어려워 보인다는 것이었다. 불안이 커지면서 역설적으로 그는 돈을 더 적게가 아니라 더 많이 쓰고 싶어하는 자신을 발견했다.

"북유럽 국가에서 자랐고 이전에는 그런 기분을 느끼지 않았던 제가 미국으로 이주한 뒤 순식간에 그런 기분에 사로잡혔다는 사실이 놀라웠어요. 소비를 늘려야 할 것만 같았죠." 파르타넨이 말했다. "잘살고 있다는 느낌, 안전하다는 느낌을 받게 해줄 물건을 더 많이 사고 싶어져요."

파르타넨의 경험은 불평등 연구의 결과를 거의 그대로 보여준다. 사람들은 물질적·심리적 필요를 채우는 데 자신이 없어질 때 더욱 물질주의적으로 변하며, 불평등은 그러한 불안을 악화시킨다는 이론을 방대한 양의 연구가 뒷받침한다. 부자와 빈자 사이의 크나큰 격차 또한 자신의 생활방식을 타인의 것과 비교할 적나라한 기회를 제공하고, 그 결과 우리는 베블런이 말한 '자기 존중이라 부르는 만족스러운 상태'에 이르기 위해 어떤 물건과 경험을 소유해야 하는지에 더욱 집중하게 된다. 마침내 파르타넨은 다시 핀란드로 돌아왔다. 그리고 즉시 뉴욕에서 입었던 성공을 암시하는 옷들을 치워도 되겠다는 기분을 느꼈다. 지위에 집중해야 한다는 압박감이 사라지자 자신이 진짜로 성취하고 싶은 것이 무엇인지 더 자유롭게 고민할 수 있을 듯했다. 언젠가 영국의 한 정치인이 말했듯, "아메리칸드림을 꿈꾼다면 핀란드로 가는 게 좋다".

그러나 현대의 핀란드는 1990년대의 불황 이전보다 훨씬 불공평한 국가다. 한 지리학자가 내게 말했듯 불황이 있기 전까지 핀란드가 지향하는 사회는 '모두가 똑같은 현실을 살기에 서로를 이해할 수 있는' 사회였다. 1980년대의 여피시대에 소득 불평등이 증가했으나 심하지는 않았고, 불황 때도 여전히 소득이 있는 이들에게 세금을 더 걷고 정부지원을 늘림으로써(피터 빅터가 자신의 경제모델에서 재난을 완화하기 위해 사용한 것과 유사한 조치) 사람들이 집을 잃고 굶주리는 사태를 얼추 저지할 수 있었다. 거리에선 폭동도, 심지어 대규모 시위도 일어나지 않았다.

그러나 불황이 오래 이어지자 당시 유럽과 북아메리카의 권력자들이 진행하고 있던 시장 주도 정책을 핀란드의 부유한 권력자들도 밀어붙이기 시작했다. 그때부터 핀란드의 빈부 격차는 계속 커지고 있다. 오늘날의 핀란드는 30년 전보다 소비 재난을 더 버티기 힘들 것이다. 빵 배급 줄은 사라지지 않았다.

그렇다면 핀란드의 악명 높은 자살률은 무엇이었냐고 물을 수 있다. 물론 자살률은 핀란드 불황의 끔찍한 진실을 보여준다. 그러나 핀란드인조차 거의 모르는 사실은, 자살하는 사람의 수가 사실 경제 위기 때 증가하지 않았다는 것이다. 핀란드의 자살률은 1980년대의 경기 호황 때 정점을 찍었다. 불황이 시작되자 자살률은 하락했고, 이 추세는 오늘날까지도 지속되고 있다(핀란드의 자살률은 대부분의 서유럽 국가보다 높지만 미국과는 거의 비슷하며 일본과 한국보다는 낮다). 실제로 소비 재난 당시 핀란드인의 정신 건강 문제는 미결로 남아 있다. 정신 건강이 크게 나빠졌다고 말하는 연구는 하나도 없으며, 일부 연구는 여러 기준에서 볼 때 오히려 정신 건강이 개선되었음을 시사한다.

그 이유를 정확히 댈 수 있는 사람은 아무도 없다. 그러나 일반적인 설명은 소비문화가 맹위를 떨치던 1980년대에 핀란드인이 그 어느 때보다 서로 격렬하게 경쟁하고 비교했다는 것이다. 국가가 승자와 패자로 나뉘고 있다는 감각이 그렇게 강렬했던 적은 없었다. 오래된 핀란드의 지혜는 젊은이들에게 어둡고 긴 겨울이 아닌, 봄이 찾아올 때 자살을 주의하라고 경고한다. 한 여성은 내게 이렇게 말했다. "가능성의 세계를 목도하는 거예요. 그리고 자기 목숨을 끊죠." 사람들은 일상이라는 재난에 직면한다.

이토록 멋진 삶

집에서 옷을 만들고 돼지를 잡던 기억이 있는 바르푸 포리는 불황이 끝났음을 깨달은 순간을 또렷하게 기억한다. 포리는 텔레비전을 보며 유행을 파악한 뒤 직접 옷을 디자인했고, 그러면 어머니와 할머니가 그림대로 옷을 만들어주곤 했다. 포리가 열한 살 때 텔레비전에 나오는 사람은 전부 형광색 옷을 입고 있었다. 포리는 형광 초록 바지와 형광 분홍 셔츠를 만들어달라고 했다. 포리가 내게 말했다. "정말 자랑스러웠어요. 정말 세련된 차림이었거든요." 그러나 그때쯤 핀란드의 경제 상황은 호전되고 있었다.

그다음 해 포리의 가족은 그리스로 여행을 갔다. 그리스 해변에서 포리는 디젤과 미스식스티 같은 당시 유행하던 브랜드를 입은 헬싱키 여자애들을 만났다. 포리가 말했다. "그때 전 집에서 만든 옷을 입고 있었어요. 이런 생각이 들었어요. 맙소사, 내 꼴이 너무 추레하잖아."

포리는 자신과 같은 핀란드의 많은 밀레니얼이 본인들의 소비 방식을 염려하고 있다고 말했다. 그는 핀란드 불황 당시의 어린 시절 기억과 전 세계의 환경문제가 이제 너무 명백하다는 사실 중에 무엇이 밀레니얼의 마음을 더 무겁게 하는지 알지 못했다. 자신의 소비를 우려하는 다른 많은 사람들처럼, 핀란드의 밀레니얼은 자신의 생태발자국이 줄어들길 바라며 이런저런 선택을 내린다. 이들은 자전거를 타고 대중교통을 이용한다. 비건 음식을 먹는다. 여행을 할 때 비행기를 타면 죄책감을 느낀다.

그러나 포리의 어린 시절이 남긴 또다른 유산은 그가 경제 위기를 두려워하지 않는다는 것이다. "그때는 아무것도 빼앗겼다고 생각하지 않았어요." 포리가 내게 말했다. "그때 제가 원하는 것을 전부 갖지 못했던 게 다행이라고 생각해요. 원하는 것을 얻지 못해도 멋진 삶을 살 수 있다는 걸 배웠거든요." 포리는 자신에게 생존 기술이 있다고 말했다. 그는 먹을 것을 재배하고 동물을 기르고 물고기를 잡을 수 있다. 잼을 만들고 옷을 깁고 양말을 뜰 수 있다.

놀라운 기억 하나가 포리의 머릿속에 떠오른다. 힘든 시기를 살던 어린이로서 포리가 커다란 집이나 혼잡한 도시에서 살기를 간절히 바랐을 거라고 생각할지 모른다. 그러나 포리는 가족이 이미 살고 있는 삶보다 더욱 자족적인 삶을 꿈꿨다. 태양열을 이용하고 가축을 키우고 화장실 휴지 대신 이끼를 사용하는 작은 오두막집을 상상했다. 행복한 소녀였지만 당시 그는 핀란드 불황의 불안한 분위기를 감지했다. 그리고 마음속으로 분명 어두운 시기가 찾아올 거라고 생각했다. 이미 그때가 와 있다는 사실은 깨닫지 못했다.

8장

유혹적 디마케팅과
과시적 디컨슈밍

런던에 있는 클래펌코먼역을 지나는 사람은 지하철에서 내려 거리로
나가거나 거리에서 지하철로 들어가는 길에 보통 65개의 광고를 지나
친다. 늘 지하철로 통근한다면 역을 지나는 1~2분 동안에만 하루에 광
고 130개, 주중에 광고 650개를 보게 되는 셈이다. 에스컬레이터에만
54개의 광고가 있다. 의류와 향수, 영화, 신발, 핸드폰, 공연 광고들이다.

   일순간 그 광고들이 사라졌다. 벽과 회전문에는 광고 대신 온통 고양
이 사진이 붙었다. 클래식한 흑백 고양이, 보라색 목걸이를 한 아기 고
양이, 초록색 눈의 위엄 있는 장모 얼룩무늬 고양이. 이 고양이들은 팔
게 아무것도 없다. 우리에게 원하는 것도 없다. 고양이들이 그곳에 있는
이유는, 인터넷이 강력하게 보여주었듯이 그저 고양이가 사람을 기분
좋게 만들기 때문이다. 반면 광고는 어떤 면에서든 불안과 결핍을 느끼
게, 즉 기분을 나쁘게 만든다. 그렇다면 고양이를 늘리고 광고를 줄이면
왜 안 될까?

런던 지하철에 고양이들이 나타난 이 장면은 실제 있었던 일이다. 영국에서는 드물게도 가을 더위가 한창이던 2016년, 반항적인 광고 크리에이티브(광고를 만드는 사람들은 스스로를 이렇게 부른다) 집단이 클래펌코먼역 전체를 빌려서 물건 판매 포스터를 고양이를 찬양하는 사진으로 바꾸었다. 이 변화는 정신적·물리적 환경에서 광고가 사라졌을 때 무슨 일이 일어날지를 엿볼 수 있는(이 집단의 이름이 '엿보다'라는 뜻의 글림프스Glimpse였다) 기회였다.

"이 재킷을 사지 마세요", 파타고니아의 이상한 광고

우리가 아는 사실은, 소비를 멈춘 세상에는 광고가 적어지리라는 것이다. 그 운명의 날에 그 어떤 산업보다 심각하게 붕괴되고 회복이 요원할 산업이 있다면, 그건 바로 광고와 마케팅 산업일 것이다.

광고는 소비자가 소비를 멈췄을 때 사업체가 가장 먼저 지출을 줄이는 항목 중 하나다. 팬데믹 동안에는 사람들이 그 어느 때보다 많은 시간을 보낸 인터넷에서도 겨우 두 달 만에 광고가 거의 40퍼센트 급감했다. 대중은 이 시기에 쌓인 여러 영업 손실을 애석해했지만, 광고가 사라진다는 언론 보도에는 대체로 박수를 보냈다. 아이러니하게도 이러한 보도 대부분이 광고로 수익을 내고 있었다.

패턴은 오래되었고 늘 한결같다. 대침체의 절정이던 2009년, 전 세계의 광고 지출은 10퍼센트 하락했다. 소비지출보다 더욱 심한 하락세였다. 미국에서는 마케팅 분야의 일자리 수가 1995년 수준으로 추락하며 시곗바늘을 거의 15년 전으로 돌려놓았다. 심지어 이때는 최근 역사에서 광고가 가장 많이 사라진 시기도 아니었다. 끝도 없이 경기가 하락하던 1990년대 초, 전 세계 선진국에서 마케팅은 경제 전반보다 다섯 배 빠른 속도로 격감했다. 물론 하락세가 가장 심한 곳은 핀란드였다. 핀란드는 수년에 걸쳐 광고 지출이 3분의 1 이상 줄었다.

소비와 광고는 분명 밀접하게 엮여 있다. 에콰도르 같은 국가에서 출발해 미국의 여느 공항에 도착하면 광고의 폭격을 받게 되고, 가난한 국가에는 광고가 훨씬 적다는 사실이 충격으로 다가온다. 심지어 소득 불평등이 줄면 마케팅도 함께 줄어드는데, 자신이 주변 사람들의 생활방식을 잘 따라가고 있다고 느끼면 물건을 덜 사기 때문이다.

광고의 역할과 광고가 우리에게 미치는 영향은 논란이 끊이지 않는 주제다. 광고가 효과가 있다고 말할 수 있는가조차 광고 연구자들 사이에서 합의가 이루어지지 않았다. 이는 광고가 이따금만 또는 특정 사람에게만 확실히 영향을 미치며, 많은 경우 측정 가능한 영향을 전혀 못 미치기 때문이다. 그러나 광고의 강력한 힘을 우리가 직감한다는 사실은 현재 전 세계에서 광고에 쓰는 돈이 한 해에 6000억 달러 이상이라는 점에서 잘 드러난다. 마케팅은 기후변화와 비슷하다. 런던의 9월 무더위가 지구온난화 때문이라고 말할 수는 없지만, 우리는 지구온난화가 런던에 9월 무더위가 발생할 가능성을 높인다는 사실을 안다. 우리가 하는 모든 구매가 광고 때문은 아니지만, 광고가 어디에나 있다는 사실은 우리가 물건을 구매할 가능성을 높인다.

마케팅이 우리에게 물건을 판매하는 방식은 우리가 물건에 가치를 부여하는 방식만큼이나 다양하다. 광고는 이 제품이 유용할 것이며, 문제를 해결해줄 것이며, 삶에 의미나 아름다움을 가져다줄 것이며, 우리를 더욱 매력 있게 만들어줄 것이며, 중요한 행사를 기념해줄 것이며, 우리의 몽상이나 판타지를 충족시킬 것이며, 죄책감과 불안을 없애줄 것이며, 스스로를 표현하게 해줄 것이며, 우리의 지위를 높여줄 것이며, 사랑하는 사람들과의 유대감을 강화해줄 것이며, 과거와 연결해줄 것이며, 좋은 선물이 될 것이라고 설득할 수 있다. 결국 이러한 욕구와 필요의 충족은 똑같은 감각을 불러일으키는데, 바로 기쁨이다. 그 기쁨이 그 유명한 '설렘'*이든 사랑하는 사람의 장례를 준비하며 그에게 꼭 맞는 관을 찾았을 때 느껴지는 더욱 복잡한 흡족함이든 간에 말이다. 광고는 언제나 소비가 만족을 가져다줄 것이라 약속한다.

자본주의는 무엇이든 팔 수 있다고들 한다. 아웃도어 의류 기업 파타고니아에서 장사꾼이자 철학자라는 기묘한 혼종으로 일하고 있는 빈센트 스탠리는 2011년의 가장 쇼핑이 활발한 날에 이 명제를 시험한 것으로 유명하다. 그는 크리스마스를 앞두고 전 세계에서 광란의 쇼핑이 시작되는 블랙프라이데이에 뉴욕 타임스에 독특한 광고를 싣자고 제안했다. 이 광고는 파타고니아에서 가장 잘 팔리는 플리스 스웨터의 사진 위에 "이 재킷을 사지 마세요"라는 문구를 적었다. 나머지 문구도 똑같이 직설적이었다. "필요하지 않은 것을 사지 마세요. 무엇이든 신중히 고민하고 구매하세요." 광고는 이 재킷이 일으키는 환경 피해를 상세히 설명했다. 이 재킷 한 벌을 생산하고 운반하는 과정에서 45명의 사람들이 하루 동안 사용할 수 있는 물이 들어갔고 대기에 거의 10킬로그램(재킷 자체보다 훨씬 무거운 무게)의 이산화탄소가 배출되었다.

파타고니아의 일부 중역들은 실제로 이 광고가 래트너 사태(33쪽 참고)를 일으켜 판매량이 하락하거나 심지어는 회사 전체가 무너질지도 모른다고 생각했다. 미국 소매 구매의 5분의 1이 크리스마스 시즌에 이루어지기 때문이다. 그러나 중역들은 결국 이 광고를 싣기로 했다. "보통 이런 결정을 내릴 때는 계획을 세우지 않아요. 몇 수 앞을 내다보지 않죠." 스탠리가 말했다. "그냥 무슨 일이 벌어지나 보자, 하는 거예요."

---

* 유명 정리 전문가 곤도 마리에는 '설렘'이 느껴지지 않는 물건은 버리라고 조언한다.

그러나 막상 파타고니아의 매출은 몇 달에 걸쳐 계속 늘어났다. 소비자에게 사지 말라고 부탁한 바로 그 재킷조차 판매가 줄지 않았다. 그이후 수년간 파타고니아는 꾸준히 판매량과 매장 수가 늘었고, 많은 신규 매장이 맨해튼의 어퍼웨스트사이드나 서울의 강남, 프랑스의 샤모니처럼 파타고니아에게 파타구찌Patagucci라는 별명을 안겨준, 부유한 쇼핑객으로 유명한 지역에 문을 열었다.

이 모든 상황이 현대 냉소주의를 지피는 연료처럼 보일 것이다. 물건을 더 많이 파는 방법으로 반소비주의를 사용하는 브랜드보다 더 아이러니한 것이 있을까? 그러나 여기에는 다른 의미가 있을지도 모른다. 이 현상을 통해 소비가 줄어든 세상에서 마케팅이 어떤 모습일지를 엿볼(다시 이 표현이 나왔다) 수 있기 때문이다.

파타고니아는 광고가 많지 않다. 광고는 주로 카탈로그와 웹사이트에서 이루어지며, 요즈음의 많은 정교한 마케팅처럼 무엇이든 파는 것이 아니라 모든 것을, 즉 파타고니아의 상품이 두드러지게 등장하는 하나의 라이프스타일을 판매한다. 파타고니아의 세계는 진정한 자연에서 동료애와 성취를 나누는 곳이며, '영혼'과 '정신' 같은 단어를 체현한 몸이 탄탄한 사람들이 사는 곳이다. 사람들은 파타고니아 제품을 구매함으로써 그들 중 한 명이 될 수 있다고, 그들의 세계에 한 발짝 더 다가설 수 있다고 믿을지 모른다.

파타고니아는 기업이 하는 일종의 '행동적 선전'*을 통해서도 자사 제품을 광고한다. 보통은 환경 캠페인에 참여해 관심을 끌지만 때로는 게릴라 광고를 이용하기도 한다. "이 재킷을 사지 마세요" 광고 역시 그중 하나였고, 이를 통해 한푼도 내지 않고 언론에 대대적으로 보도될 수 있

----

* 타인에게 본보기가 되고 혁명의 촉매 역할을 하는 정치적 직접행동.

었다. 2016년 캠페인에서는 블랙프라이데이 판매의 수익금을 전부 환경 캠페인에 기부하겠다고 약속했다. 스탠리는 내게 회사 측이 250만 달러 정도의 매출을 기대했다고 말했다. 그러나 파타고니아는 1000만 달러를 쓸어 담았다. 스탠리가 말했다. "그다음 주에 매장에 와서 '정신이 나갔는지 너무 많이 사버렸지 뭐예요. 환불할 수 있을까요?'라고 묻는 사람들이 있었어요. 우리는 된다고 했고요."

동시에 파타고니아는 7달러짜리 건조 칠리망고 제품을 클릭하면 즉시 네 개의 다른 제품이 눈에 보이는 것과 같은 전형적인 마케팅 전술도 활용한다. 또한 전에는 있는 줄도 몰랐던 필요를 만들어내는 고전적인 마케팅 전략도 발견할 수 있다. 2018년 파타고니아는 '사일런트 다운재킷'을 론칭했다. 보온재를 넣은 옷을 입고 돌아다닐 때 천과 천이 닿아서 나는 바스락거리는 소리를 없앤 제품이다. 하룻밤 사이에 집에 있는 '시끄러운' 다운재킷은 한물간 것, 더 나아가 유행에 뒤쳐졌음을 보여주는 당황스러운 증거가 될 위험에 처했다.

"가끔 우리가 생산하는 라인의 규모와 제품 수를 보고 모순을 느낄 때가 있습니다." 스탠리는 몇 년 전부터 캘리포니아를 휩쓸고 있는 대규모 들불로 집에서 대피하는 경험을 한 뒤로 환경문제를 더욱 날카롭게 인식하게 되었다. 화재로 표층이 소실된 나지가 폭우에 쓸려내려 산타바바라에 있는 파타고니아 본사로 통근할 수 없었던 적도 있었다. "아시다시피 우리는 1950년에 정부가 운영하던 주류 판매점처럼 해놓지 않습니다. 그 초록색 벽과 철제 선반이 술을 살 때마다 죄책감을 불러일으켰잖아요. 우리 매장은 아름답고, 모든 상품이 보기 좋게 진열되어 있죠."

파타고니아가 광고에 접근하는 알쏭달쏭한 방식에는 이름이 있다. 그 이름은 바로 '디마케팅demarketing'으로, 웨스턴워싱턴대학교의 소비자 연구원인 캐서린 암스트롱 술레Catherine Armstrong Soule에 따르면 디마케팅은 역사적으로 광고 전반의 '작고도 작디작은' 일부를 차지했다. 1970년대에 처음 사용된 디마케팅은 소비자에게 상품이나 서비스를 너무 많이 구매하지 말라고 설득할 방법을 연구했다. 그 시대의 디마케팅 사례로는 버드와이저 맥주와 코닥의 오리지널 인스터매틱 카메라, 발리 여행이 있었다. 전부 통제가 불가능할 만큼 수요가 급증해서 디마케팅을 해야 했던 사례다.

당시 사람들은 세계의 자원이 무한하지 않다는 사실을 깨닫기 시작하고 있었다. 처음 디마케팅을 고려한 소비자 연구원인 필립 코틀러와 시드니 J. 레비Sidney J. Levy는 디마케팅을 소비를 멈춘 세상에 적용하는 선견지명이 있었다. 이들은 산업 생산성과 풍부한 자원이 힘을 합쳐 상품의 '과잉 공급'을 만들어낸 역사의 긴 기간에 마케팅이 등장했다고 말했다. 1970년대에 대다수 사업가는 광고업을 '자원이 부족한 경제에서는 크게 줄어들', 상황이 좋을 때만 가능한 직업으로 여겼다. 그러나 마케팅이 반드시 소비를 늘리는 방법일 필요는 없다고, 『하버드 비즈니스 리뷰』에서 코틀러와 레비는 말했다. 마케팅의 진정한 목적은 그저 '수요를 기업이 다룰 수 있는, 또는 다루고자 하는 정도와 구성으로 조정하는 것'이었다. 마케팅이 코틀러와 레비가 말한 '디컨슈밍deconsuming', 즉 수요와 소비의 감소를 격려하지 말아야 할 이유는 없었다.

작고도 작디작은 수의 기업이 생태적 책임을 지는 행위로서 소비를 단념시키고자 노력하는 최근의 방식은 '녹색 디마케팅'이라는 이름으로 불린다. 파타고니아의 "이 재킷을 사지 마세요" 광고는 처음으로 암스트롱 술레의 관심을 사로잡은 선구적 사례였다. 더욱 최근의 사례는 아웃도어 물품과 서비스를 판매하는 미국의 백화점 REI다. REI는 2015년부터 블랙프라이데이에 문을 닫고 소비자에게 1년 중 쇼핑이 가장 활발한 이 기간에 바깥에서 시간을 보낼 것을 권하고 있다.

많은 사람이 녹색 디마케팅을 위선이라 여기는 것도 퍽 타당하다. 기업이 자사 상품을 팔면서도 팔지 않기 위해 마케팅을 사용할 때 인지 부조화는 불가피하다. 파타고니아는 "이 재킷을 사지 마세요" 광고가 판매에 피해를 입힐 것이라 예상하지 않았으며, 파타고니아의 디마케팅은 회사의 꾸준한 성장에 기여했다. 마찬가지로, 언젠가 암스트롱 술레는 블랙프라이데이 직전에 REI 매장에 들렀다가 직원들이 할인 쿠폰을 나눠주는 모습을 보았다. 사실상 REI는 블랙프라이데이 세일을 유지하고 있었다. 그저 블랙프라이데이에 진행하지 않을 뿐이었다.

그러나 녹색 디마케팅이 이기적인 술책인 것만은 아니다. 이 전략이 아웃도어 기업에서 가장 두드러진다는 것은 그리 놀라운 사실이 아닌데, 야외 활동을 즐기는 많은 사람이 비교적 부유할 뿐만 아니라 소비가 지구에 미치는 영향을 우려하기 때문이다. 아웃도어 시장의 상당 부분은 이른바 '디컨슈머', 즉 자신 또는 세상의 소비가 줄어들기를 적극적으로 바라는 사람들로 이루어져 있다.

파타고니아는 분명 전 세계적 인지도를 가진 최초의 디컨슈머 브랜드다. 이들은 점점 더 디컨슈머 시장을 타깃으로 삼고 있으며, 사람들에게 소비를 줄이라고 장려함으로써 디컨슈머 시장을 확대하고자 적극 노력하고 있다. 제품이 제대로 기능하지 않고 망가지도록, 순식간에 유행에서 뒤처지도록 계획하는 계획적 진부화의 세상에서 파타고니아는 자사의 제품을 견고하고 오래가는 옷으로 만든다. 파타고니아의 많은 상품은 내구성이 좋을 뿐만 아니라 수차례의 유행 주기에서 살아남을 수 있도록 일부러 클래식한 색상과 스타일로 제작된다. 또한 원웨어 Worn Wear라는 프로그램을 통해 자사 의류를 가능한 한 오래 입을 것을 장려하고, 천을 덧대거나 색이 바랜 제품, 해졌거나 찢어진 제품 사진을 자주 배포한다. 수선해야 하는 옷에는 수선 서비스를 제공하고, 소비자가 더이상 입지 않는 옷은 되팔거나 재활용한다. 파타고니아는 여전히 끝없는 성장에 기반한 경제에서 끝없이 성장하는 기업이지만, 파타고니아의 활동은 디컨슈머 문화에서 기업을 운영하는 것이 어떤 모습일지를 예견하게 한다.

"아웃도어 산업 전체가 경기 침체로 이득을 봤습니다. 사람들이 더이상 고급 호텔로 휴가를 가지 않았거든요. 사람들은 국립공원에 가거나 집 근처로 캠핑을 갔습니다." 스탠리가 말했다. "사람들이 밀려들어와 텐트와 침낭과 재킷을 사곤 했죠."

현대의 소비자를 만들어내는 데는 엄청난 마케팅이 필요했으며, 디마케팅은 디컨슈머의 증가를 가속화할 수 있다. 최근의 한 연구에서 암스트롱 슐레와 다른 연구원들은 다양한 배경을 가진 미국인에게 노란색 아웃도어 재킷을 입은 한 남자가 활짝 웃으며 손가락으로 피스 사인 peace sign을 보내고 있는 사진을 보여주었다. 남자의 얼굴은 주름져 있었고 재킷은 낡았을 뿐만 아니라 흰색과 분홍색, 밝은 파란색의 페인트가 말라붙어 있었다. 이 연구는 실험 참가자들에게 이 남자가 어떤 사람일지 추측하라고 요청했다. 너무 가난해서 말짱한 새 재킷을 살 돈이 없는 노숙자일까? 환경보호를 이유로 오래된 재킷을 고집하며 보헤미안스러운 느낌을 즐기는, 경제적으로 풍족한 주말의 등산객일까? 아니면 그 사이의 어디쯤?

남자의 인상은 미묘한 신호에 따라 달라졌다. 일부 참가자에게는 파타고니아의 마케팅 자료에서 가져온 원본 사진이 주어졌는데, 이 사진 속의 재킷에는 파타고니아의 브랜드와 원웨어 패치가 붙어 있었다. 또한 이들은 파타고니아가 기업으로서 무엇을 상징하는지, 원웨어 프로그램이 무엇인지(환경보호의 일환으로 오래된 옷을 고집하는 것)에 대한 설명을 들었다. 다른 참가자들은 똑같은 사진에서 브랜드와 패치를 지운 사진을 보았다. 파타고니아의 브랜드를 보고 그 의미를 이해한 사람들은 남자의 소득과 환경 인식 수준을 더 높게 추측할 확률이 컸다. 그리고 비싼 가격에도 파타고니아 제품 구매를 고려할 확률 또한 높았다.

우리는 어떤 사람이 돈이 없어서가 아니라 자신의 선택으로 소비를 줄인다는 사실을 알 때 그 행동에 더 높은 지위를 부여한다. 그 행동은 과시적 비소비가 된다. "그게 우리가 하는 소비의 상당 부분을 이끕니다. 우리가 어떤 상품을 고르는 이유는 그게 나와 어울리기 때문이기도 하지만 내가 어떤 사람인지, 어떤 사람이 되고 싶은지를 세상이 알아주길 바라기 때문이기도 하죠." 암스트롱 술레가 말했다. "반소비를 실천하는 소비자에게 그러한 의미를 일부 되돌려준다는 생각, 제가 볼 때 그러려면 전통적 의미의 광고가 많이 필요해요."

제임스 터너James Turner는 글림프스(도시의 벽에 광고보다 더 좋은 것을 붙일 수 있다는 아이디어를 팔기 위해 런던 지하철역에 고양이 사진을 도배한 단체)를 창립한 커뮤니케이션 크리에이티브다. "현재 소비재를 생산하는 데 들이는 에너지와 창의력으로 소비주의의 이야기를 다시 쓰고, 당장 만족감을 주는 대안을 '팔기' 위해 지금 광고업에 종사하는 사람들이 필요합니다." 터너가 말했다. "현재 광고업계에서 일하는 사람들이 이 새로운 움직임의 리더가, 그게 아니라면 최소한 지도부의 일원이 되어야 합니다."

터너는 많은 소비자 광고가 제품뿐만 아니라 우리가 그 제품을 살 확률을 높이는 차별적 지위 체계까지 판매하는 것과 마찬가지로, 디마케팅도 그저 상품을 구매하지 말라고 설득하거나 우리와 상품의 관계를 바꾸는 것만이 아니라 새로운 차별적 지위 체계까지 촉진할 수 있다고 말했다. 세계에서 가장 뛰어난 광고업계 인재들이 다음의 큰 유행은 자원봉사가 될 거라고, 또는 자연과 다시 연결되거나 지혜를 추구하는 것이 한바탕 유행할 거라고 우리를 설득할 수 있을까?

"다음 유행은 창조성이 될 거라는 살짝 어렴풋한 희망이 있습니다." 터너가 말했다. 그는 창의적 활동과 자기표현을 중심으로 정체성을 형성하는 세상, 더이상 '브랜드라는 닻'을 이용해 자신을 드러내지 않는 세상을 상상한다. 그러려면 광고 크리에이티브들이 많은 일을 해내야 한다고 생각한다. "그렇다면 문제는, 그러한 체계에서 그들 모두에게 일자리를 줄 수 있는가 하는 것입니다."

빈센트 스탠리는 아마 그렇지 않을 거라고 말했다. 팬데믹 동안 파타고니아가 계속 성장해야 하는가 아닌가의 문제는 더이상 철학적 문제가 아니게 되었다. 파타고니아는 그 어디보다도 일찍 창고와 매장, 사무실 문을 닫고 운송을 중단했다. 처음 몇 달간은 정규 직원에게 충실히 임금을 지급했지만 그뒤로는 다수의 직원을 대상으로 임시 휴직을 실시하겠다고 발표했다. "규모가 줄어들고 있습니다." 당시 스탠리가 이렇게 말했다. "아마 장기적으로 보면 생태권은 더욱 건강해질 겁니다. 하지만 아주 오랫동안 죽을 만큼 괴로울 거예요."

그러나 파타고니아는 자사 상품을 녹색화하면서 동시에 신상품을 적게 판매할 방법을 찾는 이중 접근법을 지속하기로 했다. 얼마나 많은 것들 없이도 살 수 있는지, 얼마나 많은 것들이 그립지조차 않은지를 사람들이 알게 되면서, 결국 코로나 위기는 작디작은 디컨슈머 시장이 성장할 가능성을 제공했기 때문이다.

보통 소비지출은 광고를 부추기고, 광고는 더 많은 소비지출을 부추긴다. 둘은 계속해서 몸집을 키우는 피드백 고리를 형성한다. 소비하라는 메시지를 창의적 표현이나 시민의식, 자원봉사를 촉구하는 메시지로 대체하면 그만한 동력이 발생하지 않는다. 사람들이 쇼핑을 멈추면 다른 소비재의 생산과 마찬가지로 광고의 생산도 줄어든다. 마케팅이 우리의 정신적·물리적 환경 도처에 끼워넣은 잡다하고 어수선한 정보들이 사라진, 낯선 상태에 이를 것이다. "그 편이 낫죠." 스탠리가 웃으며 말했다.

"우리가 지쳐서 결국 그걸 사게 하려고요"

런던을 기반으로 활동하는 예술가이자 디자이너인 리어노라 오펜하임Leonora Oppenheim은 덜 소비주의적인 세계에서 우리가 알게 될 그런 광고 없는 환경에서 20년간 살고 있다. 그는 이러한 환경이 자신을 다른 사람으로 만들었다고 믿는다.

오펜하임은 광고업계에 둘러싸여 성장했다. 아버지는 마케팅업계에 종사하며 주로 담배 브랜드를 광고했다. 오펜하임은 열다섯 살에 광고대행사에서 첫 일자리를 구했다. 두번째 근무처는 GE와 구글, 마이크로소프트, 알리바바 같은 기업과 협업한 50년 역사의 세계적 브랜딩 기업 울프 올린스였다. 우리 대다수가 마케팅을 흡수하며 전 세계 브랜드를 세계 지리보다 더 잘 알게 되는 어린 시절과 성인기 내내, 오펜하임은 광고 제작 방식을 배우고 광고의 목표가 특정 방식으로 우리를 좌우하는 것임을 알게 되었다.

이러한 깨달음이 런던대학교에서 디자인을 공부하던 오펜하임을 위기로 몰았다. "호화롭고 실험적인 최고급 디자인의 세계로 향하고 있었어요. 인테리어와 가구를 비롯한 모든 것들에서요." 런던의 버려진 학교를 개조해서 만든 공동 작업실의 지하 카페에 앉아 오펜하임이 말했다. "그게 환경에 어떤 영향을 미치는지 질문하면서 거기서 벗어나게 됐죠."

오펜하임은 상품과 서비스를 구매하라고 우리를 부추기는 메커니즘에 분노하기 시작했다. 그러한 메커니즘이 기후변화와 삼림 벌채, 바다에 버려지는 플라스틱 쓰레기 등등의 원인이었다. "환경오염과 비슷해요. 시각적이고 정신적인 오염 같은 거예요." 그가 말했다. "갭의 온라인 쇼핑몰에 가서 바지 한 벌을 찾아본다고 해보죠. 갭이 다음주 내내 브라우저에서 우리를 쫓아다니는 걸로 끝이 아니에요. 살까 말까 고민한 바로 그 바지, 그러다 사지 않기로 선택한 그 바지가 우리를 따라다니며 괴롭혀요. 말 그대로 내가 안 사려고 노력하는 상품이 인터넷에서 우리를 뒤쫓는 거예요. 우리가 지쳐서 결국 그걸 사게 하려고요."

오펜하임은 2000년대 초부터 적극적으로 광고를 피하기 시작했다. 처음에는 광고 없는 영국의 공영 텔레비전·라디오 방송국 BBC만 고집했다. 본격적으로 인터넷시대가 시작되었을 때는 마케팅을 차단하는 앱을 일찍부터 사용했고, 그 이후로는 광고 없는 잡지 및 프리미엄 스트리밍 서비스를 구매했다. "요즘 제가 보는 대부분의 광고는 대중교통을 이용할 때 보는 거예요." 오펜하임이 말했다. "야외 광고판이나 버스 광고, 지하철역에 붙은 포스터 같은 거요." 그럴 때 그는 광고에서 눈을 돌리려고 노력한다.

오펜하임의 광고 회피의 명백한 결과는, 그가 대부분의 사람들이 돈을 쓰지 않는 것들에 점점 더 많은 돈을 쓰고 있다는 것이다. 광고를 비판하는 사람들은 광고가 얼마나 요란하게 이것저것을 사라고 종용하는지에만 집중할 뿐, 바로 그 광고들이 팟캐스트에서 음악 스트리밍 서비스, 소셜미디어, 뉴스 보도에 이르는 전 세계 미디어와 그 제작자들을 얼마나 많이 지원하는지에 대해서는 대충 얼버무리고 만다. 팬데믹은 이러한 모델의 취약성을 드러냈다. 당시 사람들은 기분 전환과 정보를 위해 미디어에 의지했지만, 그 미디어에 자금을 대는 광고업계가 폭삭 무너져내렸다. 특히 소규모 지역 언론은 전례없는 수의 독자와 청취자, 시청자가 몰려드는 바로 그 순간 재정 파탄에 직면했다. 오펜하임이 만들어낸 세상은 예측 가능한 결과를 보여준다. 소비자로서 우리는 정보와 오락, 사회적 연결을 누리기 위해 정부나 비영리단체를 통해서든 직접적으로든 훨씬 많은 돈을 내야 할 것이다. 아마도 그것은 곧 정보와 오락, 사회적 연결이 줄어든다는 의미일 것이다.

일부 제조업체는 이미 광고를 없앴다. 예를 들어 브라질에서 제품을 생산하는 프랑스의 신발 브랜드 베자는 노동자에게 더 합당한 임금을 지급하고, 유기농이며 지속 가능한 방식으로 수확된 고가의 원재료를 사용하기 위해 광고나 유명 홍보 대사에 돈을 일절 쓰지 않는다(베자는 광고비가 스니커즈 가격의 70퍼센트를 차지한다고 주장한다). 베자의 신발은 브랜드가 드러나는 것 중에서 오펜하임이 기꺼이 걸칠 몇 안 되는 제품에 속하는데, 베자의 가치를 사람들에게 홍보하고 싶기 때문이다.

오펜하임은 이 모든 것에 대해 기꺼이 스스로를 비웃는다. "정말 어리석은 노력이죠." 오펜하임이 말했다. 그는 닭이 먼저냐 달걀이 먼저냐처럼 자신이 애초에 광고를 피하기 시작한 것이 덜 소비주의적인 삶을 살고 싶어서였는지, 아니면 소비주의적인 삶을 살 형편이 못 되므로 가질 수 없는 것들을 바라지 않기 위해서였는지 궁금해한다. 그러나 그건 더이상 중요치 않다. 이제 그는 디컨슈머, 반소비자라는 자신의 정체성에 편안히 자리잡았다.

"가장 중심적인 주제는 내 뇌에 들어오는 정보를 간소화하고 싶다는 거예요." 오펜하임이 말했다. "정보를 엄선하고 싶고, 순진한 생각일지 모르지만 나에게 어느 정도 통제권이 있다고 느끼고 싶어요."

우리가 보는 광고의 수는 하루에 보통 수천 개에 이르며, 그중 대부분은 돈과 소유물, 좋은 이미지가 행복과 성공, 자아 존중으로 가는 길이라고 말한다. 소비자 연구는 이렇게 광고에 노출되면 실제로 자신에 대해 나쁜 감정을 느끼게 되는 경향이 있음을 계속해서 보여준다. 특히 (현재 대다수가 거주하는) 도시에서 다른 수많은 소비자의 존재와 광고의 과잉 공급은 끊임없이 자신의 사회적 지위를 의심하게 만든다. 영국의 경제학자 팀 잭슨의 말을 빌리면, 우리는 본인이 신경쓰지 않는 사람들에게 오래가지 않을 인상을 남기기 위해 본인이 필요 없는 물건에 본인에게 없는 돈을 쓰도록 설득당한다.

커피를 끊은 사람은 나중에 커피 한잔을 마실 때 카페인이 얼마나 강력한지를 인식하게 된다. 마찬가지로 오펜하임도 자신이 광고에 노출될 때 광고가 불안감을 일으키는 방식을 분명하게 느낀다고 말했다. 그리고 광고가 적은 세상에서 사람들은 정신적 행복은 더 많이 누리고 행동에 대한 압박은 더 적어질 것이며("자신이 속한 사회적 또래 집단에서 그 압박이 무엇을 의미하든 간에요"), 자기 외모와 자아 존중감에 불안을 느끼라는 신호에 덜 직면할 것이므로 아마 우울과 자살 충동도 줄어들 것이라고 말했다.

오펜하임은 최소한 주변에 넘쳐나던 광고를 그리워하지는 않을 것이라고 말했다. 팬데믹 이전에 그는 점점 더 많은 사람이 시간이 빨라지고 있다는, 심지어 이제는 고전이 된 영화 〈사랑의 블랙홀〉에서처럼 똑같은 하루가 끝없이 반복된다는 스트레스를 느끼고 있다는 사실에 충격을 받았다. 이들 중 다수가 팬데믹의 기이한 고요함을 혼란스럽고 심지어 무서운 것으로 여겼다. 오펜하임은 그 고요함이 익숙했다. 자신의 정신적 환경을 통제함으로써 시간이 느려지는 감각, 작아지는 것이 아니라 갈수록 커지는 고요함 속에 침잠하는 듯한 감각을 오래전부터 길러왔기 때문이다.

"점점 더 차분해지고 싶어요." 그가 말했다. "내 목소리에 더욱더 귀기울이고 싶어요."

20년간 오펜하임은 독특한 망명생활을 하며 주변 사람들이 사는 세상에서 낯선 존재가 되었다. 그는 그저 광고를 거부한 것이 아니라, 훨씬 거대한 무언가를 거부한 것이었다. 그가 등돌린 것은 물질주의 자체였다.

9장

변화는 상상보다
더 빨리 일어날 수 있다

소비를 멈추는 것이 어떤 느낌인지 알려면, 30년간의 연구 결과부터 살펴보는 것이 좋을지 모른다. 그 결과는 물질주의적 가치가 우리의 정신 건강에 좋지 않다는 것이다.

"물질주의는 좋은 것에만 좋습니다." 30년간 이 주제를 연구해온 미국의 심리학자 팀 캐서Tim Kasser가 내게 말했다. "자신이 중요하게 여기는 것이 지위와 재산과 경제성장이라면 물질주의는 아주 좋습니다. 중요시하는 것이 개인과 사회, 환경의 안녕이라면 물질주의는 그리 좋지 않습니다."

물질주의는 그동안 다각도로 연구되어왔으며, 모든 연구 결과가 같은 결론에 도달한다. 아이들과 노인, 그 사이의 모든 사람에게서 물질주의의 부정적 효과가 발견된다. 소득과 교육 수준, 젠더, 인종, 문화적 배경이 다양한 사람들 사이에서, 심지어 변호사와 경영대 학생, 사업가 집단처럼 거의 모두가 매우 물질주의적인 집단에서도 물질주의의 부정적 측면이 뚜렷하게 드러난다. 실제로 물욕이 클수록 부정적 효과가 커진다. 성공의 증거로 돈과 물건에 가장 큰 가치를 부여하는 사람, 돈과 물건이 많아야만 행복할 수 있다고 생각하는 사람, 인간관계보다 돈과 물건을 우선시하는 사람에게 부정적 영향력이 가장 강력하게 나타난다. 또한 어떤 사람이 얼마나 물질주의적인가를 보고, 그 사람이 얼마나 이기적이고 자기중심적이고 옹졸하고 다른 사람을 조종하는 성향을 어느 정도 가졌는지 예측할 수 있다. 물질주의자는 타인을 효용적 태도로 대하는 경우가 더 많으며(이들은 '사용자'이다), 더 짧고 얕은 대인관계를 맺을 가능성이 더 크고, 외로울 확률도 더 높다. 물질주의는 공감을 가로막기 때문에 타인을 자발적으로 돕거나 환경을 염려할 확률을 낮춘다.

즉 물질주의가 지속적인 위안과 만족, 행복을 제공하지 못하는 이유는 인간의 정신에서 물질주의가 맡은 역할이 그게 아니기 때문이다. 물질주의의 역할은 초조함을 키우고, 불안을 일으키고, 침대에서 나와 세상 속에서 성공을 추구하게 만드는 것이다. 캐서는 내게 말했다. "행복의 자양분은 아니죠."

그러나 연구 결과 물질주의가 우리를 불행하게 만든다는 것과 그 정확한 이유를 설명하는 것은 다른 문제다. 물질주의가 자신의 부와 지위에 불안을 느끼게 만드는 방식으로 작동한다는 사실은 문제의 일부일 뿐이다. 더욱 중요한 요소는 우리의 인생이 한정되어 있다는 것이다.

심리학자들은 사람들이 지니는 다양한 가치를 크게 둘로 나눈다. 외재적 가치는 주로 타인이 알아볼 때 우리에게 만족감을 준다. '옷을 잘 입는다'는 것은 외재적 가치의 사례 중 하나다. 옷 입는 취향이 좋다는 데서 개인적 만족감을 느낄 수도 있겠지만, 자신이 옷을 잘 입는다고 느끼려면 결국에는 본인이 중요하게 여기는 사람들의 호의적인 시선과 칭찬, 하트 눈 이모티콘이 필요하다. 외재적 가치는 과시적 소비의 '과시적'을 담당하며, 광고와 쇼핑 문화의 기반이다. 좋아요와 공유하기, 리트윗, 추천 기능이 있는 소셜미디어가 때때로 짜증스럽게 느껴진다면, 당신은 그러한 시스템의 저속한 물질주의에 반발하고 있는 것이다.

내재적 가치는 별다른 외부의 인정 없이도 내면에서 우리를 직접 만족시킨다. '서로를 지지하는 가까운 친구 관계'는 내재적 가치다. 다른 사람이 그 우정을 보고 감탄하거나 부러워할 수도 있겠지만, 그러한 인정이 있어야 관계가 만족스러운 것은 아니다. 우정은 그 자체로 만족스럽다. 물론 내재적 가치도 종종 마케팅에 이용된다. (다이아몬드 반지를 선물한 만큼 미래의 약혼자를 사랑하나요? 이 안전 장비가 달린 자동차를 사줄 만큼 아이들을 아끼나요? 값비싼 시계를 찰 만큼 스스로를 존중하나요?) 그러나 이러한 광고들은 계산적이다. 진정한 사랑과 자녀에 대한 애정, 자기 존중에는 이중 그 무엇도 필요치 않다.

"내재적이고 외재적인 동기와 충동 모두 인간 삶의 기본입니다. 우리는 모순적인 존재예요." 캐서가 말했다. "정말 흥미로운 질문은, 우리가 언제 어떤 모습이 되느냐입니다. 사람들은 어떤 환경에서 둘 중 하나로 더 이끌리는 것일까요?"

캐서는 세상에서 가장 물질주의적인 사회에서도 대다수가 내재적 가치(건강, 가족, 친구, 능력 있고 친절한 사람이 되려는 노력)를 가장 중요한 것으로 꼽는다고 말했다. 그저 물질주의가 그러한 가치들을 밀어내고 있을 뿐이다. 외재적 가치를 추구할 때 우리는 자신의 심리적 필요를 충족하는 더 나은 방법, 예를 들면 자신만의 진정한 정체성이나 자기가 하는 일에서의 능력, 소중히 여기는 사람들과의 공고한 관계를 만드는 데 쓸 수 있는 시간과 에너지를 소진해버린다. 자신이 잘나가고 있음을 (또는 적어도 뒤처지고 있지 않음을) 세상에 보여주느라 너무 바쁜 나머지 삶에서 진정한 성공을 거두지 못하는 것이다.

그러나 물질주의에는 이 이론들이 적절한 답을 내주지 못하는 듯 보이는 측면들이 있다. 그중 가장 큰 측면은, 소비가 우리를 행복하게 만들어주는 것이 정말 불가능하다면, 왜 우리가 이렇게 소비를 많이 하느냐는 것이다. 왜 그토록 많은 사람이 그토록 명백하게 도움이 되지 않는 행동을 하는 것일까?

이 역설에 대한 설명은 먼저 물질주의 연구가 자세히 들여다보면 생각보다 골치 아프다는 사실에서 시작된다. 물질주의가 어디서나 누구에게나 대체로 나쁜 것은 사실이지만, 그렇게까지 나쁜 것은 아니다. 그 영향력은 너무 미미해서 자기 자신조차 인식하기 힘들 수 있다. 물질주의의 부정적 영향은 사회에서 광범위하게 나타나는 패턴이지, 새 물건을 사면 반드시 비참해지는 자연법이 아니다. 세상에는 행복한 물질주의자와 불행한 비물질주의자가 있다. 이들은 자료상의 대세를 벗어난 예외적 존재들이다. 즉 적을수록 좋지만 언제나 훨씬 좋은 것은 아니다. 그리고 어떤 이들에게는 실제로 많은 것이 좋고 적은 것이 나쁘다. 그저 자신도 그런 사람일 거라 생각하지만 아마도 그렇지 않을 뿐이다.

물질주의는 행복에 영향을 미치는 많은 요인 중 하나일 뿐이다. 예를 들어 행복 연구는 부유할수록 더 행복하다고 답한다는 결과를 꾸준히 내놓는다. 소득이 높으면 상품과 서비스를 구매할 수 있을 뿐만 아니라 사회적 지위와 안전, 기회, 삶에 대한 통제권도 가질 수 있다. 그러나 필수적 욕구가 일단 충족되면 추가 소득으로 늘어나는 행복의 양은 소실점을 향해 점점 줄어드는 경향을 보인다. 경제학자 존 메이너드 케인스는 이 사실이 사회가 '경제적 문제'를 해결한 순간을 나타낸다고 주장했다. 그 순간이 오면 '다른 인간들이 어떤 상황이든 상관없이 그 필요를 느낀다는 점에서 절대적인' 욕구가 전부 충족되고, '동료 인간보다 지위가 높아지고 우월감을 느끼기 위해서만 그 필요를 느낀다는 점에서 상대적인' 욕구가 채워지기 시작한다(이 글을 쓴 1930년에 케인스는 이미 '이 두번째 종류의 욕구'를 채우는 것은 불가능할 수 있음을 알았다. 우월함의 기준은 언제나 높아질 수 있고, 절대적 욕구 또한 음식과 옷, 주거지로 제한되지 않고 어느 정도 안락함과 향락을 위한 필수품을 포함할 수 있기 때문이다). 케인스는 경제적 문제가 해결된 순간을 파악하는 것이 인간 사회의 과제라고 말했고, 장기적인 경제·인구학적 추세로 볼 때 많은 국가가 2030년경에 경제적 문제를 해결하리라고 예측했다. 그때가 되면 인류는 케인스가 '다소 역겨운 병적 상태'라고 비난한 '돈이라는 목적'을 옆으로 치워둘 수 있었다.

소비문화의 근본적 특징은 부가 더이상 안녕을 증진하지 않고 훼손하는 지점을 흐리고 몽롱하게 만든다는 것이다. 예를 들어 몇십 년 전부터 중국인 수백만 명은 소득 증가의 혜택을 누리며 본인과 가족을 가난에서 구했다. 그러나 가차없는 지위 경쟁과 뚜렷한 불평등, 나이든 물질주의자와 지나친 탐욕의 결과에 의문을 제기하는 청년 간에 점점 벌어지는 세대 차이로 말미암아 부가 국가의 행복에 기여하는 정도는 날이 갈수록 줄어들고 있다. 중국 소비문화의 가장 눈에 띄는 측면은 '녹색 물질주의'의 강도다. 중국은 전 세계에서 '생태 문명'을 가장 앞장서서 지지하는 국가 중 하나이며, 갈수록 풍요로워지는 중국의 소비자 라이프스타일은 이 문명 속에서 계획과 기술을 통해 '녹색화'될 것이다. 거주자가 거의 15억 명에 달하는 국가로서는 예사롭지 않은 도전이다.

소비문화가 지속적인 만족감은 내놓지 못해도, 이른바 잠깐의 즐거움이 되어주는 새로운 경험을 제공하는 데는 상당히 능하다. 최신 이어폰을 사면 실제로 즐거움을 얻을 수 있다. 날렵한 디자인, 이 이어폰으로 자신이 기술 발전에 뒤처지지 않았다는 사실을 타인에게 알릴 수 있다는 점, 또는 그것이 내 것이라는 사실 자체가 우리에게 기쁨을 준다.

신상품을 구매하는 작은 기쁨이 좀처럼 지속되지 않는다는 사실을 우리가 안다 해도(대다수는 최소한 가끔이라도 이 사실을 인식한다), 소비문화는 계속해서 또다른 작은 기쁨을 구하는 것을 아주아주 쉽게 만들어놓았다. 그 수많은 기쁨을 일렬로 줄 세우면 지속적인 만족감의 그럴듯한 모조품이 된다. 소비주의의 또다른 아이러니는 소비주의가 정신적 함정처럼 작용하는데도 우리가 종종 그것을 도피처로 여긴다는 것이다. 어느 연구 단체의 말처럼 소비는 '문화적으로 승인된 대처 전략'이며, 여기에는 소비자본주의의 압박에 대처하는 것도 포함된다.

여기서 다시 우리가 물질주의를 추구하는 가장 단순한 이유로 되돌아간다. 대체로 우리의 통제 밖에 있는 강력한 세력과 구조가, 우리가 물질주의를 추구하게끔 만든다. 팬데믹이 시작될 때 뚜렷하게 드러났듯이 나 자신과 다른 모든 이들의 생계, 그리고 아마도 문명 자체의 기반은 이제 돈을 벌고 쓰는 순환 고리에 끊임없이 참여하는 데 달린 것으로 보인다. 전 세계의 소비경제는 1960년 이후로 600퍼센트 이상 증가했다. 상상하기 힘들 만큼 거대한 장치이지만, 한편으로는 언제나 연료가 떨어지기 직전인 허약한 장치이기도 하다. 그러므로 우리는 6000억 달러에 달하는 광고 산업에 더해, 점점 더 정교한 방식으로 물질을 추구하라고 장려하는 물리적 환경 및 디지털 환경에 푹 잠겨 있다. 소비주의는 쉽게 걸칠 수 있는 정체성과 잘 구축된 성공의 지표를 갖추고 우리가 태어나기도 전에 앞에 펼쳐지지만, 소비주의를 모두가 따르는 하나의 길이라 칭하는 것은 옳지 않다. 소비주의는 여러 갈래의 길이자 무수히 다양한 방식이며, 이 모든 길이 더 많이 소비하도록 몰아간다. 피터 빅터의 모델에서 드러났듯이 우리가 쇼핑의 속도를 늦추면 경제의 감독관들은 더 낮은 가격과 더 저렴한 대출, 더 낮은 세율, 노골적인 '지원금' 배부로 재빨리 대응할 수 있다.

이 모든 작용이 결합해 외재적이고 물질주의적인 가치 대신 내재적 가치를 장기적으로 추구하는 것을 어렵게 만든다. "저는 이를 자전거도로에 비유합니다." 캐서가 말했다. "매일 자전거를 타고 출근하고 싶을 수 있잖아요. 하지만 자전거도로가 없다면, 자동차들이 시속 90킬로미터로 달리는 4차선 고속도로밖에 없다면, 내가 자전거 타는 방법을 알고 있고 자전거를 가지고 있다고 해도 사회가 자전거 타는 것을 어렵게 만들고 있는 거죠. 실제로 사회는 적극적으로 내가 자전거를 타지 못하게 막습니다. 이처럼 내재적 가치는 제공되지 않고 물질주의적 가치는 제공되는 방식이 소비문화에서 수천 가지 형태로 나타납니다. 내재적 가치를 추구하고 싶지만 그러기 힘들어하는 사람들이 있을 거라고 점점 더 생각하게 돼요."

세상이 소비를 멈추는 날, 우리의 가치도 바뀌기 시작할까? 2020년 1월 30일에 캐서는 내게 그럴 것 같다고 말했다. 우리가 물질주의와 소비문화에 등을 돌리면 내재적 가치가 다른 생활방식을 위한 대안적 가치 체제로서 더욱 중요해질 것이다.

이러한 변화는 얼마나 빨리 발생할까?

"글쎄요." 캐서가 대답했다.

그날 늦게 세계보건기구가 코로나바이러스를 국제적 위기로 선포했다. 그로부터 6주 뒤 전 세계의 대처 방식은 캐서가 답하지 못한 바로 그 질문을 탐구하는 전 지구적 실험으로 발전해 있었다. 그렇게 밝혀진 질문의 답은, 변화가 모두의 상상보다 더 빨리 일어날 수 있다는 것이었다.

불안감과 위협감, 소비주의의 유인책

사상 최고를 기록하며 순항중이었던 소비주의는 팬데믹이 발생하자 한바탕 마지막 축제를 벌였다. 사람들은 식품과 화장실 휴지 같은 가정 필수품을 집에 잔뜩 쟁였고, 요리 도구와 원예 용품, 지그소퍼즐, 보드게임, 트램펄린, 웹캠, 가정용 운동기구처럼 격리중에 오락거리가 될 특이한 물품들을 흥청망청 사들였다. 부자들은 앞다투어 뒷마당에 수영장을 만들기도 했다.

코로나가 시작되고 5개월 뒤 다시 만난 캐서는 내게 이 현상이 물질주의 연구 결과에 들어맞는다고 말했다. 불안감과 위협감은 쇼핑과 소비주의를 유도하는 가장 강력한 유인책이다. 대규모 위기에서 이러한 현상이 어떻게 나타나는가를 살핀 몇 안 되는 연구 중 하나는, 아이슬란드를 거의 파산으로 몰고 간 2009년의 극심한 경제 위기 당시 아이슬란드인 수백 명을 6개월간 관찰한 것이었다. 실제로 그중 일부는 위기에 대한 반응으로서 내재적 가치로 눈을 돌렸다. 한 명은 이렇게 말했다. "전에 사람들은 사업가가 되고 싶어했습니다. 이제는 그냥 좋은 사람이 되고 싶어합니다." 그러나 대다수는 반대 방향으로 움직였는데, 물질주의가 행복감을 크게 훼손하는데도 더욱 물질주의적으로 변한 것이다. 이는 물질주의가 자기 소임을 다한 사례였다. 물질주의의 소임은 필수적 욕구가 위험에 처했을 때 경계 수위를 높여서 생존을 돕는 것이다. 자연스럽게 불안은 소비자본주의의 핵심 작동 원칙이 되었고, 우리가 시대에 뒤떨어진 것은 아닌가 의심하게 만드는 광고에서부터 신용 및 채무 체계의 압박, 편안할 만큼 친숙한 시스템을 '파괴'하겠다는 기업가의 집착에 이르는 모든 것에 내재되었다.

아이러니하게도 소비 중단은 우리를 경제적으로 불안하게 하는 난제를 일으킬 것이고, 이 불안은 다시 우리가 소비를 시작하게 만들 것이다(지금쯤 알아차렸겠지만 우리가 소비하는 방식은 아이러니와 역설, 모순투성이다). 그러나 이 사고실험에서 그러한 상황은 발생하지 않는다. 소비 중단은 평범한 경제 위기와는 다르다. 그보다는 팬데믹의 정점에서 각자 집에 은둔하며 우리에게·소비를 부추긴 수많은 일상적 요소와 단절되었던 때와 더 유사하다.

그때가 되자 전 세계 수백만 명이 급격히 방향을 틀어, 연구 결과 우리의 행복을 증진하는 것으로 드러난 바로 그 활동들을 추구하기 시작했다. 사람들이 추구한 것으로는 사회적 연결, 더욱 공고한 인간관계, 자연 활동, 개인적 성장과 발전, 영성과 마음챙김, 물질주의에 대한 적극적 거부 등이 있었다. 자발적 선택이 아니라 강요로 소비를 중단한 것이었지만, 어쨌거나 사람들은 그렇게 했다. 마치 인류에게 자신을 돌보는 본능이 있는 것 같았다.

전 세계에서 봉쇄가 한창일 때, 내 연락망에 있는 사람들에게 물어보았더니 이들의 경험 또한 당시 널리 관찰된 경험과 일치했다. 물론 어떤 이들은 죽음과 질병, 불안, 실직, 파산 같은 곤경에 빠졌다. 그러나 그렇지 않은 많은 사람은(심지어 그러한 역경에 부딪힌 사람들도) 재빨리 더욱 깊이 있는 삶을 지향하기 시작했다.

인구 200만의 도시 한복판에 사는 한 아버지는 마침내 늘 염원한 것처럼 어린 딸들과 시간을 보낼 수 있었다. "그 어느 때보다도 집에 웃음이 넘쳐흐릅니다." 그가 말했다. 남부 잉글랜드의 시골에 사는 한 여성은(그의 가족은 원래 이곳에서 고립감을 느꼈다) "꿈같은 유토피아"가 펼쳐졌다고 말했다. 이 유토피아에서 그는 감자를 꿀이나 달걀과 교환했고, 이웃에게 직접 만든 선물을 받았으며, 정치 성향이 정반대인 마을 주민과 힘을 합쳐 동네의 전화박스를 먹을거리를 나누는 공간으로 바꾸었다. 성인이 된 이후 거의 모든 식사와 커피를 사 먹었다는 뉴욕대학교의 한 교수는 직접 먹을 것을 준비하는 데서 만족감을 느꼈다. "커피를 내리는 건 그리 어렵지 않아요." 그가 힘주어 말했다.

"제 소비주의를 사회적 교류와 음식으로 대체하고 있어요." 중간 크기 도시에 거주하는 한 쇼핑몰 관리자가 말했다. 실제로 거의 모두가 고립된 상태에서 그 어느 때보다 사교적으로 친구 및 가족, 때로는 전혀 모르는 사람의 안부를 확인하고 영상통화를 이용해 오래 잊고 지낸 관계를 돌보는 아이러니한 상황을 보고했다. 자기 성찰과 개인적 성장이라는 거센 물살이 흘렀다. 자연과의 재연결은 가히 보편적이었다. 평소보다 새가 많다는 기이한 자각(적어도 어느 정도는 우리가 새에게 주목했다는 증거)은 '친절이 유행'한다는 보도와 마찬가지로 전 세계적 현상이었다.

또하나 흥미로운 점은 공공연한 물질주의에 대한 거부였다. 초기의 인상적인 한 사례는 영화계의 억만장자 거물인 데이비드 게펀이 카리브해에 띄운 초대형 요트에서 자가 격리를 하는 사진(수년간 소셜미디어의 밥줄이었던, 사람들의 이목을 끄는 사진)을 인스타그램에 올렸다가 대중의 분노가 들끓자 사진을 삭제한 것이었다. 특히 여성들은 이미지 중심적인 소비사회의 기대와 그에 수반되는 길고 긴 상품 목록(하이힐, 보정 속옷, 푸시업 브라, 끈 팬티, 인조 속눈썹, 네일아트, 머리카락 염색제)에서 해방된 데 안도감을 표했다. 또한 그동안 간과되었으나 명백하게 규모가 큰 하위 집단인 쇼핑을 즐기지 않는 여성들이 자기 모습을 드러냈다. 한편 뉴욕 타임스는 한때 셔츠를 210벌 소유했으나 영상으로 회의를 진행한 70일 내내 셔츠를 단 한 벌만 입었다는 연예 산업의 한 남성 중역을 인터뷰했다(그는 아무도 그 사실을 눈치채지 못했다고 말했다). 토론토에 사는 내 친구는 코로나 위기의 가장 긍정적인 측면은 남

167

들처럼 살아야 한다는 느낌에서 벗어난 것이라고 말했다.

수많은 연구가 소비문화에서의 180도 방향 전환이 우리의 행복을 증진할 것이라 예측한다. 그러나 그러한 변화가 얼마나 빨리 일어나는지를 밝힌 연구는 매우 드물다. 그중 가장 정밀한 연구는 몬트리올에 있는 맥길대학교의 심리학자들이 거의 10년 전에 실시한 것으로, 이 연구는 학생 집단에게 여러 내재적 가치('개인적 성장과 발전에 시간 투자하기' '봉사 활동을 통해 공동체에 기여하기' 등)에 대해 생각해보라고 지도한 뒤 행복도에 변화가 있는지 물었다. 일상적 활동에 대해 생각하라고 요청받은 학생 집단과 비교했을 때, 내재적 가치에 생각을 집중한 학생들은 즉시 삶을 훨씬 나은 것으로 느꼈다. 당시 이러한 연구 결과는 좀처럼 믿기 힘들어 보였지만, 팬데믹의 경험은 그러한 변화가 놀라울 만큼 빠르게 발생할 수 있다는 사실을 입증했다. 세상이 소비를 멈추는 날, 우리는 아침식사가 식탁에 올라오기도 전에 삶을 더욱 긍정적으로 바라볼 수 있을지도 모른다.

"내재적 가치가 외재적 가치보다 나은 점은 기분을 좋게 해준다는 것입니다. 최소한, 전보다는 더 낫게 해주죠." 캐서가 말했다. "제가 볼 때 이런 내재적 가치의 증가는 평소에 사람들을 짓누르며 외재적 가치를 추구하게 만든 무게가 어느 정도 가벼워졌음을 보여줍니다. 그런 내재적 가치는 더욱 쉽게 나타날 수 있어요."

한때 영성이 깊은 사람은 물질적 위안이 삶에서 중요한 것이 아님을 상기하기 위해 껄끄러운 털옷(뻣뻣한 동물 털로 안을 댄 옷)을 입었다. 오늘날 물질주의에 대한 거부는 그것이 결국 '털옷을 입는 것'이나 마찬가지라는 주장으로 일축되곤 한다. 즉 자신을 부정하는 불편함을 위해 소비의 기쁨을 포기한다는 것이다. 그러나 사실은 그 반대다. 팬데믹 동안 우리는 털옷을 입은 것이 아니었다. 마침내 우리는 털옷을 벗고 있었다.

개인의 전환이 사회의 격변으로

상황은 더 복잡해졌다.

팬데믹이 길어지면서 사람들의 경험이 변했다. 빵을 굽는 것은 단순하고 오래된 자립의 행위이며, 그 자체로 큰 만족감을 주기 때문에 자가격리하는 삶의 상징이 되었다. 그러나 아름다운 가족을 위해 아름다운 부엌에서 만든 아름다운 빵덩어리 사진이 소셜미디어를 가득 채우면서 제빵은 거의 즉시 지위와 야심, 성취의 경쟁적 표지가 되었다. 운동은 건강뿐만 아니라 세상에 과시할 완벽한 복근을 위한 것이 되었고, 직접 찾아가든 영상통화를 이용하든 갑자기 모두가 그동안 잊고 지낸 관계를 돌보기 시작한 것 또한, 보통 멀리 떨어져 지내는 아빠와 어떻게 대화를 나눠야 할지 모르는 어린아이부터 알고 보니 들끓는 분노를 품고 있던 오랜 친구에 이르기까지 다양한 감정적 문제로 뒤범벅되었다. 많은 사람이 코로나 위기에서 발견한 좋은 것들을 지켜나가겠다고 다짐했다. 근무시간이 짧아지고 삶의 속도가 느려졌으며 작은 것들에 감사하게 되었고 소중한 사람들과 보내는 시간과 자신을 위한 시간이 늘었다. 즉 외재적인 자신과 내재적인 자신 사이에서 적절한 균형을 찾은 것이었다. 그러나 온라인에서 소비문화가 다시 활발해지고 상업생활이 조심스레 되돌아오면서 대다수가 익숙한 패턴으로 돌아갔다.

캐서는 팬데믹 이전에도 소비 중단은 시작은 쉬워도 지속은 더 어려운 여정일 거라고 내게 경고했다. "소비문화에서 벗어나면 처음에 행복이 늘어나는 걸 경험할 수 있지만 내재적 가치가 그리 추구하기 쉽지 않다는 사실을 곧 발견하게 될 겁니다." 캐서가 내게 말했다. "내재적 가치를 개발하고 성취하는 기술이 꼭 있지는 않을 수도 있어요."

위험은 다양하다. 가장 분명한 위험은 우리 대다수가 내재적으로 행동하는 데 그리 능하지 않다는 것이다. 외재적 목표와 신념에 전적으로 초점을 맞춘 사회에서는 많은 사람이 자신을 포장하는 데는 능숙해도 깊은 인간관계를 맺는 데는 미숙하다. 이들은 아마존에서 자기 이미지에 어울리는 옷을 찾는 데는 전문가지만 먹을거리를 재배하는 데는 무능하다. 각종 활동으로 빼곡한 일정을 소화할 순 있지만 불안해하지 않고 오랫동안 혼자 고요히 앉아 있지는 못한다. 자신이 잘하는 일에서 못하는 일로 이동하는 것은 순식간에 좌절감을 불러일으킬 수 있다. 그 결과 우리는 내적 동기에서 비롯되는 행동을 외적 동기에서 나오는 행동으로 바꾸기 쉽다. 자신이 그러고 있다는 사실을 깨닫지 못할 수도 있지만 말이다. "오염시키는 것과 비슷해요." 캐서가 말했다.

비영리적 시간이 다시 등장했을 때와 마찬가지로, 자신의 외재적 자아와 새로 발견한 내재적 자아의 갈등은 혼란스럽게 느껴질 수 있다. 자기 안의 내재적 장소에 도착하는 것은 기분좋은 일이지만, 도착한 후에는 어디로 가야 하는 걸까? "내재적 가치는 자신이 그것을 획득하고 있다고 느낄 때만 좋은 영향을 미칩니다." 캐서가 말했다. "내재적 가치를 중시하지만 얻는 데는 실패한다면, 실제로 개인의 행복에 악영향을 미칠 수 있어요."

팬데믹이 발생하고 몇 달이 지나자 내재적 가치가 시야에서 점점 사라졌고, 또다른 존재 방식을 시도하는 세계적 규모의 실험은 실패한 듯 보였다. 그러나 캐서는 꼭 그렇지만은 않다고 믿을 이유가 있다고 보았다. 결국 타인의 찬사를 듣기 위해 밝은 조명에 내놓기보다는 내면에서 느끼고 혼자 조용히 표현하는 것이 내재적 가치의 특성이다. 어쩌면 변화는 시든 것이 아니라 깊어지고 있었을지도 모른다.

코로나바이러스의 첫 파문이 전 세계에서 사납게 날뛰던 2020년 5월 말, 미니애폴리스의 한 경찰관이 조지 플로이드의 목을 무릎으로 짓눌러 사망에 이르게 했고 그 모습이 영상에 담겼다. 얼마 지나지 않아 '흑인의 목숨도 소중하다Black Lives Matter' 운동이 전국 규모에서 다시 전 세계 규모로 확산하며 인종차별을 심판했다. 믿기 힘든 사태의 전환이었다. 국제적 팬데믹의 한복판은 시위대 수백만 명이 거리로 쏟아져나오기 적절한 때가 아니었다. 이 사건이 또 한번의 짧은 충돌로 끝나지 말아야 할 분명한 이유가 있는 것도 아니었다. 흑인 시민에 대한 경찰의 잔혹 행위는 유감스럽게도 전혀 새로운 것이 아니었고, 유사한 죽음을 담은 영상이 이미 여러 차례 유포되어 그중 일부는 폭동이 뒤따르기도 했다. 심지어 플로이드의 절박한 말("숨이 안 쉬어져요") 또한 괴로울 만큼 이전의 살인사건들과 유사했다. 그러나 2020년의 '흑인의 목숨도 소중하다' 운동은 미국 역사상 가장 규모가 큰 시위로 발전했고, 겨우 몇 주 전만 해도 상상조차 할 수 없던 변화가 봇물 터지듯 쏟아졌다. 노예무역상을 기념하는 동상들이 철거되었고, 미시시피주는 주기州旗에서 노예시대를 상징하는 무늬를 뺐다. 풋볼팀 워싱턴 레드스킨스*는 인종차별적인 구단명을 변경하기로 합의했고, 로스앤젤레스와 미니애폴리스 같은 대도시에서 이전과 극적으로 다른 치안 유지 방안을 마련하기로 했다. 나이와 교육 수준, 인종과 상관없이 수많은 사람이 이 운동을 지지했고, 앞선 2년보다 이번 2주간 모인 지지자의 수가 더 많았다. 여론의 분열을 도저히 해결할 수 없을 것 같던 국가에서 벌어진 일이었다. 캐서가 말했다. "사람들이 이 신념을 더 잘 받아들이게 만든 무언가가 있는 것 같아요."

　여기에는 두 가지 심리학적 측면이 있을 수 있다. 하나는 비영리적 시간의 효과다. 많은 사람이 근무와 학업, 통근, 소비를 중단하면서, 수백

---

* 레드스킨은 아메리카 원주민을 비하하는 명칭이다.

만 명이 더 큰 문제로 관심을 돌릴 수 있는 드문 자유의 기회를 얻었다. 그러나 많은 사람이 내재적 가치로 방향을 전환한 것 또한 한몫했을 수 있다. 연구는 덜 물질주의적인 사람이 덜 자기중심적이며 타인에게 더 공감한다는 결과를 꾸준히 내놓고 있다. 이들은 인종·민족적 편견이 적은 경향을 보이며, 사회에서 자신과 다른 사람들 위에 군림하는 것을 불편해한다.

즉 경찰의 너무나도 익숙했던 살해 행위에서 평소보다 더 큰 변화가 비롯된 이유는, 인구 대다수가 평소 일하고 소비하는 단조로운 일상을 유지할 때와 확연히 다른 사고방식으로 이 끔찍한 사건을 해석했기 때문일지도 모른다. 소비를 멈춘 세상에서는 개인의 전환이 사회의 격변으로 이어질 수 있으며, 이러한 변화는 겨우 몇 분 만에 시작될지도 모른다.

10장

그는 경제가 망하는 것을
본 적이 있다

마이클 부라보이는 경제가 망하는 것을 본 적이 있다.

　그는 단정하고 건강해 보이는 칠십대 초반의 남성으로, 캘리포니아 대학교 버클리캠퍼스에서 수십 년간 교수로 재직하고 있지만 아직 영국식 억양이 남아 있다. 나와 만난 날 그는 검은색 운동복과 그에 맞는 운동화 차림이었지만, 옷도 신발도 지식인의 느낌을 전혀 해치지 않았다. 그의 아파트는 호수를 둘러싼 400개의 전구로 유명한 메릿호수와, 이제는 밀레니얼들을 위한 콘도 건설 현장으로 부산한 과거의 악명 높은 오클랜드 시내를 내려다보고 있다.

　1991년 봄, 부라보이는 당시 소비에트사회주의공화국연방에 위치한 외진 공업도시 식팁카르에 있는 폴라 가구 기업에서 널빤지에 드릴로 구멍 내는 일을 구했다. 좋게 말해 독특한 상황이었다. 우선 그는 그 업무에 능하지 않았다. "제 무능함이 빤히 드러났어요." 그가 내게 말했다. 게다가 러시아와 서구 간의 냉전이 절정에 달해 있었다. 러시아인 동료

중 몇 명은 그를 스파이로 의심했는데, 진실이 믿기 힘들 만큼 낯설었기 때문이다. 부라보이는 '참여 관찰' 중인 사회학자였다. 참여 관찰을 하는 연구자는 자신이 연구하는 생활방식에 완전히 몰입한다. 부라보이의 경우에는 공공주택단지의 벽체를 생산하는 국영 공장의 내부를 관찰하고 있었다. 그는 자신이 소련 제국의 최후를 목격하고 있을 줄은 상상도 하지 못했다.

러시아에 도착한 그는 소련 정권이 서구 경쟁자들의 군비 지출을 따라가느라 한창 '물자 부족 경제'에 시달리고 있음을 알게 되었다. 이미 폴라 가구 기업의 임원들은 배급받은 설탕과 알코올, 직원 자녀를 위한 방학 캠프 자리 등 모든 것을 교환하고 있었다.

"당시 모스크바를 제외한 소련의 모든 지역에서 장을 보러 갔다면 아마 사람들이 굶주리고 있다고 생각했을 겁니다." 부라보이가 말했다. 그러나 동시에 사람들의 부엌은 먹을거리로 넘쳐났다. 외부인의 눈에 러시아의 체제는 처참해 보였지만 내부 상황을 아는 사람에게 삶은 충분히 편안한 것이었다. 부라보이는 진한 사워크림인 스메타나를 바른 질 좋은 러시아 빵을 애정을 담아 기억한다. 국가가 운영하는 공공주택단지는 브루털리즘 양식*에 낡고 허물어졌지만 대부분 임대료가 없었고, 부라보이가 만난 러시아인들은 자기 아파트를 따뜻하고 환하게 가꾸었다. 폴라 가구 기업은 독일에서 수입한 첨단 기술을 갖춘 현대식 건물에서 운영되었고, 좋은 급료와 연금, 저렴한 구내 식사를 제공했다. 사람들은 토스터와 텔레비전, 자동차, 세탁기를 소유하고 있었다. "그 사람들을 부유하다 말할 순 없지만 그렇다고 가난한 것도 아니었습니다." 부라보이가 말했다. "그들에겐 집이 있었어요. 가끔은 비좁기도 했

----

* 기능주의로의 복귀를 꾀하며 가공하지 않은 재료와 노출 콘크리트를 사용한 건축양식.

지만 말이죠. 고용 안정이 보장되었고, 아이들은 괜찮은 학교에 다녔습니다. 노숙자는 거의 드물었어요."

부라보이는 1991년 7월에 미국으로 돌아왔다. 그로부터 한 달 후 모스크바에서 쿠데타가 발생했다가 실패로 끝났고, 러시아는 무질서 상태에 빠졌다. 그해 12월, 한때는 위대했던 소비에트연방이 해체되었다. 중앙정부는 무너졌다. 안타깝게도, 그동안 경제를 책임진 것은 중앙정부였다.

"전시가 아닌 때에 경제가 그렇게 빠르게 하락하는 걸 본 사람이 그때까지 아무도 없었습니다." 부라보이가 말했다. 그건 마치, 현대의 자본주의적 민주주의에서 무너지는 주식시장과 은행 시스템을 그대로 쫄딱 망하게 놔둔 것과 같았다. 그건 마치, 세계 소비경제에서 세상이 쇼핑을 멈춘 것과 같았다. 5년이 지나지 않아 러시아인의 5분의 1이 빈곤한 삶을 살게 되었고 노동인구의 자살률이 거의 두 배가 되었으며 러시아의 GDP는 이전 규모의 거의 절반으로 감소했다. 러시아는 가구의 풍요도가 너무 극심하게 하락해서 소비가 오랜 기간 대규모로(무려 10년간 4분의 1이) 줄어든 드문 사례가 되었다.

부라보이는 그다음 여름에 러시아로 돌아갔다. 당시 많은 러시아인의 생활방식은 부라보이가 말한 '원시적 비非축적'을 향해 곤두박질치고 있었다. 소비사회와는 정반대였다. 사람들은 시간이 흐르면서 소유물을 축적하는 대신 가진 것을 팔거나 반드시 필요한 물품과 교환했다. 거리와 시장은 곧 급조한 가판대나 도로에 펼친 담요 위에 가진 것을 내놓고 판매하는 사람들로 붐볐다. 부라보이는 한 러시아 학생이 "이건 자유시장이 아니에요. 벼룩시장이죠"라고 말한 것을 기억한다.

부라보이는 이전 동료 몇 명의 삶을 계속 추적했다. 그중 한 명으로 부라보이가 마리나라고만 소개한 한 여성은 원래 우리 대부분에게 익숙한 멸망 이전의 삶을 살고 있었다. 마흔 살이었던 그는 꾸준히 일했고 딸의 훌륭한 학교 성적을 자랑스러워했다. 경제가 붕괴한 뒤 폴라 가구 기업은 1998년까지 간신히 버티는 데 성공했다. 그때까지 임금은 종종 물자로 지급되었다. 마리나가 회사에서 마지막 월급으로 받은 것은 소파였다. 소련 내무부에서 목수로 일했던 마리나의 남편은 월급으로 무엇이 나올지 알지 못했다. 버스 승차권일 수도 있었고, 밀가루 한 포대일 수도 있었다. 마리나는 그중 최악은 남편이 돈 대신 인도적 식량 지원을 받아왔을 때라고 부라보이에게 말했다. 마리나가 보기에 그 식량은 개밥으로나 적당했다. 그 시절의 출처가 불분명한 이야기에 따르면 지역의 교사들은 월급으로 보드카를 받았고, 수업의 질은 나아지지 않았다.

경제 붕괴 이후 여성은 남성보다 형편이 더 나았는데, 요리나 바느질 같은 전통적인 기술이 여전히 수요가 있었고 여성은 교육이나 의료처럼 완전히 붕괴되지 않은 분야에서 일하는 경우가 많았기 때문이다. 이와 달리 남성은 중독과 질병, 사고, 자살로 인한 절망적 죽음의 참혹한 증가량에서 지나치게 큰 비율을 차지했다. 가장 중요한 생존 수단 중 하나는 다차였다. 다차는 대략 '시골집'으로 번역되는 단어로, 부자들이 누리는 시골의 넓은 사유지를 뜻하기도 하고 자투리 목재로 만든 창고가 있는 텃밭을 의미하기도 한다. 소련이 무너지기 이전에 다차에서 일하는 것은 서구에서 정원이나 시골 별장을 가꾸는 것과 같은 취미였다. 1992년에는 가구의 약 4분의 1이 다차를 갖고 있었다. 겨우 1년 후에는 가구의 거의 절반에 다차가 있었다.

부라보이가 마지막으로 마리나를 만났던 21세기 초에 네 명으로 구성된 그의 가족은 무너질 듯한 나무 오두막집의 방 하나에 살고 있었고, 마리나의 자매와 조카가 두번째 방에 거주하고 있었다. 수돗물은 나오지 않았고 대소변은 집밖에 있는 화장실에서 해결했다. "어떻게 여섯 명이 이 작고 어둡고 눅눅한 공간에서 공존할 수 있는지 이해하기 힘들다"라고, 당시 부라보이는 썼다. 마리나는 다차에서 채소를 키웠으나 대부분 도둑맞았다.

결국 도둑이 우리의 양배추를 훔치러 오는 것. 이것이 바로 완전히 실패한 경제의 모습이다. 이 세상은 유급 고용이 드물고, 누구든 많은 것을 살 여유가 없고, 현대의 기준으로는 지극히 기초적 수준의 생존을 위해 자기 자신과 가족, 사회 연결망에 의지해야 하는 세상이다.

러시아는 이 격변을 겨우 30년 전에 겪었다. 서유럽은 제이차세계대전 이후로 이러한 위기가 발생한 적 없으며, 미국 역사에도 이만큼 극심한 경제 위기는 없었다. 가장 비슷한 사례는 여전히 대공황으로, 당시 산업 생산량은 62퍼센트 하락했으며 이는 폴란드를 제외하면 가장 심각한 수치였다. 노동자 네 명 중 한 명이 결국 직업을 잃었다. 오늘날 대공황은 거의 매력적이기까지 한 세피아 사진으로 주로 기억된다. 기차에 올라타는 떠돌이 일꾼, 여전히 양복 차림으로 길모퉁이에서 사과를 파는 이전 주식중개인, 모래 폭풍을 피해 가진 것을 전부 고물 자동차에 매달고 캘리포니아로 향하는 '오키들'.* 대공황기의 구술사를 담은 스터즈 터클의 『어려운 시절Hard Times』은 그 익숙한 사진 뒤에 숨은 잔혹한 이야기를 상기시킨다. 아기가 아사하고, 남녀와 아이들이 일이나 정부 원조를 찾아 화물차에, 때로는 객차 하나에 50~60명씩 올라탄다. 파산한 사업가는 아내와 자녀가 자신의 생명보험금을 수령할 수 있도록 스스로 목숨을 끊는다. 목화는 사슬로 묶인 교도소 수감자들이 수확하는데, 이들은 집과 직업이 없다는 것이 유일한 죄인 흑인들이다. 유대인

----

* 오클라호마 농민의 멸칭.

인 터클은 이를 "대공황으로 알려진 홀로코스트"라 칭했다.

그러한 홀로코스트의 현대판이 쇼핑 중단의 여파로 발생할 수밖에 없다고, 뉴욕대 스턴경영대학원의 금융학 교수인 어스워스 다모다란이 말했다. 그는 덜 소비주의적인 사회가 더 나을 거라는 생각이, 오늘날 모두가 돈을 벌고 쓰는 쳇바퀴에서 내려와 삶을 단순화한 결과 더욱 행복해진 누군가를 안다는 사실에서 나오는 거라고 말했다. 역설적인 것은, 너무 많은 사람이 그러한 행복을 선택하면 경제적 재앙이 발생할 수 있다는 것이다. "만약 내일 전 세계의 소비가 25퍼센트 하락한다면 나선을 그리며 추락하다 결국 수백만 명이 일자리를 잃게 될 겁니다." 다모다란이 말했다. "엄청나게 고통스러운 적응 기간이 있을 겁니다. 전반적으로 훨씬 적은 것을 가지고 살아야 할 거예요."

다모다란에 의하면, 가진 것이 적은 삶은 월마트와 아마존의 시대에서 구멍가게가 있던 향수어린 시절로 돌아가는 것이 아니다. 그보다는 다모다란이 인도 동남부 도시인 첸나이에서 성장하며 지켜본 종류의 생활방식으로 흘러가는 것에 가깝다. 오늘날 첸나이는 전통 생활과 현대적 편리함이 풍성하게 뒤섞인 곳으로 알려져 있지만, 다모다란은 첸나이가 아직 세계 소비경제에 편입되지 않았던 시절을 기억한다. "장난감 가게가 하나도 없었어요. 수백만 명이 사는 도시에 식당은 딱 세 곳뿐이었고요. 서점은 하나밖에 없었는데, 그럴 만도 한 게 누구한테 책이 필요하겠어요? 중심가는 멋지고 매력적인 곳이 아니라, 그냥 기본적인 물건을 파는 가게들이 모여 있는 곳이에요. 어차피 사람들은 그것밖에 구매하지 못하고, 그런 가게들만 살아남을 수 있으니까요."

"불황이 찾아올 겁니다." 다모다란이 말했다. "그리고 물러가지 않을 거예요."

러시아의 상황은 끝이 좋지 않았다. 결국 구소련은 거의 전적으로 중

양정부가 운영하는 경제를 끝내고 거의 완전한 자유시장을 실험했다. 부라보이는 이를 러시아의 '자본주의로의 추락'이라고 칭한다. 얼마 지나지 않아 지역 마피아가 정부 붕괴가 남긴 빈 공간을 채우며 교환경제를 장악했다.

그러나 마이클 부라보이가 소련 제국의 추락을 회상할 때 가장 먼저 떠올리는 것은 고난과 빈곤이 아니다. 그는 소련 붕괴의 가장 기이한 점은 실제로 문명이 끝장나지 않았다는 점이라고 말했다("대규모 기아 사태도, 파업이나 식량 폭동도 발생하지 않았고, 사회가 파괴되거나 폭발하지도 않았다"라고, 부라보이는 소련이 붕괴한 직후 말했다). 그는 특히 사람들이 함께 모여 일한 다차를 또렷이 기억한다. 소련이 한창 무너지던 시기, 다차와 텃밭은 러시아 농지에서 2퍼센트 미만을 차지했음에도 전국 감자 수확량의 92퍼센트가 여기서 나왔다. 밤이면 사람들은 노동의 결실을 누리고 카드 게임을 하고 토론을 벌이고 술을 마셨다. 극심한 경제적 재앙 속에서 이들은 재난에서 비롯되는 이상한 흥분감에 사로잡혔다. "다차에선 끝없이 파티가 벌어졌습니다. 아파트보다 공간이 더 넓었거든요." 부라보이가 말했다. "저는 그 시절을 아주 애틋하게 기억합니다. 자원은 극도로 부족했지만 좋은 시간을 보냈어요."

그 시절의 무언가에 부라보이가 꽂힌 것으로 보인다. 그는 단순한 삶을 선호한다. 핸드폰을 쓰지 않고, 그의 아파트는 책장을 제외하면 가구가 거의 없다. 몇 안 되는 장식품 중에 곰 인형 기념품이 있는데, 이 인형은 소련의 상징인 망치와 낫이 그려진 티셔츠를 입고 있다. 그는 등받이가 딱딱한 의자에 앉아 몸을 앞으로 기울인 채 소련 붕괴가 준 중요한 교훈은, 엄청난 변화가 발생할 수 있으며 사람들이 그 변화를 견딜 수 있다는 것이라고 말했다. 그저 더 희망찬 미래가 있다는 느낌만 있으면 된다.

러시아인들은 자국이 세상에서 가장 불평등하고 억압적이고 비민주적인 국가 중 하나가 되어가기 시작할 때에야 절망에 빠졌다고, 부라보이는 말했다. 소련이 붕괴하고 처음 몇 달간은 물자가 부족하고 익숙한 안락함이 사라져 고통받았을지 몰라도, 그때의 러시아는 가능성으로 가득차 있었다. 절대 변하지 않을 것 같았던 낡은 체제가 무너진 자리에 상상할 수 있는 거의 모든 것을 새로 쌓아올릴 수 있다는 느낌이 있었다. 그리고 러시아가 쌓아올린 것은 소비주의였다. 오늘날 전 세계 많은 지역에서 피할 수 없을 듯이 보이는 것은 바로 끝없이 성장하는 소비경제다. 우리는 경로를 바꿀 수 없다고 느끼는데, 유일한 선택지가 몰락인 것 같기 때문이다. 대안은 없다.

"고생스러웠지만 한편으로 신나기도 했습니다." 부라보이가 말했다. "마치 감옥에서 풀려난 것처럼요."

리바이스는 이렇게 선언했다

어쩌면 잿더미와 폐허야말로 소비 없는 세상의 종착지일지 모른다. 최소한 우리는 역사 내내 우리에게 더욱 간소한 삶을 살라고, 물질주의를 버리라고 촉구한 그 모든 목소리가 (알고 그랬건 모르고 그랬건) 사회적 격변과 파멸을 권한 것이었음을 받아들여야 한다.

그러나 문명은 쉽게 무너지지 않는다. 언제나 즉시 되살아나기 시작한다. 리바이스에서 쇼핑을 멈춘 사회가 어떤 모습일지 이야기할 때, 폴 딜린저가 이 생각으로 방향을 틀었던 것이 기억난다. "처음엔 긴급 대응이 있을 겁니다. 그러나 사려 깊은 사람들이 마음을 진정시키고 여기저기서 모습을 드러내기 시작하면, 우리는 말하기 시작할 수 있습니다. 이게 진짜야? 얼마나 오래 지속될까? 왜 이렇게 된 거지? 이게 새로운 현실이라면 우리는 어떤 모습으로 보이고 싶을까?" 딜린저가 말했다. "이렇게 사회가 무너지면 무시무시한 현실이 펼쳐집니다. 실직자가 많아질 거예요. 하지만 소비를 지속 가능한 수준으로 조율할 기회도 생길 겁니다."

그때는 코로나바이러스로 팬데믹이 발생하기 1년도 더 전이었다. 당시 리바이스의 공식 입장은 소비자가 소비를 멈추지 않는 편이 훨씬 좋다는 것이었다. CEO인 칩 버그의 만트라는 '수익성 있는 중심을 구축하고, 더 크게 확장하라'였다. 리바이스가 규모를 키우고 자사 상품을 더 많이 팔고 싶어했음을 고려할 때, 딜린저가 자기 생각을 드러내도록 허용한 것은 기업 입장에서 드물고도 용기 있는 결정이었다.

팬데믹이 발생하고 5개월이 지났을 때이자 전 세계 리바이스 매장이 문을 닫고 4개월이 흘렀을 무렵 다시 회사와 연락을 취했다. 쇼핑 중단의 충격파가 호를 그리며 전 세계로 퍼져나갈 것이라는 딜린저의 예측이 정확했음이 증명된 때였다. 나는 소비수준의 조율에 관해서도 그가 옳았을지 궁금했다.

이번에는 수석부사장이자 최고마케팅책임자이며, 샌프란시스코에 있는 자기 집에 머물고 있던 젠 세이Jen Sey와 이야기를 나누었다. 오늘날 많은 기업 대표가 그렇듯이 그는 먼저 자사 상품이 환경에 피해를 덜 주게끔 만드는 여러 가지 방식을 늘어놓았다. 그러다 세이는 이렇게 말했다. "하지만 이 문제를 더 깊이 파헤치기 시작하면서 단순하게 소비를 줄이는 것이 가장 효과가 크다는 사실을 알게 되었습니다. 상품을 신중하게 구매하라고 소비자를 설득하는 것도 좋지만, 우리가 할 수 있는 가장 영향력 있는 행동은 소비를 줄이라고 소비자를 설득하는 겁니다. 마케팅책임자로서 제 일이 소비자의 구매를 늘리는 것이라는 점을 생각하면 적잖이 급진적인 생각이죠." 그 순간 리바이스는 지금껏 (자사

상품을 포함한) 소비 자체가 가장 심각한 환경문제임을 공식으로 인정한 브랜드 중 가장 규모가 큰 기업이 되었다. 2020년 가을, 리바이스는 더 오래가는 옷을 더 적게 사라는 메시지를 마케팅에 활용하기 시작했고, 자사 상품을 되사서 중고로 판매하는 플랫폼을 출시했다. 리바이스는 이렇게 선언했다. "의류 재사용은 재활용보다 환경에 훨씬 이롭습니다." 시간이 흐를수록 소비 감소를 더욱 강력히 주창할 계획도 마련되어 있었다.

도대체 무엇이 바뀐 걸까?

"격리중에 생각했습니다. 사람들이 자기 행동에 결과가 따른다는 것을 이해하게 되었다고요. 우리가 운전을 적게 하면 공기가 더 깨끗해지죠." 세이가 말했다. "가장 심각한 영향을 미치는 요인이 과소비라는 사실을 더이상 회피할 수 없습니다. 환경친화적인 척 포장하고, 상품 생산의 측면에서 적당한 조치를 취할 수도 있겠죠. 하지만 그렇다 해도 과소비의 영향력을 극복할 순 없습니다. 그건 불가능해요. 그게 오늘날의 현실이죠."

세이는 팬데믹 이전에도 패스트패션 쇼핑 모델(일부는 프레타쥐테 prêt-à-jeter, 즉 '바로 버릴 수 있는' 옷이라고 부른다)에 대한 불만이 쌓이고 있음을 감지했다. 세이 본인도 2020년 새해에 리바이스 상품을 제외하면 중고 의류만 구매하겠다는 다짐을 했다. 코로나바이러스가 중국 국경을 넘어 퍼지기 시작하던 그해 1월 말, 세이는 회사가 과소비에 맞서야 한다는 생각을 리바이스의 CEO인 버그에게 전했다. 버그도 찬성했다. 한 달 후 코로나19가 미국 땅에 퍼지기 시작하던 무렵 세이는 리바이스 임원회의에서 이 생각을 피력했다. "어떤 사람들은 그럴 순 없다는 반응을 보였어요." 세이가 말했다. 그러나 봉쇄로 전 세계 소비의 상당수가 중단되자, 더 적은 소비를 중심으로 구축한 사업 모델이 순식간에 더욱 타당해졌다. 세이는 "코로나가 이 모델에 대한 생각과 믿음을 촉진했습니다"라고 말했다.

리바이스가 지향하는 사업 모델은 소비자가 상품 구매를 줄이고, 오늘날 시장에 나와 있는 일반적 상품보다 품질이 좋은 상품을 주로 구매하는 것, 즉 더 질 좋은 물건을 더 적게 구매하는 경제다. 이 모델은 브랜드 서사로서도 리바이스에 잘 부합하는데, 리바이스가 내세우는 특장점이 오래 입을 수 있는 내구성 좋은 상품이기 때문이다. 세이는 계산기를 두드려본 결과 소비를 줄이자는 메시지를 전달하면서도 여전히 성장할 수 있음을 믿게 되었다고 말했다. 그러려면 기존 고객이 리바이스의 의류를 더 적게 구매해 더 오랫동안 입는 동시에, 회사는 패스트패션에서 떨어져 나와 반소비적 사고로 향하고 있는 새 고객을 끌어들여야 한다.

어떤 면에서 보면 이건 전형적인 기업 전략이다. 그러나 다른 측면에서 보면 이는 획기적 변화이며, 위험이 없지 않다. 역사상 가장 급격한 경기 침체 속에서 '더 적게 구매하라'는 메시지를 들고나오는 것은 좋게 말해 이례적인 결정이다. 팬데믹 도중에 경제가 재개되자 광고는 쇼핑객을 영웅으로 그려냈고, 소비 주도적 경제 회복을 주장하는 목소리가 거셌다. "돈만 좇는 무분별하고 지나친 성장은 희생해도 괜찮다고 생각해요." 세이가 말했다. "우리는 합리적이고 장기적이고 지속 가능한 성장을 원합니다."

건축가 존 브링커호프 잭슨은 "폐허가 될 필요성"이 있다고 말한 적이 있다. 신세계에 완전히 들어서려면 구세계의 퇴락을 지켜봐야 한다. 지금껏 살펴봤듯이, 경제적 재난 속에서 이러한 관점의 변화는 결코 드물지 않게 발생한다. 대침체 때 파타고니아는 디컨슈머 시장의 진정한 가능성을 발견했고, 핀란드 불황 당시 사람들은 과시적 소비에서 벗어

183

나 안도감을 느꼈으며, 팬데믹 동안 수백만 명이 혼란 속에서 새로운 가치 쪽으로 방향을 틀었다. 애리조나주 피닉스에서 기업가들과 대침체에 관해 이야기를 나누었을 때, 그들 중 다수가 대침체를 통해 피닉스가 더 좋은 도시가 되었다고 생각하는 것을 보고 무척 놀랐다. 몇 명은 경기 침체 이전에 피닉스가 '전 세계 체인 레스토랑의 수도'였다는 점을 지적했다. 대침체로 미국 가정이 외식을 줄였고, 얼마 지나지 않아 올리브가든과 칠리스그릴을 비롯한 체인 레스토랑이 문을 닫으면서 파산한 대형 매장들과 마찬가지로 빈껍데기가 되었다. 그렇게 생겨난 빈 공간에 개인이 소유한 동네 식당이 번성했고, 지역 고유의 장소감이 뿌리내리기 시작했다. "대침체에 진입할 때 우리는 이른바 거래경제에 속했습니다." 애리조나주립대학교의 부동산학과 교수인 마크 스탭Mark Stapp이 말했다. "그러나 대침체에서 빠져나오면서 변혁적 경제가 되었어요." 아이러니하게도 피닉스의 경제가 회복되자 상황이 안 좋았을 때 파산했던 장소성도 특성도 없는 사업체들이 다시 모여들기 시작했다.

그런 일이 벌어지지 않는다면? 디컨슈머 문화가 지속된다면 어떻게 될까? 그러한 사회가 어떤 모습이고 어떻게 작동할지 알아보려면 우리의 사고실험을 어두컴컴한 실패에서 끌어내야 한다. 어쩌면 작은 전구 하나에서 시작할 수 있을지도 모른다.

3부

적응

- -

사지 않을 자유
혹은 권리

11장

계획적 진부화, 그리고 와비사비

캘리포니아주 리버모어에 있는 제6번 소방서의 창고를 지난 120년간 밝힌 전구는 꺼지지 않을 것이다. 그 대신 '숨을 거둘' 것이다. 그때가 와도 버려지지 않을 것이고, 심지어 재활용되지도 않을 것이다. 전구는 '영면에 들' 것이다.

"정확한 용어를 사용해야 해요." 은퇴한 소방 부서장인 톰 브라멜Tom Bramell이 희미하게 웃으며 말했다. 눈동자와 머리칼이 연기로 그을린 듯한 색깔에, 그동안 연기를 흡입해서 끊임없이 잔기침을 하는 모습("하루에 목캔디를 한 봉지씩 먹어요")이 전형적인 소방관인 브라멜은 나와 대화를 나눌 때 리버모어 전구의 대표 역사가 역할을 맡고 있었다. 이 전구는 1901년부터 거의 계속 불을 밝히고 있다. 2015년에는 100만 시간을 돌파하면서 기네스북에 세상에서 가장 오래 켜 있는 전구로 등재되었다. 온라인에서 실시간 영상을 찾아볼 수 있고, 전 세계에 팬이 많다. 그동안 이미 웹캠 여러 개가 이 전구보다 먼저 수명을 다했다.

어떤 부품 덕분에 전구의 내구성이 이렇게 높은지는 미스터리로 남아 있는데, 계속 불이 들어와 있는 전구를 분해할 수 없다는 단순한 이유 때문이다. 이 전구에 대해 알려진 사실은 다음과 같다. 우선 오하이오의 셸비일렉트릭이 약 1900년에 생산했고, 프랑스계 미국인 발명가인 아돌프 샤이에Adolphe Chaillet의 디자인을 사용했다. 탄소 필라멘트가 들어가 있는데, 오늘날의 전구에 사용되는 텅스텐 필라멘트와 비슷한 머리카락 두께다. 60와트 전구로 만들어졌지만 현재는 밤하늘 정도의 밝기로 제6번 소방서의 창고를 밝히고 있다. 이 전구에 대해 더 많은 정보를 얻기 위해 같은 시기에 생산된 셸비 전구들을 연구했지만 알고 보니 당시 셸비일렉트릭은 다양한 종류의 디자인을 실험하고 있었다.

이 전구의 가장 놀라운 점은 백열전구라는 점인데, 즉 전류로 필라멘트에 열을 가해 타오르게 함으로써 빛을 낸다는 뜻이다. 말 그대로 병속의 불인 셈이다. 오늘날 절망적일 만큼 수명이 짧아서 사고 또 사야 하는 전구를 생산하는 데도 정확히 똑같은 기술이 사용된다. 가게에서 사 온 평범한 백열전구에 플러그를 꽂으면 약 1000시간 정도 빛을 내리라 기대할 수 있다. 끄지 않고 계속 켜둔다면 전구는 42일 뒤 수명을 다한다.

"요즘은 오래가는 제품을 만들지 않죠." 브라멜이 우리 대다수를 대신해 말했다.

만물 품질 저하의 법칙

오늘날 우리가 구매하는 상품이 경제학자 로버트 솔로가 익명의 독일인 친구의 표현을 빌려 지칭한 Das Gesetz der Verschlechtigung aller Dinge, 즉 '만물 품질 저하의 법칙' 아래 있다는 데 대다수가 동의하는 듯 보인다. 그러나 이것이 상상 속 과거에 대한 향수가 아니라는 것을 확실히 할 필요가 있다. 오늘날 우리가 구매하는 상품이 5년 전이나 10년 전, 또는 20년 전의 상품보다 품질이 나쁘다는 것이 정말 사실일까?

"소비자 제품에 관해서는 확실히 그렇다고 말할 수 있습니다." 뉴멕시코주 앨버커키의 물질과학자인 데이비드 에노스David Enos가 내게 말했다. 미국의 핵 비축량을 관리하는 샌디아국립연구소에서 일하는 에노스는 제품 내구성의 전문가다. 그의 일은 극심한 압력 속에서 매우 오랜 시간 버틸 수 있는 물질을 만드는 것이다. 예를 들어 그는 순수 증기 속의 산 내부에, 핵폐기물이 무해한 물질로 분해될 만큼 오랜 시간 동안 저장할 수 있는 컨테이너를 생산하는 방법을 연구하고 있다. 에노스는 "우리가 목표하는 시간 단위는 백 년이나 천 년, 수백만 년입니다"라고 말했다.

그러나 커리어 초반에 에노스는 평범한 잉크젯 프린터에 들어가는 전기회로를 만들었다. 잉크젯 프린터는 부품 중 하나인 구리 트레이스가 부식되지 않도록 그 위에 0.00002인치 두께로 금을 씌운다. "0.00002인치는 절벽 가장자리에 겨우 걸쳐 있는 것과 같아요. 그보다 얇아지면 내구성이 뚝 떨어지거든요." 에노스가 말했다. 그때가 되면 무슨 일이 벌어지는지 우리는 안다. 프린터가 고장나고 새 프린터를 사야 한다.

에노스는 만약 회사가 트레이스에 금을 0.000025인치 두께로 씌운다면 프린터는 훨씬 더 견고해질 거라고 말했다. 문제는 그렇게 되면 대다수가 그 프린터를 사지 않으리라는 것이다. 금을 0.00002인치 두께로 씌운 다른 프린터가 값이 덜 나갈 것이기 때문이다. "우리는 최대한 저렴한 것을 사야 한다고 생각합니다." 에노스가 말했다. "10년 동안 쓸 수 있는 핸드폰을 만들 수 있냐고요? 당연하죠. 우리에겐 분명 그럴 수 있는 기술이 있습니다. 하지만 비용이 점점 높아지기 시작하죠. 핸드폰 구입에 5000달러에서 1만 달러를 쓰고 나서 내 핸드폰은 10년이나 간다며 좋아할 사람이 누가 있을까요. 대다수는 이럴걸요. 뭐, 그것도 좋지만 난 싫어. 난 이삼 년 지나면 새것을 사고 싶어."

세상이 소비를 멈추는 날에는 이 모든 것이 바뀐다. 그때가 되면 더 오래가는 상품은 당연한 선택이 된다. 평생 최소한의 핸드폰과 프린터만 구매하려 노력한다면 오래가는 핸드폰과 프린터에 기꺼이 값을 더 지불할 것이다. 사람들은 더 질 좋은 상품을 더 적게 사고 싶어한다.

안타깝게도, 우리는 그러한 상품에 기반한 경제가 어떻게 작동하는지 알지 못한다.

리버모어 소방서에 달려 있는 것과 같은 질 좋고 오래가는 전구가 오늘날 우리가 아는 금방 고장나는 전구로 바뀌기 시작한 때는 1924년이다. 그해 필립스와 오스람, 제너럴일렉트릭GE을 비롯한 세계 최대 조명 기업의 대표들이 스위스에 모여 최초의 국제적 기업 카르텔인 피버스Phoebus를 결성했다. 당시 개발자들은 전구의 수명을 점차 늘려가고 있었고, 이는 피버스의 한 수석 회원이 매출의 '수렁'이라 묘사한 현실을 만들어내고 있었다. 일단 모두가 오래가는 전구로 자기 집을 채우고 나면 아무도 새 전구를 사지 않을 것이었다.

피버스의 회원사들은 조명의 수명을 1000시간 이내로 제한하기로 합의했다. 그로부터 30년이 더 지난 1960년, 탐사 전문 기자인 밴스 패커드가 '계획적 진부화'라는 용어를 대중화했다. 이 단어는 상품이 빨리 낡고, 고장나고, 부서지고, 고칠 수 없고, 구식이 되도록 설계하는 생산업체의 의도적 노력을 지칭한다. 전구의 수명을 단축하겠다는 피버스 카르텔의 결정은 계획적 진부화가 산업 규모로 이뤄진 최초의 사례 중 하나로 간주된다.

피버스는 종종 대기업 악당들의 음모로 그려진다. 토머스 핀천의 소설 『중력의 무지개』에서도 그렇게 묘사되는데, 여기서 이 비밀스러운 단체는 1000시간 넘게 타오르는 고집스러운 전구들을 체포하기 위해 석면 장갑과 7인치 하이힐 차림의 요원을 파견한다. "그 어떤 전구를 통해서도 평균수명이 늘어나선 안 된다." 핀천은 이를 통해 제품 표준화를 억압과 순응의 은유로 활용한다. "그런 일이 일어나기 시작하면 시장이 어떻게 될지는 쉽게 상상할 수 있다."

그러나 전구의 수명이 1000시간으로 확립되던 당시, 계획적 진부화는 더이상 비밀이 아니었다. 오히려 점점 심각해지는 문제의 해결책으로 공공연하게 논의되었다. 산업혁명으로 막대한 양의 물건을 빠르고 저렴하게 생산하는 것이 가능해졌다. 만약 공장에서 질 좋고 수명이 긴 상품을 생산한다면, 오래가지 않아 공장에서 대량 공급하는 물건의 수요가 적어질 것이었다. 경제학자와 사업가들은 관을 취급하지 않는 이상 한 사람에게 물건을 단 한 번만 판매하는 것은 수지가 맞지 않는 장사이자 불안정한 경제 조건이라고 주장하기 시작했다. 그리고 더 낮은 품질과 더 잦은 판매 빈도 사이에서 적절한 균형을 찾는 것이 사회를 더욱 풍요롭게 만들 것이라고 말했다(당시에는 자원의 유한함이나 자연 파괴에 별 관심이 없었다). 1920년대 말이 되자 이러한 반복 판매 모델은 재계의 한 거물이 진부화를 미국 비즈니스 엘리트의 '새로운 신'으로 선포할 만큼 널리 퍼져 있었다.

정치 스펙트럼 전반에서 짧은 제품 수명을 옹호하는 사람들을 발견할 수 있었다. 자일스 슬레이드Giles Slade는 저서 『고장나기 위해 만들어진Made to Break』에서 '계획적 진부화'라는 용어의 뿌리를 추적한다. 그가 찾은 사례 중 가장 최초로 이 용어를 언급한 것은 1932년의 팸플릿으로, 「계획적 진부화로 대공황을 끝내자」라는 제목의 이 문서는 수명이 짧은 상품이 노동계급에게 이롭다고 주장했다. 1936년에는 『프린터스 잉크』라는 잡지에 실린 비슷한 주제의 글이 내구성 좋은 상품은 "유행에 뒤떨어진 것"이라 단언하고 "상품이 더 빨리 낡지 않는다면 공장은 멈추고 사람들이 직업을 잃을 것"이라 경고했다.

당시의 한 경제 전문 작가가 '자유로운 지출과 낭비의 건전하고 참된 철학'이라 요약한 이 대공황시대의 주장은 현대 소비경제의 또다른 핵심 요소가 되었다. 우리는 어떤 물건을 한 번 구매하지 않는다. 일생에 걸쳐 그 물건을 사고 또 산다. 우리는 쇼핑을 하고 또 한다. 이제 반복적 소비는 우리가 구매하는 거의 모든 것에 탑재되어 있으며, 진부화는 슬레이드가 말했듯 '미국인의 의식에서 하나의 시금석'이 되었다.

'10억 달러짜리 질문'에 대한 답

30년 전, 계획적 진부화를 위협하는 신기술이 출현했다. 오래가고 에너지 효율이 좋으며 기존 상품보다 모든 면에서 더 뛰어난, 디컨슈머 사회에서 원할 법한 그런 상품이었다. 이 상품은 전구의 형태로 등장했다.

최초의 발광다이오드light-emitting diode(이하 LED)는 1962년에 뉴욕주 시러큐스에 있는 GE의 연구소에서 발표되었으나, LED가 백열전구보다 백색광을 더 효율적으로 낼 수 있게 된 것은 1990년대가 되고 나서의 일이었다. LED는 말 그대로 혁명적인 기술인데, 더 많은 지역에서 LED를 사용하는 것이 기후변화를 늦추는 중요한 발걸음으로 여겨질 정도다.

LED 전구의 내구성은 가히 전설적이다. LED 기술의 핵심 요소는 반도체인데, 반도체는 내구성을 쉽게 높일 수 있다. 수명 5만 시간을 약속하는 전구도 드물지 않다. 즉 끄는 것을 잊어도 거의 6년간 켜놓을 수 있다는 뜻이다. 일반 가게에서 파는 LED 전구는 수명이 보통 2만 5000시간인데, 이 또한 여전히 인상적이다. 미국의 일반 가정에서 개별 조명은 하루 평균 1.6시간 동안 켜진다. 그렇다면 일반적인 조건에서 지극히 평범한 LED 조명은 42년간 자기 소임을 다할 수 있다.

2019년 LED 조명 판매는 번창하는 사업 분야인 동시에 디컨슈머 이야기가 꼭 붕괴로 끝날 필요는 없다는 증거인 듯 보였다. 또한 LED 조명 판매는 사업체들이 질 좋은 상품을 생산해 과거의 쓰고 버리던 물건을 대체하는 '좋은 성장'의 시대를 불러올 수 있었다. 좋은 것은 늘리고, 나쁜 것은 줄일 수 있었던 것이다.

그러나 LED는 좋은 성장이 영원히 지속되지 않는다는 사실을 보여주었다. 조명 산업에는 '소켓 포화 상태'라는 용어가 있다. 수명이 짧은 전 세계의 백열전구 대부분이 소켓에서 분리되어 내구성 좋은 LED로 교체되는 시점을 묘사하는 용어다. 최소한 이론상으로는 이때가 되면 온 세상이 전구 쇼핑을 멈출 것이다. 모든 가정의 전구가 인간 생애의 절반 동안 고장나지 않는다면, 조명 산업에는 무슨 일이 벌어질까? 런던에서 활동하는 조명 시장 분석가 파비안 홀첸바인Fabian Hoelzenbein은 이를 '10억 달러짜리 질문'이라 칭했다.

2010년대 말 무렵에 '소켓 포화 상태'는 목전에 닥친 듯 보였다. 그러나 결국엔 도달하지 못했다. LED가 소비문화에 흡수되었기 때문이다. 앞에서 이미 그중 한 가지 방법을 살펴보았다. 우리는 LED로 아낀 돈을 조명을 더 많이 사는 데 썼다. 그리고 1920년대에 오래가는 백열전구에 뒤이어 수명이 짧은 백열전구가 등장했듯, 오래가는 LED에 뒤이어 수명이 짧은 LED가 등장했다. 대부분 아시아에 위치한 수많은 새 제조업체가 순식간에 비용과 품질을 끌어내렸다. 내구성 높은 기술이 쓰고 버리는 기술로 변하고 있었다.

"이베이에서 사는 전구는 질이 너무 낮아서 소켓에 끼웠을 때 실제로 감전될 수 있어요." 홀첸바인이 내게 말했다. 그는 중국인들이 어떤 것은 켜지고 어떤 것은 아예 켜지지 않을 것임을 알고서 LED 전구를 킬로그램 단위로 값싸게 구매한다는 이야기도 들었다.

일부 국가는 LED의 내구성이 가진 이점을 유지하기 위해 LED 전구 수명의 최저 기준을 마련했다. 그러나 전구를 더 많이 팔기 위한 또다른 방법이 등장했으니, 바로 여전히 계획적 진부화가 적용되는 상품에 LED를 장착하는 것이었다. 예를 들면 잠에서 깨야 할 때 침실의 조명을 서서히 밝혀주거나, 비디오게임을 할 때 조명으로 폭발물이 터지는 듯한 효과를 낼 수 있는 '스마트' 조명 산업이 등장했다. 조명 기구는 사물인터넷의 중심이 되어 스피커와 보안 시스템을 비롯한 여러 장치에 연결되었다. 즉 LED 조명이 '전자기기화'되어 핸드폰과 태블릿, 그밖의 다른 디지털 제품처럼 끊임없는 업그레이드의 대상이 된 것이다. "이런 소비 행동을 만들어내는 것은 저희가 아닙니다. 기술 기업들이지요." 미국의 LED 전문 기업 크리의 대변인인 베티 누넌Betty Noonan이 내게 말했다. "저도 집에 있는 그 망할 놈의 평면 패널 텔레비전을 몇 번이나 바꿨는지 몰라요. 그저 더 얇아지고 선명해졌다는 이유로요."

이와 달리 소비를 멈춘 세상에서 우리는 에너지 효율을 통해 절약한 돈으로 더 많은 LED 전구를 구매하지 않을 것이다. 우리는 수명이 짧은 전구보다 수명이 긴 전구를 선호할 것이다. 디지털 제품을 업그레이드할 필요성을 훨씬 더 의심할 것이다. 그 결과 우리는 20세기 초 이후로 답을 찾지 못한 문제, 즉 질 좋고 오래가는 물건 위에 세워진 사회를 어떻게 유지할 것인가라는 문제에 직면할 것이다.

"저의 출발점은 경제를 바르게 이해하는 것입니다." 노팅엄트렌트대학교에서 지속 가능한 소비 연구 단체를 이끌며 거의 30년간 제품 내구성을 연구해온 디자인 교수 팀 쿠퍼Tim Cooper가 말했다. 우리는 소비경제를 몹시 복잡한 것으로 여기는 경향이 있으며, 많은 면에서 이는 사실이다. 소비경제는 한 대륙에서 재배된 목화가 다른 대륙에서 섬유가 되고 또다른 대륙에서 티셔츠가 되는 이해할 수 없는 제도이자, 투자자들은 알고리즘의 속도로 자기 돈을 여러 국가로 옮길 수 있는 반면 노동자 대부분은 일거리를 찾아 국경 하나조차 자유롭게 넘지 못하는 모순적인 곳이다. 그러나 그 경제의 기본 작동 원리는 매우 단순하다. 상품과 서비스는 소비를 위해 생산되고, 거의 모든 소비를 수행하는 주체는 개별 소비자나 그 소비자의 대리인이다(한 경제학자는 내게 "우리는 화성에 있는 외계인에게 상품을 수출하지 않습니다"라고 말했다). 경제는 인구 증가와 함께 확장되지만 무엇보다 경제를 확장하는 것은 끊임없이 늘어나는 신상품과 경험이며, 우리는 그것들을 점점 더 빠른 속도로 소비한다. 그리고 소비 속도가 점점 빨라지는 가장 큰 이유는 우리가 소비하는 물건의 수명이 점점 짧아지고 있다는 사실이다.

쿠퍼에 따르면 쇼핑 없는 세상은 여전히 소비경제일 테지만, 양이 아닌 질에 기반한 경제다. 즉 상품은 긴 수명을 위해 제대로 제작될 것이다. 질 좋은 상품을 생산하려면 공정도 더 들어가고 원재료도 더 좋은 것을 써야 하므로 가격이 훨씬 높아질 것이며, 이로써 전체 상품 판매량의 하락으로 함께 줄어든 소득이 적어도 일부는 보전될 것이다. 즉 더 질 좋은 물건을 더 적게 거래하는 시장으로 신중히 이행한다면, 심각한 경기 침체로 소비가 둔화할 때보다 훨씬 많은 사람이 고용 상태를 유지할 수 있다는 뜻이다. 한편 긴 수명 동안 상품에 발생할 수 있는 여러 상황이 디컨슈머 경제의 훨씬 큰 부분을 움직일 텐데, 상품을 유지 보수하거나 수리하거나 개선해야 할 수도 있고, 임대하거나 공유하거나 되팔 수도 있다. "급진적이고 조직적인 변화"가 될 거라고, 쿠퍼는 말했다. 디컨슈머 경제가 소비경제와 똑같은 규모일 수 있을까? 쿠퍼는 그에 대한 대답이 인간의 독창성에 달려 있다고 말했다. 그러나 쿠퍼는 적어도 초반에는 경제성장의 속도가 느려지리라 추측한다.

"쓰고 버리는 문화의 원동력이 무엇일까요? 사람들이 가장 최신 상품을 갖고 싶어한다는 것이죠." 쿠퍼가 말했다. "하지만 가장 오래되고 질 좋은 상품을 갖고 싶어하는 사람들도 실제로 있습니다."

내구성이 저소비문화의 핵심이라는 생각은 적어도 1982년까지 거슬러올라간다. 당시 경제협력개발기구OECD는 전 세계 매립지에 쓰레기 산이 쌓이는 속도를 늦추는 방법 중 하나로 수명이 긴 상품을 홍보할 것을 여러 국가에 촉구했다. 모두가 알다시피 그런 일은 발생하지 않았다. 쿠퍼는 2020년이 다가올 무렵에야 국가 차원에서 내구성에 대한 조치를 취하는 것을 목격했다. 2015년 프랑스는 계획적 진부화를 교체율을 높이기 위해 상품 수명을 고의로 줄이는 행위로 규정하고 불법화했으며, 이를 어길 시 벌금을 물거나 징역에 처하기로 했다. 2018년 스웨덴은 수리 작업의 판매세를 절반으로 낮추었는데, 이는 소비를 '녹색화'하는 대신 줄임으로써 탄소 배출을 관리하려는 선구적 시도였다. 2021년 유럽연합 전체는 소비자 정책에 '수리권(상품을 고쳐 쓰기 위해 필요한 도구와 부품, 정보에 더 쉽게 접근할 수 있는 권리)'을 포함할 준비를 하고 있었다. 유럽연합의 다음 목표는 쇼핑객에게 상품의 수명을 표시한 라벨을 제공하는 것이다.

내구성은 공유경제에 특히 중요한 요소다. 처음에 물건 공유는 그 특성상 소비를 줄이는 행동으로 널리 홍보되었다. 예를 들어 자동차나 전기밥솥을 함께 쓰면 각자 그것들을 하나씩 소유할 필요가 없어진다는 것이 우리의 상식이다. 그러나 공유경제는 그보다 훨씬 복잡한 것으로 드러났다. 가장 유명한 사례는 차량 호출 시스템인데, 이 체제는 사람들이 자동차를 소유하지 않도록 장려하기보다는 우버 같은 서비스를 더 많이 이용하고 도보 이동이나 자전거 및 대중교통 이용을 덜 하도록 유도했다. 많은 지역에서 차량 호출 시스템은 교통 체증을 완화하는 것이 아니라 악화했다. 그러나 내구성은 더욱 근본적인 방식으로 물건 공동 사용에 영향을 미친다. 차량을 공유함으로써 발생하는 끊임없는 마모와 손상을 버틸 수 있도록 특별 제작된 것이 아니라면 공유 차량은 더욱 빨리 고장난다.

가장 단순한 형태의 공유조차 계획적 진부화로 물건이 훼손된다고, 오하이오주 콜럼버스에 있는 미국에서 가장 오래된 공구 대여소를 수년간 운영중인 줄리 스미스가 말했다. "오늘날 우리가 사는 것 중에 물려받은 오래된 물건보다 품질이 좋은 것은 단 하나도 없는 것 같아요." 스미스가 내게 말했다. "그냥 물건이 그만큼 좋지가 않아요. 금속도 옛날과 같은 금속이 아니에요. 삽을 갈아서 날카롭게 만들 수 있다고 해도 애초에 갈 수 있는 재료로 만들어진 거여야 그렇게 하죠."

아름다운 쓰레기의 시대

내구성에는 두 가지 종류가 있으며, 더 질 좋은 물건을 만드는 것은 그중 하나일 뿐이다. 다른 하나는 우리의 마음속에 있다. 바로 우리가 물건과 맺는 관계의 내구성이다.

지구의 쓰레기 매립지는 이미 내구성 좋은 상품으로 가득하다. 이 상품들은 잇따라 켜켜이 쌓이는 다른 내구성 좋은 상품들 아래서 천천히 스러진다. 대부분 문제없이 기능하는 버려진 전등갓과 탁자, 자전거, 키보드, 스웨터, 욕조, 게임 콘솔, 변기, 아동용 장난감으로 이루어진 쓰레기층은 물건의 물리적 수명이 아닌 그것들을 계속 사용하려 하지 않는 우리 마음의 문제를 보여준다.

지난 수십 년간 소비문화는 참신함과 새로움으로 정의되었다. 그러나 우리가 시간이 흐를수록 더욱 좋아하는 것들이 몇 가지 남아 있다. 가죽 재킷, 주철 프라이팬, 청바지, 터키산 러그, 빈티지 시계, 배우 베니치오 델 토로와 이자벨 위페르의 얼굴. 여기에는 우리가 감탄하는 방식으로 시간이 새겨진다. 소비를 멈춘 세상을 이해하려면, 오래된 것을 존중하는 마음을 긴 잠에서 흔들어 깨워 확장해야 한다.

천 년도 더 전에 일본에서 와비사비わびさび라는 실천이 등장했다. 이 용어는 뜻을 온전히 번역하기 어렵지만, 사색에 잠긴 비애와 시간의 흐름을 동시에 환기한다. 마치 폐허가 된 곳을 걸어갈 때 느끼는 감정과 비슷하다. 우리에게 가장 친숙한 형태의 와비사비는 바랜 것, 녹슨 것, 단순하고 수수한 것을 찬미한다. 와비사비는 킨추기金継ぎ에서 가장 뚜렷하게 드러나는데, 500년 역사를 가진 수리 기술인 킨추기는 떨어뜨려 깨진 도자기를 복원할 때 균열을 감추는 것이 아니라 금이나 은을 섞은 옻칠로 더욱 눈에 띄게 강조한다. 그렇게 생긴 반짝이는 무늬는 깨진 물건을 흠 하나 없던 때만큼, 또는 그때보다 더 매력적으로 만든다.

다른 거의 모든 것과 마찬가지로 와비사비 개념 역시 소비문화에 잡아먹혔다. 와비사비 디자인에 관한 책들은 이 개념을 '고상함의 극치'라 칭송한다. 겨울 들판의 바람에 휘날리는 매력은 사라지고, 그 자리에 세심하게 고른 골동품으로 장식한 티끌 하나 없이 깨끗하게 정돈된 집들이 들어섰다. 아이가 살고 있을 거라 상상하기 어려운 종류의 집들이다. 그러나 와비사비는 그보다 훨씬 많은 것을 요구하는 개념일 수 있다. 와비사비는 변색되고 오염된 것, 좀먹고 지저분해진 것, 심지어 추하고 구리게 만들어졌거나 불완전한 것까지도 전부 껴안는다. 와비사비는 생김새나 스타일의 문제가 아니라, 불완전한 것에서 아름다움을 찾아내는 삶의 태도다.

소비를 줄인 세상에서 우리가 소유한 물건들은 점점 나이들어갈 것이다. 더 많은 물건이 낡고 해져 보일 텐데, 전처럼 그것들을 새 물건으로 대체하지 않을 것이기 때문이다. 그러면 쉽게 우울해질 수 있다. 실제로 오늘날 우리가 새로움에 집착하는 이유가 노화와 죽음에 대해 생각하지 않을 수 있기 때문이라는 설명도 있다. 와비사비는 우리가 그러한 우울감을 느끼지 않게 해주는 응용법이다.

건축가 아돌프 로스는 20세기가 시작될 무렵인 먼 옛날에 완벽하게 디자인된 집들에 반대하며, 물건은 그뒤에 역사와 이야기가 있을 때만 진정 우리의 것이 된다고 말했다. 로스가 성장한 집에서 가장 기억에 남는 물건 중에는 그가 끔찍한 장식품으로 꾸민 마구잡이 목재덩어리라 칭한 식탁이 있었다. 로스는 "하지만 그건 우리 가족의 식탁이었어요. 우리 것이요!"라고 말했다. 물건이 오래가게끔 제작되지 않는다면, 또는 더이상 신상품이나 유행처럼 보이지 않을 때마다 다른 것으로 교체한다면, 우리는 그러한 유대감을 형성할 기회를 잃고 만다.

와비사비는 현시점에서 과거에 생명을 주는 사고방식이지만, 한편으로는 미래의 비전이 될 수도 있다. 암스테르담을 지날 때 오래가는 핸드폰을 만드는 회사인 페어폰의 사무실에 방문했다. 페어폰의 핸드폰은 모듈식인데, 쉽게 분해할 수 있다는 뜻이다. 페어폰의 직원들이 내게 어떻게 1분 안에 깨진 액정을 교체하고 오래된 카메라를 새것으로 업그레이드할 수 있는지 보여주었다. 또한 페어폰은 소프트웨어와 보안 서비스를 다른 주요 핸드폰 제조업체보다 훨씬 오래 제공한다. 이들의 고객 다수는 핸드폰의 빠른 교체 주기를 낭비로 여기는 사람들이다. 그러나 페어폰은 다른 종류의 디컨슈머도 발견했다. 밝혀진 바에 따르면 자기 핸드폰을 최신 모델로 바꾸는 많은 사람이 양가감정을 느낀다고 한다. 그동안 핸드폰 자체(긁히고 찍힌 자국, 손안에 잡히는 느낌)에 애착을 느끼게 되었기에 그 핸드폰을 잃고 싶어하지 않는 것이다. 페어폰은 이러한 고객들에게 그들이 바라는 서비스를 제공한다. 바로 오래된 기기로 신기술을 사용할 수 있게 하는 것이다.

너저분하고 칙칙하고 낡고 허접한 미래는 공상과학에서 가장 인기 있는 미감 중 하나다. 〈블레이드 러너 2049〉 속의 우중충한 거리 위 거대한 홀로그램, 〈매트릭스〉에서 네크라인에 잔뜩 구멍이 난 네오의 너절한 추리닝, 고래수염으로 만든 크리놀린*과 양자컴퓨터, 체펠린 비행선,** 우주여행이 뒤섞인 스팀펑크***의 계속되는 인기는 전부 와비사비다. 1970년대의 고물차 같은 우주선, 지저분한 술집, 해지고 덧댄 기모노(천 년도 더 된 스타일) 차림의 주인공이 등장하는 〈스타워즈〉의 세계관도 마찬가지다. 애니메이션 〈월-E〉의 배경은 인간이 이주한 번쩍거리는 우주 식민지보다 왜인지 더 고향처럼 느껴지는 황폐화된 지구다. 이 영화의 촬영감독인 제러미 래스키는 이렇게 말했다. "그것이 바로 쇠락한 것의 아름다움입니다. 버려진 낡은 건물에 들어갈 때의 느낌과 비슷하죠."

소비를 멈춘 세상에서 우리는 오래갈 뿐만 아니라 우아하게 나이드는 물건들을 만들 수 있다. 그러나 그전에 우리에게는 더욱 어려운 과제가 주어질 것이다. 바로 이미 우리 주변에 있는 물건들, 아름다운 쓰레기의 시대에 나온 그 모든 멀쩡해 보이는 인공물을 와비사비의 눈으로 바라보는 것이다. 전구를 가까스로 받치는 조명, 다리가 흔들거리는 높은 의자, 삐걱대고 흔들거리는 침대. 우리는 이 물건들을 얼마나 오래

---

* 여자 치마를 불룩하게 만들던 장치.
** 20세기 초에 독일에서 개발한 럭비공 모양의 비행선.
*** 19세기 배경에 SF적 요소를 가미한 대중문화 장르.

유지할 수 있을까? 마침내 이것들을 사랑할 수 있을까? 와비사비 미래의 첫번째 상징은 비닐봉지를 대체할 귀여운 에코백이 아니라 좀더 오래 쓸 수 있도록 찢어진 곳을 붙인 비닐봉지일지 모른다.

12장 패스트패션이 꼭 사라질 필요는 없을지도 모른다

패스트패션은 더 질 좋은 것을 더 적게 구매하는 세상의 극단에 있다. 패스트패션은 더 질 나쁜 것을 더 많이 파는 것의 궁극적 사례다.

우리가 패션이라 부를 수 있는 것이 존재하고, 그것이 시간의 흐름에 따라 변화하고 우리는 그것을 따라잡아야 한다는 개념이 등장한 시기를 역사가들은 최소한 1300년대로 추정한다. 그러나 가게에서 판매하는 기성복이 집에서 직접 만들거나 재단사에게 맞춘 옷을 대체한 것은 그로부터 수 세기가 지난 후였다. 겨우 100년 전만 해도 남성이 결혼식에 입는 양복과 관에 들어가 묻힐 때 입는 양복이 같았고, 여성이 어머니와 할머니에게 옷을 물려받아 입는 것이 당연했다. 대량생산과 대중매체의 힘을 빌려 유행 주기가 점차 빨라지는 현상을 학자들이 언급하기 시작한 것은 1960년대 중반의 일이었다.

우리는 패스트패션을 요구하지 않았다. 심지어 독일의 역사학파 경제학자인 베르너 좀바르트는 패션 산업을 처음으로 자세하게 다룬

1902년의 글에서 패션이 소비자의 취향을 따라가는 것이지 그 반대가 아니라는 신화를 일축했다. "최신 패션을 창조하는 원동력은 전적으로 자본주의 기업가에게 있다"라고, 좀바르트는 말했다. "파리의 멋쟁이 여성들과 영국 황태자가 기여하는 점은 그저 중간 매개자가 된다는 것 뿐이다." 이는 오늘날의 소셜미디어 인플루언서와 힙합 셀럽도 마찬가지다. 이제 의류 산업은 그해의 색깔과 치마 길이를 너무 일찌감치 선택하는데 이는 소비자의 마음을 읽는 능력이 기가 막히게 뛰어난 것이거나, 그게 아니라면 좀바르트가 이해한 대로 미래의 스타일을 결정할 대부분의 권력을 쥔 것이다.

우리는 패스트패션을 요청하지 않았으나 열광하며 빠져들었다. 매년 판매되는 의복 수는 지난 15년간 거의 두 배로 뛰었다. 그 숫자는 이제 1000억을 넘어섰으며, 지구상의 모든 사람이 해마다 옷 열다섯 벌을 구매하는 꼴이다. 물론 의류 구매가 공평하게 이뤄지는 것은 아니다. 브라질과 중국, 인도, 멕시코 같은 국가에서 의류 판매가 급증하고 있긴 하지만, 부유한 국가의 소비자들이 옷을 훨씬 많이 구매할 뿐만 아니라 이들의 의류 구매 횟수 또한 계속해서 증가하고 있다.

옷 자체도 대개 곧 쓰레기가 될 운명이다. 뉴욕 타임스는 미국과 영국, 오스트레일리아의 청년들과 이야기를 나누면서 똑같은 옷차림으로 외출하는 것처럼 보여선 안 된다고 느끼는 젊은 여성들을 쉽게 찾을 수 있었다. 잉글랜드 윔슬로에 살며 매일 온라인 쇼핑을 하는 한 열여섯 살 소비자는 "겨우 한두 번만 입고 말 거라면 가장 싼 것을 사고 싶어요"라고 말했다. 여기에는 피드백 고리가 작용한다. 낮은 가격이 쇼핑객에게 더욱 빠른 속도로 옷을 교체하도록 부추기고, 이는 다시 기업들이 몇 번 이상 착용할 수 없는 옷들을 생산하게 만든다. 21세기에 옷의 수명은 그 어느 때보다 가파르게 줄어들고 있다.

'녹색'이나 '지속 가능성' '오가닉'이라는 말로 광고하는 옷들이 늘어나는 것을 보고 이러한 문제가 나아지고 있다고 생각한다면, 그렇지 않다고 확신해도 된다. 팬데믹 이전의 추세에 따르면 의류 산업은 2050년에 규모가 지금보다 세 배 더 커진다. 유행이 더 빨라지지 않으리라 믿을 이유도 없다. 세계적인 컨설팅 회사인 맥킨지앤드컴퍼니가 실시한 최근 연구에 따르면 패션 산업 임원들의 최우선 목표는 유행 주기의 속도를 높이는 것이었다. 유행 속도가 빨라지고 옷값이 저렴해지면서, 막 옷가게에서 나온 듯한 복장이 빠르게 사회규범이 되어가고 있다. 우리는 자기 옷이 오래되었음을 보여주는 흔적을 점점 참지 못한다.

2017년 보고서에서 영국에 기반을 둔 엘런 맥아더 재단은 '의복을 입는 평균 횟수의 증가'가 어쩌면 의류 산업이 환경에 미치는 영향을 줄일 수 있는 가장 좋은 방법일지 모른다고 밝혔다. 예를 들어 옷의 착용 횟수를 두 배로 늘리면 의류업계의 기후 오염을 거의 절반으로 줄일 수 있다. 전 세계가 의류 생산을 1년간 정지하면, 1년간 모든 국제선 운항을 중단하고 해상운송을 멈추는 것과 동일한 효과가 발생한다.

그러나 우리는 또다시 딜레마에 빠지고 만다. 수백만 명이 그 옷들을 생산하며 생계를 꾸리고 있기 때문이다. 그러한 노동자 대다수는 의류 산업에 크게 의존하는 가난한 국가에 산다. 세계에서 옷을 가장 많이 생산하는 국가는 중국이다. 그다음은 방글라데시로, 이 국가는 미국 절반 규모의 인구가 아이오와보다도 작은 땅에 산다. 방글라데시는 제조업 일자리의 3분의 1 이상과 수출의 거의 85퍼센트가 의류 산업에서 나온다. 주민의 5분의 1이 국가 빈곤선 아래에서 살아가는 국가에서 의류 산업이 400만 명 이상에게 일자리를 제공한다. 의류 산업 종사자 열 명 중 여섯 명은 여성이다.

코로나바이러스가 전 세계에 조금씩 퍼져나가던 때, 방글라데시의 공장 소유주들에게 연락을 했다. 압둘라 알 마헤르Abdullah al Maher는 마치 내 연락을 기다리고 있었던 것처럼 나를 맞이했다. 마헤르는 H&M과 자라, 풀앤드베어, C&A, 에스프리, 지나 트리코, 톰 테일러 같은 대형 브랜드의 니트웨어 제조업체인 파키르 패션의 CEO다. 그는 방글라데시의 수도 다카 바로 동쪽에 있는 도시인 나라양간지의 좁은 길옆에 파키르 패션의 우뚝 솟은 공장이 있고, 이 공장에서 고용한 직원이 1만 2000명이 넘는다고 말했다. 유행 주기의 절정에는 의류 품목을 매일 무려 20만 개씩 생산하며, 현재도 생산 라인을 추가하고 있다. 파키르 패션과 이곳에서 일하는 노동자들은 오늘날 우리가 아는 쇼핑 형태에 전적으로 의존하는 듯 보일 수 있다.

그러한 형태의 쇼핑이 끝난다고 쳐봅시다, 내가 마헤르에게 말했다. 의류 산업이 환경에 미치는 영향을 완화하는 한 방법으로 의류 구매를 줄여야 한다고 말하는 비평가들에게 전 세계 소비자가 갑자기 귀기울인다고 칩시다, 무슨 일이 벌어질까요?

마헤르가 잠시 말을 멈췄다. 다시 말을 시작했을 때, 그의 목소리는 마치 비밀을 말하는 듯했다. "그게 말이죠," 마헤르가 말문을 열었다. "그리 나쁘진 않을 겁니다."

무언가가 너무 저렴하면 누군가가 그 대가를 치르는 것

파키르 패션은 파키르가 소유하고 운영한다. 파키르라는 이름은 무슬림 전통인 파키르에서 온 것으로, 파키르는 소유물에 마음을 빼앗기지 않고 영적으로 헌신하는 삶을 사는 사람들이다. 그러나 시대가 변하면서 파키르는 존재하기 힘든 직업이 되었다. "본래 파키르는 산업에 종사하지 않습니다. 정글에 들어가서 동물들에게 설교를 해야 하죠."

마헤르가 웃으며 말했다. "그러다 그들이 깨달은 겁니다. 그러려면 돈이 있어야 한다는 것을요."

방글라데시의 의류 생산에는 길고, 잔혹할 만큼 아이러니한 역사가 있다. 수 세기 동안 다카 주변 지역은 손으로 직접 짠 고품질의 실크 및 면직물로 명성을 날렸다. '흐르는 물'이나 '엮은 공기' 같은 이름이 붙은 최상품 면직물은 두 명이 1년 동안 짜야 하나를 완성할 수 있었고, 얇은 실이 끊어지지 않도록 습도가 충분히 높을 때에만 작업할 수 있었다.

면은 단연코 국제 소비시대의 첫번째 상품이었다. 1600년대 중반에 서구의 의류는 대부분 칙칙했는데, 모직과 리넨은 염색이 쉽지 않았고 실크는 너무 비쌌기 때문이다. 그러다 17세기 말이 되자 친츠(오늘날의 인도와 방글라데시에서 생산한 화려한 색으로 무늬를 염색한 면직물)가 처음에는 잉글랜드에서, 나중에는 유럽 전역의 상류층에게 색색의 패션을 제공했고 결국 이 패션은 일반 대중에게까지 확산되었다. 역사가 프랭크 트렌트먼의 말처럼 이러한 '의류 혁명'으로 저렴한 옷, 더 빨라진 스타일 변화와 더 신속한 의류 회전율처럼 현대 소비와 비슷한 패턴이 나타나기 시작했다. 소비문화는 보통 이러한 특성을 가속화한다. 즐거움이라는 작은 불꽃이 통제를 벗어나 활활 타오르게 되는 것이다.

18세기가 되자 유럽과의 의류 무역은 반전을 맞았다. 유럽의 많은 지역이 경쟁력 있는 산업을 구축하고자 남아시아에서 기본 면직물을 수입하는 것을 금지했다. 직물업계에서 산업혁명이 발생하면서 영국은 더 저렴하고 풍부한 천과 옷으로 의류 시장을 접수하기 시작했다. 영국 의류 산업은 제국의 권력을 통해 더욱더 발전했다. 방글라데시는 1970년대 말 이전까지 주요 의류 생산국이 되지 못했다. 그리고 1970년대 말이 되자 한때 세계에서 가장 질 좋은 직물을 만들던 국가는 가장 저렴하고 빠른 패션과 동의어가 되었다.

마헤르의 할아버지인 유수프 알리 파키르는 밧줄이나 노끈, 마대를 만드는 거친 섬유인 마 거래를 통해 가문 최초로 직물 사업을 시작했다. 그의 아들들은 1980년대 방글라데시 기성복 산업의 선구자가 되었다. 2009년 그다음 세대인 세 형제(파키르 바드루자만, 파키르 캄루자만 나히드, 파키르 와히두자만 리야드)가 파키르 패션을 창립하면서 세계에서 가장 큰 니트웨어 공장 중 하나이자 사회·환경적 책임을 다하는 본보기로 만들겠다는 목표를 세웠다. 그로부터 약 10년 후 파키르 패션은 어려운 교훈을 배웠다. "아무도 거기에 돈을 내지 않아요." 마헤르가 말했다. "안중에도 없죠."

마헤르는 활기차고 잘 웃는 남자다. 심지어 패션 산업에 노골적인 혐오를 드러낼 때도 그렇다. 그가 이 주제에 대해 아는 지식은 풍부한 개인적 경험에서 나왔다. 그는 시어스의 방글라데시 매니저로 수년간 근무한 것을 비롯해 의류 산업의 거의 모든 분야에서 일한 경험이 있다. 그는 커리어 초반에 미국 기업의 부사장을 만났던 것을 기억한다. 그 부사장은 비행기 1등석을 타고 도착해 다카에서 가장 좋은 호텔에 묵으면서 병에 든 생수의 질이 낮다고 불평했다. "부사장이 묵던 호텔 바로 뒤 습지에 조성된 슬럼가가 있었어요. 대나무 장대 위에 집을 지은 곳이었죠. 거기 사람들은 호수와 강에서 물을 퍼 마셨고, 그날 부사장이 가격을 깎아달라고 한 바로 그 공장으로 일을 다녔어요." 마헤르가 말했다. 그는 그때 빅토리아시대의 불평등과 부당함을 다룬 찰스 디킨스의 소설을 공부했던 대학 시절을 떠올렸다. "그 이야기들과 똑같아요."

지난 20년간 마헤르는 이 패턴이 계속 반복되는 것을 목격했다. 주요 의류 브랜드들은 방글라데시에 있는 공급업체에 가격을 낮추면서도 주문을 더 빨리 완수하고 작업장과 환경 수준을 끊임없이 개선할 것을 요구했다. 파키르 패션은 그동안 폐수를 처리하고, 빗물을 모으고, 태양열을 더 많이 활용하고, 직원에게 식사와 보육 서비스를 제공하고, 장애가 있는 직원을 고용하고, 지역에 학교를 세우는 등의 여러 공익사업을 실시했다. 이러한 개선 사업에 들어간 비용을 의류 브랜드나 소비자에게 넘기지는 못했다. 의류 브랜드와 소비자는 계속해서 더 낮은 가격에 더 많은 옷을 원할 뿐이다.

무언가가 너무 저렴하면 다른 누군가가 그 대가를 치른다는 말이 있다. 마헤르의 직원들은 일주일에 6일을 일하고 한 달에 120달러에서 140달러를 버는데(국제 기준뿐만 아니라 방글라데시 기준으로도 낮은 금액이다), 이들이 하는 일은 패스트패션의 주기가 빨라질수록 스트레스가 극심해진다. 공장 문밖에서는 국가가 산업 경쟁력을 유지하기 위해 원칙을 무시한 결과 발생한 환경 피해를 견뎌야 한다. 한때 '동양의 댄디'로 알려졌던 나라양간지의 공기는 보통 회색빛이 도는 황토색이며 가끔 외국 방문객에게 구역질을 일으킨다(나라양간지는 코로나바이러스로 봉쇄령이 내려졌을 때 기적처럼 파란 하늘이 나타난 도시 중 하나다). 방글라데시는 기후변화의 타격이 가장 극심한 국가 중 하나인데, 방글라데시의 1인당 탄소 배출량은 부유한 국가에 비해 압도적으로 낮은데도 그렇다(예를 들어 독일이나 일본보다는 25배가량 낮고, 미국이나 캐나다보다는 약 40배 낮다). 방글라데시의 영토 대부분은 히말라야의 물이 흘러내리는 방대한 저지대의 강 삼각주에 위치해 있어서, 빙하가 녹는 속도가 빨라지고 더 강력한 사이클론이 더욱 빈번하게 발생하고 해수면이 높아지는 상황에 특히 취약하다. 마헤르가 대학을 다닌 도시인 치타공은 현재 거의 1년 내내 만조 때마다 곳곳에서(도시의 60퍼센트) 홍수가 발생한다. "물이 가정집까지 차올랐다 빠져요." 마헤르가 말했다. "점점 베네치아처럼 되고 있죠. 이 베네치아에는 아무도 찾아오지 않지만요. 이 도시의 구질구질하고 더러운 물에 누가 빠져 죽고 싶겠어요."

그러나 마헤르를 가장 짜증나게 하는 것은 눈에 잘 보이지 않는 피해, 바로 그의 회사에서 생산한 옷이 전혀 존중받지 못하는 가격에 판매되는 것을 지켜보는 모욕감이다. "Z세대와 밀레니얼은 윤리적 상품을 요구합니다." 마헤르가 말했다. "하지만 패스트패션 티셔츠를 4달러, 또는 2달러에 살 때 이런 생각은 전혀 하지 않아요. '어떻게 이 티셔츠가 베를린이나 런던, 몬트리올에서 이 가격에 팔릴 수 있지? 어떻게 4달러에 목화를 재배하고, 솜을 만들고, 실을 잣고, 엮고, 염색하고, 날염하고, 꿰매고, 포장하고, 운송할 수 있지?' 자신이 얼마나 많은 이들의 삶과 닿아 있는지 전혀 몰라요. 자기가 낸 돈이 그들의 임금으로 돌아가지 않으니까요."

마헤르에게 가격을 얼마나 올려야 이 상황이 바뀔 수 있겠느냐고 물었다. 그의 머릿속에 가장 처음 떠오른 금액은 놀랍게도 2센트였다. 많은 국가에서 잔돈을 줄 때 반올림하거나 내림할 만큼 적은 금액이다. 만약 그의 공장에서 생산되는 의류 한 벌당 2센트씩을 더 받을 수 있다면 직원 한 명당 매달 이틀분의 급료를 더 줄 수 있다(7~8퍼센트 인상). 그게 아니라면 파키르 패션이 전보다 옷을 적게 생산하면서도(더 질 좋은 옷을 만들거나, 아니면 그저 덜 정신없는 속도로 옷을 생산하면서도) 누구 하나 일자리를 잃거나 월급이 깎이지 않을 수 있다. 쇼핑객들이 기꺼이 몇 센트를 더 지불하려 할 때 무엇을 이뤄낼 수 있을지 상상해보라.

놀랍게도 의류 시장의 가장 낮은 곳에서 마헤르를 분노하게 하는 바로 그 패스트패션의 영향력이, 디컨슈머 경제에 적합한 옷을 생산하려 하는 사람들까지 방해하고 있다. 지구 반대편에 있는 로드아일랜드주 프로비던스에서 깨끗한 바닷바람을 들이마시는 어맨다 린덜Amanda Rinderle과 그의 남편 조나스 클라크Jonas Clark는 10년 이상 입을 수 있을 만큼 품질이 좋은 셔츠를 판매한다. 안타깝게도 두 사람은 마헤르가 익히 잘 아는 체제와 경쟁해야만 한다.

2013년에 터커맨앤드컴퍼니의 콘셉트를 떠올렸을 때 린덜과 클라크는 미국에서 생산한 유기농 목화를 미국에서 가공해 오래도록 입을 수 있는 메이드 인 아메리카 셔츠를 만들고 싶었다. 그러나 의류 산업이 몇 번 못 입고 버릴 저렴한 상품을 속사포처럼 생산하는 데 압도적으로 골몰해 있기에 터커맨의 모든 바람은 힘든 도전이었다.

내구성 좋은 셔츠를 만들려면 '스테이플', 즉 섬유 길이가 긴 목화가 필요하다. 스테이플이 긴 목화가 더 가늘고 튼튼한 실을 뽑아내기 때문이다. 미국은 엄청난 양의 목화를 생산하지만 스테이플이 긴 목화와 유기농 목화의 수요(시장의 약 1퍼센트)가 너무 적어서 터커맨은 국제 공급망에 의지할 수밖에 없었다. 두 사람은 500군데에 전화를 돌린 후에야 터커맨의 기준에 부합하는 면을 생산할 수 있는 동시에, 터커맨의 주문을 처리하기 위해 기존의 일반 목화 재고를 유기농 목화로 기꺼이 바꾸겠다는 방적 공장을 딱 한 군데 찾아낼 수 있었다. 그 공장은 이탈리아 북부에서 5대째 가업을 잇고 있는 알비니 그룹이었다. "우리가 천을 얻을 수 있는 유일한 곳은 아마 세상에서 가장 훌륭한 천 제조업체일 겁니다"라고, 터커맨의 CEO인 린덜이 내게 말했다.

유기농 심지(칼라나 소매의 형태를 만드는 재료)를 제공하는 회사는 전 세계에 몇 곳 없었고, 터커맨은 그중 독일에 있는 회사를 선택했다. 재생 가능한 식물성 상아인 상아야자로 만든 내구성 좋은 단추는 파나마에서 찾았다. 적어도 완성은 미국에서 할 수 있어서, 최종 상품은 뉴저지주 뉴어크에 있는 갬버트 셔츠에서 제작되었다. 그 결과물로 나온 셔츠는 개당 195달러였다. 한편 월마트는 셔츠를 15달러에 판다. 월마트에서 파는 셔츠의 다수가 방글라데시에서 만들어진다.

잘 만든 셔츠는 오랫동안 제값을 한다. 터커맨 셔츠를 일주일에 한 번씩 5년 동안 입으면 비용이 일주일에 75센트인 셈인데, 이는 60달러짜리 셔츠를 사서 1년 입고 버리는 것보다 더 나은 장사이며, 15달러짜리 셔츠를 사서 열 번 입고 버리는 것보다 훨씬 더 낫다. 그러나 여전히 많은 가정이 셔츠 한 벌에 195달러를 선불로 낼 수 없거나 내려고 하지 않는다. 전 세계 소비자가 패스트패션으로 금전적 이득을 보고 있는 것은 사실이다. 영국이나 미국 같은 국가에서 가계 예산 중 의류비가 차지하는 비율은 20세기 초에 15퍼센트였다가 현재는 5퍼센트 밑으로 떨어졌다. 미국 노동통계국에 따르면 사람들은 그렇게 아낀 돈을 높아진 주거비에 쓰거나, 집과 창고를 가득 채운 평범한 물건들과 주말여행 같은 이른바 '비필수품'을 구매하는 데 썼다.

"우리 제품의 가격대를 우리도 인식하고 있습니다." 린덜이 말했다. 그는 셔츠의 가격을 100달러까지 낮추고 싶어하지만, 그러려면 처음에 저항하고자 했던 패션 산업에 더욱 가까워져야 한다. 터커맨은 재생 가능한 유기농 면 사용을 줄이고 해외의 저임금노동자에게 제작을 맡길 수 있다. "이렇게 말하고 싶진 않지만, 현재 우리가 만드는 제품을 100퍼센트 유지하면서 가격 경쟁력을 갖추기는 힘들 겁니다."

코로나바이러스가 덮치자 의류 쇼핑 중단의 여파는 순식간에 현실이 되었다. 리바이스의 폴 딜린저가 예측했듯이 의류 산업이 허물어지기 시작했다. 방글라데시에서만 100만 명 이상의 의류 노동자가 임시 휴직을 당했다. 감시 단체인 노동자권익컨소시엄에 따르면 주류 브랜드 대다수가 이미 생산에 들어갔거나 출하 준비를 마친 주문의 대금을 주지 않으려 했다가 대중의 항의가 빗발친 후에야 지급을 완료했다.

전 세계에서 첫번째 봉쇄령이 해제되기 시작할 무렵 다시 마헤르에게 연락을 했다. 나는 궁금했다. 소비를 멈춘 세상이 자국에 얼마나 큰 피해를 입혔는지 목격한 후에도 그는 여전히 의류 산업의 변화를 간절히 바랄까? 우기를 몇 주 안 남기고 점점 뜨거워지는 아침의 열기 속에서 마헤르는 여전히 매우 활기차 보였다. "자국에 패스트패션을 유치하는 것도 국가에 피해를 입히는 행위입니다." 그가 말했다.

의류업계의 가장 큰 위험은 쇼핑의 둔화가 아니라 쇼핑을 둔화할 방법을 찾지 못하는 것이라고, 마헤르는 말했다. 수십억 명이 이미 충분한 옷을 소유한 세상에서 옷을 계속 구매하게 만드는 유일한 방법은 불필요한 수요를 발생시키는 것이다. 불필요한 수요를 발생시키는 방법은 유행을 가속화하는 것이다. 유행을 가속화하는 방법은 옷을 더 자주 구매할 수 있을 만큼 저렴하게 만드는 것이다. 옷을 그만큼 저렴하게 만드는 유일한 방법은 품질과 노동조건, 임금 및 환경기준을 무시하는 것이며, 방글라데시는 오래전부터 이런 일상의 재앙을 살아내고 있다.

옷을 더 적게 소비하는 세상으로의 변화는 방글라데시에 고통일 것이다. 마헤르는 방글라데시의 의류 산업이 더 높은 가격에 판매되는 질 좋은 옷을 더 적게 생산한다 해도, 현재 자국에 있는 6000여 개의 공장이 오늘날만큼 직원을 고용할 수는 없을 것이라 보았다. "어쩌면 공장이 4000개나 3000개까지 줄어야 할지도 모릅니다." 그가 말했다. 그러나 그 공장들은 생활이 가능한 수준의 임금을 제공하고, 오염과 낭비를 줄이며, 탐욕과 속도가 아닌 품질과 능률을 두고 경쟁할 것이다. "그때는 더이상 생존경쟁을 하지 않을 겁니다." 마헤르가 말했다. "진정한 경쟁이 시작될 거예요."

순환경제는 결국 소비를 끝낼 것인가

소비 없는 세상에서 패스트패션은 무너질 수밖에 없지만, 그렇다고 완전히 사라질 것이라는 뜻은 아니다. 이미 패스트패션의 가능성을 보여주는 전조들이 있다.

내가 트로브의 국제 본사를 방문했을 때 트로브는 매우 전형적인 스타트업이었다. 트로브는 샌프란시스코 외곽에 있는 베이쇼어 고속도로와 인공 호수 사이에 낀 작은 산업단지에 위치해 있다. 살아 있는 독수리들이 이따금 머리 위를 빙빙 돌았다. 트로브의 창립자인 앤디 루빈 Andy Ruben은 물류 창고에 있는 모든 직원의 이름을 아는 것 같았다. 미국의 업계 용어에 따르면 우리가 있는 곳은 창고가 아니었지만 말이다. 우리는 풀필먼트 센터(물류 포장 센터)에 있었다.

루빈은 그의 표현에 따르면 소비문화의 '본진'인 월마트에서 10년간 젊은 임원으로 일했다. 세계 최대 소매업체에서 지속 가능성을 추구한 선구자로서, 그는 사람들의 소비 방식을 바꾸는 것이 얼마나 어려운 일인지를 알게 되었다. 에너지 효율이 좋은 전구를 판촉했더니 미국 일반 가정에서 사용하는 전구의 개수가 35개에서 60개 이상으로 거의 두 배가 되었다. 금방 고장나는 전기드릴 대신 내구성 좋은 전기드릴을 제공할 수 있었지만, 미국의 수백만 가정이 대개는 거의 사용하지도 않는 드릴을 소유하고 있다는 데서 오는 본질적 낭비는 피할 수 없었다. "세 걸음 나아가면 때로는 두 걸음, 때로는 네 걸음 후퇴하는 식이었어요." 그가 내게 말했다.

그는 구체적 목표를 품고 월마트를 떠났다. 그 목표는 바로 신상품 구매를 25퍼센트 줄이는 것이었다. 그는 세상이 쇼핑의 4분의 1을 멈추길 바랐다.

루빈의 현 사업체인 트로브는 물밑에서 운영된다. "제가 지금껏 배운 것을 전부 무시하고 밀어붙이면 계속 마찰이 일어나요. 너무 완고한 것은 효과를 내지 못하거든요." 루빈이 말했다. 노드스트롬, 리바이스, 파타고니아, REI, 여성복 기업인 에일린피셔 같은 트로브의 고객은 트로브와 손잡고 소비자가 더이상 원치 않는 상품을 쉽게 반납할 수 있는 체계를 구축한다. 이렇게 반납된 옷들은 트로브로 옮겨져 점검·세탁·수선 과정을 거친 후 브랜드의 웹사이트와 매장에서 할인된 가격에 재판매된다.

입에는 많이 오르내리지만 중고 의류 시장의 규모는 여전히 전체의 10퍼센트 미만이며, 이 수치에는 의류 대여 서비스도 포함된다. 그러나 중고 의류 시장은 300억 달러짜리 산업이고 계속 성장중이다(팬데믹 동안 판매량이 늘어난 산업 중 하나이기도 했다). 물론 옷을 되파는 것은 새로운 개념이 아니다. 새로운 점은 트로브를 거치는 상품에 '낡은' 느낌, '중고 같은' 느낌이 전혀 없다는 것이다. 트로브의 창고에서는 중고 할인매장 같은 냄새가 나지 않는다. 이것이 바로 오늘날 소비문화의 또다른 교훈이다. 이제 옷은 우리의 삶을 너무 순식간에 거쳐가서 중고 상품과 신상품의 차이가 거의 보이지 않는다.

트로브와 함께 일하는 브랜드들은 기준이 높다. 예를 들어 에일린피셔는 얼룩이나 구멍, 그 밖의 낡은 흔적이 조금도 없는 '완벽한 상태'의 옷만 되판다. 그런 완벽한 옷이 반납되는 옷의 절반 이상이다. 트로브로 들어오는 상품 대다수에 여전히 태그가 달려 있다. 그러니 이 제품들을 '중고'라 칭하는 것은 실제로 부적절하다. 전 세계의 장롱과 다락방처럼, 미국의 옷장과 지하실은 이용되거나 사랑받지 못하는 물건들의 거대한 창고가 되어가고 있다. 지구 전체로 확대된 언풀필먼트 센터다.

현재 트로브는 한 해에 수십만 개의 품목을 처리하지만(루빈은 "더이상 별것 아닌 게 아닙니다"라고 말했다), 이 사업 모델 역시 소비문화의 영향을 받는다. 되판 옷은 보통 더 저렴하기 때문에 그만큼 옷을 더 많이 구매할 수 있고, 재판매를 위해 물건을 반납하는 사람들은 주로 새로운 상품 구매에 쓸 수 있는 기프트카드를 받는다. 그럼에도 루빈은 판매량의 최소 70퍼센트가 신상품 구매를 중고 상품 구매로 대체한다고 추산한다. 그는 파타고니아가 2023년 무렵이면 중고 상품 판매 수익이 10퍼센트를 넘을 것으로 예측한다는 사실을 증거로 제시한다. 중고 물품은 더 낮은 가격에 판매되므로 그만큼 많이 팔아야 전체 매출의 큰 부분을 차지할 수 있다. 즉 몇 년 지나지 않아 파타고니아가 출하하는 제품 다섯 개 중 하나가 두번째(또는 세번째나 네번째)로 판매되는 물품일 것이라는 뜻이다.

재판매를 옹호하는 사람들은 재판매의 목적이 소비에 흐름을 만드는 것, 즉 필요할 때 우리 삶에 물품을 들여오고 더이상 필요 없을 때는 내보내는 것이라고 말한다. 역사적으로 이는 결코 드물지 않은 일이었다. 르네상스 시기 이탈리아에서는 부유층도 변화하는 욕구와 소득에 따라 전당포에 끊임없이 옷을 맡겼다 되찾곤 했고, 유행의 최전선에 있는 옷은 유행이 지나는 순간 장기적 가치가 사라진다는 이유로 의심의 눈초리를 받았다(이 전통은 완전히 사라지지 않아서, 팬데믹 동안 이탈리아에서 전당포 소액 대출이 재유행했다). 카를 마르크스도 젊은 경제학자였던 힘든 시절에 양복을 빌려 입었고, 17세기와 18세기에는 많은 가게가 새 상품과 중고 상품을 함께 판매했다. 1970년대까지도 옷과 장난감, 가구를 물려받아 쓰는 것이 부유한 가정에서도 매우 흔한 일이었다. 삶이 각종 물건으로 어수선하고, 이동과 여행이 잦고, 넓은 교외나 시골의 주택보다는 도심 아파트에 사는 경우가 많은 오늘날의 소비자에게는 이러한 물건의 순환이 딱 맞는다.

이러한 흐름에 환경 피해가 전혀 따라오지 않는 것은 아니다. 재판매는 상품의 수명 중에 발생하는 운송과 처리, 그 밖의 유통 과정을 크게 증가시킨다. 그러나 이 과정은 (적어도 이론상으로는) 신상품 생산에 필요한 원재료와 제조 공급망을 대체한다. 보통 이러한 체제는 소유가 아닌 이용 중심 체제로 묘사되지만, 트로브의 사업 모델에서 소비자는 물품을 하루, 또는 평생 직접 소유한다. 다른 모델은 옷을 대여하거나 구독하거나 공유하는 서비스를 제공한다. 이 모델들은 전부 직관에 반하는 약속을 한다. 바로 지금만큼이나 빠르게, 또는 지금보다도 더 빠르게 물건을 구매하고 처분하면서도 자원을 훨씬 적게 소모할 수 있다는 약속이다. "물건 전체의 수는 적어지겠지만, 우리 삶에는 언제나 물건이 드나들 것입니다." 루빈이 말했다. 그리고 약간 교활한 웃음을 지었다. "품목의 흐름 속에 들어갈 수 있다면 지금보다 소비를 훨씬 많이 할 수도 있다고 봐요."

신디 로즈Cyndi Rhoades는 세상이 소비를 멈춘 날 이후에도 패스트패션이 존재할 수 있는 또다른 방식을 찾았다. 불타는 듯한 빨간 머리칼에 누가 봐도 뮤직비디오와 다큐멘터리 제작자처럼 보이는(실제로 그랬다) 로즈는 원어게인Worn Again 테크놀로지의 창립자로, 원어게인은 안 입는 옷을 분해한 뒤(그렇다, '분해'가 맞다) 다시 옷을 만들 수 있는 원재료로 재가공하는 방법을 찾는 영국의 회사다. 그 과정은 동력 없이도 영원히 움직이는 가상의 기관과 유사하다. 오래된 티셔츠를 한쪽 끝에 던져넣으면 다른 한쪽에서 새 티셔츠가 나온다.

원어게인의 사명은 로즈와 애덤 워커Adam Walker라는 화학과학자가 우연히 만난 2011년에 시작되었다. 현재 원어게인의 책임과학자인 워커는 알고 보니 따로 분리하고 싶은 물질의 이름을 입력하면 그 작업을 해줄 수 있는 용매의 목록을 내놓는 소프트웨어를 개발한 사람이었다. 로즈는 직물 재활용도 가능하냐고 물었다. "워커는 연구실로 들어가서 노트북으로 이것저것 해보더니, 나와서 '이건 폴리에스터고, 이건 면에서 나온 셀룰로오스예요'라고 하더라고요." 프로젝트를 완성하는 데는 3개월이 걸렸다. "이렇게 생각했어요. 좋아, 다 됐어. 우리가 성배를 발견했다고 생각했죠."

그러나 이 공정을 더 큰 규모로 실행할 방법을 알아내기까지 거의 10년의 시간이 걸렸다. 하지만 개념은 여전히 단순하다. 원어게인이 속한 신흥 직물 재처리 산업은 면이나 폴리에스터로 된 직물, 또는 이 두 가지가 섞인 직물을 원료로 사용한다(바지에 신축성을 주는 탄성섬유나 단추 같은 다른 물질도 10퍼센트까지 포함할 수 있다). 전체 의류의 약 80퍼센트가 이 조건을 충족하는데, 이는 곧 해마다 4000만 톤의 잠재적 원료가 생산된다는 뜻이다. 감당할 수 없을 만큼 많은 양이다.

이 옷들을 폴리에스터를 녹이는 용매에 넣은 다음 용매와 폴리에스터를 다시 분리한다(상당한 화학공학이 필요한 작업이다). 이렇게 하면 바로 섬유가 될 수 있는 순수 폴리에스터 펠릿을 만들 원재료가 나오는데, 석유에서 나온 것과 똑같다. 면도 마지막에 면이 나오지 않는다는 점만 빼면 유사한 공정을 거친다. 면에서 추출되는 것은 면의 기본 구성 요소인 셀룰로오스다. 이 최종 산물은 외양과 성질이 면화와 상당히 비슷하고, 이미 전 세계 공장에서 의류 생산에 활용되는 비스코스, 리오셀, 텐셀과 유사한 직물을 만드는 데 사용할 수 있다. 다른 종류의 직물이나 염료, 마감 등 의류에 사용되는 나머지 재료는 폐기물이 되지만, 지금까지의 평균을 보면 옷을 그냥 버리는 것보다 쓰레기가 90퍼센트가량 줄어든다.

순환 디자인이나 순환경제라는 말을 들어본 적 있다면, 바로 이것이 그 순환이다. 이러한 순환 속에서 상품은 쓰레기가 되지 않고 끊임없이 재사용되거나 새로운 상품으로 재활용된다. 현재 경제는 그다지 순환되지 않으며 순환이 늘고 있지도 않다(비영리단체 서클이코노미가 수치를 확인하기 시작한 2018년에는 경제의 9.1퍼센트가 순환되었다. 2020년이 되자 그 수치는 8.6퍼센트로 떨어졌고, 세계경제에서 소비하는 물질의 양은 그 어느 때보다 많았다). 현재 의류업계에서 버려지는 옷의 단 1퍼센트가 다른 의류로 재활용되고 있으며, 12퍼센트가 매트리스 속이나 걸레 같은 저품질 상품으로 활용된다. 원어게인 같은 순환경제 회사의 관점에서 보면 매해 1000억 달러 가치의 원재료가 버려지는 셈이다.

2020년 2월, 원어게인은 잉글랜드 레드카에 시범 연구개발시설을 열어 시험 버전의 의류 재처리 공장 건설을 목전에 두었다. 원어게인은 2040년까지 40개의 공장을 운영할 계획이다. 우선 서유럽과 미국에 공장을 세울 예정인데, 이 지역에 효율적인 폐기물 수거 체제가 있기 때문이기도 하지만 소비문화 자체가 원료이기 때문이기도 하다. 의류 재활용에 있어서 자기 물건을 내버리는 다수의 부유한 소비자는 오늘날 의류 산업의 목화밭 및 정유 공장과 다름없다.

쇼핑 중단이 그러한 원료를 위협하는 것처럼 보일 수도 있다. 새 셔츠와 청바지가 구매되지 않을 때마다 재활용될 수 있는 옷이 하나 줄어드는 것이기 때문이다. 로즈는 개의치 않는다. 전 세계 의류 판매량이 절반으로 줄어도 여전히 의류 재처리 산업의 기준을 충족하는 옷이 매년 2000만 톤씩 새로 생겨난다. 만약 그 옷들이 전부 원어게인의 원재료가 된다면 공장 400곳에도 충분히 재료를 공급할 수 있다.

그게 다가 아니다. 원어게인 같은 회사는 이론상 옷과 천으로 넘쳐나는 전 세계의 옷장과 쓰레기 매립지를 뒤져볼 수 있다. "실제로 사용이 끝난 직물이 연간 수요를 충족할 만큼 충분히 많기 때문에 다시는 석유를 시추하거나 목화를 재배할 필요가 없습니다." 로즈가 말했다. 디컨슈머 문화는 소규모의 패스트패션에 충분히 많은 것을 제공해줄 수 있을지도 모른다. 이때 패스트패션은 우리의 내구성 좋은 바지와 클래식한 재킷에 포인트를 줄 수 있는 아주 영리한 것, 끊임없이 변화하고 재활용되는 것이 된다.

"그걸 가능케 할 수 있어요. 그 길을 가고 싶은 사람들을 위해서요."
로즈가 말했다. "모두가 똑같은 쇼핑을 하지는 않을 겁니다."

순환경제의 가능성을 위협하는 실질적 요인은 역시나 막대한 소비
규모다. 순환경제가 거의 80억 명에 달하는 전 세계 인구 모두에게 적
절한 양의 옷을 제공할 수 있을까? 로즈는 그렇다고 본다. 그렇다면 우
리 모두에게 전 세계 가장 부유한 소비자들의 패스트패션 라이프스타
일을 제공해줄 수 있을까? 그건 아니다. 우리에게 점점 더 많은 옷이 필
요하다면(옷 수요가 영원히 증가한다면) 순환하는 원 자체가 에너지와
자원을 빨아들이는 블랙홀처럼 팽창해야 한다. 확장을 멈추지 않는 원,
갈수록 넓고 빨라지는 물건의 흐름은 결국 영원히 성장하는 소비경제
와 똑같은 문제에 부딪힐 것이다.

이 지점에서 더욱 철학적인 질문이 나온다. 순환경제, 또는 흐름이 있
는 경제는 결국 현재 우리가 아는 형태의 쇼핑을 끝낼 것인가? 각각은
우리가 획득하는 물건과 그것들을 획득하는 방식을 바꿔놓는다. 그러
나 더 많은 것을 모조리 갖겠다는 사고방식을 바꾸라고 요구하지도, 애
초에 소비가 우리 삶의 중심에 있어야 하는지를 질문하지도 않는다. 하
지만 그렇게 하는 사업체, 모두가 소비문화를 이야기하기 훨씬 전을 아
직 기억하는 사업체가 있다.

13장 — — — **비즈니스는 기나긴 게임이다** — — —

현대 소비자본주의의 좌우명이라 할 수 있는 '네 가지 더'라는 이름의 사업 개념이 있다. 그러나 탐욕스럽고 부정직해 보이기 때문에 경영대 밖에서는 좀처럼 언급되지 않는다. 네 가지 더는 더 많은 것을, 더 많은 사람에게, 더 자주, 더 큰돈을 받고 파는 것을 뜻한다. 이렇게 하면 영원한 수익과 판매, 성장의 극치를 달성할 수 있다.

경영학 학위를 따러 일본에서 미국으로 온 구로카와 미츠하루는 이러한 개념이 당혹스러웠다. 그는 한 교수가 가정한 시나리오를 지금도 기억한다. 어떤 고객이 회사 제품을 700개 구매하고 싶어하는데, 당신의 공장은 한 번에 500개의 제품만 생산할 수 있다. 어떻게 하겠는가? 교수의 말에 따르면 정답은 제품을 1000개 생산하는 것이었다. 고객에게 제품 700개를 팔고 300개를 폐기해도 이윤이 남는다면 말이다.

"말도 안 된다고 생각했어요." 구로카와가 말차를 마시며 내게 말했다. "우리는 절대로 과잉생산하지 않아요. 그렇다고 부족하게 생산하지도 않고요. 우리는 효율적일 수 있도록 노력해요."

구로카와는 유달리 먼 미래를 내다보는 사업관을 갖고 있다. 현재 삼십대인 그는 외아들로서 일본의 제과 회사 토라야의 18대 사장이 될 예정이다. 토라야는 최소 1600년대부터 약 420년간 역사를 이어온 회사다. 토라야는 초파리들의 세계에 있는 거북이, 십대 사이의 므두셀라*인 셈이다. 주식시장에서 가장 규모가 큰 기업들조차 평균수명이 1920년대에는 67년이었다가 오늘날 15년으로 크게 줄었다. 현재 전체 사업체의 평균수명은 겨우 10년이다.

거의 모든 회사가 소비를 멈춘 세상에서도 자사 브랜드가 살아남을 만큼 인기 있고 튼튼하다고, 자사의 사업이 오래도록 이어질 거라고 믿고 싶어한다. 그러나 토라야의 주장은 신빙성이 더 높다. 2020년에 불어닥친 코로나바이러스는 그동안 토라야가 견딘 수많은 어려움 중 가장 최근의 것일 뿐이었다. 토라야는 1788년 당시 일본의 수도였던 교토에서 대화재가 발생해 거의 1500개 구역이 파괴되었을 때 간판까지 전부 타버렸다. 그후에는 토라야의 우수 고객으로 당시 판매량의 절반을 책임졌던 일본 황실이 자금난에 빠져 2년간 외상을 갚지 못했다. 일본이 수도를 도쿄로 옮긴 1869년에 토라야도 본사를 도쿄로 옮겼고(동력 교통수단이 없던 시대였다), 도쿄가 전 세계에서 가장 큰 도시로 성장하는 과정에서 토라야 본사도 여섯 번 더 자리를 옮겼다. 또한 토라야는 1923년 간토대지진에서도 살아남았는데, 당시 지진으로 쓰나미가 발생하고 화재로 도시의 거의 절반이 불탔으며 20층 건물 높이의 섬뜩한 불기둥이 타올랐다. 14만 명이 사망했으나 이 지진도 다음해 토라야가 배달 서비스를 개시하는 것을 막지는 못했다. 그다음에는 제이차세계

---

*『성경』에 나오는 인물 중 가장 오래 산 인물.

대전중에 미국이 도쿄에 소이탄을 폭격해 회사 공장이 완전히 파괴되었다. 이 공격으로 훗날 히로시마와 나가사키에 핵폭탄이 떨어져서 파괴된 면적의 거의 열 배에 달하는 면적이 재로 변했다. 구로카와는 "공장이 날아가면 상황이 매우 힘들어집니다"라고 말했다. 토라야는 수많은 재난을 겪었으나 그럼에도 여전히 작고 아름다운 과자를 만드는 가족 기업으로 남아 있다.

"태어나자마자 단것에 완전히 둘러싸였어요." 도쿄의 번화가인 롯폰기의 토라야 매장에 앉아 구로카와가 말했다. 사방에서 옷을 잘 차려입은 도쿄 사람들이 페이스트리를 먹고 있다. 서구인의 눈에는 작은 소시지를 연분홍색 스펀지케이크 안에 넣어 젖은 이파리로 감싼 것처럼 보인다. 사실 이 과자는 쌀가루를 증기에 쪄서 만든 얇은 반죽 안에 말도 안 되게 부드러운 팥앙금을 넣어 만든 것이며, 이파리는 벗나무 잎을 1년간 소금물에 절인 것이다. 단맛과 짠맛이 완벽한 조화를 이루는 이 과자의 이름은 사쿠라모찌로, 올해 불안할 만큼 일찍 찾아온 벗꽃 시즌을 기념한다. "이파리는 먹지 않아도 돼요." 구로카와가 내게 말했다. 이파리는 맛있었다.

토라야에서 만드는 과자는 와가시라는 이름으로 불린다. 와가시가 사로잡는 감각에는 무려 청각도 포함되는데, 하늘 여행, 아와의 바람, 사라시나의 가을달처럼 고요한 심상이 머릿속에 떠오르도록 개별 이름을 정하기 때문이다. 그중 가장 인기 있는 것은 밤의 매화라는 이름을 가진 까맣고 단단한 작은 양갱이다. 양갱을 자르면 하얀 통팥의 단면이 드러나고, 그 모습이 '캄캄한 밤에 희미하게 빛나는 하얀 매화와 그 떠다니는 향기'를 상기시킨다.

안타깝게도 외국인은 종종 토라야의 과자를 비누로 착각한다. 요칸이라는 이름의 가장 인기 있는 와가시는 반투명한 직사각형 모양이며, 그

외의 많은 과자가 서구인이 목욕 시간을 연상할 법한 화사한 꽃모양이다. 1980년에 구로카와의 할아버지는 토라야가 일본을 넘어 세계로 진출할 출발지로 프랑스를 선택했다. 그는 요리를 감상하는 안목이 뛰어난 프랑스인이 와가시를 '이해'하리라 직감했다. 그는 파리 콩코르드광장에서 한 블록 떨어진 곳에 토라야 매장을 열었고, 그의 직감은 옳았던 것으로 드러났다. 프랑스인은 실제로 와가시를 '이해'했다. 다만 시간이 좀 걸렸을 뿐이다.

"10년에서 15년 동안은 손님이 많지 않았다고 들었어요." 구로카와가 말했다. "장기적으로 생각하지 않으면 1년 안에 가게문을 닫게 될 거예요. 하지만 우리의 목표는 다른 문화권의 사람들에게 우리 문화를 알리는 것, 프랑스의 영향을 받아 더 좋은 과자를 만드는 것이었어요. 그래서 매장을 계속 운영하기로 결정했고, 30년 후부터 어느 정도 수익을 낼 수 있었죠."

수익을 내기까지 30년. 오늘날 사업체들의 평균수명의 세 배다.

에노키앙, 그리고 딥타임

경제 다양성은 생물 다양성이나 문화 다양성과 마찬가지로 존재 양식의 보고다. 환경이 갑작스레 바뀌면 가장 힘있는 행위자들도 순식간에 추락할 수 있는데, 새로운 조건에 더욱 적합한 형식이 어둠 속에서 기다리고 있다가 모습을 드러낼 수 있기 때문이다. 자연계에서는 기후변화 같은 힘이 변화를 일으킬 수 있다. 경제에서는 소비 중단이 분명 그러한 변화를 일으킬 것이다.

사업을 하는 한 가지 방식은 최근의 경제 해석에서 지배적 위치를 점하는 것, 즉 대기업이 이윤 중심의 성장을 추구하는 것이다. 이와 달리

223

토라야는 때때로 '에노키앙'이라는 이름으로 불리는, 역사가 긴 가족 기업의 사례다. 에노키앙은 1981년에 제라르 글로탱이 만든 용어로, 당시 글로탱은 1755년 프랑스에서 아니스 리큐어 회사로 첫 등장한 가족 기업 마리 브리자드의 사장이었다. 글로탱이 2세기 넘게 이어진 가족 기업에 적용한 이 단어는 에녹이라는 『성경』속 인물에서 나왔는데, 기독교 전통에 따르면 에녹은 지구상에서 365년을 살았다고 한다. 그후 에녹은 실제로 죽음을 맞이하지 않고 승천해 예수조차 맞먹지 못할 위업을 보였다.

가족 기업의 역사는 그동안 간과되었다. 가족 기업에 초점을 맞춘 연구가 등장한 것은 최근의 일이다. 연구원들이 밝혀낸 내용은, 전 세계 어디에서든 가족 기업이 전체 회사의 약 70퍼센트와 전체 노동력의 약 60퍼센트를 차지한다는 것이다. 그래서 가족 기업은 경제의 '히든 챔피언'이라 불린다. 이러한 가족 기업으로는 작은 구멍가게, 개인이 운영하는 식당, 미용실, 열쇠공, 도급업자, 프리랜서, 의사 및 변호사, 회계사 사무실 등이 있다. 이들은 우리의 이를 치료하고, 신발을 수선하고, 양복을 드라이클리닝하고, 아이들을 돌봐주고, 집 조경을 맡아주고, 우리가 가장 좋아하는 피자를 구워주고, 우리가 가장 좋아하는 술집이나 카페를 운영한다. 이들은 코로나19 위기로 큰 타격을 입었으나, 동네 주민이 파산을 막기 위해 결집하는 사랑받는 지역 사업일 확률이 높다.

모든 가족 기업이 규모가 작은 것은 아니다. 미국과 유럽의 주요 주가지수에서 가족 기업은 전체의 3분의 1을 차지한다. 만족시켜야 할 주주가 있는 대기업이 가족의 손에 운영될 때 다른 점이 있는가는 논쟁이 끊이지 않는 문제다. 그러나 주식시장에 오르지 않은 개인 소유의 가족 기업은 확실히 다른 방식으로 운영되는 경향이 있으며, 수 세기 동안 이어진 가족 기업은 특히 더 그렇다.

이윤 문제를 생각해보자. "우리가 이윤을 추구하지 않는다고 말할 순 없습니다. 당연히 저희도 이윤을 추구하죠." 구로카와가 말했다. "하지만 이윤이나 판매량이 최우선 사항이었다면 지금보다 더 많은 걸 할 수 있었을 겁니다. 비용을 줄이기 위해 할 수 있는 일들이 많습니다. 손으로 직접 제과를 만들지 않는다든가, 이윤이 나지 않는 매장을 닫는다든가 하는 것처럼요."

토라야도 공장에서 기계와 자동화 시스템을 사용하긴 하지만 수작업 부문도 유지하고 있다. 토라야의 관점은 자사의 3000가지 와가시 레시피 중 그 어떤 것도 기계로 발명하지 않았다는 것이다. 인공지능이 와가시 장인의 정교함과 창의성을 따라잡을 때까지 기계는 그저 사람이 입력한 작업만을 반복할 것이다. 자동화는 시간 속에 박제된 혁신이다.

오늘날 토라야는 매장 및 카페 80곳을 운영하며 거의 1000명에 달하는 직원을 고용하고 있고, 매년 약 2억 달러의 매출을 올린다. 그리고 이 모든 수치가 10년 전과 똑같다. 2001년 구로카와의 아버지는 토라야의 21세기 비전을 정했다. 그의 우선 사항은 이윤의 극대화가 아니었다. 그가 정한 토라야의 비전은 고객의 만족을 최대화하기, 일본의 생활 방식과 문화를 강화하기, 사회적 책임 다하기, 직원들에게 보람찬 생활 제공하기였다. 토라야는 작가 빌 매키번이 말한 '심오한 경제'의 사례로, 심오한 경제 안에서 사업체는 공동체와 문화의 일부로 통합된다. 오늘날 많은 사업체가 자사 고객을 그럴싸하게 '공동체'라 칭하지만, 이번에도 토라야의 주장이 좀더 신빙성 높다.

구로카와는 토라야의 이러한 태도가 자기 가족만의 결정이 아니라고 말했다. 회사의 긴 역사 내내 관계를 이어온 일본 황실도 고려해야 한다. 또한 최고 수준의 전통 다도에 정통하다고 여겨지는 3대 가문이 있는데, 세 곳 다 토라야에서 과자를 주문한다. 군마산에는 토라야의 흰팥을 계약 재배하는 농부 270명이 있다. 이 흰팥은 아주 오래전부터 이 지역에서 재배되어서 유전학적 고유성을 인정받을 정도다. 아버지와 아들이 토라야의 공장에서 함께 일한다. 팔십대인 서예가가 그의 아버지가 그랬듯 여전히 포장 디자인을 하고, 어쩌면 그의 딸이 계보를 이어나갈지도 모른다. "세대를 뛰어넘는 이런 관계가 무척 많습니다." 구로카와가 내게 말했다. 토라야의 절대적 우선순위는 지속성이다. 과거와 미래는 에노키앙에게 가장 중요한 요소로, 여기서 비롯된 장기적 관점은 다시 뚜렷하게 다른 사업 방식을 낳는다. 수백 년이 흐른 뒤 회사를 망하게 한 장본인이 되고 싶은 사람은 아무도 없다.

우선 오래된 가족 회사는 대개 경제학자들이 (심리학 분야와 마찬가지로) '내재적' 가치라 부르는 것을 지닌 제품과 서비스를 제공한다. 이들이 제공하는 것은 기능적이거나 아름답거나 전통적이거나 매력적이며, 무엇보다 시대를 초월한다. 인정받은 에노키앙 중에는 와인 제조사, 보석 세공사, 종 주조사, 간장 양조업자, 숲 관리인, 출판사, 청소용품 제조업체 등이 있다. 총기 제조사인 베레타(매일 1500개의 무기를 만든다)도 에노키앙의 회원이다.

또한 장기적 관점은 사회·환경적으로 더 나은 실천을 장려하는 듯 보인다. 오늘 한 행동이 미래에 자녀와 손주가 살아갈 세상을 만든다는 사실은 가족 기업의 사장에게 결코 추상적 개념이 아니다. 자부심도 한몫을 한다. 프랑스 퐁텐블로에 있는 세계 최고의 경영대학원 중 하나인 인시아드에서 가족 기업의 전략 고문을 맡고 있는 리제 뮐레르는 "많은 가족 기업의 이름이 가족의 이름에서 나왔기 때문에 언제나 기업에 가문의 평판이 달려 있습니다"라고 말했다. 역사가 긴 가족 기업은 대체로 보수적이다. 이들은 대개 경기 침체를 잘 버티는데, 과거의 경험에 의지할 수 있어서이기도 하지만 단기적 이윤을 내서 주주를 만족시키는 데 집중할 필요가 없기 때문이기도 하다.

에노키앙식 접근법이 소비를 멈춘 세상에 적합한 결정적 이유는 많은 에노키앙이 확장에 초점을 두지 않기 때문이다. 우선순위 목록에서 성장이 몇 번째냐고 묻자, 구로카와는 잠시 어리둥절해했다. 비정치적인 사람이 어떤 식으로든 정치에 별 관심이 없듯이, 토라야는 '비성장적'이다. 만약 회사가 나름의 가치를 추구한 결과 성장한다면 그것대로 좋다. 그러나 성장하지 못한다고 해도 괜찮다. 심지어 성장은 회사가 자사의 가치를 위험에 빠뜨렸다는 경고신호로 간주될 수도 있다. 예를 들어 일본의 전통적인 제과점 사이에는 경쟁자(그렇게 부를 수 있다면)가 사업을 그만뒀다거나 하는 특별한 상황 외에는 다른 제조사의 시장점유율을 빼앗으면 안 된다는 비공식적 합의가 있다.

서구 자본가들 사이에서 성장에 대한 무관심은 이단이다. 그러나 성장 없는 사업은 이미 경제의 큰 부분을 차지한다. 누구도 가족이 운영하는 동네 식당이 끝없이 확장하길 바라지 않는다. 갭과 파타고니아와 함께 일했던 제품 혁신 컨설턴트 오하라 테츠야는 최장수 사업체들 내에서 이러한 모델이 흔하다고 말했다. 오하라는 캘리포니아에서 MBA를 마치고 그가 '구식' 사업 가치라 부른 것과 함께 졸업했다. "시장점유율을 차지하는 방법, 가능한 한 빨리 성장하는 방법, 비용을 줄이는 방법, 소매가격을 올리는 방법이 그거예요." 그러나 그의 가족은 교토에서 거의 1세기 동안 섬유 가공제를 만들고 있었고, 그는 자라면서 다른 오래된 회사들을 여럿 알게 되었다. 일본은 그런 오래된 회사들의 온상으로, 100년이 넘은 회사가 거의 3만 5000개에 달하며 500년 이상을 버틴 회사도 수십 곳이다.

오하라는 대학이나 경영대학원에서 자주 강연을 하는데, 한동안은 장수 기업 모델을 제시하려고 애썼다. 그러나 미국 학생들은 그런 모델에 특히 무관심했다. "학생들은 단기 수익에 관심이 있습니다. 성장을 사랑하고, 얼마나 빨리 돈을 벌 수 있는지에 관심이 있죠." 오하라가 말했다. "문화가 그래요. 미국은 역사가 긴 나라가 아니고, 특히 캘리포니아에는 여전히 골드러시 문화가 있어요. 사람들은 지금도 금을 뒤쫓고 있어요."

일본에 딥타임deep-time 사업관*을 가진 회사가 그토록 많은 데는 몇 가지 이유가 있을 수 있다. 우선 일본은 역사 내내 끔찍한 지진과 화재, 쓰나미, 경기 침체, 전쟁에 시달렸다. 그동안 일본의 문화는 끝없는 성장이 아닌 흥망성쇠의 문화였으며, 일본인은 가만즈요이, 즉 '변함없는 인내심'으로 유명하다.

또한 일본은 19세기 말이 될 때까지 사코쿠, 즉 '쇄국'정책하에 고립된 상태로 250년을 보냈다. 그동안 경제는 매우 느린 속도로 성장했고, 새로 생긴 부는 대부분 더 좋은 집이나 깨끗한 상수도 시설 같은 실용적 개선 공사에 들어갔다. 가게와 식당이 많아졌고 부채나 빗 같은 소비재가 인기를 얻었지만 여전히 대부분은 집을 꾸미지 않았고 소유물도 별로 없었다. 역사가 프랭크 트렌트먼은 이를 '단순한 위안의 문화'라 칭하며 이러한 문화 덕분에 당시 일본인이 유럽인보다 삶의 질이 더 좋았을지도 모른다고 말한다.

단순한 위안은 환경에도 좋다. 국경을 거의 다 폐쇄한 국가는 그 안에 있는 자원으로 생존해야 한다. 즉 그 국가는 작은 크기의 지구가 된다. 쇄국정책 아래 있던 일본인에게 천연자원이 유한하다는 생각은, 에콰도르산 바나나를 먹고 중국산 핸드폰을 쓰고 방글라데시산 티셔츠를 입는 현대 소비자가 느끼는 것보다 훨씬 명백한 것이었다. 일본의 가장

---

* 수익 창출과 성장 속도 등의 단기적인 목표 대신 사회·환경적으로 더 나은 실천과 사업의 지속 가능성에 중점을 두는 사업관

큰 섬인 혼슈를 며칠 안에 걸어서 횡단할 수 있을 때, 제품 700개를 팔기 위해 300개를 버리는 것을 미친 짓으로 보는 윤리가 형성되는 것은 그리 놀라운 일이 아니다.

구로카와는 사업을 할 때 딥타임 사고가 단기적 사고보다 더 낫다고 생각할까? 그는 차분한 사람이며, 내가 둘 다 중요하다는 대답을 기대했다는 점을 인정한다. 그러나 그는 "물론입니다"라고 말했다.

구로카와가 역사적 교훈을 하나 더 알려주었다. 1915년 도쿄는 신사를 짓고 신성한 숲을 조성해 얼마 전 붕어한 천황을 기리기로 했다. 당시 선택된 지역은 도시 외곽의 축축한 농지였다.

임학자들은 이 계획을 여러 단계로 나누었다. 가장 첫 단계는 얼마 없는 소나무 주변에 10만 그루의 어린 나무를 심는 것이었다. 100년 뒤에는 참나무와 밤나무, 녹나무 같은 활엽수가 자라나 야생의 숲을 이룰 것이었다. 계획에 참여한 그 누구도 살아서 최종 결과물을 볼 수 없었다.

오늘날에는 성숙림이 하라주쿠역을 따라 완만한 언덕을 이루고 있다. 이곳은 차분함이 흐르고 폐로 깨끗한 공기를 들이마실 수 있는 푸른 휴식처이며, 사방으로 도쿄라는 대도시의 지평선이 펼쳐져 있다. 구로카와는 딥타임 비전의 탁월함에 경외감을 느끼며 잠시 말을 잇지 못했다.

"그런 식으로 생각하지 않으면," 마침내 그가 말했다. "인간 삶에 어떤 열의를 가질 수 있나요?"

우리는 혁신의 25퍼센트를 잃을 수 있을까

사람들은 보통 역사가 긴 사업체들은 분명 절대 변하지 않는 굼뜬 단체일 거라고, 고집불통일 거라고 상상한다. '성장하지 않으면 죽어가는 것이다'는 기업 문화의 금언이다. 우리는 엄청난 성장과 혁신을 동시에 낳는 세계경제 속에 살고 있기에 성장과 혁신 중 하나만 가질 수는 없다고 생각하게 되었다.

에노키앙은 이런 광범위한 오해와는 정반대의 방식으로 기능한다. 에노키앙이 흔치 않은 큰 이유는 혁신을 거듭하지 않으면 역사의 지각변동에서 살아남을 수 없기 때문이다. 이는 때때로 변신에 변신을 거듭해야 한다는 의미이기도 하다. 예를 들어 네덜란드 기업인 반 에이흐헌은 1662년에 처음 설립되었을 때 모직과 와인, 소금, 그 밖의 다른 기본 상품을 거래하다가 은행을 세웠고, 미국의 부동산을 사고팔았으며, 수문과 운하를 지었고, 담배와 목화를 재배했고, 다시 해운업으로 돌아왔다가, 마침내 제이차세계대전이 끝난 후로는 향신료와 건조식품을 취급했으며, 현재는 건강보조제를 판매하고 있다.

리제 묄레르는 (오늘날 민첩성과 파괴를 둘러싼 사업 분야의 그 모든 미사여구에도 불구하고) 에노키앙이 관습적이고 성장 중심적인 회사보다 더욱 빨리 소비 없는 세상에 적응할 것이라 예측한다. 심지어 토라야처럼 '한 가지를 잘하는' 접근법을 택한 장수 기업도 비즈니스 모델의 끊임없는 발전과 소비자의 취향 변화에 익숙하다. 구로카와는 토라야가 만드는 모든 상품이 단 몇 년 전과 비교해도 맛이 다르다고 말했다. 토라야는 기후변화에 발맞춰 쉬지 않고 새로운 품종의 팥을 재배하며, 최근에는 이 재난시대(원전 사고, 태풍, 쓰나미, 팬데믹)의 비상식량으로서 요칸의 새 판로를 찾았다. 토라야의 모토는 "전통은 계속되는 혁신이다"이다. 프랑스어로 번역한 문장은 더 완강하다. "전통은 혁명의 연속이다."

우리는 자신이 전례없는 혁신의 시대에 살고 있다고 생각하지만 사실은 쉬운 혁신의 시대라는 말이 더 정확하다고, 기술 전문 기자인 크리스 드 데커Kris De Decker는 말했다. 주로 석유를 이용해 만든 값싼 에너지 덕분에 이례적인 속도로 자원을 캐고 물건을 생산하는 것이 가능해졌다. "우리는 에너지를 영원히 사용할 수 있는 척, 에너지 사용에 부정적인 면은 전혀 없는 척 행동합니다. 그러나 한계가 발생하는 순간 삶을 개선하기 위해 혁신해야만 하죠." 드 데커가 내게 말했다. "바로 거기서부터 정말 재미있어지기 시작합니다."

유럽의 주요 신문사에서 기술 관련 기사를 쓰던 드 데커는 2007년에 기후변화를 비롯한 전 세계의 중대 문제를 기술로 해결할 수 있다는 믿음을 상실했다. 그리고 첨단 기술이 모든 것을 해결할 수 있다는 사고방식에 제동을 거는 플랫폼으로서 『로테크 매거진』을 발행하기 시작했다. "그러던 어느 날 저녁에요," 드 데커가 말했다. "독서중이던 여자친구가 이렇게 묻는 겁니다. '시각 통신optical telegraph이 뭔지 알아?'"

드 데커는 시각 통신이 무엇인지 몰랐다. 시각 통신에 대해 알아보기 시작한 그는 자신이 '우리가 잊어버린 세계'라고 표현한 것, 즉 첨단 기술 없는 혁신의 역사에 첫발을 내디뎠다.

알고 보니 시각 통신은 (망원경을 이용해) 시야가 닿는 거리 내에 탑을 지어 시각적으로 메시지를 전달하는 체제였다. 각 탑은 가로로 긴 팔의 양끝에 두 개의 짧은 팔이 달린, 폭풍으로 날이 망가진 오래된 풍차 같은 모양이었다. 통신공은 레버를 이용해 여러 개의 팔을 조정하면서 신호를 보낼 수 있었고(각 신호는 글자나 숫자, 단어, 구로 암호화되었다), 이 신호는 연이은 탑으로 전달되었다. 시각 통신은 더 빠르고 똑똑한 봉화 같은 것이었다. 파리에서 릴까지 230킬로미터를 연결한 최초의 시각 통신은 열다섯 자의 전갈을 30분 안에 전달할 수 있었다. 각 신호는 시속 1380킬로미터의 속도로 이동했으며, 드 데커의 계산에 따르면 이는 대부분의 여객기보다 더 빠른 속도다.

그때는 1791년이었다. 이 기술의 속도는 곧 두 배로 뛰었다. 프랑스 리옹에서 이탈리아 베네치아까지 이어진 통신망은 한 시간 안에 650킬로미터를 가로질러 일반적인 전갈을 전달할 수 있었다. 시각 통신은 전신보다는 반세기 먼저, 최초의 이메일보다는 거의 200년 앞서서 발명되었다.

드 데커가 한 생각은 시각 통신이 현대 통신 기술보다 더 낫다는 것이 아니라(확실히 그렇지 않다) 이것이 오늘날 무척이나 중요한, 한계 내에서 작동하는 혁신의 극치라는 것이었다. 시각 통신은 (최소한 안개가 끼지 않은 낮에는) 빠르고 정확한 장거리 통신을 달성하면서도 약간의 목재와 돌 외에는 생태발자국을 남기지 않았고, 전기나 화석연료도 필요치 않았다. "역사가 보여주듯이, 사람들은 인간 조건과 사회를 계속해서 개선할 수 있었습니다." 드 데커가 말했다. "20세기에 우리는 완전히 다른 길을 갈 수도 있었습니다."

전통적인 경제학자들은 오래전부터 이윤 추구의 동기가 혁신을 이끈다고 주장했지만, 그 또한 현실이 작동하는 방식은 아닌 듯 보인다. 매사추세츠 공과대학교의 경제학자인 에릭 폰 히펠은 여러 국가에서 연구를 진행한 뒤, 수많은 혁신이 애초에 사업체가 아닌 자기 아이디어를 자유롭게 공유하는 평범한 사람들에게서 나온다는 사실을 발견했다. 폰 히펠이 그 사례로 내놓은 한 아마추어 자전거 제작자는 새로운 산악 자전거 디자인을 만든 후 그 자전거를 타고 시내를 돌아다니고, 온라인에 사진을 올리고, 심지어 다른 사람에게 디자인을 모방하거나 개량해 사용하라고 권한다. 이 자전거 개발자는 수익 창출이 아닌, 무언가 유용한 것을 창조하고 공동체에서 좋은 평판을 얻는 데서 만족을 느낀다. 마찬가지로 과학자들도 과학의 진보에 무척 중요한 장치를 개발했을 때 그 발명으로 아주 적은 수익만을 내거나 아예 수익을 내지 않곤 한다.

수천 가지 사례가 혁신은 돈과 성장을 위한 욕구에서 나온다는 개념을 반박한다. 아마 그중 가장 유명한 사례는 우주에서 수익을 내려는 목적보다는 냉전 경쟁과 탐구열의 결과에 더 가까웠던 1969년의 미국 달 착륙일 것이다. 또다른 사례는 이메일인데, 이메일은 프로그래머 레이 톰린슨이 정부자금을 받은 인터넷의 전신 아르파넷을 연구하다가 부수적으로 개발한 것이었다. 이후 톰린슨은 이렇게 말했다. "우리의 후원자였던 미 국방부는 이메일이 필요하다는 류의 말을 전혀 하지 않았습니다. 내 상사도 이메일에 관해 뻥긋도 하지 않았어요. 그냥 컴퓨터와 네트워크를 이용해서 이메일을 만들면 재미있을 것 같았습니다." 투자금 10억 달러를 끌어들이려고 덧없이 사라질 또하나의 앱을 만들려는 현대 스타트업과는 완전 딴판이다.

최근의 소비 재난에서 혁신을 찾아볼 수 없었다면, 그건 우리 사회가 소비 주도적 경제 회복을 기다리며 마냥 손을 놓고 있기 때문이다. 이와 달리 소비가 영원히 둔화된다면 독창성이 돌연 사라지기보다는 오히려 폭발할 가능성이 높다. "모든 것을 다시 생각해야 합니다." 드 데커가 말했다. "혁신이 아주 많이 필요합니다. 다른 의미의 혁신이요."

몇 년 전부터 드 데커는 개인적으로 저기술low-tech 생활, 즉 쇼핑을 거의 그만둔 저소비 생활방식을 실험중이다. 그는 대다수의 눈에 자신이 '고집불통 멍청이'로 보일 것을 안다. 벨기에 출신인 드 데커는 현재 바르셀로나 근처의 난방장치 없는 집에 세 들어 살고 있다("그래서 보온 내의에 집착해요"). 자동차가 없고, 오래된 버튼식 노키아 핸드폰과 2006년 모델 노트북을 쓴다. 출장을 자주 다니지만 절대 비행기를 타지 않고, 태양열을 이용해 웹사이트를 운영한다. 이러한 선택에 더해, 오늘날까지 이어지는 문제들을 과거에 어떻게 해결했는가에 대한 지식이 사회에서 소비가 줄어들려면 어떤 변화가 필요할지를 파악할 수 있게 해준다. 예를 들면 이렇다. "유럽의 철도망이 해체되고 있다는 사실을 확실히 알아차릴 수 있어요." 드 데커는 오늘날 유럽의 고속철도망을 이용해 이곳저곳을 다니는 것이 1세기 전의 기차 이동보다 보통 돈도 더 들고 에너지도 더 많이 소모한다고 말했다. 가장 놀라운 것은 시간 낭비도 더 클 수 있다는 사실이다. 야간 기차가 줄어들면서 한때는 잠든 사이에 이동할 수 있었던 긴 거리를 이제는 낮시간에 이동해야만 한다. 실제로 이 '체감 시간' 접근법을 적용하면 공항까지 이동해서 탑승을 기다리고 비행한 뒤 마침내 목적지까지 이동하는 데 과거에 야간 기차로 이동하던 것보다 가용시간이 더 많이 들어가기도 한다. (기억에서 잊힌 혁신이 또하나 있는데, 바로 열차를 실어서 바다를 건너는 페리다. "한때는 열차 페리가 매우 흔했습니다." 드 데커가 말했다. "이런 페리에 관한 책도 있어요. 제게도 한 권 있습니다.") 철학자 이반 일리치도 이와 비슷한 주장을 했다. 자전거를 타는 사람은 자동차를 끄는 사람보다 늘 시간을 더 절약하는데, 자전거 운전자는 자기 교통수단을 소유하고 관리하는 데 필요한 돈을 벌기 위해 쓰는 시간이 훨씬 적기 때문이라는 것이다.

쇼핑 없는 세상(군살이 더 적고 더 효율적인 소비문화를 떠올려보라) 역시 진정으로 더욱 유용한 혁신을 선호하게 될지 모른다. 사업체들의 요란한 광고를 통해 우리는 혁신이 그 자체로 좋은 것이라 생각하는 데 익숙해졌다. 사실 주변 세상을 대충만 둘러봐도 혁신이 명백히 좋은 것인 동시에(예를 들면 안경) 명백히 나쁜 것이기도 하며(디지털 신분 도용), 대체로는 장점과 단점이 뒤섞여 있다는 사실(스마트폰)을 금방 알 수 있다. 대침체가 한창일 때 미국의 연방준비제도이사회 전 의장 폴 볼커는 모기지 담보부증권처럼 세계경제를 쓰러뜨린 새 금융상품들을 조사했다. 그리고 이렇게 물었다. "이 상품들은 우리가 더 많이 만들고자 하는 훌륭한 혁신이었습니까?" 그는 이렇게 덧붙였다. "지난 20년간 내

가 본 가장 중요한 금융 혁신은 ATM이었습니다. 이 기계들은 사람들에게 진짜로 도움을 줬습니다." 볼커의 이 연설은 우레와 같은 박수를 받았다고 한다.

우리는 혁신의 25퍼센트를 잃을 수 있을까? 새로 출시되는 초코바와 늦은 밤 텔레비전에서 광고하는 발명품, 수상쩍은 투자, 새로운 형태와 색깔의 옷, 유행하는 크리스마스 선물, 각종 유행이 전보다 줄어도 고통스럽지 않을까?

"그중 90퍼센트는 없어도 괜찮다고 봅니다." 드 데커가 말했다.

변함없는 것과 사라지는 것이 충돌하는 곳

료칸, 즉 일본 전통 여관인 호우시는 현재 운영중인 가족 기업 중 전 세계에서 가장 오래된 곳, 즉 에노키앙 중의 에노키앙이다. 호우시는 1300년도 더 전인 718년에 온센, 즉 온천이 흐르는 곳에 지어졌다. 718년은 콜럼버스가 미국에 도착하기 거의 800년 전이며, 바이킹이 영국 약탈을 시작하기 수십 년 전이다. 마야문명이 이제 막 절정에 달했을 때이자 『쿠란』이 완성된 지 100년도 안 지났을 때이며, 「베어울프」가 나온 것은 그로부터 한 세기도 더 지나서였다. 호우시에 가면 오래된 물에 몸을 담그고, 살아 있는 그 어떤 나무보다 큰 나무로 만든 기둥 아래 잠들 거라고 상상하기 쉽다. 숲은 세월이 지나며 깜깜하고 성스러운 분위기를 풍길 것이고, 50세대 동안 이어진 인물들이 꿈속에 나타날 것이다.

현실은 딱히 그렇지 않다. 호우시는 세월이 흘러도 변함없는 사업 방식이 순식간에 사라지는 사업 방식과 충돌한 곳이다. 흉터가 오래된 피부에 새살이 난 것이듯, 이 충돌도 호우시에 흔적을 남겼다.

호우시가 있는 아와즈는 도쿄에서 겨우 200킬로미터 거리지만 인적

235

이 드문 곳에 있어서 도착하기까지 거의 네 시간이 걸린다. 코로나바이러스 팬데믹으로 전 세계가 종말의 이미지에 익숙해지기 훨씬 전에, 아와즈는 서서히 파멸을 맞이하고 있었다.

버려진 집들(어떤 집은 빈 지 오래되어 허물어졌고, 어떤 집은 최근에 버려져서 아직 가구가 가득하다)이 좁은 길 양쪽에 드문드문 흩어져 있다. 이 집들이 암울한 첫인상을 만들어내지만, 퇴락한 호텔에 비하면 이쪽은 사실상 유쾌한 편이다. 푸르른 하쿠산 자락에 자리한 거대한 호텔들은 부서진 회반죽과 녹슨 발코니, 떨어진 타일이 어렴풋하게 보인다. 고층 건물들은 넝쿨로 뒤덮여 있어서 사람이 사는 곳이라기보다는 숲 뒤에서 빼꼼 드러난 암석 같다. 어딜 가든 오래된 것처럼 보이기엔 너무나 새것인 물건들이 으스스하게 버려져 있다.

호우시는 반가운 광경이다. 400년 된 삼나무 한 그루가 문 앞에서 보초를 서고 있고, 짙은 색인 나무 기둥 및 기와와 달리 건물 벽은 새로 하얗게 칠했다. 화사한 기모노를 입은 직원들이 손님을 반갑게 맞이한 뒤 어리둥절해하는 외국인에게 신발과 식사, 공중목욕탕 에티켓을 공손히 알려준다(수건을 걸거나 바닥에 내려두면 안 된다. 그 대신 네모 모양으로 가지런히 접어 공작부인의 머리장식처럼 머리 위에 올려두어야 한다). 건물 거의 어디에나 있는 긴 창문을 통해 돌과 식물, 물로 이루어진 안뜰이 내다보인다.

현재 호우시의 책임자는 팔십대인 호우시 젠고로다. 그는 무릎을 꿇고 차와 와가시를 대접하면서 보통 살아 있는 생명체에게 쓰는 애정어린 말투로 여관의 욕탕을 채우는 오래된 온천수에 대해 이야기했다. 그러나 그의 목소리에는 후회가 깔려 있었다. "젠고로라는 이름은 현재 46대째 이어지고 있습니다." 그가 말했다. "아마 저는 그중 이룬 것이 가장 적은 사람일 겁니다."

이야기에 따르면 한 뛰어난 스님이 수 세기 전에 하쿠산의 부름을 받고 이 지역을 찾았다. 이곳에 도착하자 어느 목소리가 들려와 치유력이 있는 온천의 위치를 알려주었다. 병을 고치고자 아와즈를 찾는 사람들의 발길이 이어지면서, 스님은 한 행자가 입양한 아들이었던 1대 젠고로에게 온천수 관리를 맡겼다. 그때부터 이곳의 온천과 숙소는 계속 아버지에게서 맏아들에게로, 젠고로에게서 젠고로에게로 대물림되었다. 그동안 지진과 홍수, 태풍이 여러 번 발생했지만 아와즈는 망가진 곳을 손보며 기존의 생활을 이어갔다. 아와즈는 계속 변화가 느린 조용한 동네로 남았다.

그러던 중 '일본의 기적'이 발생했다. 1980년대 말, 금융 규제 완화와 저금리에 힘입어 이미 호황이었던 일본 경제가 더욱 미쳐 날뛰기 시작했다. 전 세계 사람들이 지금까지 '대공황'을 기억하듯 그 광란의 투기는 '버블'이라는 이름으로 기억되고 있다. 버블이 절정에 이르렀을 때 규모가 미국 부동산의 5퍼센트였던 일본의 부동산 총가치는 미국의 부동산을 다 합친 것보다 두 배 더 높았다.

아와즈는 붐비는 휴양지로 변모했고, 풀어야 할 스트레스와 돈이 넘쳐나는, 갑자기 부유해진 일본인들로 가득찼다. 호텔들은 문을 열자마자 숙박객이 밀려들었고, 젠고로는 사업가들이 게이샤와 '호스티스'를 고용해 매일 밤 파티를 즐기던 것을 기억한다. 당시 그는 누구도 때가 타 검어진 오래된 나무를 보고 싶어하지 않는다는 말을 들었다. 사람들은 강철과 색채와 유리를 원했다.

경제학자들은 그다음 벌어진 상황에 "일방적인 베팅 같은 것은 없다"라거나 "영원히 지속될 수 없는 것들은 언젠가는 멈춘다"라는 별 소용없는 처방을 내린다. 과열된 일본 경제는 1989년 12월 29일에 절정에 달했다. 긴 침체가 시작되었고, 어떤 면에서 그 침체는 아직 끝나지 않았다.

"다행히도 이 입구와 목조건물 하나는 남겨두었습니다. 하지만 더 오래되고 가치 있는 건물들을 내가 허물었어요. 그러지 말았어야 했는데. 독단적인 결정이었고, 매일 그 결정을 후회합니다." 젠고로가 내게 말했다. "지금부터는 사회의 변화에 부화뇌동하지 않고 우리 고유의 가치를 추구해야 합니다."

역사적 건물이 더 현대적인 건물로 바뀌면서, 이제 호우시에는 방문객에게 화약이 발명되기 100년 전에 문을 열었던 여관을 떠올리게 하는 것이 별로 없다. 긴 역사를 가장 분명하게 보여주는 증거는 편백을 이용해 못을 전혀 박지 않고 지은 손님 숙소다. 이 건물은 정원 가운데에 있어서 마치 땅에서 태어난 것처럼 보이고, 일본 왕족을 접대하는 곳으로 쓰인다. 이 건물을 제외하면 호우시는 수 세기가 아니라 수십 년이 된 곳처럼 느껴진다. 모던하고, 약간 위축되었다. 주로 참선에 사용되던 방에는 이제 패스트푸드와 음료가 나오는 환한 자판기 다섯 대가 놓여 있다.

젠고로 가문은 개인적인 비극을 겪기도 했다. 가업을 물려받아야 할 맏아들(47대였던 젠고로)이 일찍 사망한 것이다. 몇 년 전 딸인 히사에가 아와즈로 돌아와 경영 공부를 시작했다.

젠고로는 스스로에게 무척 가혹하다. 여관 복도를 걷는 모습을 보면 등에 실제로 무거운 것을, 잠시라도 내려놓지 못하는 짐을 진 사람 같다. 그는 자신이 이뤄낸 것을 보지 못한다. 오래전에 국제사회는 미래가 언제나 늘어나는 부와 영원한 성장에 기반할 거라고, 늘 새롭고 절대 낡지 않을 거라고 장담했다. 지속되는 것이 미래는 아니라는 그 형용모순은 아와즈 도처에서 서서히 퇴색하고 있다. 호우시는 여전히 건재하다.

14장

더이상 소비자가 아니라면
우리는 누구일까

몇 년 전 가을, 조이 할렐이라는 젊은 여성은 런던 교외에 있는 대거넘의 자기 집 근처에서 오픈 준비중인 가게를 발견했다. 동네에 새로운 곳이 생길 때 늘 그랬듯이 할렐은 그 가게에 호기심이 생겼다. 자기 삶이 변화하기를 간절히 바라고 있었기 때문이다.

"완전히 고립되어 있었어요. 사람들과 어울린 적이 한 번도 없었죠." 할렐이 말했다. "몇 년이나 길가에서 마주치는 사람들이 있잖아요. 동네에 오랫동안 살면서 사람들을 알아볼 수 있게 되지만, 이야기를 나눌 이유가 없으면 인사 없이 서로 그냥 지나치게 돼요."

할렐은 자기 희망이 헛되다는 것을 알았다. 가게 하나가 자기 삶을 바꿔줄 거라 생각할 근거가 전혀 없었다. 가게는 도시와 마을의 공공장소를 장악하고 있지만 대개는 사교를 위한 공간이 아니며, 안에서 쓸 돈이 없다면 카페와 술집도 막다른 벽과 다름없을 수 있다. 소비문화는 그 미친 듯한 활기에도 불구하고 종종 원자화되며 개인적이다. 홀로 함께 있는 군중인 것이다.

어린 딸이 있는 스물다섯 살의 할렐이 당시 마주한 것은 현대사회에 익숙한 이웃 관계의 부재만이 아니었다. 할렐은 거의 10년간 광장공포증을 앓고 있었다. 불안의 일종인 광장공포증 때문에 그는 부모님 및 딸과 함께 사는 집에서 한 블록 이상 걸으려 하면 압도적인 공포에 휩싸였다. 그러나 5년간 자기 방에서 거의 나오지 않았던 때에 비하면 이조차도 전보다는 나아진 것이었다.

얼마 지나지 않아 가게의 창문에 빨간 시트지로 이름이 붙었다. 에브리원에브리데이Every One Every Day. 할렐은 이 새로운 공간으로 향하는 횡단보도까지 걸어가보려 했지만 성공하지 못했다. 심장이 쿵쿵 뛰었고, 곧 극심한 공포에 빠져들었다. 그러던 어느 날 마침내 가게가 문을 열었다. 가게 앞에는 해변에서 볼 법한 종류의 의자들이 놓여 있었다.

그 주말에 할렐의 어머니가 에브리원에브리데이에서 발행한 뉴스레터를 들고 집에 돌아왔다. 알고 보니 그 공간에선 아무것도 판매하지 않았다. 전단지는 호박 수프 만들기 수업, 새장 칠하기 워크숍, 댄스 수업처럼 참여할 수 있는 프로그램으로 가득했다. 전부 무료였다. "너무 많은 에너지를 낭비하고 있다고 느끼던 때였어요." 할렐이 말했다. "그러다 갑자기 배울 수 있는 일들이 이렇게나 많이 생긴 거예요. 단 하루도 놓치고 싶지 않았어요."

할렐은 가게문을 열고 들어가는 데 성공했다. 그리고 그의 삶이 바뀌었다.

실로 매혹적인 실패의 순간

오늘날 우리가 사회에서 맡는 제1 역할이 소비자이기 때문에, 소비를 멈추면 우리는 소비자가 아닌 다른 무엇이 될 것이라 자연스레 생각하게 된다. 소비문화의 비판자들은 여기서 더 나아가 우리의 다음 정체성이 반드시 더욱 고결할 것이라 주장하곤 한다. 우리가 이웃에게 더 친절해지고, 책임감도 커지고, 더 철학적이고 영적으로 변하리라는 것이다.

존 알렉산더Jon Alexander는 이러한 가정이 위험하다고 생각한다.

런던에서 광고 전문가로 일했던 알렉산더는 우리가 소비자 정체성을 포기했을 때 어떤 새로운 역할을 맡을 수 있을지 연구하는 단체인 새로운 시민권 프로젝트New Citizenship Project의 창립자다. 런던 템스강변에서 내게 속사포처럼 읊어준 그가 가장 좋아하는 인용구 중 하나는 아라비아의 로런스의 제일차세계대전 회고록에 나온다.

다가올 세상의 상쾌한 아침이 우리를 취하게 했다. 우리는 이루 다 말할 수 없고 허황하지만 얻기 위해 싸워야 할 신념에 잔뜩 부풀어 있었다. (…) 그러나 우리가 성공을 거두고 새로운 세상이 밝아오자 다시 과거의 인물들이 등장해 우리의 승리를 우리가 알던 이전의 세상과 비슷하게 만들어버렸다.

알렉산더는 제일차세계대전이 일어나기 전에는 지구에 사는 사람 대다수가 피지배자, 즉 신이나 지도자, 국가에 충성해야 하는 개인이었다고 말했다. 전쟁이 끝나자 연기가 피어오르는 폐허에 질문 하나가 떠다녔다. 과거와 똑같은 사회를 만들 것인가, 새로운 사회를 세울 것인가? 코로나바이러스 팬데믹으로 전 세계가 멈췄을 때 많은 곳에서 던진 것과 똑같은 질문이었다. 대답 또한 같았다. 알렉산더는 "새로운 세상으로 들어갈 수 있는, 실로 매혹적인 실패의 순간이 있었습니다"라고 말했다.

세계 질서는 또 한번의 세계 전쟁을 겪고 나서야 다른 길을 가기 시작했다. 제이차세계대전이 끝나자 세계인권선언과 세계은행, 공익사업의 극적인 확대 같은 그야말로 새로운 생각과 제도가 등장했다. 새로운 사회는 GDP 성장이 성공의 주요 척도인 소비사회가 될 것이었다. 개인에게도 새로운 역할이 부여되었다. "우리는 소비를 하던 사람에서 소비자로 살아가는 사람이 되었습니다. 소비는 원래 여러 정체성 중 하나였지만 그때부터 유일한 정체성이 되었어요." 알렉산더가 말했다.

에브리원에브리데이는 다른 가능성을 제안한다. 바로 우리가 다른 무엇보다 참여자가 될 수 있다는 가능성이다. 10여 년 전, 테시 브리튼이라는 영국 사회운동가가 전 세계에서 새로운 공동체 프로젝트 사례를 수집하기 시작했다. 이러한 프로젝트에서 사람들은 큰돈이나 관료제의 개입 없이 한자리에 모여 무언가를 배우고 나누고 만들었는데, 예를 들면 빈 땅을 시민 농장으로 만들거나 자유롭게 자전거를 수리할 수 있는 공간을 마련했다. 브리튼은 이 같은 노력을 낙천적인 중산층의 최신 유행으로만 바라보지 않았다. 우선 그는 이 프로젝트들이 종교와 인종, 사회계층이 다양한 사람들을 한곳에 모은다는 사실을 알게 되었는데, 이는 다른 접근법으로는 달성하기 힘든 일이었다. 또한 그는 이러한 종류의 프로젝트 하나하나가 아주 소수에게만 영향을 미친다 해도, 사람들이 충분히 많이 모이면 결국 훨씬 더 참여적인 삶의 방식을 만나게 된다는 사실을 깨닫기 시작했다. 브리튼은 2010년에 이렇게 말했다. "이러한 비전 속에서 '제대로 된 일'을 할 시간은 거의 없을 것입니다. 우리는 기르고, 만들고, 요리하고, 대화를 나누고, 배우고, 가르치느라 너무 바쁠 테니까요."

7년 뒤 브리튼은 참여도시재단의 CEO로서 바킹 대거넘 자치구에서 에브리원에브리데이 지점 두 곳의 개업을 감독했다. 이곳들이 바로 참여의 거점이었다. 2022년까지의 목표는 20만 명이 사는 이 자치구에 지점 다섯 개, 창의적 활동에 필요한 도구와 기계를 가득 채운 창고 하나, 지역 주민이 운영하는 '미니 허브' 50개, 무료거나 저렴한 활동 수백 개를 마련하는 것이다.

바킹 대거넘은 세계 최대 규모의 '참여 문화' 실험을 실시할 때 뻔하게 선택할 만한 지역이 아니다. 런던 중심부에서 지하철로 한 시간 거리인 이 자치구는 처음에 자원봉사 참여율이 전국 평균의 절반이었다. 11퍼센트였던 실업률은 당시 전국 실업률의 두 배 이상이었다. 바킹 대거넘은 십대 임신율, 기대수명, 빈곤 아동, 범죄, 연소득, 아동 비만 등 모든 지표가 평균보다 나쁘다.

바킹보다 더 외곽에 있는 대거넘은 런던에서 가장 가난한 지역이다. 이곳에서 노동계급이란 주로 저소득 서비스 직종에 종사한다는 뜻이다. 외국인이 볼 때 어느 도시나 지역의 주요 상점가를 뜻하는 영국식 단어 '하이 스트리트'는 다소 호화롭게 들린다. 그러나 대거넘의 하이 스트리트는 호화롭지 않다. 이곳에는 의류 체인점이나 매혹적인 쇼윈도가 없다. 기본적인 서비스업과 포장 전문 식당, 스타더스트 리넨과 해롤즈 보석 할인매장 같은 한 줌의 가족 사업체뿐이다. 이곳은 어떤 사람이 지폐나 신용카드 없는 지갑에서 동전을 털어 식료품값을 내는 것을 볼 수 있는 지역이다. 런던의 흔한 소나기를 피하려고 차양 아래로 급히 뛰어들면 그곳에 있던 사람들이 자기 가방을 끌어안고 몸을 움츠리는 지역이다.

그러나 에브리원에브리데이가 문을 열고 첫 8개월간 2000명이 넘는 사람들이 거의 40개 장소에서 열린 70개 프로젝트에 참여했고, 이 수치들은 계속해서 빠르게 늘고 있다. 갑자기 대거넘 사람들은 함께 모여 각자 가져갈 음식을 잔뜩 요리하고, 공공장소를 꾸미고, 팝업스토어에서 직접 만든 공예품을 판매하고, 도로를 임시 놀이터로 만들고, 영화를 찍거나 구어에 가까운 시를 쓰는 법을 배우고 있었다. 또한 주민들은 칵테일을 만들고 요가를 하고 머리를 땋고 비누를 만드는 법을 무료로 가르쳤다. 한 '듣는 이발사'는 이발소 의자에 앉아 소리내어 책 읽는 연습을 하는 아이들의 머리를 반값에 잘라주었다. 원래 참여도시재단은 1000제곱미터 넓이의 '메이커스페이스', 즉 3D 프린터에서 금속 가공용 드릴 프레스, 산업용 주방 등의 장비를 갖춘 창고를 마련할 계획이었다. 그러나 결국 대형 복음주의 교회 옆에 그보다 세 배 이상 넓은 창고를 열게 되었다.

그러나 숫자는 에브리원에브리데이의 영향력을 정확히 드러내지 못한다. 그 영향력을 제대로 느끼려면 조이 할렐 같은 사람들이 필요하다. 할렐은 처음 만났을 때 너무 자신감 넘치는 모습이어서 나는 그가 몇 달 전까지 거의 고립된 삶을 살았다는 사실을 알고 깜짝 놀랐다. 그는 에브리원에브리데이의 발상을 진지하게 믿고 있었다. 말 그대로 그곳에 매일 갔으니까. 예컨데 다비리는 할렐이 새로 사귄 친구 중 한 명으로, 다비리의 딸인 대니엘라는 할렐의 딸 미아와 나이가 비슷하다. 두 엄마와 두 딸은 집이 서로 2분 거리지만 다비리가 에브리원에브리데이에 들르기 전까지는 한 번도 만난 적이 없었다. 다비리는 내게 "사람들이 저를 환영해줬고, 함께 차를 마시고 대화를 나눴어요. 그때부터 이 공간에 애정을 느끼게 됐어요"라고 말했다. 다비리와 할렐, 두 사람의 딸, 그러니까 한 흑인 여성과 백인 친구, 한 백인 소녀와 흑인 친구가 처치엘름 레인을 함께 걸어가는 모습은 다른 곳에서는 드문 장면이 아닐 수 있지만, 대거넘은 10년 전만 해도 백인 민족주의자가 구의회에서 10여 석을 차지했던 지역이다. 나치와 비슷한 지역구 상징을 지금도 여기저기서 찾아볼 수 있으며, 지나가는 사람의 티셔츠 같은 곳에서 버젓이 보이는 경우도 많다.

대거넘의 참여자들에게 에브리원에브리데이가 문을 열기 전에는 여가 시간을 어떻게 보냈느냐고 물었다. 쇼핑을 하거나, 손톱 관리를 받거나, 술집이나 카페에서 시간을 보내거나, 아이들을 데리고 놀이공원에 가거나, 당일치기 여행을 가거나, 영화를 보러 갔다는 대답을 기대했다. 그러나 내가 계속해서 들은 대답은 "아무것도 안 했어요"였다.

"이 동네에서 14년째 살고 있어요." 다비리가 말했다. "제가 하는 거라곤 출근했다가 퇴근하고 집에 처박혀 있는 것뿐이에요. 출근을 안 하는 주말에도 금요일 저녁 집에 돌아온 뒤 일요일 아침 교회에 갈 때까지 집에서 안 나가요. 우리 가족은 저와 대니엘라뿐이에요. 아이가 매일 물어봐요. '엄마, 우리 어디 가?' 그럼 저는 이렇게 말하죠. '아무데도 안 가.'"

알고 보니 바킹 대거넘은 적어도 한 가지 중요한 측면에서는 참여 문화를 실험하기 완벽한 조건을 갖고 있었다. 소비사회에서 우리의 제1 역할이 일하고 소비하는 것이라면 대거넘 주민 상당수가 사회에서 배제된다. 많은 사람이 꾸준한 일이 없거나 은퇴 후 소득이 매우 적거나 무직 상태이며, 그보다 더 많은 사람이 내야 할 돈을 내고 나면 쓸 돈이 없을 만큼 소득이 적다. 바킹 대거넘 자치구는 소비사회에서 소비할 여유가 없으면 할 수 있는 일이 그리 많지 않다는 사실을 적나라하게 보여준다.

에브리원에브리데이를 지탱하는 두 개의 기둥

한 사회적 역할을 뒤로 하고 새로운 역할을 취하는 것은 쉬운 일이 아니다. 에브리원에브리데이의 문을 열기 전, 참여도시재단은 수년간의 준비 작업 동안 무엇을 배웠는지 검토하기로 했다. 그리고 사람들의 참여를 막는 가장 큰 장애물은 '참여 문화의 새로움'이라는 사실을 알게 되었다. 사람들은 참여가 무엇인지, 어떻게 작동하는지, 어떻게 참여할 수 있는지를 알지 못했다. 참여는 '문화적 규범'이 아니었다.

쇼핑을 멈춘다 해도 소비자의 사고방식은 사라지지 않는다. "우리 안에 아주 깊숙이 박혀 있죠." 에브리원에브리데이의 부대표인 냇 디프렌드Nat Defriend가 말했다. "그게 우리의 본성이라고는 생각하지 않지만, 우리 문화에 박혀 있는 것은 확실해요. 소비자 사고방식은 인간사회와 공동체가 구성되는 방식의 중요한 동력이에요. 물론 경제 관계의 중요한 동력이기도 하고요."

디프렌드는 원래 가석방 감찰관이었는데, 형법 제도와 사회복지 제도의 상의하달식 사후 문제 해결 방식에 염증을 느끼게 되었다. 그는 참여 문화가 어린 시절부터 더 많은 사람에게 공동체의식과 목적, 기회를 제공해 사회문제를 예방할 수 있을 것이라 생각했다. 그러나 그런 일은 저절로 발생하지 않았다. 우리가 일궈야 했다.

에브리원에브리데이를 지탱하는 두 개의 기둥이 있다. 하나는 참여 기반 시설로, 지점과 창고, 안전 계획, 통신수단 등이 여기에 속한다. 두 번째 기둥은 사람들이 참여자라는 새 역할에 적응할 수 있도록 돕는 훈련된 팀이다. 내부에서 '온전한 참여의 생태계'라고 이름 붙인 것이 이들의 목표인데, 이 생태계가 마련되면 바킹 대거넘의 모든 주민이 집에서 도보로 15분 이상 이동하지 않고도 무료 활동에 참여할 수 있는 기회를 매일 스무 번 얻게 된다.

"멋진 말로 '패러다임 전환'이라고 하죠." 디프렌드가 말했다. 에브리원에브리데이는 소비주의적 세상 안에서 운영되지만(이들의 목표 중 하나는 5년 안에 바킹 대거넘에서 새로운 사업체 100개를 만들어내는 것이다) 한편으로는 그 밖에서 운영되기도 한다. 사람들은 이곳에서 많은 것을 공유하지만, 디프렌드는 그러한 활동을 '공유경제'로 여기지 않는다. 차량 호출이나 주택 임대처럼 영리를 추구하는 사업체가 그 용어를 장악했기 때문이다. 바킹 대거넘에서 공유는 여성 몇 명이 돌아가면서 서로의 아이들을 돌볼 공간을 표시하기 위해 작업장 바닥에 선을 긋는 것만큼이나 단순하고 직접적이다. 이 사례는 소비문화가 부재하거나 제대로 기능하지 않는 지역에서 금전 거래나 경제성장 없이 참여자들의 삶의 질을 극적으로 개선할 수 있음을 분명히 보여준다.

존 알렉산더는 참여 문화를 더욱 쉽게 만든 도구들(소셜미디어, 실시간 커뮤니케이션, 사용자 친화적인 디지털 플랫폼)을 이용해 우리가 사회의 더 큰 결정에 참여할 수 있다고 주장한다. "왜 시민 참여를 그토록 따분하고 무겁고 '고귀한' 것으로 내버려둘까요?" 알렉산더가 말했다. 시민이 더 큰 역할을 맡을 수 있음을 보여주는 기존 사례는 배심원 제도다. 배심재판에서는 각계각층의 사람이 모여 복잡한 상황을 심층적으로 파악한 뒤 법을 어떻게 적용하는 것이 최선일지를 함께 결정한다. 기후변화에 어떤 조치를 취할 것인가, 학교에서 아이들을 어떻게 교육할 것인가, 우리가 미디어에 원하는 것은 무엇인가, 세금을 어떻게 쓸 것인가 같은 문제에도 똑같은 방식을 적용할 수 있다.

"오늘날 우리는 투표하는 소비자입니다. 저는 우리가 소비하는 시민이 될 수 있다고 생각합니다." 알렉산더가 말했다. "그렇게 되면 우리의 행동이 바뀔 거예요. 어떤 행동은 늘어나고, 어떤 행동은 줄어드는 거죠."

그렇게 늘어나는 것 중 가장 중요한 하나가 바로 조이 할렐이 발견한 사회적 연결이다. 대거넘 지점에서 시간을 보내면 우리 다수가 얼마나 고립되어 있는지를 깊이 인식하게 되고, 십중팔구 자신의 외로움도 인지하게 된다. 에브리원에브리데이 지점에서 매일 벌어지는 작은 사건들은 평범해 보여도 사실 그것이 얼마나 드문 일인지를 깨달으면 무척 감동적으로 다가온다. 중년의 막바지인 한 이민자 여성은 '후드'를 쓴 한 무리의 사람들이 자신에게 다가오는 것을 목격하고 두려움에 휩싸여 길을 건너려고 했는데, 알고 보니 각자 음식을 준비해서 파티를 연 젊은이들이었고, 옆을 지나칠 때 그들이 웃으며 인사를 건넸다고 말했다. 또다른 한 노인 여성은 에브리원에브리데이 지점에 들러 일주일에 한 번 있는 '티 앤드 테크' 시간에 남편이 스마트폰 사용법을 배울 수 있느냐고 물었다. 그리고 물론 그렇다는 대답을 들었다. 그 여성은 무척 기뻐했다. 남편은 사용 방법을 모른 채로 2년째 스마트폰을 갖고만 있었기 때문이다. 막 십대가 된 한 소녀는 처음 대거넘 지점에 들렀다가 뒷마당에 닭장이 있다는 사실을 알게 되었다. "닭이 있다고요?" 소녀는 마치 정원에서 해리 왕자가 폴로 수업을 하고 있다는 말을 들은 것처럼 되물었다. 1분 후 소녀는 믿을 수 없다는 표정으로 태어나서 처음 닭의 깃털을 쓰다듬고 있었다.

"매우 힘든 일이지만 매우 보람찬 일이기도 해요. 정말 말도 안 되게 보람찬 일이죠." 급히 집을 옮겨야 하는 개인적 사정 때문에 바킹 대거넘으로 이사를 온 칼리 스터빈스가 말했다. 이곳에 살아본 적이 있는 한 친구가 스터빈스에게 자신은 베개 밑에 칼을 숨겨두고 잤다며 조심하라고 말했다. 스터빈스는 "바킹 대거넘을 정말 끔찍한 곳으로 생각했어요"라고 경고했다.

스터빈스는 얼마 지나지 않아 에브리원에브리데이를 발견했고, 활동에 잇달아 참여하다 마침내 대거넘 지점에서 근무하게 되었다. 그는 내게 자신이 일기를 쓴다고 말했다. 그 일기는 낯선 이들이 서로 유대감을 형성한 순간, 사람들이 자기 잠재력을 발견한 순간 같은 '마법 같은 일'들로 가득했다. 그해 크리스마스 연휴 때 스터빈스는 스페인을 찾았다가 깨달음 하나를 얻었다. "전 바킹 대거넘 자치구를 사랑해요." 스터빈스가 말했다. "집으로 오는 비행기에서 대거넘에 있는 작고 초라한 내 집에 얼른 돌아가고 싶어 안달이 나더라고요."

'소비자'에서 '참여자'로

대거넘은 유토피아와 어울리지 않는 곳이지만, 대거넘을 정확히 그런 곳으로 바라보게 되기 쉽다. 그러나 사람들이 런던 날씨에 대해 하는 말처럼, 잠시 기다려보라. 비가 억수같이 쏟아지며 하늘의 구름을 끌어내려 마침내 해가 빼꼼 모습을 드러낸 어느 늦은 봄날 오후, 에브리원에 브리데이의 프로젝트 설계자인 AJ 하스트루프AJ Haastrup가 방치된 길가에 나무를 심으러 지역 여학생들과 길을 나섰다. 나도 동참했다.

사과나무와 배나무 묘목, 삽, 손수레를 들고 현장에 막 도착했을 때 연립주택의 벽 뒤에서 우락부락한 남자가 나타났다. "설마 그걸 여기 심으려는 거요?" 그가 말했다. 하스트루프는 심으려는 게 맞다고, 그게 우리의 계획이며 구의회의 허가도 받았다고 말했다. "빌어먹을 집 옆에 그걸 심으면 안 되지!" 남자가 말했다.

화가 난 남자의 눈에는 그저 문제만 보였다. 나무의 뿌리가 건물을 훼손할 것이다. 봄이면 사과꽃과 배꽃이 땅에 떨어져 썩을 것이고, 가을이면 나뭇잎이 그렇게 될 것이다. 도움이 될 만한 과일 따기 프로젝트가 지속될 리 없다는 걸 알 만큼 살면서 많은 것을 보았고, 1~2년 뒤에는 썩은 과일이 냄새를 풍기고 자신은 지저분하게 자란 나무들을 멍하니 바라보게 될 것이다.

"늘 하는 얘기예요." 현장에서 철수하며 하스트루프가 내게 말했다. 이 지역에서 나무를 받아들이기까지 아직 해야 할 일들이 많았다. "전

249

너무 익숙해요." 하스트루프가 한숨을 쉬었다. 그의 말에 바킹 대거넘에서 보낸 모든 시간이 담겨 있는 것 같았다. 하스트루프가 젊은 흑인이고, 화가 난 남성이 중년의 백인이라는 점을 짚고 넘어가는 것이 중요할지도 모르겠다.

처음 문을 열었을 때부터 에브리원에브리데이는 유토피아를 추구하지 않으려 했다. 우리가 인간으로서 맡는 모든 새로운 역할에는 나름의 좌절과 나날의 귀찮은 일, 불공평함, 갈등이 있을 것이며 무엇보다도 그 역할을 수행하는 방법을 새로 익혀야 할 것임을 처음부터 알았다. 소비문화와 마찬가지로 참여 문화도 영원한 발전의 과정이다.

어느 날 오후 대거넘 지점에서 사람들이 서로 놀리며 장난을 치다, 순식간에 그 농담 중 하나가 정도가 지나쳐 인종차별이 되었는지를 두고 언쟁이 벌어졌다. 제나브라는 이름의 여성이 자리를 박차고 나갔다. 그리고 몇 분 뒤 침착하고 차분해진 채로 돌아왔다.

제나브(그는 이름의 성을 사용하지 않는다)는 어렸을 때 케냐에서 영국으로 이주했고, 그뒤로 바킹에 있는 저소득층 임대주택에서 자랐다. 얼마 전 대거넘으로 이사했지만 새로운 친구를 사귀지 못하고 있다가 에브리원에브리데이 지점이 문 열 준비를 하는 것을 보았다. 뭐 하는 곳인지 전혀 알 수 없었다. 지점이 문을 열었을 때 제나브의 딸이 앞에 내어놓은 해변용 의자에 앉았다. "그게 시작이었어요." 제나브가 말했다.

제나브는 대담한 소비자 정체성의 소유자다. 평상시 그는 검은 부츠에 흰 청바지, 하얀 털코트, 이에 어울리는 모자 차림이다. 그러나 참여자라는 새로운 역할은 확실히 그의 삶의 크기를 키워주었다. 이제 제나브와 아이들은 모든 활동에 참여한다.

"계속 이어져야 해요. 런던 전체에 필요한 일이에요. 런던 밖에서도 필요할지 모르죠." 제나브가 말했다. "에브리원에브리데이에서의 경험이 너무 좋아서 지점에서 나오지를 못할 정도라니까요. 바킹 지점에 있지 않으면 대거넘 지점에 있고, 대거넘 지점에 있지 않으면 바킹 지점에 있어요."

제나브는 가끔 갈등이 벌어지기도 하지만 그 또한 공동체 생활의 일부라고 말했다. 게다가 그날 오후 제나브는 해야 할 일이 있었다. 몇 분 후 그는 (인종과 나이, 계급, 젠더가 다른) 사람들 몇 명에게 우로조 만드는 법을 가르쳐주고 있었다. 우로조는 케냐에서 먹는 수프로, 제나브는 글래스고에 사는 어머니에게 전화로 기본 조리법을 배운 뒤 자기만의 조리법을 만들었다.

제나브의 우로조

카사바 뿌리(또는 고구마) 3개, 2분의 1인치 두께로 얇게 썰기

작은 적양파 3개, 깍둑썰기

파프리카 3개, 깍둑썰기

토마토 4개, 깍둑썰기

식물성 기름 1테이블스푼

암추르 가루* 2테이블스푼 (또는 안 익은 망고 3~4개)

강황 가루 1티스푼

소금

카사바를 부드러워질 때까지 약 30분간 삶는다. 커다란 프라이팬에 양파와 파프리카를 넣고 중불로 약 5분간 볶는다. 토마토(망고를 넣

----

* 초록색 망고를 말려서 갈아 만든 가루.

는다면 망고도)를 넣고 소금으로 간을 한 뒤 토마토가 흐물흐물해지고 볶은 것이 프라이팬에 달라붙기 시작할 때까지 가열한다. 더이상 달라붙지 않을 만큼만 물을 넣고, 다시 달라붙기 시작할 때까지 뭉근하게 끓인다. 삶은 카사바를 프라이팬에 넣는다. 볶은 것이 잠길 만큼만 물을 붓는다. 간을 보고 필요하면 소금을 추가한다. 암추르 가루(인도나 전 세계 다양한 국가의 식재료를 판매하는 곳에서 구매 가능하다)와 강황 가루를 넣고 섞는다. 수프가 걸쭉해질 때까지 끓인 뒤 약불로 줄여 10분간 더 끓인다. 완성된 수프는 스튜처럼 걸쭉해야 한다. 맛있게 드시길.

의식하지 못하는 비과시적 소비

(15장)

에어컨을 틀 때, 우리는 쇼핑을 하고 있는 걸까?

세상이 쇼핑을 멈추는 날에 더욱 깊이 파고들면서, 내 사고실험을 더욱 확장할 필요가 있을지도 모른다고 생각하게 만든 것이 바로 이 질문이었다. 우리가 적극적으로 선택하는 소비와, 일상의 배경이 되는 소비(식사, 세탁, 냉난방, 자동차 출퇴근)의 흐릿한 경계를 더이상 무시할 수 없었다.

기후변화를 비롯한 여러 환경 위기와 관련해서, 누군가는 쇼핑 중단이 핵심을 놓친 것이라고 말하기도 한다. 물건을 덜 사는 것은 생활방식을 녹색화하는 가장 좋은 방법에 속하지도 못한다는 것인데, 여기서 말하는 좋은 방법들은 주로 에너지 효율과 고기 섭취량, 집의 규모, 자동차와 비행기 이용량에 초점을 맞춘다. 이는 무언가를 셈하는 방법의 문제이기도 하다. 쇼핑의 영향은 종종 과소평가되는데, 의류, 전자기기, 가전제품, 심지어 '잡동사니' 등의 여러 카테고리로 분산되기 때문이다.

전 세계 주요 도시 거의 100곳에서 소비와 관련된 온실가스 배출량을 조사한 최근 연구 결과 이러한 카테고리를 전부 합치면 음식 및 개인 이동 수단과 맞먹는다. 또한 경제성장중인 국가에서 천연자원 대부분이 도로나 주택 같은 사회 기반 시설에 사용되긴 하지만, 가장 부유하고 기술이 발전된 사회에서 가장 큰 영향력을 미치는 것은 총소비재의 과잉 공급이며, 나머지 국가들 또한 이러한 생활방식을 갈망한다.

이와 동시에 우리가 소비로 여기는 소비에만 초점을 맞추면 다른 많은 소비를 놓치게 된다. 그리고 앞으로 에어컨이라는 특별한 사례를 통해 살펴보겠지만, 어느 한 종류의 소비가 끝나고 다른 종류의 소비가 시작되는 지점은 대체로 시간의 문제이자, 평범한 생활이 어떤 모습이어야 하는가에 대해 우리가 스스로에게 들려주는 이야기의 문제일 뿐이다.

에어컨이 베블런재가 된 순간

1936년 8월 27일, 뉴욕 날씨는 좋았다. 윌리스 캐리어에게는 나쁜 날씨였다. 캐리어는 숨막히게 푹푹 찌는 공기 속에서 뉴요커들의 정신이 멍해지고 티셔츠가 등에 쩍쩍 붙는 여름 날씨를 훨씬 선호했을 것이다. 그러나 뉴욕의 기온은 섭씨 22도였고, 바깥 활동을 하기에 완벽한 날이었다. 한편 캐리어는 WABC 라디오의 맨해튼 스튜디오에서 오직 '실내 날씨'만이 인간의 잠재력을 최대로 끌어올릴 수 있다고 설명하고 있었다.

"에어컨을 갖춘 미래의 삶은 이런 모습일 겁니다." 캐리어가 말했다. "에어컨을 켠 방에서 자고 일어난 회사원은 기분좋고 상쾌하게 아침을 맞이합니다. 에어컨을 켠 기차를 타고 출근을 한 뒤 에어컨을 켠 사무실과 가게, 공장에서 열심히 일하죠. 그리고 에어컨을 켠 식당에서 식사합니다. 실제로 그가 폭염이나 꽁꽁 어는 차가운 바람을 느낄 때는 야외에서 자연의 불편함에 노출되는 때뿐일 겁니다."

현대 에어컨의 아버지로 기억되는 캐리어가 자신이 말한 공상과학 같은 미래를 진심으로 믿었을 것이라 보기는 어렵다. 당시 에어컨을 설치한 집은 미국에서 극히 드물었고, 나머지 세계에서는 거의 없다시피 했다. 그로부터 10년이 더 지난 1948년에도 캐리어사의 연구원들은 미국의 가정용 에어컨 시장이 주로 멕시코만에 인접한 후덥지근한 주와 여름이 무척 뜨거운 밀 생산지대에 있는 부유한 31만 2000가구뿐일 것으로 추산했다(캐리어가 WABC에서 인터뷰를 하던 날, 모래 폭풍으로 한창 건조하던 캔자스시티의 기온은 41도였다). 말라리아 늪지 위에 건설된 것으로 유명하며 초기 영국 외교관들이 열대성 식민지로 여겼던 워싱턴 DC를 캐리어사는 기후로 인한 불편함이 아주 간혹가다 발생하는 지역으로 분류했다. 연구팀은 뉴욕이나 시카고 같은 북부 도시의 여름 가정집 냉방을 '극도의 사치'의 영역으로 보았다.

미국 가정에 에어컨을 보급하는 것은 기술의 문제가 아니었다. 캐리어가 에어컨이 완비된 미래를 꿈꾸던 무렵, 이미 기계들이 수많은 공장과 백화점, 영화관, 관공서에 차가운 바람을 불어넣고 있었다. 진짜 문제는 사람들 대다수가 에어컨을 별것 아닌 문제의 값비싼 해결책으로 여겼다는 것이었다.

사람들은 더위와 추위를 다루는 데 익숙했고, 그러한 관습을 쉽게 포기하지 않았다. 더운 지역의 사람들은 창문을 열면 맞바람이 치는 집에서 살았는데, 로마제국 시기에 출판된 마르쿠스 비트루비우스의 책 『건축십서』에서 이미 이러한 자연 환기법을 자세히 설명하고 있다. 사람들은 지붕을 덮은 베란다와 돌출된 차양, 나무를 이용해 그늘을 만들었고, 돌이나 벽돌, 흙으로 만든 두터운 벽으로 시원한 동굴 느낌을 냈다. 일본의 많은 집에는 벽을 옮길 수 있었고, 열대지방의 집에는 아예 벽이 없기도 했다. 아랍 세계에서는 그늘과 식물, 분수가 있는 안뜰이 발전했는데, 더운 기후에서 이러한 안뜰은 추운 지역의 난롯불과 마찬가지였다.

오늘날 단연코 전 세계 에어컨의 수도라 할 수 있는 미국의 경우 주로 현관용 그네와 정자를 이용했다. 루이지애나는 대형 실링팬으로 유명했고, 남서쪽 사막에는 증발을 통해 온도를 20도 이상 낮출 수 있는 '스왐프 쿨러'가 있었다. 뉴요커들은 비상계단에서 자거나 얼음 틀을 앞에 두고 선풍기 바람을 틀었다.

그러나 여기에는 한계가 있다. 기온이 약 35도가 되면 인간의 혈액 온도와 비슷해지고, 바람도 뜨거운 입김처럼 느껴지기 시작한다. 이보다 더워지면 문화가 해결책을 내놓았다. 스페인에서는 시에스타를 도입해 하루 중 가장 더울 때 먹고 마시고 휴식을 취했다(지금도 많은 지역에 여전히 시에스타가 있다). 다른 곳에서는 오늘날 유럽의 많은 지역에서 여전히 그렇듯 산이나 바다에서 한여름을 보냈다. 미국인 남편들은 아내와 자식들이 더 쾌적한 지역으로 떠나면 무더운 도시에 남아 일하며 '여름 총각'이 되었다. 일본은 마음챙김으로 뜨겁고 습한 기후에 맞섰다. 일본 가정집은 집밖에는 풍경을 달고 집안에는 산속 계곡의 그림을 걸었는데 풍경은 미세한 바람에 주의를 기울이기 위해서, 그림은 시원한 생각을 하는 데 도움이 되어서였다.

무엇보다 사람들은 대단히 덥다 해도 그 날씨를 즐겼다. 1971년 프랑스계 캐나디안 과학자인 미셸 카바나크Michel Cabanac가 이 미스터리를 분석한 연구 결과를 발표했다. 카바나크의 실험 참가자들은 각자 욕조 안에 앉아 한 손을 또다른 물통에 넣었다. 욕조의 물이 불편할 만큼 차갑고 손을 뜨거운 물에 담근 경우, 사람들은 손이 살짝 아플 때까지도 그 감각이 유쾌했다고 답했다. 욕조 물이 불편할 만큼 뜨겁고 물통의 물이 차가운 경우에도 마찬가지였다. 그러나 욕조의 물과 물통의 물이 둘 다 뜨겁거나 차가우면 실험 참가자들은 정반대로 불쾌하다는 반응을 보였다. 욕조의 물과 물통의 물이 둘 다 적당하면 실험은 유쾌하지도 불쾌하지도 않았다. 반응은 중립적이었다.

많은 훌륭한 과학이 그렇듯이, 이 결과는 상식적이다. 뜨거운 목욕이나 찬물 샤워는 초코바나 한 잔의 물과 마찬가지로 상황에 따라 매우 유쾌할 수도, 상당히 불쾌할 수도 있다. 하지만 그 이유가 정확히 무엇일까? 카바나크는 쾌락의 뿌리가 편안함이 아닌 불편함에 있다는 결론을 내렸는데, 쾌락은 곧 불편함의 해소이기 때문이다. 그는 이 효과에 라틴어로 대략 '감각의 변화'라는 뜻인 알리에스테시아라는 이름을 붙였다. 추운 날 아침 집에 불을 피우면 추위가 해소되는 느낌이 특히 좋다. 덥고 습한 날 마시는 맥주만큼 맛있는 맥주는 없다.

에어컨이 시장에 나왔을 때 냉방이 가능한 삶으로의 변화는 불편함을 여러 자잘한 즐거움으로 해소하느냐, 늘 똑같은 편안함을 느끼느냐 사이의 선택이었다. 당연하게도 에어컨은 전반적인 무관심과 저항에 부딪혔다. 에어컨은 필수품으로 판매할 수 없었기에 처음에는 사치품으로 시장에 진출해야 했다. 1902년 뉴욕에 아마도 최초였을 에어컨이 설치되었을 때 에어컨이 주는 편안함을 즐긴 사람은 숨막히는 지하나 다락의 공장에서 일하던 여성과 이민자가 아니었다(땀이 뻘뻘 흐르는 공장, 즉 열악한 노동환경을 뜻하는 '스웨트숍sweatshop'이라는 단어는 미국에서 생겨났다). 에어컨이 시원한 바람을 제공한 곳은 증권거래소였다. 그러나 부유층 사이에서조차 에어컨 판매량은 저조했다.

에어컨은 1950년대에 마침내 유행하기 시작했지만, 시장이 소비자 수요를 충족했다기보다는 시장이 소비자의 공급을 요구했던 것에 더 가까웠다. 1930년대부터 전력 공급 회사들은 다리미와 토스터, 냉장고 같은 당시의 전자제품을 널리 홍보했다. 그리고 에어컨이 그 목록에 합류했다. 잇따른 무더위가 한몫을 했고, 당시가 인류의 발전을 신기술과 동일시하던 시대였다는 사실도 도움이 되었다. 여러 연구는 어느 동네의 창문에 에어컨 하나가 달릴 때마다 얼마 지나지 않아 다른 에어컨들이 버섯처럼 생겨났다는 사실을 발견했다. 에어컨은 과시적으로 소비되고 있었다. 베블런재가 된 것이다.

1957년이 되자 에어컨이 집값에 포함되기 시작했다. 가게에서 구매하는 가전제품이었던 에어컨은 이때부터 일상의 배경이 되었다. 그해 캐리어사의 공동 설립자 중 한 명이었던 로건 루이스가 짧은 책자를 만들어 직원들에게 배포했다. 에어컨의 성공은 힘들게 얻어낸 것이며 결코 필연적인 것이 아니었다는, 여전히 유럽의 가정은 에어컨을 사용하지 않는다는 내용이었다. 그는 에어컨을 사용하기 이전으로 돌아갈 수 없다고 생각해서는 안 된다고 경고했다.

평범한 삶과 세 가지 C

오늘날 우리가 알고 있듯이, 에어컨에는 큰 소비가 따르지만(에어컨 사용은 미국 가정에서 전력을 가장 많이 소모하는 활동이며, 난방이 근소한 차이로 뒤를 따른다) 쇼핑과는 아무런 관련이 없다. 에어컨은 '눈에 보이지 않는 소비'나 '비과시적 소비'라 불리는 것, 즉 원래 그런 법이기 때문에, 시스템이 그렇게 만들어졌기 때문에 수행하는 소비가 되었다. 이러한 소비에 정면으로 맞서지 않는다면 저소비사회를 이룩할 수 없다.

"저는 쇼핑 행위에는 관심이 없습니다." 페나인산맥에서 시작된 룬강이 흐르는 잉글랜드 북서부에 위치한 랭커스터대학교의 사회학자 엘리자베스 셔브Elizabeth Shove가 말했다. "저는 사회 기반 시설과 제도, 기술에 더욱 관심이 있습니다. 바로 이것들이 정상성의 의미를 규정하고, 사람들은 그 내용을 따릅니다."

수십 년간 셔브는 우리가 소비라 느끼지 않고 무언가를 소비하게 되는 방식에 대해 연구하고 글을 써왔다. 예를 들면 옷을 세탁하고, 냉장고를 소유하고, 만약 교외에 산다면 차를 끌고 식료품점에 가는 것이 이러한 소비에 해당한다. 사실 '평범한' 삶은 변화하는 기대와 패턴, 구조의 모음이며, 이것들이 우리의 개인적 소비를 크게 늘릴 수 있다. 셔브는 그중 많은 것이 '세 가지 C', 즉 편안함comfort과 청결함cleanliness, 편리함convenience과 관련이 있다는 사실을 알아냈다. 가정 냉난방은 편안함의 기준이 변화한 사례다. 세탁기와 건조기 및 이 기기들의 판매자들은 청결함의 의미를 바꿔놓았다. 이 기기들은 주부가 세탁에 들이는 시간을 크게 줄여 여가를 더 많이 즐길 수 있게 할 잠재력이 있었으나, 결국 여성들은 빨래를 더 자주 하게 되었다(오늘날 영국인은 100년 전보다 빨래를 다섯 배 더 많이 한다. 그러나 이 또한 미국인의 세탁 횟수에 비하면 적은 편이며, 그뿐 아니라 미국인은 더 큰 세탁기에 더 많은 양의 옷을 세탁한다). 최근 편리함의 개념이 변화하면서, 디지털 연결로 조직화된 음식 배달이 식료품점이나 식당에 차를 몰고 가는 것에 더해 배달원의 차량 이동까지 만들어냈다.

그동안 살면서 목격한 변화를 되돌아보면 수많은 사례가 머릿속에 떠오를 것이다. 그러한 변화의 다수가 시장에 새로 나온 상품과 서비스에서 시작되었다. 청결함의 영역을 살펴보면, 21세기에 일회용 플라스틱 통에 담긴 물비누가 고체 비누를 거의 완전히 대체했다. 코로나바이러스가 발생한 뒤 첫번째 겨울이 찾아오면서, 편안함의 새로운 기준이 등장하기 시작했다. 대부분 화석연료를 사용하는 야외용 난방기와 화로의 수요가 급증한 것이다. 우리는 점점 실내뿐만 아니라 실외에도 냉난방을 하고 있다.

이 같은 새로운 규범은 시간이 갈수록 더 에너지 소모적으로 변한다. '실내 온도'라는 개념을 떠올려보자. 1세기 전에는 이러한 개념이 아예 존재하지 않았다. 이상적인 실내 온도를 비롯한 냉난방 기준은 엔지니어들이 대중의 저항에 부딪힌 1920년경에 처음 만들어졌다. 창문을 열어 신선한 공기를 들이자는 운동이 얼마나 큰 호응을 얻었는지, 일부 학교는 온도가 거의 영하로 떨어질 때까지 창문을 열어두기 시작했으며, 필요한 경우에는 아이들을 패드를 덧댄 자루에 넣어 체온을 유지했다. 에어컨 판매자들에게 사람들 대다수가 '적당'하거나 '괜찮다'라고 여기는 실내 온도를 찾는 것은, 아무리 광포하더라도 자연의 날씨를 강력히 선호하는 시민들에게 과학으로 맞불을 놓는 방법이었다. 역사가 게일 쿠퍼Gail Cooper는 저서 『에어컨디셔닝 아메리카Air-Conditioning America』에서 "그 어떤 마을도 이상적인 날씨를 내놓을 수 없자 모든 마을이 에어컨의 잠재적 시장이 되었다"라고 말한다.

영국이나 네덜란드 같은 유럽 국가에서는 한때 13~15도의 실내 온도가 정상으로 여겨졌다. 미국에서 쾌적한 겨울 실내 온도는 1923년에 18도였다가 1986년이 되자 24.6도로 올랐다. 이러한 증가 추세는 수십 년간 서서히 계속되고 있다. 오늘날 일터의 실내 온도는 보통 22도 정도다. 이보다 더우면 에어컨을 켜고, 이보다 낮으면 난방을 한다.

셔브는 "적정 쾌적 온도의 개념을 만든 것은 굉장한 성취였고, 이 온도를 유지하는 데 엄청난 자원이 들어갑니다"라고 말했다. 에어컨 사용의 급증으로 인한 최초의 '브라운아웃brownout(에너지 공급의 부분적 실패)'은 무더웠던 1948년 8월의 뉴욕에서 발생했다. 오늘날 일반적인 미국 가정이 에어컨 사용에 쓰는 전력량은 일반적인 유럽 가정이 쓰는 총 전력량의 절반을 훌쩍 넘는다. 그러나 에어컨 사용은 현재 유럽에서도 증가하고 있으며, 중국과 인도를 비롯한 다른 국가에서는 급격히 치솟고 있다.

이것이 우리 시대의 또다른 씁쓸한 아이러니다. 에어컨은 날씨를 덥게 만들고, 더워진 날씨 때문에 에어컨을 더 많이 사용하게 된다. '생각은 세계적으로, 행동은 지역적으로think globally, act locally'라는 말을 대중화한 르네 뒤보스는 이렇게 말한 적이 있다. "오늘날의 세계에 적응한 상태는 미래 세계에서의 생존과 양립할 수 없을지도 모른다."

우리의 적응 상태가 규범이 되면 그 규범을 바꾸자고 말하는 것조차 힘들어진다. 1973년에 석유파동이 발생했을 때 (참고로 공화당 출신 대통령이었던) 리처드 닉슨은 미국의 에어컨 사용에 대해 다음과 같이 말했다.

에어컨 있는 집이 드물었던 때를 많은 분이 기억하고 있지 않습니까? 그러나 이제 가정용 에어컨은 전국의 거의 모든 지역에서 매우 흔해졌습니다. 그 결과 일반적인 미국인이 7일간 소비하는 에너지는 다른 국가에 사는 대다수 사람이 1년간 소비하는 에너지의 양과 맞먹습니다. 미국인은 전 세계 인구의 단 6퍼센트에 해당하지만, 우리는 전 세계 에너지의 30퍼센트 이상을 사용합니다. 우리의 에너지 수요는 점점 증가하다 공급량의 한계에 부딪혔습니다.

당시 닉슨은 오늘날이라면 급진적인 환경주의자만이 제시할 만한 에너지 소비 감축 계획을 제안했다. 바로, 전국의 소비 규범을 하룻밤 사이에 바꾸자는 것이었다. 현 미국 대통령이 감히 그러한 발언을 하는 모

습은 상상조차 할 수 없다. 닉슨은 항공편 수를 10퍼센트 이상 줄이길
바랐는데, 이는 그 이후로 9·11이나 코로나바이러스 팬데믹 같은 위기
상황에만 받아들여진 조치였다. 또한 닉슨은 제한속도를 낮추고, '불필
요한' 조명을 제한하고, 대중교통과 카풀 사용을 늘리자고 촉구했다. 무
엇보다 그는 온도 조절에 집중했다. 겨울이 빠르게 다가오고 있었고, 닉
슨은 미국인에게 집의 온도를 낮춰 전국 평균 20도(화씨 68도)를 달성
하자고 요청했다. 이렇게 하면 난방유 사용을 15퍼센트 줄일 수 있을
것이었다. 닉슨이 친근한 아저씨처럼 변신한 뒤 말했다. "여담이지만,
제 주치의가 19도에서 20도가 24도에서 25도보다 건강에 더 좋다고 말
하더군요. 위로가 좀 되실까요."

편안함이라는 함정

소비하는 방식을 바꾸면, 때로는 놀라울 만큼 우리 자신도 변화한다.
수년 전 바우터르 판 마르컨 리흐턴벨트는 네덜란드 에인트호번에서
열린 회의에 초대되었다. 오늘날 우리 대다수가 살고 있는 인공 '환경'
을 조성하는 전문가들(건축가, 엔지니어, 도시계획가 등)과 함께였다. 마
스트리흐트대학교의 영양 및 운동과학 연구원이었던 판 마르컨 리흐턴
벨트는 다른 전문가들이 일반적인 사람이 편안함을 느낄 실내 환경을
제공하는 것이 자신의 중요한 임무 중 하나라고 생각한다는 사실에 무
척 놀랐다. 그는 이렇게 말했다. "정말 기이한 개념이라고 생각했어요."
판 마르컨 리흐턴벨트가 속한 연구 집단은 더욱 세분화되어 있다. 이
들은 인간의 신체가 어떻게 알아서 따뜻해지고 시원해지는지, 그러한
방식이 신진대사 및 건강과 어떤 관련이 있는지를 연구한다. 이러한 분
야에서는 보통 사람이 편안함을 느끼는 수준 같은 것은 존재하지 않는

다는 사실이 오래전부터 상식으로 받아들여졌다. "어떤 사람에게는 산들바람인 것이 다른 사람에게는 외풍이다"라는 옛말처럼 말이다. 여성은 남성보다 더 높은 온도를 선호하고, 대다수의 노인 역시 경제활동 가능 연령대보다 따뜻한 온도를 좋아한다. 열대 국가에서 편안한 '실내온도'는 거의 30도로, 온대기후보다 훨씬 높다(심지어 '온대'라는 단어에도 논란의 여지가 있다. 기후가 누구에게 온화하다는 뜻일까?). 책상에 앉아 타이핑을 하는 사람은 끊임없이 움직이는 청소부보다 더 따뜻한 환경을 원하고, 몸집이 큰 사람은 보통 마르거나 체구가 작은 사람보다 시원한 온도를 선호한다. 또한 아프거나, 임신했거나, 완경을 겪는 중이거나, 아니면 단지 더 얇거나 두꺼운 옷을 입은 사람도 각기 다른 온도를 선호하는 경향을 보인다.

판 마르컨 리흐턴벨트가 목소리를 높였다. 고정된 적정 온도를 추구하는 대신, 하루의 시간과 계절에 따라 실내 환경을 다르게 하면 어떨까? 그는 이렇게 하는 것이 우리의 건강에 훨씬 좋을 것이라 단언했다. "그때 이런 생각이 들었어요. 건강? 지금까지 건강은 살펴본 적이 없는데." 판 마르컨 리흐턴벨트는 그렇게 해보기로 했다. 그와 동료들은 추위에 가볍게 노출되는 것이 건강에 어떤 영향을 미치는지 실험하기 시작했고, 곧 인간의 신체에서 몰랐던 사실을 발견했다.

이 연구는 쾌락을 연구했던 카바나크의 실험과 비슷했다. 예를 들어 한 실험에서 참가자들은 에어컨이 나오는 텐트 안에서 온도가 조절되는 워터 매트리스 위에 누웠다. 일반적인 실내 온도인 22.3도에서 시작해, 참가자들의 몸이 덜덜 떨리기 시작할 때까지 서서히 온도를 낮추었다. 그리고 다시 몸의 떨림이 멈추는 지점까지 온도를 높였고, 참가자들은 춥지만 몸이 떨리지는 않는 살짝 불편한 상태로 두 시간을 보냈다.

이 연구는 성인이 많은 포유류와 마찬가지로 백색지방뿐만 아니라 갈색지방(영양소와 백색지방을 연료 삼아 열을 생산하는 조직)도 갖고 있다는 최초의 명백한 증거를 내놓았다(이 갈색지방의 양은 매우 적다). 판 마르컨 리흐턴벨트와 그의 동료들은 사람들을 가벼운 추위에 노출시켰을 때 '비떨림열발생non-shivering thermogensis' 상태가 따라온다는 사실을 발견했다. 즉 실험 참가자들의 신체는 체온 유지 작업에 착수했다.

극도로 추워야 비떨림열발생 상태가 나타나는 것은 아니다. 옷을 가볍게 입은 마른 사람들의 경우 14~16도에서도 충분히 발생했고, 심지어 19도에서도 활성화되었다. 더 나아가 판 마르컨 리흐턴벨트와 그의 동료들은 우리 대다수가 평소 에어컨을 켜고 난방을 하는 건물 및 주택보다 훨씬 춥거나 더운 온도에도 즉시 적응한다는 사실을 발견했다. 그러나 우리는 과학자들이 말하는 '열 중립' 상태에서 갈수록 많은 시간을 보낸다. 즉 우리는 편안한 기온 속에서 살아간다.

판 마르컨 리흐턴벨트는 "편안함과 건강은 관련이 있을지 몰라도 동의어는 아닙니다"라고 말했다. 그와 동료들은 부유한 국가에서 '대사증후군(체중 증가, 제2형 당뇨병, 면역 체계 약화를 비롯한 건강 문제로 이어질 수 있는 신진대사의 둔화)'이 급속히 확산하는 이유가 식단 및 신체 활동뿐만 아니라 노출 온도 때문이기도 하다는 결론을 내렸다. 신진대사 건강의 세번째 기둥으로서, 우리는 살면서 더위와 추위를 더 많이 견뎌야 한다. 적어도 우리 몸이 체온을 따뜻하거나 시원하게 유지하기 위해 일을 시작할 만큼은 말이다.

말처럼 쉬운 일은 아니다. 셔브는 평범한 생활방식의 구성 요소에 대한 우리의 생각 변화가 래칫이나 코르크 따개의 형태로 진행되며 갈수록 많은 에너지와 자원을 요구하는 경향이 있음을 증명했다. 사람들의 기대와 규정, 인공 환경 속에 한번 자리한 생각은 되돌리기가 어렵다. 개인의 행동 변화를 통해 그러한 생각을 바꾸기란 더더욱 어렵다. "이

건 개인의 문제가 아닙니다." 셔브가 말했다. "이 기준들은 전 세계에 퍼져 있으며, 그게 좋든 싫든 우리는 그 안에 갇혀 있습니다. 그러므로 개인이 스웨터를 얼마나 많이 걸치느냐 같은 문제가 아닌 것이죠. 출근했는데 온도를 다른 데서 조절한다면, 추운 날씨에 맞게 옷을 입은 사람은 너무 더워지는 거예요. 저는 기본적으로 개인이 태도와 행동을 선택할 수 있다는 류의 생각에 반대합니다."

심지어 사생활에서도 다른 규범을 따르기는 쉽지 않다. 집안 온도를 자연환경에 맞게 놔두겠다고 결심할 수는 있다. 결국에는 적응할 것이다. 그러나 계절에 상관없이 티셔츠 차림으로 텔레비전을 보는 데 익숙한 다른 방문객에게 그 집은 쾌적한 장소일 수 없다. 그들은 여름에 그집이 숨막히게 덥다고 생각할 것이다. 한겨울에는 견딜 수 없을 만큼 춥다고 생각할 것이며, 어쩌면 스웨터(심지어는 긴팔 내복)를 건네는 당신을 이상하고 비위생적인 사람으로 여길지도 모른다.

수많은 에너지 및 환경 정책이 편안함의 편협한 기준을 보다 효율적으로 충족하는 것을 목표로 삼는데, 셔브는 이러한 목표가 핵심을 놓친 것이라 말한다. "크나큰 환경문제는 편안함을 얼마나 효율적으로 충족하느냐가 아니라, 편안함에 대한 지나치게 편협한 관점입니다." 지난 수십 년간 소비를 녹색화하려는 노력의 결과 냉난방 기술 및 이 기술을 사용한 건물의 에너지 효율이 극적으로 높아졌다. 그러나 그저 온도 조절 장치를 몇 도 올리거나 내려서 그 온도에 적응하는 방법으로 그만큼 비약적인 발전을 (그것도 즉시) 이룰 수 있었다는 사실을 떠올려보자.

셔브는 "기술이 논의의 일부이긴 하지만, 그 기술은 난방 기술이 아닌 의류 기술일지 모릅니다"라고 말했다. 그는 일본의 전국 규모 프로그램인 '쿨비즈cool biz'를 사례로 든다. 이 프로그램은 일터의 실내 온도가 28도까지 오르기 전에는 에어컨을 사용하지 말 것을 장려한다. 동시에 홍보 캠페인을 통해 사람들이 생각하는 출근복을 정장과 넥타이에서 얇은 바지, 심지어 하와이풍 셔츠로 바꾸고 있다. 이 프로그램으로 지금까지 탄소 배출량이 수백만 톤 감소했다(넥타이 산업은 처음에는 수백만의 손실을 입었지만 곧 가벼운 여름용 넥타이를 내놓기 시작했다).

"사람들이 생각하는 평범함의 내용은 무척 쉽게 변합니다. 편안함과 청결함, 편리함에는 고정된 척도가 없기에, 미래에는 오늘날보다 환경에 부담이 덜한 개념이 되는 것도 충분히 가능한 일입니다"라고, 셔브는 말했다.

소비 없는 세상은 시작에 지나지 않는 듯하다. 우리는 자신이 무의식적으로 소비하는 재화와 서비스를 구매하는 게 아니라 맹목적으로 받아들인다. 그러나 우리가 에어컨 '쇼핑'을 정말로 멈춰서, 선진국에서 에어컨 사용이 최소 50퍼센트 감소한다고 해보자. 엄청난 양의 에너지를 절약하게 될 것이다. 그 밖에 또 무슨 일이 일어날까?

판 마르컨 리흐턴벨트는 "아직 연구중이지만, 그 중요성을 반드시 진지하게 고려해야 합니다"라고 말했다. 기온이 건강에 미치는 영향에 대해 현재까지 알려진 바에 따르면, 세상이 에어컨 사용을 멈춘 날 이후로 제2형 당뇨병이 줄고 감기 및 독감에 걸리는 사람이 줄며 아마 비만도 줄어들 것이다. 또한 중요한 것은 이른바 '열성 권태', 즉 지루할 만큼 단조로운 실내 환경이 사라질지도 모른다는 것이다. "사람들은 늘 편안함의 측면만 생각합니다." 판 마르컨 리흐턴벨트가 말했다. "쾌락의 측면에서 생각하면 왜 안 되죠?"

판 마르컨 리흐턴벨트 본인 또한 마스트리흐트에 있는 오래된 농가에 살며 난방장치를 낮은 온도에 맞춰놓고 에어컨은 사용하지 않는다. 겨울에는 가족과 함께 주로 부엌에서 시간을 보내는데, 부엌에는 모여서 불을 쬘 수 있는 전통적인 스토브와 더불어 현대식 바닥 난방장치가 되어 있다. 그러나 거의 1년 내내 그는 서재의 열어놓은 창문으로 불어오는 시원한 아침 바람을 더 선호한다. 이 바람은 정신을 맑게 해주고 살아 있는 느낌을 준다. 바람을 맞은 다음에는 날이 점점 따뜻해지는 것을 즐긴다. "가끔은 좀 춥긴 해요." 그가 시인했다. "하지만 그땐 이렇게 생각하죠. 뭐, 이게 몸에 좋으니까."

16장

어떻게 부자가 될 수 있을까

디컨슈머 문화를 이룩하는 데는 또다른 문제, 더욱 까다로운 문제가 있다. 바로 오래된 말썽꾼인 돈이다. 돈을 어떻게 생각하는 것이 좋을까? 돈으로 무엇을 해야 할까? 돈은 무엇에 유익하고 무엇에 유해할까? 돈을 가장 많이 가져가는 사람은 누구일까?

가장 마지막 질문부터 시작하자. 소비를 멈춘 세상에서는 어떻게 부자가 될 수 있을까? 소비 둔화는 지구상에서 가장 소비를 많이 하며, 다른 누구보다 생활방식의 규모를 줄여야 할 부유층의 집에서 가장 극적으로 발생할 것이다. 그러나 이들도 곧 발견하겠지만, 부유함이라는 개념은 환경에 따라 놀라울 만큼 쉽게 변한다.

이디스 워튼은 20세기로의 전환기에 뉴욕 부유층의 생활을 훌륭하게 기록한 미국의 작가다. 원래 이름은 이디스 뉴볼드 존스로, 일부 학자는 '존스 가족 따라잡기'라는 표현이 바로 이 존스 가문 때문에 만들어졌을 거라고 믿는다. 당시 엘리트들의 생활방식은 확실히 호화로웠다. 1897년에는 프랑스혁명으로 한 세기 전에 참수형을 당한 프랑스 왕족의 화려함을 똑같이 모방하려 한 어느 가문이 행사에서 난초와 백합 등의 꽃을 얼마나 많이 장식했는지, 뉴욕에 있는 온실로는 주문을 감당할 수 없어 다른 지역에서 꽃을 더 실어날라야 했다. 현재의 통화로 환산하면 아마 그러한 파티에는 수백만 달러가 들어갔을 것이다.

그러나 당시 생활수준은 오늘날과 비교하면 여러 면에서 수수한 편이었다. 워튼의 소설 『순수의 시대』의 한 장면에서, 뉴욕 사교계의 중심인물 중 한 명인 소피 잭슨은 그해의 오페라 개막 공연에서 상류층 여성들이 어떤 옷을 입었는지를 회상한다. "드레스가 어찌나 화려한지……" 그는 여기까지 말하고 잠시 말을 잃는다. 다시 힘을 끌어모은 그는 작년 개막 공연에 봤던 드레스가 한 벌뿐이었다는 사실에 큰 충격을 받았다고 설명한다. 나머지 사람들은 전부 새 드레스를 입고 있었다. "내가 젊었을 때는," 잭슨이 말한다. "최신 유행 드레스를 입는 걸 천박한 행동으로 여겼어요."

워튼은 사치품 사랑으로 유명했던 또다른 여성의 이야기를 전한다. 그 여성은 1년에 드레스를 열두 벌 주문했다. 그러나 Z세대의 '울트라 패스트' 패션 소비자를 인터뷰한 뉴욕 타임스는 1년에 80개에서 200개의 의류 상품을 구매하는 젊은 중산층 여성들(방과후에 아르바이트를 하거나 3등급 대학에 다니는)을 발견했다. 물론 19세기의 대호황시대에는 매우 부유한 사람들도 전기나 현대식 수도 시설 없이 살았으며, 자동차 대신 말이 끄는 마차를 탔고, 해외여행은 배를 이용해 아마 1년에 한 번 정도 떠났으리라는 점도 빼놓을 수 없다. 이들이 살던 집은 대체로 오늘날 평범한 교외 거주자들이 사는 집보다 크지 않았다.

즉 부유함이란 기이한 것이다. 오늘날 가난한 사람이 기본적인 물질적 결핍에서 벗어나고자 발버둥치는 것은 1세기 전과 그리 다르지 않다. 반면 부유함은 절대적인 사치나 편안함이 아니라, 동시대 사람들과 비교한 사치 및 편안함과 관련이 있다. 쇼핑을 멈춘 세상에 부자들을 위한 자리가 있을까? 부유함의 역사에 따르면 그렇다.

부자들 사이에서 나타나는 전형적인 소비주의의 기원은 최소 르네상스 시기의 이탈리아까지 거슬러올라간다. 당시 유럽과 전 세계에서 무역이 확대되었고, 거의 모든 계층의 사람들이 쇼핑객이 되었다. 16세기 만토바의 젊은 귀족이었던 이사벨라 데스테는 '가장 신상품'을 요구했고, 물건을 향한 자신의 욕망을 "도저히 채울 수 없"으며 자신이 원하는 물건은 "더 빨리 손에 넣을수록 더 소중해진다"라고 말했다. 한번은 프랑스로 떠나는 가족의 한 친구에게 인간이 구할 수 있는 가장 아름다운 검은색 천을 사달라고 부탁했다. 그리고 "다른 사람들이 걸치는 것과 비슷하다면 차라리 입지 않는 게 나아요"라고 비죽거렸다.

그러나 르네상스 시기에 개인의 사치는 대체로 의혹의 대상이었다. 사람들은 자신의 부를 닫힌 문 뒤에서 조용히 즐겼고, 자비로 공공건물을 짓거나 군사비를 대거나 축제를 후원하거나 특히 교회를 세움으로써 신과 들썩이는 대중의 눈앞에서 부유함을 정당화해야 했다. 역사가 프랭크 트렌트먼은 "호화롭게 장식한 예배당은 오늘날의 페라리와는 매우 다른 것이었다"라고 말한다. 중국의 초기 소비문화에서 안목은 부유함 자체보다는 골동품을 소유하거나 시를 쓰고 비파를 연주하는 능력이 탁월한 데서 드러났다. 과거에는 부유층이 반물질주의와 반소비주의, 심지어 반자본주의 가치를 기꺼이 받아들였다고, 뉴욕 세니카호수에 있는 호바트앤드윌리엄스미스대학의 역사학자이자 미국의 부자들을 연구하는 몇 안 되는 학자 중 한 명인 클리프턴 후드Clifton Hood가 말했다(그는 "어떤 주제를 연구한다는 것이 꼭 그 주제를 미화하는 것은 아닙니다"라고 힘주어 말했다). 예를 들어 18세기와 19세기의 거의 내내 미국의 부자들은 오늘날 우리가 부자와 연결하는 핵심 가치, 즉 대놓고 돈을 많이 벌고자 하는 행위를 두고 서로 다른 입장을 보였다. "미국의 상류층은 중산층과의 차별화에 늘 관심이 있었습니다." 후드가 내게 말했다. "그러한 차별화의 상당 부분이 자신들은 더 고상하고, 더 특별하고, 더 교양 있고, 예술을 더 애호하고, 일반적으로 아는 것이 더 많고, 더 세련되었다는 생각과 관련이 있었죠."

그 시대에 상류층이 되려면 돈이 많아야 할 뿐만 아니라 언어능력과 교육, 위생, 에티켓, 의복, 행동거지 면에서 높은 기준을 따라야 했다. 사교계 구성원들은 지식이나 공공복지, 또는 과학의 발전에 기여하거나 최소한 기여하는 것처럼 보여야 했다. 대다수가 그림과 글쓰기, 자수, 이와 유사한 다른 기술에 능했고, 영어 이외의 언어에 정통했다. 이들은 오로지 이러한 자질로 자신의 존재를 규정했기에, 당시 인구조사에서 일부는 이들의 직업을 그저 '귀족'이라고만 적기도 했다.

후드는 "상류층이라는 것은 밥벌이를 하지 않는다는, 또는 밥벌이를 열심히 하지 않는다는 뜻이었습니다"라고 말했다. "중상류층이 더 오래, 더 열심히 일할 뿐만 아니라 그 사실을 뽐내기까지 하는 오늘날과는 180도 다르죠."

미국의 초기 명문가는 유럽 귀족에게서 영감을 얻었다. 이미 가진 것이 많았던 이들은 돈을 벌어야 하는 사람들을 무시했고, 심지어 자수성가한 상인과 무역상, 사업가들이 자신보다 부유해졌을 때도 태도를 바꾸지 않았다. 물론 이들의 반물질주의적 태도가 환경에 대한 책임이나 간소한 삶을 향한 이상에서 나온 것은 아니었다. 이러한 태도는 자신들의 지위와 특권을 유지하는 데 사용한 우월의식의 한 형태였다. 그러나 이들의 삶의 방식은 부유함이 취할 수 있는 다른 형태를 보여준다.

소스타인 베블런이 19세기 후반의 부유층을 조롱했을 때 그가 분노

271

한 대상은 여가를 즐기고 궂은일을 더 낮은 계급에게 떠넘길 수 있는 그들의 특권이었다. 베블런이 과시적인 소모성 지출이 부유층이 지위를 드러내는 한 방법이라고 주장하긴 했지만, 이를 위해 반드시 계속해서 무언가를 소비할 필요는 없었다. 저렴한 물건보다 딱히 더 유용하지 않은 값비싼 물건을 구매함으로써 똑같은 목적을 달성할 수 있기 때문이었다. 더 질 좋은 것을 더 적게 사는 경제에 의문을 품는 사람들이 이 개념을 '더 많이 내고 더 적게 갖는 것'이라 비웃을 때면 베블런의 조소가 떠오른다.

"부자는 수많은 것 중에서 가장 귀하고 마음에 드는 것을 골라낸다. 이들의 소비량은 빈자의 소비량과 그리 다르지 않다"라고, 1세기 전의 경제학자 애덤 스미스는 말했다. 이 발언은 확실히 과장된 면이 있지만 영국 상류층이 누리던 음식과 의복, 오락, 위생, 여행의 수준이 오늘날 선진국에 거주하는 일반인의 눈에 어딘가 부족해 보이리라는 것은 분명한 사실이다. 애덤 스미스 또한 물질주의에 의구심을 가졌다. 그는 부유함 자체를 위한 부의 추구가 "신체의 피로"와 "근심"을 낳는다고 말했으며, 그리스 철학자였던 견유학파 디오게네스를 존경했던 것으로 보인다. 전해지는 이야기에 따르면 알렉산더대왕이 디오게네스를 찾아와 원하는 것은 무엇이든 들어주겠다고 말했다. 디오게네스는 알렉산더대왕의 그림자가 일광욕을 방해하지 않도록 대왕이 옆으로 비켜서는 것이 자신이 바라는 바라고 답했다.

미국 문화는 결국 천박한 돈벌이와 과시적 소비를 찬양하게 되었고, 사업가와 기업가를 영웅의 위치에 올려놓았다. 그럼에도 부자의 소비는 거의 20세기 내내 억압되었다. 1930년대와 1940년대에 경기 침체와 전쟁, 사회불안이 표면에 드러나고 1960년대와 1970년대에 같은 상황이 반복되면서 부유층은 더욱 수수하고 조용한 삶을 추구했고, 때로는 그러기 위해 별장지인 햄프턴이나 뉴포트에 있는 대저택을 매각하기까지 했다.

뉴욕에서 오랫동안 부동산 중개업자로 일한 누군가의 말처럼, 과시적 부는 "비미국적인 것으로 여겨졌다". 또한 과거의 부자는 애초에 오늘날만큼 부유하지 않았는데, 저소비경제에서도 그렇게 될 가능성이 크다. 어번-브루킹스 세금정책센터에 따르면 대공황 이후 50년간 최상위 소득구간의 세율은 평균 80퍼센트여서 가장 부유한 미국인의 재산을 상당 부분 재분배할 수 있었다. 그러나 1980년대 초반에 미국의 로널드 레이건과 영국의 마거릿 대처 같은 정치인들이 출현하고, 갈수록 성장이 경제의 궁극적 핵심이 되어가면서 부자들이 내는 세금이 크게 줄었다. 2020년에 최상위 소득 구간의 세율은 37퍼센트였다.

"30년이나 40년, 50년 전에는 고급 골프장에 가도 최신 골프웨어를 볼 수 없었어요. 당시 사람들은 브룩스브라더스나 폴스튜어트의 카키 바지를 입었죠. 무언가를 증명할 필요가 없었거든요." 후드가 말했다. "그 사람들은 다른 방식으로 자신의 진실함을 입증했어요." 쇼핑을 멈춘 세상에서 곧 부유함이 재발명되는 모습을 어렵지 않게 상상할 수 있다. 아마 우월함을 뽐낼 높은 수준의 취향 및 에티켓, 하인 고용, 일하지 않을 자유, 과시적인 자선사업, 또는 그저 정치권력을 이용할 것이다. 부자는 안락함과 재산의 측면에서 여전히 나머지 사람들보다 더 풍요로울 것이다. 그들이 소유한 초대형 저택의 방들이 텅텅 비는 일은 없을 것이다. 방은 이미 미어터질 만큼 물건으로 가득하다.

그러나 소비를 멈춘 순간 돈과 관련된 또다른 문제가 등장한다. 돈은 쓰지 않으면 쌓인다. 쓰지 않은 그 많은 돈으로 무엇을 할 것인가는 부자뿐만 아니라 우리 나머지 사람들의 문제이기도 하다.

갈 곳 잃은 돈은 대체 어디로 갈까?

1998년, 일본 정부는 주요 가전제품의 에너지 효율 기준을 높이겠다는 무척 평범한 목표와 함께 톱러너라는 프로그램을 개시했다. 캠페인은 성공적이었다. 10년도 지나지 않아 최신 냉장고와 에어컨, 텔레비전의 에너지 사용량이 70퍼센트까지 줄어든 것이다. '녹색 소비'가 승리를 거둔 듯 보였다. 상식적으로 생각하면, 가전제품의 에너지 효율이 좋아졌으므로 일본 가정의 전기 사용량은 줄었어야 했다.

그러나 그렇지 않았다. 전기 사용량은 계속 증가했다.

도쿄 중심부에 있는 아오야마가쿠인대학교의 두 연구원, 이노우에 노조무와 마쓰모토 시게루가 이 문제를 조사하기로 마음먹었다. 그러나 자료를 살피기 시작하자 미스터리는 더욱 깊어졌다. 가전제품의 에너지 효율이 좋아진 것 외에도 전기 사용량이 줄었어야 할 두 가지 이유가 더 있었다. 첫째로 그 5년간 일본의 인구가 계속해서 줄고 있었다. 둘째로 경제가 부진했고, 이는 곧 일반 가정의 소득이 감소했다는 뜻이었다. 이노우에와 마쓰모토는 사람들이 전기를 더 많이 사용한 이유가, 일본 소비자들이 에너지 효율이 높은 가전제품 사용으로 지출이 감소하는 것을 보고 그 돈으로 더 커다란 가전제품을 더 많이 구매했기 때문이라는 결론을 내렸다. 사람들은 텔레비전과 에어컨을 집에 한두 대씩 더 들였고, 냉장고를 시장에 나와 있는 상품 중 가장 커다란 것으로 바꾸었다. 이노우에와 마쓰모토는 이렇게 말했다. "녹색 소비의 효과는 사라진다."

두 연구자는 자신들이 관찰한 내용을 윌리엄 스탠리 제번스의 이름을 딴 '제번스의 역설'과 비교했다. 제번스는 19세기 영국의 석탄 사용량이 공급량을 소진해 국가를 다시 암흑의 시대로 몰아넣을 만큼 빠른 속도로 증가하는 이유를 연구한 경제학자였다. 1865년 제번스는 직관에 반하는 결론을 도출했다. 사람들이 석탄을 더욱 효율적으로 사용하는 새로운 방법을 발견하면서 석탄을 더 많이 사용하게 되었다는 것이다. 석탄 사용을 줄임으로써 똑같은 성과를 내는 대신, 상품 가격과 소비자의 수요, 높은 수익이 복잡하게 상호작용한 결과 석탄 사용이 점점 더 늘어난 것이다.

제번스는 성장과 기술 발전의 추종자였지만 경제학자로서 자신이 본 것을 솔직하게 말했다. 또한 그는 우리의 소비 욕구가 무한하지 않다고 판명나거나 충족하기 더욱 어려워질 거라고 가정하지 않는 한, 이 문제를 해결할 방법은 없다고 생각했다. "철로의 길이를, 배와 다리와 공장의 규모를 언제까지나 두 배로 늘릴 수는 없다." 제번스는 이렇게 말했다. "모든 종류의 산업에서 우리는 틀림없이 편리함의 태생적 한계에 다다를 것이다." 그로부터 1세기 반이 지난 지금, 전 세계에서 거의 모든 것의 소비량이 계속해서 증가하고 있으며 이는 석탄도 마찬가지다. 마침내 수요의 곡선이 평평해지고 있기는 하지만 말이다.

쇼핑 중단은 마침내 제번스의 역설에서 벗어날 방법을 제공하는 듯 보인다. 소비가 줄어든 세상에서 에너지 효율이 세 배 높은 텔레비전이 개발된다면, 우리는 그렇게 아낀 돈을 원래 쓰던 효율 낮은 텔레비전보다 더 커다란 텔레비전을 사는 데 쓰지 않을 것이다. 그 대신 에너지 효율의 이점은 실제 성과로 이어진다. 즉 우리는 텔레비전 개수를 유지한 채 텔레비전 시청에 더 적은 에너지를 사용할 것이다.

그러나 바르셀로나에서 활동하는 환경과학자 다비드 폰트 비반코David Font Vivanco는 돈이 여전히 농간을 부릴 거라고 말했다. 폰트 비반코는 기술과 사회적 행동의 변화에서 비롯한 뜻밖의 결과를 의미하는 '리바운드 효과'를 연구한다. 제번스의 역설과 일본의 톱러너 프로그램은 에너지 효율의 발전과 관련된 리바운드 효과를 겪었다. 그러나 물건을 덜 사는 데에도 고유의 리바운드 효과가 있다.

"저는 이런 식으로 단순하게 생각합니다." 폰트 비반코가 내게 말했다. "모은 돈이 있으면 그 돈을 쓰게 됩니다. 일정량의 돈이 있으면 그 돈이 어디로든 이동해서 영향을 미치게 되지요." 리바운드 연구자들은 이 문제를 '재소비'라 칭한다. 쇼핑을 멈춘 사람은 돈을 절약하게 된다. 그렇게 절약한 돈을 본인이 소비주의적이라 생각하지 않는 곳, 예를 들면 영상 스트리밍 서비스나 야외 스포츠, 물리치료, 에어컨 등에 쓰면 본인의 생활이 환경에 미치는 영향은 그대로이거나 심지어 더 악화될 수도 있다.

경험에서 나온 규칙은 돈을 많이 쓰면 자신의 생활이 환경에 미치는 영향이 커지고, 돈을 적게 쓰면 그 영향도 감소한다는 것이다. 돈은 어디로 흘러가든 흔적을 남긴다. 미국에서 지출되는 모든 달러는 평균 0.25킬로그램의 온실가스 배출량으로 환산된다. 100달러를 지출해 경제에 기여하면 탄소를 약 25킬로그램 배출하는 것이다. 그러나 돈이 벌이는 또다른 기이한 장난 때문에, 미국인이 세계에서 1인당 소비량이 가장 많은 소비자임에도 더 가난한 국가에서 쓰는 돈이 기후에 더 악영향을 미친다. 지구 전체를 보면 100달러가 지출될 때마다 40킬로그램의 탄소가 배출된다. 미국에서 똑같은 금액을 지출했을 때보다 탄소 배출량이 60퍼센트 더 많다. 그 이유는 많은 국가의 사람들이 음식과 휘발유, 전기 같은 에너지 집약적인 기본재에 대부분의 돈을 쓰는 반면, 미국에서는 저축채권이나 핸드폰 앱, 명품 스웨터에 돈을 쓰기 때문이다. 또한 선진국은 상품 생산에 더 청정한 기술을 사용한다. 아이러니하게도 인도에 사는 가난한 사람이 필요한 음식과 전기를 구매하는 것보다 그 돈으로 아이폰을 사는 것이 더 '친환경적'일 수 있는 것이다.

그렇다면 돈을 다른 데 쓰지 않고 투자에 재소비한다고 해보자. 안타깝게도, 우리가 돈을 투자한 기업은 소비경제를 위한 재화와 서비스를 생산한다. 은행에 돈을 저축하면 은행이 우리 대신 돈을 투자한다는 점이 다를 뿐이다(저축과 투자는 부자가 환경에 더 큰 영향을 미치는 두 가지 중요한 방법이다). 투자와 저축 모두, 그저 마지막까지 소비를 미루는 것이다. 예를 들어 돈을 저축하는 사람은 해외여행처럼 돈이 많이 드는 소비를 계획하고 있는 경우가 많다. "비행기를 타고 여행을 다니면 환경에 별 도움이 안 되겠죠?" 폰트 비반코가 말했다. "예술 수업에 등록한다면 괜찮을 수 있겠죠." 하지만 이때도 자동차를 운전해서 수업 장소로 가거나, 연습할 공간을 임대하거나, 고흐가 그린 풍경을 똑같이 그릴 수 있는 가이드 투어를 하러 프랑스 아를로 떠나고 싶을 수 있다. 폰트 비반코는 "서비스 구매가 상품 구매보다 낫다는 생각은 별 근거가 없어요. 서비스도 발자국을 남깁니다"라고 말했다. 우리가 이용하는 서비스, 우리가 하는 경험 또한 소비가 달라마다 환경에 미치는 영향에 일조한다.

리바운드는 주로 세 가지 방식으로 발생한다. 먼저 직접적인 리바운드가 있다. 에너지 효율이 더 높은 텔레비전의 발명이 텔레비전의 추가 판매로 이어지는 것이 그 사례다. 두번째는 간접적인 효과로, 에너지 효율이 더 높은 텔레비전을 사용해서 아낀 돈을 다른 재화와 서비스에 쓰는 경우다. 마지막으로 불가사의하고 잘 알려지지 않은 '경제 전반적' 혹은 '변혁적' 효과가 있는데, 예를 들면 이런 식일 수 있다. 텔레비전의 에너지 효율 개선으로 텔레비전 사용이 저렴해지면 사람들이 텔레비전을 더 구매하게 되고, 그러면 온 가족이 텔레비전 하나를 다 함께 시청하던 것에서 각자 자기 텔레비전으로 원하는 프로그램을 시청하는 것으로 사회규범이 바뀐다. 그러면 타깃을 더 정교하게 나눈 텔레비전 프로그램 및 광고가 등장하고, 이때쯤 되면 이미 소비경제 전체가 서로 다른 수십 가지 방향으로 성장중이다. 깨끗하고 친환경적인 부분의 총합보다 환경에 미치는 악영향이 훨씬 크다는 것. 바로 이것이 최근 전 세계적 규모로 발생해온 패턴이다. 리바운드 효과가 우리를 시작 지점보다 더 나쁜 곳으로 이끌 때 이를 '역효과'라 한다. 우리는 역효과 경제, 역효과 문화를 만들어내고 있다.

리바운드 효과는 다방면으로 이상하다. 에너지 체제에서의 기술 변화에 대중이 어떻게 반응하는지를 연구하는 엘리자베트 뒤치케Elisabeth Dütschke에 따르면, 어떤 리바운드는 '도덕적 허가', 즉 좋은 행동으로 나쁜 행동을 정당화하는 경향에서 비롯될 수 있다. 예를 들면 어떤 사람은 비건 식단을 하기로 결정한 뒤(육류 생산에서 발생되는 탄소 배출량이 많기 때문에) 비행기를 더 많이 타도 된다고 생각할 수 있다. 독일의 한 연구는 연비가 좋은 자동차를 타는 사람들이 운전을 더 많이 한다는 사실을 발견했다. 뒤치케는 좋은 연비가 더 크거나 힘이 좋거나 호화로운 자동차를 사도 된다는 느낌을 줄 수 있다고 말했다. 이와 비슷하게 전기차를 구매한 노르웨이인들은 휘발유차를 탈 때보다 볼일이 있을 경우 자동차를 더 많이 사용했다. 실제로 전기차 이용이 늘어나면서 겨울에 전기차를 미리 덥혀놓거나 쇼핑하는 동안 반려견이 편안히 있게끔 차 에어컨을 틀어놓는 등의 다양한 낭비 행위가 더 많이 보도되었다. 뒤치케는 이러한 리바운드 때문에 의도적으로 '녹색 삶'을 추구하는 사람들조차 본인의 생각보다 별 차이를 만들어내지 못하거나, 아예 차이가 없거나, 심지어는 환경에 더욱 나쁜 영향을 미칠 수 있다고 말했다.

리바운드를 일으키는 인간 행동에 관한 연구는 아직 초기 단계지만, 실제로 인구의 일부(아마도 작은 일부)는 더 친환경적인 생활방식 및 기술로 바꾸는 데서 오는 유익을 온전히 거두는 것으로 보인다. 예를 들어

이 집단은 연비가 좋은 자동차를 구매할 때 자신의 행동도 함께 바꾸고 새 차를 더욱 적게 이용한다. 이러한 행동은 '충족 행동'이라 불리는데, **충분하다는 느낌에 도달했다는 뜻이다.** 때때로 충족감은 역효과의 반대인 '파급효과'를 낳는다. 파급효과가 발생하면 삶의 한 측면에서 친환경적인 행동을 선택한 사람들이 결국 친환경적인 선택을 더 많이 하게 된다. 이들은 자동차 이용을 줄인 뒤 채식까지 시작한다. 쇼핑을 멈춘 뒤 겨울에 실내 온도를 낮추고 세탁 횟수를 줄인다. 게다가 이들은 대체로 이러한 행동 때문에 삶의 질을 희생한다고 느끼지 않는다. "충족 개념은 자발적으로 삶의 규모를 줄인 뒤에도 여전히 만족감을 느끼는 것을 뜻합니다"라고 뒤치케는 말했다. 그러나 무엇 때문에 인구의 일부가 수많은 사람과 달리 기꺼이 충족감을 느끼는지는 아직 아무도 모른다.

충족감을 연구하는 마렌 잉그리드 크로펠트Maren Ingrid Kropfeld는 주류 소비습관에 저항하는 네 종류의 집단을 관찰해 이들이 환경 파괴를 얼마나 효과적으로 줄이는지를 살펴보았다. 네 집단은 각각 친환경적인 생활방식을 추구하고자 하는 환경에 관심이 많은 소비자, 돈 절약을 좋아하는 알뜰한 소비자, 돈 쓰기를 싫어하는 구두쇠, 적극적 선택으로 소비를 줄이는 자발적 단순주의자였다. 이 네 집단 중 자발적 단순주의자가 환경 파괴를 줄이는 데 단연코 가장 성공적이었다. 실제로 이들은 2위를 차지한 구두쇠보다 거의 두 배나 효과적이었다. 알뜰한 소비자들은 환경에 미치는 영향을 전혀 줄이지 못했고, 이는 친환경적 소비자도 마찬가지였다. 녹색 소비가 최근 몇십 년간 변화를 만들어내는 데 전반적으로 실패한 사실이 개인적 차원에서 드러난 것이다. 이 연구의 저자들은 지구에 흔적을 덜 남기며 살아가고 싶다면, 친환경적인 삶을 사는 사람보다는 더 간소하게 사는 사람을 본보기로 삼아야 할지 모른다고 결론 내렸다.

그러나 질 좋은 물건을 적게 사는 것처럼 가장 단순해 보이는 소비주의의 해결책에도 리바운드가 따른다. 조잡한 신발 대신 잘 만든 신발을 큰돈을 주고 사면 리바운드 효과를 없앨 수 있을 거라 생각할 수 있다. 똑같은 소비재를 구매하는 데 더 많은 돈을 쓰면 그만큼 다른 소비재를 살 돈이 덜 남기 때문이다. 그러나 질 좋은 새 신발을 사는 데 들어간 돈은 신발을 만든 노동자와 관리자, 원재료 공급자의 임금 등등으로 재분배된다. 그리고 그 돈은 다시 소비된다. 1년 치 의류 예산으로 개인 강사에게 새로운 언어를 배워서 생태발자국을 줄일 수도 있다. 그러나 이 또한 그 개인 강사가 자신이 번 돈을 어떻게 쓰느냐에 따라 달라진다.

리바운드 없이 돈을 쓸 방법은 많지 않다. 먼저, 더욱 유해한 형태의 소비를 줄이는 상품을 구매하는 데서 시작해볼 수 있다. 예를 들면 휴가 때 비행기 이용을 대체할 캠핑 장비를 구매하는 것이다. 빚을 없애서 재정적인 안정감을 얻는 것도 한 방법인데, 심리학자들이 증명한 바에 따르면 재정적 안정감이 물질주의의 강도를 낮추는 경향이 있기 때문이다. 또한 소비를 즉시 줄여주는 조직(예를 들면 도서관)이나 토지와 물의 자원 개발을 막는 조직에 기부를 할 수도 있다. 공정 추구 행위로서 사람들이 기본적 욕구를 충족할 수 있게 돕는 단체에 돈을 보내면, 본인의 소비 감소를 통해 그들에게 꼭 필요한 소비의 증가를 곧바로 상쇄할 수 있다. 비슷한 목표를 달성할 수 있도록 정부에 세율 인상을 요구할 수도 있다.

또는 일하는 시간을 줄임으로써 현금 축적을 피하는 것도 가능하다. 뒤치케는 "소득을 줄이면 소비도 확실히 줄일 수 있습니다"라고 말했다. 실제로 그는 리바운드 효과 연구자로서 유급으로 노동하는 시간을 줄인 적이 있다. 지나고 보니 일하는 시간은 전과 똑같았지만("연구는 늘 재미있어요") 쓸 돈은 확실히 적어졌다. 그리고 고용주가 자기 월급에서 아낀 돈을 다른 사람의 월급을 주는 데 쓰고 있으리란 것을 깨달 았다.

풍요를 쓰레기로 만드는, 끝없는 축제

18세기 말 토머스 맬서스는 인구 증가가 식량 공급을 위협할 수 있음 을 인식하고, 이 문제의 해결책은 인류의 생산성이 끝없이 증가하는 것 이라 주장했다. 그때 이후로 우리가 사는 세상의 자원이 한정적이라는 것이 경제학의 중심 개념이 되었다. 그러나 최근 들어 일부 사상가가 우 리의 가장 큰 문제는 자원이 부족해서가 아니라 자원이 너무 풍부해서 발생하며, 자원은 늘 너무 풍부했다고 주장하고 있다.

프랑스의 철학자 조르주 바타유는 1949년에 그들 중 최초로 잉여 재 산의 문제를 설명했다. 그는 "생명체와 인류에게 근본적 문제를 안기는 것은 필수품이 아니라 그것의 반대인 '사치품'이다"라고 말했다. 사회 는 생활수준의 향상으로 재산을 어느 정도 흡수할 수 있다. 그러나 결국 재산은 곤란한 곳에 쌓이기 시작한다. 바타유는 두 번의 세계대전이라 는 끔찍한 폭력이 발생한 이유가 위험한 군비 전쟁을 벌일 수 있을 만큼 국가의 부가 쌓였기 때문이라고 주장했다. 그리고 이를 가능케 한 과잉 재산을 '저주받은 몫'이라 칭했다.

바타유는 "원하든 원치 않든, 이 몫은 명예롭거나 비극적으로 쓰일 수밖에 없다"라고 말했다. 과거의 여러 문화는 ("의식의 가장 어두운 곳 에서나마") 이 사실을 이해하고 이따금 고의로 재산을 파괴했다. 이들 은 축제를 벌여서 돈을 탕진하고 신에게 재산을 바쳤다. 고대 이집트에 서는 재산을 고인과 함께 묻었고, 르네상스 시기 이탈리아에서는 장엄 한 공공건물과 기념비 건축에 돈을 쏟아부었다. 중앙아메리카의 일부

마야인 마을에는 오늘날까지도 토지나 돈이 많이 쌓이기 시작한 사람에게 그해의 가장 성대한 축제를 후원할 영광을 주는 '평준화 메커니즘'이 존재한다. 축제가 끝나고 나면 후원자는 큰 존경을 받게 되고, 더이상 부유하지 않게 된다. 이러한 관습이 시대와 지역을 가리지 않고 널리퍼져 있기에 인류학자들은 의도적인 재산 파괴가 '인간 생태계'와 자연생태계의 핵심 차이점이라고 주장해왔다.

우리 시대도 이 규칙의 예외가 아니다. 20세기 초에 서구는 엄청난양의 부(사용 가능한 양보다 많은 재화)를 생산할 수 있는 산업의 새 능력으로 무엇을 할지 논의했다. 그렇게 찾은 해답이 바로 알아서 파괴되는 상품을 만드는 것, 즉 계획적 진부화였다. 소비주의는 풍요를 빠르고 끊임없이 쓰레기로 만드는 끝없는 축제에 비유할 수 있다. 실제로 우리는 풍요의 파괴를 경제의 동력으로 삼았고, 그렇게 함으로써 더 많은 풍요가 창출되는 문제적 결과가 발생했다. 우리는 소수의 수중에 전례없는 양의 잉여 재산이 쌓이는 모습을 본다. 이러한 불균형이 전 세계의 생활비를 끌어올리는 모습을 본다. 과열된 투기 중심의 투자 시장및 부동산 시장에서 이러한 현실을 본다. 미리 계획한 질서 있는 방식으로 재산을 파괴하지 못할 때는 주로 비자발적으로 재산을 파괴한다. 이러한 상황을 묘사할 때 우리는 매우 인상적인 단어를 사용한다. 경제의 '조정'. 대침체 시기에 전 세계의 백만장자와 억만장자가 잃은 금액만 2조 6000억 달러(그 규모를 더욱 실감할 수 있도록 숫자로만 쓰면 2,600,000,000,000달러)이며, 그 여파가 각계각층의 사람들에게로 번졌다. 그러고 나서 성장은 재개될 수 있었다. 바타유의 말처럼, "생산되는에너지의 상당량을 연기 속에 날려보내야 한다".

바타유의 단어 선택이 흥미롭다. 리바운드에 대한 생각을 끝까지 밀어붙인 다비드 폰트 비반코는 우리가 소비를 멈추면 쌓일 재산을 처리

할 한 가지 확실한 방법을 찾았다.

"돈을 불태우면 됩니다." 폰트 비반코가 말했다. "그게 가장 간단한 해결책이에요. 생필품만 쓰고, 사치품은 잊는 거예요. 돈을 불태우세요."

4부

변화

- - - - - - - - - - - - - - - - - - -

사는 것을
멈추는 순간,
진짜 삶이 시작된다

덜 살수록 더 살 수 있다

고래들은 오래전부터 구조되기를 기다려왔다. 먼저 고래는 1859년 이후에 구조되었어야 했다. 당시 펜실베이니아 타이터스빌에서 채굴 전문가로 일하던 에드윈 드레이크가 흙과 암석을 21미터 깊이로 뚫고 들어가 석유 채굴시대, 다른 이름으로 현대 산업시대의 문을 열었다. 2년 후, 잡지 『배니티페어』에 화려하게 차려입은 향유고래들이 '유정은 끝이 좋다Oils Well That Ends Well'*라고 적힌 현수막 아래에서 샴페인을 따며 춤을 추는 만화가 실렸다. 고래기름의 모든 사용처(비누 만들기, 산업 장비의 톱니바퀴에 윤활유 바르기, 등과 초로 전 세계에 불 밝히기)에서 석유제품이 고래기름을 대체하리라는 것이 이 만화의 골자였다. 피비린내 나는 포경 산업은 이제 끝을 맞이할 것이었다.

그러나 얼마 지나지 않아 우리는 석유를 이용해 고래를 더욱 많이 잡

---

* '끝이 좋으면 다 좋다All is well that ends well'라는 표현을 살짝 비틀었다.

아들이기 시작했다. 고래잡이배 건조에 화석연료가 사용되면서 배가 더 빠른 속도로 더 멀리 나아가는 것이 가능해졌고, 해안으로 돌아오지 않아도 고래기름을 가공하고 고래고기를 냉동할 수 있는 대형 가공선이 등장했다. 심지어 석유와 가스는 죽은 고래가 가라앉지 않도록 고래를 풍선처럼 부풀리는 펌프 가동에도 사용되었고, 이로써 더 많은 종류의 고래를 사냥할 수 있게 되었다. 실제로 고래기름을 석유로 대체한 제품이 꾸준히 발명되었음에도, 수십 년간 고래잡이들은 고래를 하루 평균 100마리씩 도살했다. 일단 무언가를 소비하기 시작하면, 우리는 좀처럼 그 소비를 줄이려 하지 않는다.

그때 고래가 다시 구조되기 시작했다. 1986년 전 세계의 고래잡이 국가 대부분이 대규모 산업 포경을 끝내기로 합의했다. 이때쯤 대다수의 고래종이 '상업적 멸종' 상태였는데, 이는 개체수가 너무 적어서 고래를 시장에 팔아서 버는 돈보다 고래를 발견해서 죽이는 데 들어가는 비용이 더 크다는 뜻이다. 세계에서 가장 큰 동물인 흰긴수염고래를 비롯해 일부 고래종은 거의 전멸 상태였다. 마침내 고래의 개체수는 줄지 않고 늘어나기 시작했다.

하지만 얼마 후 우리가 완전히 새로운 방식으로 이 거대한 생명체들을 죽이고 있을지 모른다는 우려스러운 징조가 나타났다. 한 고래 연구자는 이렇게 말했다. "우리는 실제로 바다로 나가 쇠막대기로 고래를 찌르지 않는다. 그저 고래들의 삶을 파괴하고 있을 뿐이다."

이 새로운 공격의 분명한 증거는 9·11 테러로 뜻밖의 짧은 실험이 벌어졌을 때 나타났다. 이 실험은 소비문화가 멈추면 야생에 무슨 일이 벌어질지를 보여주었다. 즉 팬데믹이 발생하고 몇 개월간 우리가 목격한 것들의 서곡과 마찬가지였다. 하룻밤 사이에 하늘에서 비행기가 싹 사라졌다. 해상 교통도 거의 끊겼다. 여전히 바다 위에 떠 있는 배 한 척에는 해양생물학자들이 타고 있었다. 이들은 미국 국경 바로 북쪽에 있는 캐나다 동해안의 펀디만에서 북대서양참고래들의 스트레스 호르몬을 검사하기 위해 이들의 배설물을 수집하고 있었다.

현재 북대서양참고래는 지구에 약 450마리밖에 남아 있지 않다. 어떤 이들은 심각한 멸종 위기에 처한 종을 진화의 눈송이로 생각하곤 한다. 멸종 위기종은 생물 다양성의 고유한 표현이지만, 변화하는 세상을 감당할 만큼 강인하지는 않다는 것이다. 그러나 이러한 생각을 참고래에게 적용하기는 힘들다. 참고래는 최소 400만 년 전에 진화했으므로 인류의 초기 조상보다 역사가 두 배는 길다. 성체는 무게가 70톤 이상으로, 크기는 화장실 두 개와 벽장 하나를 갖춘 캠핑카만 하다. 참고래는 100년 넘게 생존한다. 그 이상 얼마나 살 수 있는지 확인할 기회는 많지 않지만.

참고래Right whale의 이름은 지방과 수염의 가치가 높아 사냥하기 '좋은right' 고래라는 데서 왔으며, 이들은 미국 독립혁명 때 이미 희귀종이 되어 있었다. 그러나 참고래는 쉽게 죽지 않는다. 참고래의 의도적 도살은 1935년에 금지되었으나, 그해 3월 (아마 최신 국제법을 알지 못한) 한 무리의 어부가 플로리다주 포트로더데일 연안에서 여섯 시간 동안 작살을 일곱 번 던져 맞히고 소총을 150회 발사한 끝에 겨우 10미터 길이의 새끼 고래를 포획했다. 참고래가 멸종 위기에 처한 것은 참고래의 끈기가 부족하기 때문이 아니다. 캐나다 남부에서 플로리다 북부까지 3000킬로미터 길이의 해안선에 펼쳐진 참고래의 서식지가 지구에서 가장 풍요롭고 부산한 소비사회와 이웃해 있기 때문이다. 10년도 더 전부터 참고래는 '도시 고래'라는 별명으로 불렸다.

9·11 테러 이후 며칠간 참고래를 조사한 연구원들은 보스턴의 뉴잉글랜드수족관 소속이었다. 이 수족관은 북아메리카 동해안의 선박 교

통과 어업 교통, 해저의 파이프라인과 케이블 등을 보여주는 디지털 지도를 제작하는데, 이 지도의 선들은 맨해튼 지도만큼이나 복잡하다. 고래들이 적어도 사람만큼 부산함에 시달리고 있을 수 있다는 증거들이 있다. 예를 들어 아이슬란드의 고래들은, 고래를 구경하는 배들이 끊임없이 따라붙는 연안의 안전지대보다 가끔 고래잡이배가 나타나는 먼바다에서 더 많은 시간을 보내는 것으로 보인다. 북대서양참고래는 문명의 온갖 악취에 노출되어 있다. 이들의 피는 이런저런 알파벳이 뒤섞인 화학약품(DDT, PCBs, PAHs 등), 석유와 가스, 난연제, 약제, 살충제로 오염되었다. 이들의 식량(주로 요각류라는 이름의 벼룩처럼 생긴 플랑크톤)은 요란한 인간 활동으로 기후가 변화하면서 예측이 불가능하게 되었다. 고래는 우리와 다른 방식으로 잠을 자지만(고래의 뇌는 한 번에 반구 하나씩만 잠든다), 나이 많은 몇몇 고래는 기억할지 모를 조용했던 바다보다 시끄럽고 부산하고 오염된 바다가 잠들기 더 어려운 곳임은 분명하다.

과학자들은 이러한 영향을 '준치사sublethal'라는 단어로 설명한다. 그 무엇도 그 자체만으로는 죽음을 초래할 가능성이 낮다는 뜻이다. 그러나 뉴잉글랜드수족관의 수석 과학자인 로절린드 롤랜드는 참고래의 일종으로 국제 소비사회의 변두리에서 살아가는 남방참고래와 북대서양참고래의 극명한 차이를 지적한다. 롤랜드는 남방참고래를 보기 위해 뉴질랜드에서 남극 방향으로 500킬로미터 떨어진 오클랜드제도를 찾은 적이 있다. 그는 이렇게 말했다. "남방참고래들은 지방이 많고 행복했습니다. 피부 병변도 없었고, 호기심도 많았어요. 완전히 다른 동물을 만나고 있는 것 같았습니다."

준치사적 영향 중 최악은 소음이다. 코넬대학교의 교수였다가 현재는 은퇴한 해양 음향 과학자 크리스 클라크Chris Clark는 1992년에 미 해군의 해양 포유류 과학자로 뽑혔다. 그는 해군의 수중 청음 초소를 사용해 오리건주보다 더 넓은 면적에 걸쳐 (흰긴수염고래 다음으로 커다란) 큰고래의 목소리를 들을 수 있었다. 나중에 그가 시각화한 자료를 보면 고래 울음소리를 나타내는 불빛이 깜박거리고, 한데 우르르 모였다가 멀어지며 희미해진다. 그때 엄청난 불길이 공간 전체에 파문처럼 번진다. 해저에 매장된 석유와 가스를 채굴하는 데 사용한 탄성파 공기총의 청각적 흔적이다. "깨달음의 순간이었습니다." 클라크가 말했다. 그는 인간이 만들어낸 소리가 바다에서 의사소통하는 고래의 능력을 어마어마한 규모로 압도하는 장면을 목격한 것이었다.

클라크는 북대서양참고래의 일상을 '청각적 지옥'이라 묘사한다. 인간이 부산하게 활동하는 바닷속에서 두 고래가 (짝짓기를 하고, 새끼 고래의 뒤를 따르고, 먹을 것을 발견했음을 알리기 위해, 또는 그저 다른 고래와 함께하는 단순한 기쁨을 위해) 서로의 소리를 들을 확률은 1세기 이전의 10분의 1 정도다. 때때로 고래들은 선박의 소음이 너무 크고 끈질겨서 의사소통을 포기하고 침묵에 잠기는데, 이러한 행동은 보통 강력한 폭풍이 일어났을 때만 발생하는 것으로 알려져 있다. 클라크는 내게 "인간은 자신이 바다를 얼마나 심각하게 모욕하고 있는지 알지 못합니다"라고 말했다. 이 모든 소음의 주요 원인은 우리에게 물건을 배송해주는 상업용 선박의 프로펠러와 엔진이다. 준치사적 영향에 둘러싸인 북대서양참고래의 건강 상태는 눈에 띄게 악화되고 있다. 30년 전보다 더 여위었고, 이가 더 심각하게 들끓으며, 피부 병변과 상처도 더 많다. 암컷 고래들은 새끼를 전만큼 많이 낳지 않는다. 고래의 상태가 얼마나 나쁘고 고통이 얼마나 극심한지, 이들이 받는 영향은 이제 준치사가 아닌 치사 수준이 되었다.

선박 또한 고래들을 즉사시킬 수 있다. 고래가 사망하는 주요 원인은

'선박 충돌', 즉 배에 치이는 것이다. 해외에서 배로 운반되는 상품을 사려고 '지금 구매' 버튼을 누를 때마다 고래의 사망 위험이 증가한다. 북아메리카 동해안의 해상 교통은 세계 최대 규모의 소비자에게 물건을 공급하는, 지구상에서 교통량이 가장 많은 곳 중 하나다. 그러나 오늘날에는 해상운송량이 전반적으로 많아서 일부에서는 해상운송 노선을 '바닷길'이라 부르기 시작했다. 그리고 이 바닷길에서도 대기오염이 발생한다. 배는 전 세계의 상품을 수송하는 가장 에너지 효율적인 방법 중 하나이지만, 전 세계 상품의 80퍼센트를 수송하기도 한다. 즉 이제는 화물선이 너무 많은 데다 그 규모도 계속 커지고 있어서, 선박 운송에서 발생하는 온실가스 배출량이 전 세계 배출량의 2.5퍼센트를 차지한다. 현재 선박은 매년 100억 톤이 훨씬 넘는 물질 재화를 수송한다. 세계 인구 한 명당 1톤이 넘는 양이다. 물론 늘 그렇듯, 누군가는 다른 사람보다 훨씬 많은 물건을 갖는다.

캐나다와 미국 사이의 태평양 경계 수역에서 발견되는 남부지역범고래와 북대서양참고래는 오로지 소비경제의 강도가 심해지고 있다는 이유만으로 근 미래에 멸종할 위기에 처한 두 개체군이다. 그 강도에 변함이 없다면 분명 다른 종도 멸종 위기종 목록에 추가될 것이다. 세상이 소비를 멈추는 날, 우리는 마침내, 실제로, 고래를 구할지 모른다.

이제 9·11 테러 이후 며칠간 펀디만에 나와 있던 뉴잉글랜드수족관 연구원들에게로 돌아가자. 그 기이할 만큼 고요하던 시간에 수집한 고래 배설물에서 스트레스 호르몬이 얼마나 검출되었는지 확인한 연구원들은 '정상적인' 환경에서보다 불안 수준이 훨씬 낮다는 사실을 발견했다. 선박 교통과 어선, 유람선, 동력 요트 같은 현대 해양생활의 온갖 소란이 사라지자, 고래들은 확실히 고요한 바다를 즐기고 있었다. 심지어 과학자들도 자신들의 장비로 고래 울음소리를 이렇게 선명하게 들을 수 있다는 데 깜짝 놀랐다. 마치 고속도로 옆에 서 있는데 도로가 잠잠해지고 갑자기 새소리가 들려오는 것 같았다. 그 소리는 소비가 줄어든 세상의 고래 소리였다.

자연과 인간이 모두 숨쉴 수 있는 공간

소비의 종말은 야생의 새로운 여명이다. 그 원인이 투기든 팬데믹 바이러스든, 경기 침체와 불황은 밀려드는 불도저와 강물 오염, 산에 구멍을 내는 광산업의 속도를 늦추며 늘 인간 이외의 생명에 좋은 영향을 미쳤다. 나이팅게일과 쇠똥구리에게는 더 많은 어둠이 생기고, 고래들은 더 많은 고요함 속에서 노래할 수 있다. 또하나의 원석 노천광 때문에 더 많은 희귀종이, 예를 들면 그 어느 보석보다 빛깔이 다채롭고 오로지 마다가스카르의 일부 협곡에서만 발견되는 말라가시 레인보우 개구리의 개체수가 감소할 위험이 크게 줄어든다.

앨런 프리들랜더는 인파가 사라졌을 때 자연이 어떻게 변화하는지 목격하기 위해 팬데믹을 기다릴 필요가 없었던 또 한 명의 인물이다. 그는 하와이 호놀룰루 외곽에 있는 작은 보호구역인 하나우마만에서 일주일에 한 번 자연의 변화를 확인할 수 있었다. 사실 바닷물에 잠긴 분화구인 이 조개 모양의 만은 지구상에서 방문객이 가장 많은 산호초 서식지 중 하나다. 한 해에 수백만 명(하루에 약 3000명)이 스노클링과 수영을 하려고 이곳을 찾지만 매주 화요일은 개장하지 않는다. 이날은 하와이대학교의 해양생물학자인 프리들랜더 같은 과학자들이 이곳을 찾아 연구를 하는 날이다.

"마치 다른 장소 같아요." 프리들랜더가 말했다. 평소에는 겁먹고 더 깊은 물속에 숨어 있는 바다거북이 해안가의 해조류를 뜯어 먹는다. 수

즐게 웃는 듯한 얼굴의 멸종 위기종 태평양몽크바다표범은 해변에 나타나거나, 어쩌면 아예 해안에 올라올지도 모른다. "종종 발목 깊이의 물에 엄청난 수의 여울멸떼가 나타나요. 주변에 사람이 없다면 아마 그곳이 여울멸의 서식지가 되겠죠"라고 프리들랜더는 말했다. 여울멸은 얕은 물속에서 조용히 움직이며 꼬리지느러미로 수면에 무늬를 남기는 가늘고 긴 물고기다. "늘 궁금하죠. 일주일의 다른 6일에는 어디에 있는 걸까요?"

코로나바이러스가 발발하자 하와이 관광이 현저히 줄었다. 갑자기 하와이 곳곳이 매일 하나우마만의 화요일이 되었다. 당시 프리들랜더는 다른 해양보호구역 두 곳에서도 연구를 진행하고 있었다. 한 곳은 마우이와 빅아일랜드 사이의 바람이 거센 해협에 자리한, 바다에 거의 완전히 잠긴 분화구인 몰로키니였고, 다른 한 곳은 울퉁불퉁한 바위로 된 오아후 북쪽의 해안가로 거센 파도가 해변의 커다란 암석을 바닷속으로 끌고 가는 것으로 알려진 푸푸케아였다. 두 지역 다 평소에는 사람들로 매우 붐비는 곳이다.

몰로키니는 30헥타르가 겨우 넘는 작은 해양보호구역으로, 이는 맨해튼 센트럴파크의 약 10분의 1 규모다. 평소 같다면 아침에는 약 24척의 상업 관광 보트가 1000여 명의 관광객을 바닷속에 쏟아내고, 이들은 스노클링을 하며 수면 위로 튀어나온 초승달 모양의 분화구 가장자리에 터를 잡은 산호초를 구경한다. "사람들로 붐비는 날이면 물에 닿지 않고 배와 배 사이를 넘어 다닐 수 있습니다." 프리들랜더가 내게 말했다. "사실상 반쯤 밀폐된 거대한 수영장이라 볼 수 있죠." 한편 푸푸케아는 카메하메하 고속도로를 사이에 두고 바로 맞은편에 쇼핑센터가 있으며, 수영과 다이빙을 할 수 있는 인기 지역이 두 군데 있고, 지역 주민들이 "물고기 씨가 말랐다"고 판단할 만큼 어업으로 큰 타격을 입었다.

이곳에서 주차할 자리를 찾기란 늘 어렵다.

팬데믹으로 여행사와 선착장이 문을 닫았을 때 프리들랜더는 몰로키니에서 극적인 변화를 목격했다. 전갱이 약 1000마리가 산호초 근처로 이동했다. 거대한 전갱이떼(은빛 푸른색인 이 물고기는 각기 커다란 접시 크기다)를 바라보는 것은 스노클링하는 사람들에게 큰 즐거움일 테지만, 프리들랜더는 사람들로 더 붐볐던 시기에 몰로키니에서 한 번도 전갱이떼를 기록에 남긴 적이 없었다. 그는 곧 푸푸케아에서도 비슷한 일이 발생하고 있음을 알게 되었다. 여기서도 방대한 물고기떼가 나타났는데 이번에는 은빛 농어처럼 생긴, 꼬리지느러미를 재에 담갔다 빼낸 듯한 하와이안 플래그테일이었다. "해안 바로 옆에 거대한 공처럼 떼지어 있어요." 프리들랜더가 말했다. "흔한 일은 아니죠. 맛있는 물고기거든요."

사람들은 자신이 자연과 전쟁을 치르고 있다고 생각하지 않을 수 있다. 그러나 그것이 사실이라는 증거 하나는, 인간 세계가 뒤로 물러나면 자연 세계가 앞으로 나온다는 것이다. 이러한 변화는 바다에서 가장 빨리 발생하는데, 바다에 사는 생명체들이 매우 자유롭게 이동하기 때문이다. 이 생명체들은 사람이 사라진 것을 감지하고 그 빈 공간을 찾아와 헤엄친다. 팬데믹 동안 자연이 복원되고 있다는 최초의 증거들은 불현듯 한산해진 물속에서 주로 나타났다. 고요하고 깨끗해진 베네치아 운하에 물고기와 해파리가 나타났고, 인도 콜카타에서는 30년 만에 처음으로 가트(목욕하는 사람들을 위한 강가의 거대한 계단) 근처에 강돌고래가 등장했으며, 멕시코의 인기 해변에서는 악어들이 파도를 탔다. 프리들랜더는 똑같은 원리가 육지에도 적용된다고 말했다. 꾸준히 이어지던 인간 활동의 압박이 사라지면 야생동물이 되돌아와 그 수가 점점 늘어나고, 탐험 욕구를 비롯한 자신의 가장 자연스러운 행동을 드러낸다. 자택 대피령이 내려진 시카고에서는 코요테 한 마리가 이른 아침 텅 빈 시내를 구경하며 까르띠에와 구찌, 루이비통 매장 앞을 지나다녔다. 인도 북부에서는 코끼리들이 오래전 인간이 침범했을 때 버리고 떠난 오래된 이동 경로를 되찾았다. 그중 한 마리는 가던 길을 멈추고 작은 사원의 계단을 오르기도 했다.

자연 세계가 다시 편안해지기 위해 우리가 싹 사라져야 하는 것은 아니다. 예를 들어 프리들랜더와 그의 동료들은 몰로키니에서 스노클링을 하는 관광객이 거대한 물고기떼를 쫓아내지 않을 수 있는 관광 보트의 '매직넘버'를 찾았다. 그 수는 보트 열두 대로, 평소 보트 수의 절반이다.

"사람들은 자신이 생태계를 잘 이해하고 있고 효과적으로 생태계를 관리하는 법을 안다고 생각합니다. 그러나 사실은 그렇지 않아요." 프리들랜더가 말했다. "자연은 우리보다 스스로를 훨씬 잘 관리합니다. 그냥 알아서 하게 내버려두면 돼요. 숨쉴 공간을 주는 거죠."

"우리 모두 이 결과에 놀랐습니다"

우리가 소비를 통해 다른 생물종에게 하는 행위는 대부분 고의가 아니다. 예를 들어, 오스트레일리아의 개간에 대한 한 연구는 우리가 야생 서식지를 또하나의 대형 자동차 판매장이나 별장 단지(별장 소유의 증가는 21세기에 가장 빠른 속도로 성장하는 소비 추세 중 하나다), 또는 온라인 쇼핑의 시대에 온갖 곳에서 우후죽순 확산하는 이름 없는 데이터 센터와 물류 창고로 바꿀 때 무슨 일이 일어나는지를 살핀다. 어쩌면 사람들은 동물들이 아무렇지 않게 짐을 싸서 다른 곳에서 산뜻하게 새 출발을 할 거라고 상상했을지 모른다. 유감이지만, 그건 사실이 아님을 알려드린다. 연구원들은 "명백한 과학적 합의는 개간하는 부지에 존재하는 개별 동물의 대다수, 어떤 경우에는 전체가 개간 후 즉시 또는 며칠에서 몇 달에 걸쳐, 식생이 파괴된 결과로 죽음에 이른다는 것이다"라고 말한다.

연구원들은 동물들이 겪는 고통을 자세히 묘사한다. 이런 내용을 알려드리게 되어 유감이다. 동물들은 으깨지고, 뾰족한 것으로 꿰뚫리고, 찢긴다. 일부는 산 채로 불태워진다. 이들은 내출혈과 골절, 척추 손상, 안구 부상, 두부 부상을 견딘다. 팔다리를 잃고, '탈피(산 채로 피부가 벗겨지는 것)'가 발생한다. 서식지에서 도망친 동물들(대개는 놀라울 만큼 집을 떠나려 하지 않는다)은 보통 근처 도로에서 차에 치이거나, 울타리에 걸리거나, 적절치 못한 환경에 노출되어 죽거나, 포식자의 손쉬운 먹잇감이 된다. 듣고 싶지 않은 내용이겠지만, 나무 위에 사는 동물은 나무 구멍 속에 몸을 숨기고 있다가 나무를 절단하거나 톱밥으로 만드는 기계에 통과되기도 한다. 이 또한 듣고 싶지 않겠지만, 땅을 개간하면 코알라가 굶어 죽을지도 모른다고("놀라울 만큼 논의되지 않는 문제다") 연구원들은 말한다. 연구원들의 추산에 따르면 오스트레일리아의 단 두 개 주에서만 개간으로 매년 5000만 마리의 포유류와 조류, 파충류가 사망에 이른다.

우리는 야생동물을 소비한다. 심지어 우리가 먹는 생물종들은 신체의 허기보다는 우리의 정체성 및 지위의 문제와 관련되는 경우가 많다. 그 적절한 사례는 남태평양의 섬나라인 사모아에서만 발견되는 희귀 조류, 마누메아다.

사모아의 정글 속에는 덩굴식물과 나무로 뒤덮인 피라미드 같은 구조물 십여 개가 우뚝 서 있다. 이 신비한 건물들은 크기가 작지 않다. 보통 폭은 농구 코트보다 넓고, 높이는 최소한 1층 건물보다 높으며, 여러 개의 둥그런 돌기가 중앙의 단을 둘러싸고 있다. '스타 마운즈'라는 이름으로 알려진 이 건축물은 적어도 가끔은 비둘기 사냥에 사용되었다. 이렇게 사냥된 비둘기 중 하나가 바로 노을빛 부리에 이빨 같은 기이한 톱니가 달린, 짙은 청록색과 갈색을 띠는 거대한 새 마누메아였다. 마누메아는 살아 있는 새 중 멸종된 도도와 가장 가까운 관계에 있기 때문에 '리틀 도도'라는 이름으로 불리기도 한다.

오늘날 사모아인의 조상이 3000년 전 배를 타고 도착했을 때 사모아 섬에는 물속을 헤엄치거나 하늘을 날거나 이들의 해안가로 떠밀려오는 생명체만이 거주하고 있었다. 마누메아를 비롯한 비둘기들은 야생에서 구할 수 있는 가장 거대하고 맛좋은 동물이었다. 위계질서가 엄격한 사모아의 사회체제에서 비둘기 사냥은 한때 영국에서 사슴 사냥이 귀족들의 전유물이었듯 우두머리들만 즐길 수 있는 스포츠가 되었다. 어느 마을에서 비둘기 사냥을 주최하면, 사냥에 초대된 마타이, 즉 사모아의 족장들은 스타 마운즈의 각 돌기를 배정받고 손잡이가 긴 그물을 이용해 누가 야생 비둘기를 가장 많이 잡는지를 두고 경쟁을 벌였을 것으로 추정된다. 이 행사는 하나의 의례이자 관중 스포츠였고, 공동체가 함께 모여 잔치를 벌일 동기였다. 비둘기 사냥은 19세기 초에 유럽 선교사들의 영향으로 빠르게 사라졌지만 완전히 끝났다기보다는 변화한 것에 더 가까웠다.

2014년 사모아 통계청은 사모아인이 무엇을 먹고 마시는지에 대한 조사를 마쳤다. 뉴질랜드의 생물학자인 리베카 스턴먼Rebecca Stirnemann은 정확히 누가 비둘기를 먹는지 알아낼 기회를 발견했다. 그 당시 많은 사람은 비둘기 사냥이 더이상 족장에게만 제한되지 않으므로 생존 사냥, 즉 식탁에 먹을거리를 올리기 위한 사냥을 하는 가난한 사람들이 주로 비둘기를 먹을 것이라 생각했다. 스턴먼은 그 추측을 더욱 확실히 하고 싶었는데, 유감스럽게도 당시 마누메아의 이름이 전 세계에서 가장 희귀한 새들 순위에 올라 있었기 때문이다. 현재 마누메아는 약 200마리, 또는 그보다 훨씬 적은 수만이 남아 있다.

스턴먼은 사모아인이 예상보다 비둘기를 훨씬 많이 먹는다는 사실을 발견했다. 그러나 가난한 사람들이 비둘기를 가장 많이 먹는 것은 아니었다. 상위 10퍼센트 부자들이 그중 거의 45퍼센트를 먹었다. 그 비율을 상위 40퍼센트 부자까지 늘리면 놀랍게도 비둘기의 비율은 80퍼센트까지 올라갔다. "우리 모두 이 결과에 놀랐습니다." 스턴먼이 말했다. "사람들은 사모아인이 마누메아는 고사하고 비둘기의 개체수에 그렇게 큰 영향을 미치고 있는지 몰랐습니다. 비둘기 대부분을 먹고 있는 이들이 누군지도 몰랐고요."

사모아에서 비둘기 소비와 연결된 지위 및 문화적 의미는 사라지지 않았다. 이제는 아무도 고의로 마누메아를 사냥하지 않지만 마누메아는 지금도 사냥꾼들이 비둘기를 사냥할 때 우연히 목숨을 잃고 있으며, 그렇게 죽은 마누메아는 대부분 판매되거나 족장, 정치인, 교회 지도자 같은 이들에게 존경의 선물로 주어진다. 사모아인이 비둘기를 먹는 횟수는 재산과 권력, 지위와 상관관계가 있는 듯 보인다. 비록 사모아의 부자는 전 세계의 백만장자나 억만장자 엘리트와는 거리가 한참 멀지만 말이다. 스턴먼은 "집에 수영장이 있는 그런 부자는 아니에요. 평범한 사람들보다 조금 더 잘사는 수준이죠"라고 말했다.

이는 사람들이 기대한 소비문화의 발전 방식이 아니었다. 지난 수십년간 전문가들은 빈곤에서 벗어난 사람들이 식용이나 약용으로 야생동물을 사냥하는 행동을 그만두고 선진국 사람들처럼 식료품점이나 약국에서 쇼핑을 하리라 예측했다. 이러한 기대는 경제 발전이 전 세계의 야생동물을 구할 것이라는 생각으로 이어졌다. 그러나 점점 늘어나는 연구 결과에 따르면 야생동물을 식품으로 섭취해야 할 필요가 줄어들면 그 동물들은 소비재로 변신한다.

브라질 아마존에서 실시한 연구는 사람들이 시골을 떠나 도시로 향하면서 섭취되는 야생동물 수가 줄어드는 것이 아니라 늘어난다는 사실을 보여주었다. 가난한 가정은 여전히 배를 채우기 위해 야생동물을 사냥했지만 그렇게 잡은 동물을 부유한 사람들에게 팔기도 했다. 특히 멸종 위기에 처하거나 '고급'인 동물은(예를 들면 특정 종류의 원숭이나 로랜드파카라는 이름의 대형 설치류, 무게가 독일셰퍼드만큼 나가는 한 물고기) 부자들이 가장 큰 소비자였다. 페루 열대우림에 있는 도시들에서 야생동물 고기의 가장 큰 구매자는 그곳을 방문한 군인이나 회사의 간부, 관광객인 것으로 드러났다. 베트남에서 코뿔소의 뿔은 여전히 약으로 쓰이는데, 이 약으로 치료하는 병은 '어플루엔자affluenza*'라 부르는 것이 정확할지 모른다. 코뿔소의 뿔을 섭취하는 사람들의 80퍼센트가 숙취나 현대의 과잉에서 비롯된 증상을 치료하고자 하며, 어떤 경우에는 가루로 만든 뿔을 와인에 바로 섞어서 뉴스 기사에서 '백만장자들의 알코올 음료'라 묘사한 칵테일을 만들기도 한다. 중국에서 코로나바이러스가 (아마도 알려지지 않은 야생동물을 통해) 처음으로 인간에게 전파되었을 무렵, 야생동물 고기는 별미가 되어 있었고 모피나 전통 약재 같은 동물 제품은 사치품이었다. 중국이 점점 부유해지면서 야생동물 거래는 줄어들지 않고 가파르게 증가했다.

'멸종 위기에 처한 야생 동식물의 국제 거래에 관한 협약'을 감독하는 조약기구인 CITES도 이러한 추세를 파악했다. 2014년에 이 단체는 "우리는 일부 종의 수요에서 그 목적이 건강에서 부로 바뀌는 충격적 변화를 지켜보고 있다"라고 발표했다. 멸종 위기에 처한 동물들은 홍청

* 풍요로워질수록 더 심해지는 증상.

망청 술에 취해 유대감을 형성하는 사업가, 손님에게 존경을 표하는 부유한 가정, 시골에 있는 자신의 뿌리와 다시 연결되고자 하는 도시인의 속된 과시적 소비로 섭취되고 있었다.

서구에서 빈곤 국가가 발전하면 야생동물 섭취가 줄어들 것이라 추측한 가장 큰 이유는 자신들의 문화에서도 그러했다고 믿기 때문이다. 그러나 19세기 말과 20세기 초반에 상업적인 '전문 사냥꾼'들은 주로 상류층 미국인에게 여전히 다이아몬드거북이나 큰흰죽지 같은 야생동물을 별미로 공급하고 있었으며, 이는 그러한 종들의 개체수가 급격히 하락할 때에도(그럴 때에 더욱더) 마찬가지였다. 서구 국가 전체에서 야생동물 거래는 동물보호법이 엄격하게 시행되었을 때에야 줄어들기 시작했다. 그러나 야생동물을 섭취하는 행위는 근절되지 않았다. 현재 미국과 영국은 야생동물 제품의 주요 수입국이다. 이베이 연구 결과에 따르면 미국은 거래되는 보호종 3분의 2의 최종 목적지다.

합법인 야생 식품 역시 '엘리트 소비'로의 변화를 보여준다. 2018년에 전 세계의 어업 과학자들이 팀을 이뤄 공해(어느 나라의 관할권에도 속하지 않는 바다)에서 잡힌 물고기가 어디에서 판매되는지 조사했다. 환경보호론자들은 공해에서 물고기가 남획되고 있을까 염려했고, 어업을 옹호하는 사람들은 이곳에서 잡은 물고기가 전 세계의 배고픈 사람들을 먹이는 데 도움이 된다고 주장했다. 그러나 연구자들은 공해 어업의 대다수가 미국이나 유럽연합, 일본 같은 지역의 고소득 소비자에게 물고기를 공급한다는 사실을 발견했다. 일부 어종은 거의 전적으로 양식장이나 반려동물의 사료로 사용되었고(역시 주로 선진국에서), 그 밖의 어종은 굶주림이나 질병을 퇴치하기 위함이 아닌 이미 건강한 사람들의 신체 능력을 최대로 끌어올리기 위한, 즉 오늘날 흔히 하는 말처럼 우리를 '좋은 것보다 더 좋은' 상태로 만들기 위한 '영양보조제'가 되었다. 또한 코로나바이러스의 발발로 선진국에서 여전히 섭취되는 야생동물의 대다수가 식품이라기보다는 소비재라는 사실이 더욱 분명해졌다. 레스토랑과 호텔, 리조트가 전부 문을 닫자 해산물 수요가 급락한 것인데, 해산물은 우리가 집에서 좀처럼 먹지 않는 사치품이 되었기 때문이다. 대개 초밥으로 섭취되는 참치는 팬데믹으로 짧은 기간 동안이지만 개체수 호황을 누렸을 것으로 예측되었다. 참치의 가장 큰 포식자인 우리 인간이 하룻밤 사이에 사라졌으니까.

"우리 모두가 어떤 방식으로든 야생동물을 소비합니다"라고, 셰필드 대학교의 정치생태학자인 로절린 더피가 내게 말했다. "우리는 야생동물을 먹고, 옷과 액세서리로 걸치고, 약으로 쓰고, 야생동물로 만든 장식품을 구매합니다."

쇼핑을 멈춘 세상에서는 이 모든 것을 훨씬 적게 소비한다. 그리고 팬데믹으로 우리가 생각보다 더 그리워했음이 밝혀진 많은 것들을 되찾는다. 팬데믹 때 모두가 새파란 하늘과 폐 속으로 들어오는 더 신선한 공기를 즐겼다. 우리 모두 자연 세계가 돌아왔다는 증거 하나하나에 열광하는 듯했다. 또한 우리는 야생동물에게 하는 것만큼이나 우리 자신에게 압박을 가하고 있었음을 깨달았다. 평소와 같은 관광객 무리가 없는 베네치아와 로마, 루브르, 스핑크스, 타지마할, 마추픽추 유적의 사진을 보면서 이곳들이 전 세계에 경탄을 불러일으킨 이유를 떠올릴 수 있었고, 우리가 더 나은 경험을 더 적게 추구한다면 무엇을 되찾을 수 있을지도 알게 되었다. 하와이 몰로키니의 물고기들만 주변의 보트가 반으로 줄어든 산호초를 선호하는 것이 아니었다. 여러 조사들이 관광객 또한 같은 것을 원한다는 사실을 보여준다.

전 세계의 여행자들이 유랑을 줄인다면 우리 주변의 자연 세계가 더욱 눈부신 장관을 이룰 거라고, 프리들랜더는 말했다. 더 커다란 물고기가 더 많이 돌아다니고 생물종이 더욱 다양해지면 몰로키니를 찾는 사람들도 여행의 참된 진가를 느낄 수 있을 것이다. 산호초 주변에 사는 생물들의 행동 또한 변할 것이고, 변화의 속도는 무척 빠를 수 있다. 프리들랜더는 팬데믹으로 봉쇄령이 내려지고 몇 주 뒤 몰로키니를 찾았을 때 쥐가오리가 바로 옆을 지나갔고 큰돌고래 두 마리가 가까이 다가와 자신을 살폈다고 말했다. 그리고 "물속에 사람이 많았다면 아마 그렇게 하지 않았을 거예요"라고 말했다.

변화는 계속 이어진다. 사람이 물고기를 잡는 곳에서 물고기는 당연히 잘 놀라고 겁에 질린다. 잡히지는 않지만 늘 사람들에게 노출되는 곳에서는 많은 물고기가 사라지고, 나머지는 심드렁해진다. 물고기들에게는 인간이 위협도 되지 않고 늘 곁에 존재하지도 않는 곳이 가장 좋다. 그곳에서 비인간 생명체는 두려워하거나 무심하지 않고 호기심에 차 있다. 소비를 줄인 세계에서 자연으로 여행을 떠난다면, 그때는 정말로 작은 마법을 목격할 가능성이 있다. 두 생물종이 얼굴을 마주보고 서로에게 관심을 보이는, 두 존재 사이의 빈 공간을 넘어 연결되는 마법말이다.

자발적 간소함, 그리고 풍성한 고요함

"식료품을 사러 걸어갈 때 엄청난 스릴을 느껴요." 재닛 루어스 Janet Luhrs
가 내게 말했다.

있을 법하지 않은 단어 선택처럼 보였다. 물론 어떤 사람은 동네 식
료품점까지 걸어가는 것을 즐길 수 있다. 하지만 거기서 스릴을 느낀다
고? 이 발언에는 과장의 기미가 있었다. 그러나 워싱턴주 시애틀에 있는
자기 집의 알록달록하게 장식한 거실에 앉은 루어스는 어느 모로 보나 진
실을 말하고 있었다. 작가이자 저널리스트인 그는 말을 신중히 고른다.

나는 수십 년간 자발적 간소함(적게 가진 삶을 직접 선택하는 것)을 실
천한 사람들과 대화를 나누기 위해 시애틀에 와 있었다. 장기적인 디컨
슈머 생활방식이 어떤 느낌인지, 소비를 멈춘 세상에서 우리가 어떤 종
류의 인간이 될 수 있는지 알고 싶었다. 루어스의 이야기는 전형적이다.
그는 변호사가 되었으나 약 2주 후 유모에게 젖먹이 딸을 맡기고 싶지
않다는 것을 깨닫고 일을 그만두었다. 그리고 얼마 지나지 않아 주택 융

자금과 가족, 그리고 그의 표현에 따르면 "어떻게 해야 할지 모를 만큼 많은 물건"에 둘러싸인 자신을 발견했다. 동네에서 자발적 간소함을 추구하는 단체의 광고를 보았을 때 그는 운명이 자신을 쳐다본다고 느꼈다. 루어스는 그 행사에 참여했고, 참석자가 수백 명이라는 사실에 깜짝 놀랐다. 그는 자신이 더 간소한 삶을 추구하리란 걸 즉시 알았다. 거의 30년 전의 일이었다.

"사랑에 빠진 것 같았어요." 루어스가 말했다. "갈망하다시피 했죠." '자발적 간소함'이라는 용어는 1936년에 미국의 사회사상가 리처드 그레그가Richard Gregg 만들었다. 흥미롭게도, 그레그가 이 새로운 용어를 제안한 것은 간소한 삶이 아닌 비교적 간소한 삶, 즉 부처와 노자, 모세, 예언자 무함마드 같은 정신적 지도자와 수많은 전설적 집단, 그리고 그레그가 말한 소로나 간디 같은 '간혹 등장하는 귀재들'이 실천한, 순수한 금욕주의의 더 관대한 버전을 널리 알리기 위해서였다. 수많은 사람이 내세의 약속을 믿지 않고, 대공황 때 고생한 기억이 아직 생생해서 적어도 어떤 소비는 소중하다는 사실을 인정하던 시기에 금욕적인 삶의 방식은 그 의미를 크게 상실했다. 그레그는 "모든 산업국가의 재정적·사회적 안정성은 시장이 대량생산을 위해 끊임없이 확대되리라는 기대에 입각한 듯 보인다"라고 말하며 85년 전에 이미 소비의 딜레마를 파악했다. 그러나 그는 ('막대한 양'의 광고와 '전자기기의 끝없는 발명', 10센트 숍과 체인 식료품점, 백화점, 대형 통신판매 회사의 폭발적 증가 속에서) 간소함이 여느 때만큼이나 필요하다고 보았다.

이 용어는 1980년대가 되어서야 주류 문화에 편입되었다. 1980년대는 소비자본주의가 오늘날 우리가 아는 형태를 띠게 된 시기였다. 물질주의가 과시적으로 전시되었고, 과로와 분주함이 명예의 증표가 되고, 재산이 가치의 주요 척도가 되었으며, 모든 것이 상업화되었고, 다른 가치가 배제될 만큼 이윤과 성장에 집착했으며, 광고와 브랜딩이 쇄도했다. 1980년대는 번영의 시대로 기억되지만 그 번영은 매우 불공평한 것이었다. 이제는 고전이 된 구술사 도서인 『어려운 시절』에 대공황 시기의 역사를 담았던 스터즈 터클은 다우지수가 치솟고 '호황의 해'라는 헤드라인이 걸리던 1986년에 문 닫은 공장들과 구직을 위해 한 블록을 돌만큼 길게 늘어선 줄을 두고, 대공황 이후로 이런 절망스러운 상황은 본적이 없다고 말했다.

1980년대 말 다운시프팅의 추세가 나타나기 시작했다. 다운시프팅이란 더 적은 것을 소유하는 삶뿐만 아니라 더 적게 버는 삶을 강조하는 자발적 간소함의 한 형태다. 미디어는 부유한 삼십대 백인을 전형적인 다운시프터로 소개했으며, 한 평론가는 이들을 '여피 양심적 거부자'라고 칭했다. 그러나 이 현상은 그보다 더 다층적이었다. 어떤 이들은 히피의 시대였던 1960년대와 1970년대의 가치를 계속 이어가거나 되찾았고, 어떤 이들은 막 성인이 된 X세대로서 자신이 어린 시절을 보낸 광적인 소비문화에 반발했다. 이들 대부분이 백인이었던 것은 사실이지만, 당시에는 미국인 열 명 중 여덟 명이 백인이었다. 사회학자 줄리엣 쇼어의 연구에 따르면 인구 규모를 비교했을 때 실제로 흑인과 히스패닉은 백인보다 다운시프팅에 참여한 비율이 더 높았다.

부유한 사람들은 별다른 위험 없이 더 간소한 삶을 시도해볼 수 있었다. 그러나 많은 다운시프터가 **비자발적으로** 검소한 생활에 첫발을 내디뎠다. 이들은 1990년대 초반의 세계적 경제 불황으로 직업을 잃거나 일을 충분히 구하지 못하는 상황에 처했다. 이 집단에서 자발적 측면은 변화를 수용하겠다는 선택의 형태를 보였다. 다운시프터 열 명 중 거의 네명이 애초에 연소득이 2만 5000달러(오늘날의 가치로 4만 달러) 미만인 무척 검소한 수준에서 출발했다. 소득이 적은 다운시프터들은 보통 자신이 속한 문화적 흐름을 자각하지 못했다. 이들은 점점 각박해지는 경제 앞에서 스스로를 위해 좋은 삶의 의미를 재정의하고자 애쓰고 있었을 뿐이다. 다운시프팅의 추세가 절정에 이른 1990년대 중반에 미국인 다섯 명 중 한 명이 가진 것이 적은 삶을 살고 있었고, 여론조사에서 그러한 삶에서 행복을 느낀다고 말했다.

이들의 가장 흔한 동기는 스트레스를 줄이고 오늘날 사람들이 말하는 일과 삶의 균형을 되찾는 것이었다. 그러나 또 한편 이들은 쇼핑을 멈추었다. 대다수는 소비지출을 약 20퍼센트 줄였고, 쇼어의 말처럼 그 결과로 발생한 삶의 변화에 "거의 슬퍼하지 않았다". 30년 전에도 선진국의 많은 사람이 소비를 크게 줄이고도 그 결과를 거의 알아채지 못할 수 있었다. 삶을 간소화한 사람들의 거의 3분의 1이 소비를 25퍼센트까지 줄였고, 5분의 1은 50퍼센트 이상 줄였다. 이들에게 변화는 쉽지 않은 것이었다. 다른 사람들 앞에서 낡은 옷을 입고 돌아다녀야 했고, 유행하는 SUV가 아닌 자전거나 버스로 아이들을 학교에 데려다주어야 했으며, 핸드폰이나 퍼스널 컴퓨터처럼 갈수록 인기를 얻는 전자기기 없이 살아야 했다.

이것은 조용한 혁명이었다. 다운시프터 대다수가 다른 사람들과 무척 비슷한 옷을 입었고 코뮌이나 숲속 오두막집이 아닌 평범한 동네에 살았다. 시애틀이 자발적 간소함의 중심지로 떠올랐는데, 점점 몸집이 커지는 테크 산업(마이크로소프트의 본사가 이곳에 있었다)이 이 도시를 혹사하며 과시적 소비를 하는 여피와 동의어로 만든 한편 그 밖의 다른 주민들은 여전히 경기 침체에 시달리고 있었기 때문이다. 그 결과 아마 현대에 발생한 것 중 가장 의도적이었을 쇼핑 중단 실험이 벌어졌다. 도시 전체에서 소비주의에 대한 거부가 주류로 진입한 것이다.

거의 10년간 시애틀 일상의 거의 모든 측면이 이 그림자 문화의 영향을 받았다. 가장 영향력 있는 패션 트렌드는 '빈티지'한 중고 의류나, 해질 때까지 입는 기본적이고 내구성 좋은 작업복(플란넬 셔츠, 청바지, 가죽 부츠)을 바탕으로 한 그런지룩이었다. 청년층에서는 아파트에 가구를 거의 들이지 않는 것이 관례였고, 부를 과시하는 행동은 수치로 여겨졌다. 그 시기에는 많은 도시에 협동조합이 운영하는 비영리 식료품점이 있었다. 시애틀도 협동조합이 운영하는 레스토랑과 카페, 차량 정비소, 병원, 목공소, 조산소가 있었고, 일간지와 경쟁하는 대안적 주간지와 더불어, 상업 라디오 방송국에서 거절당한 음악을 선보일 수 있는 저렴한 공연장이 매우 많았다. 이 길지 않은 시간 동안 소비자 생활방식은 쿨하지 않은 것으로 여겨졌다. "1990년대에 우리는 이게 떠오르는 생활방식이라고 확신했어요." 다운시프팅 분야의 고전인 『부의 주인은 누구인가Your Money or Your Life』의 공저자 비키 로빈이 내게 말했다. 1995년 뉴욕타임스는 미국인 열 명 중 여덟 명이 '우리는 필요 이상으로 물건을 구매하고 소비한다'라는 말에 동의한다고 보도했다. 같은 해 뉴욕의 라인벡트렌드연구소는 자발적 간소함을 지난 10년의 10대 현상 중 하나로 선정했다.

그러나 그때 세계경제가 되살아나기 시작했고, 시애틀은 검소한 생활보다는 억만장자들의 동네로 더 유명해졌으며, 다운시프팅은 서서히 사라졌다. 재닛 루어스 같은 몇몇 사람들은 자발적 간소함을 이어나갔다. 이들은 이미 반평생도 더 전에 쇼핑을 중단했다. 쇼핑 중단은 그들을 어떻게 바꾸어놓았을까? 그들은 우리보다 더 행복할까? 정말 동네를 걷는 데서 스릴을 느낄까? 만약 그렇다면, 그 이유는 무엇일까?

살면서 큰돈을 벌지 않겠다는, 일종의 선택

뉴질랜드 오클랜드대학교의 마케팅 교수인 마이클 S.W. 리Michael S. W. Lee는 자신이 "중상류층의 안전한 환경"에서 성장했다고 말했다. 마케팅 분야에서 박사학위를 시작하려던 2002년 그는 기업 권력과 마케팅의 영향력을 파헤친 나오미 클라인의 저서 『슈퍼 브랜드의 불편한 진실 No Logo』을 읽었다. 그는 이 책에서 설명한 사람들, 즉 브랜드와 소비문화에 저항하는 사람들이 이상하고 극단적이라고 생각했다. 그리고 그들을 연구하기로 마음먹었다.

3년 후 리는 국제반소비연구센터를 세웠다. 그가 소비주의에 저항하거나 분노하거나 거부 반응을 보이는 사람들을 연구하며 알게 된 것은, 그들에 대해 알려진 바가 많지 않다는 것이었다. 그는 이러한 반소비자들이 소비자들과는 다른 핵심 가치를 추구하는지 알아보기로 했고, 실제로 그렇다는 사실을 발견했다.

먼저 반소비자들은 자기 소비를 통제하는 데 주류 소비자보다 훨씬 높은 가치를 부여했다. 『간소한 삶 가이드The Simple Living Guide』라는 인기 디컨슈머 안내서를 쓴 루어스는 자발적 간소함의 관건이 자기 자신과 자기 행동의 이유를 이해하는 것이라 말했다. "제가 보기에 사람들 대부분은 삶을 의식적으로 살아가지 않아요. 깊이 생각하며 살지 않죠." 루어스가 말했다. "저는 그렇게 살아요." 예를 들어 그는 늘 소비자 선택을 내려야 하는 것을 본인이 좋아하지 않는다는 사실을 알게 되었다. 이 사소한 자기 이해로 쇼핑 중단은 희생이 아닌 선물이 된다.

고전적인 경제 이론은 소비자가 무엇이 자신에게 최선인지를 이해하고, 자기에게 이익이 되도록 합리적으로 행동한다고 가정한다. 이러한 관점은 오늘날까지 영향력을 떨치고 있다. 그러나 역설적이게도, 이러

309

한 이상에 더 가까운 것은 주류 소비자가 아닌 반소비자다. 반소비자는 무엇을 소비하고 싶고 소비하기 싫은지를 충분한 정보를 가지고 적극적으로 선택할 가능성이 높으며, 광고와 유행에 덜 휘둘리고, 소비에 발목이 묶였다고 느끼거나 소비를 도피 수단으로 사용할 가능성이 낮다. "제가 늘 금욕적으로 사는 건 아니에요." 루어스가 말했다. "그보다는 내게 필요한 것이 무엇인지를 늘 알고 있다고 할 수 있죠."

반소비자와 소비자의 더욱 뚜렷한 차이는 반소비자가 물질적 욕망을 그리 중요시하지 않는다는 것이다. 그러나 이러한 방향성의 최종 결과는 무척 놀라울 수 있다. 시애틀에서 오랫동안 간소한 삶을 살아온 데버라 캐플로는 스물일곱 살이었던 1970년대 말에 남자친구를 따라 여행가방 한 개와 상자 두어 개에 가진 것을 전부 담아 시애틀로 이사했다. 너무 어렸을 때 검소한 삶의 길을 걷기 시작한 터라 그는 그러한 변화가 어떤 느낌이었는지 기억하지 못한다. 캐플로의 부모님은 그가 아홉 살 때 이혼했다. "아버지는 부자가 되었어요." 캐플로가 말했다. "어머니는 얼마 없는 돈으로 최선을 만들어내기로 마음먹었죠." 캐플로는 어머니와 여동생과 함께 살았다. 한번은 새로운 동네로 이사하고 나서 1년간 가구 없이 살며 침낭을 펴고 바닥에서 잠을 잤다. 캐플로의 아버지는 대저택에 살았고, 그는 아버지가 이기적이고 지위에 집착한다고 생각하게 되었다.

"이 가치에 완전히 빠져 있었기 때문에 아예 부자가 되고 싶지 않았어요." 그가 말했다. "살면서 큰돈을 벌지 않겠다는 일종의 선택이었죠."

간소한 삶을 사는 이들은 보통 자신이 케인스가 말한 절대적 필요의 충족이라는 '경제적 문제'를 해결했다고 느낀다. 그들의 방법은 절대적 필요를 줄이는 것이다. 현재 캐플로는 침엽수가 빽빽이 들어선 가파른 언덕에 자리한 동네에 산다. 여기서 시애틀은 현대 메트로폴리스라기보다는 나무 위에 지은 집들의 도시처럼 느껴진다. 캐플로가 남편과 함께 사는 집(전에는 딸과 함께 살았다)은 70제곱미터로, 이는 오늘날 미국에서 지어지는 일반적인 집의 3분의 1 크기이며 아파트 평균보다도 더 작다. 워싱턴대학교에서 미술사를 가르치다 은퇴한 캐플로는 20년이 넘는 시간 동안 중고가 아닌 가구는 하나도 구매한 적이 없다. 최근 사고로 고장이 나기 전까지 25년 된 스바루를 몰았으며, 주행거리는 전국 평균의 4분의 1도 되지 않았다. 캐플로는 식기세척기를 소유한 적이 없다(이것이 간소한 삶을 사는 이들의 기준점인 것 같다). 20년 넘게 버스로 통근했고, 책은 대부분 도서관에서 빌려 보며, 양말과 속옷, 신발 외에는 새 옷을 좀처럼 사지 않는다. "전 예쁜 옷을 정말로 좋아해요." 캐플로가 말했다. "하지만 예쁜 옷이 엄청 많은 사람이 되고 싶진 않아요."

캐플로는 자신이 가진 특권을 조심스레 언급한다. 그는 백인이며, 그동안 원한다면 언제나 그리 어렵지 않게 돈을 벌 수 있다고 느꼈다. 재정 상태가 정말로 심각해지면 친척들에게 도움을 청할 수도 있었다. 그러나 엄밀히 따지면 캐플로는 인생의 거의 대부분 가난한 편에 속했다. 그는 오랫동안 1만 5000달러 미만의 연봉으로 살았는데, 그럼에도 점차 '은은하게 풍요롭다'라고 느끼게 되었다. 원하는 것을 전부 가졌고, 빚 대신 저축이 있으며, 여행을 할 수 있고, 편안한 마음으로 은퇴했고, 딸의 대학 진학을 도울 수 있었다. 캐플로에게는 보통 돈에 사로잡힌 사람들에게는 없는 경제적 안정감이 있다. 코로나바이러스로 미국 경제가 폭락했을 때 그는 이 경제 위기가 전혀 염려되지 않는다는 사실에 깜짝 놀랐다. "이미 가진 것 없이 살고 있었기 때문에 쭉 하던 대로 하면 돼요."

시드 프레드릭슨Syd Fredrickson은 이 반직관적인 풍요의 감각을 더욱 높은 이상, 즉 개인의 자유와 연결시킨다. 미네소타 출신인 프레드릭슨

311

은 다운시프팅시대가 절정에 달했던 1991년에 시애틀로 이사했다. 그는 "저는 그리 많이 다운시프팅하지 않았어요. 업시프팅한 적이 없었거든요"라고 말했다.

많은 사람이 검소한 삶을 제한적인 것으로 여긴다. 그러나 프레드릭슨은 이러한 삶 덕분에 늘 자유롭게 특이한 선택을 하고, 규칙을 따르는 데 의문을 제기하고, 즉흥적으로 행동하고, 말과 외모를 통해 자신을 표현할 수 있다고 말했다. 그는 성인이 된 후 언제나 주변 사람들이 소득이 줄어들 위험을 감수하고 싶지 않다는 이유로, 좋아하지도 않는 커리어를 추구하거나 싫어하는 일을 계속하는 것을 목격했다. "그런 사람들은 자기 삶이 공허하고 엉망진창이라고 말해요. 다른 일을 하는 건 너무 무섭다고 생각하죠."

반소비자와 소비자의 또다른 차이는 이들이 어디서 행복을 추구하느냐에 있다. 심리학자 팀 캐서가 예측했듯이, 간소한 삶을 사는 사람 대다수는 결국 개인의 발전이나 공동체의식 같은 내재적 가치에 끌린다. 소비문화가 악순환을 반복하며 끊임없이 새로운 것을 하거나 사라고 종용하듯이, 내재적 가치를 추구하면 캐서가 말한 '선순환' 속에서 같은 방향으로 더 멀리 나아갈 수 있다. 캐플로는 물질적 부를 통해 지위를 판단하는 것을 멈추자 결국 사회적 지위 자체를 전만큼 중시하지 않게 되었다고 말했다. "그저 나도 한 명의 인간이고 저 사람도 한 명의 인간인 거예요." 그가 말했다. "사람들과의 상호작용은 제게 정말 큰 행복이에요. 저는 생활방식이 다른 다양한 사람들에게 적응할 수 있고, 그들의 관점을 이해할 수 있어요. 내가 인간 공동체의 일원이라는 느낌이에요. 이 느낌은 검소한 삶에서 나오는 것 같아요."

간소함은 또다른 간소함을 낳는 듯 보인다. 간소한 사람들은 정원 가꾸기나 독서, 산책, 대화 같은 고요한 취미에 끌린다는 고정관념이 있다. 그 정확한 이유는 설명이 좀 필요하다. 온화한 사람들만 간소한 삶에 끌리는 것일까? 아니면 간소한 삶이 사람을 온화하게 만드는 것일까? 쇼핑 없는 세상에서 우리는(심지어 현재 그러한 활동을 지루해하는 사람도) 새를 관찰하거나 일기를 쓰는 일을 더욱 매력적으로 느낄 수 있을까?

캐서는 그럴 거라고 생각한다. "자발적 간소함의 흥미로운 점 중 하나는 들어가는 입구가 많다는 거예요. 어떤 사람은 일에 지쳐서, 어떤 사람은 가족과 더 많은 시간을 보내고 싶어서 간소한 삶을 선택합니다. 영적인 이유 때문이거나 환경을 생각해서일 수도 있고, 정치적 행동일 수도 있죠." 캐서가 말했다. "하지만 일단 문안으로 들어가면 똑같은 집인 거예요. 제가 보기에 사람들은 그 집에 살면서 점점 더 비슷해지는 것 같아요. 그곳에 들어간 이유는 서로 다르지만요."

간소한 사람들의 특징 하나는 대체로 이들에게 시간이 있다는 것이다. 이 책의 자료 조사를 하면서 전 세계에서 간소한 삶을 실천하는 사람들을 만났다. 그리고 그들 거의 모두가 다른 시대에서 막 튀어나온 것처럼 느껴졌다. 그 시대가 과거인지 미래인지는 모르겠지만, 어쨌든 일정이 늘 빽빽한 현재는 아닌 것 같았다. 이들은 자신의 시간을 내어주었고, 대화가 자유롭게 뻗어나가도록 놔두었다(기억에 남는 한 사례로, 우리는 일곱 시간 동안 함께 먹고 마시고 바르셀로나를 걸었다). 즉 이들이 15분간의 만남을 5주 전에 미리 정해놓을 확률은 무척 낮았고, 본인들도 이 점이 이상해 보인다는 것을 알았다. 캐플로는 이렇게 말했다. "여자 친구들이 너무 바빠서 모이지 못할 때면 이렇게 말하곤 했어요. '아침은 먹지 않아? 커피는 마시잖아? 난 별로 안 바빠.' 그러다 그러지 말아야 한다는 걸 깨달았어요. 사람들은 누가 대화를 나누고 싶어하면 질척거린다고 생각하더라고요."

간소한 삶이 자유롭고 평온하다는 고정관념은 어느 정도 환상이다. 이들이 **오로지** 평화로운 일만 하는 것이 아니라, 이들의 삶에 평화로운 일을 할 여지가 있는 것이다. 그러나 일하는 한 시간을 명상하는 시간으로 바꾸고, 쇼핑하는 한 시간을 빵을 굽는 데 쓰는 것이 전부는 아니다. 내재적 가치를 추구하는 활동은 물질주의보다 심리적 욕구를 더욱 잘 충족시키기 때문에, 보통 간소한 사람들은 소셜미디어와 텔레비전, 음반 소비를 줄이면서까지 내재적 가치를 추구하는 시간을 늘린다. 소비를 멈춘 세상은 정말로 더 차분한 세상이 될 것으로 보인다. 오늘날 **빠른 속도**의 삶이 필수처럼 느껴지듯이, 느린 속도가 필요하다고 생각할 수도 있다. 간소한 삶이 자기 목소리를 더욱 명확하게 듣는 것이라면, 실제로 풍성한 고요함이 필요할지도 모른다. 루어스의 말마따나, "일단 **스스로**에 대해 알게 되면 자신이 원하는 것은 그저 연못에서 개구리 소리를 듣는 것임을 깨닫게 될 수도 있다".

모든 사회에는 이단아가 필요하다

그러나 이중 그 어떤 것도 식료품점까지 걸어가는 데서 어떻게 '스릴'을 느낄 수 있는지 설명하지 못한다. 그 이유를 알려면, 우선 여기서는 '조화'라 칭할 것을 들여다봐야 한다.

거의 모두가 일상에서 자신이 **따라야 한다**고 생각하는 행동 방식과 실제 행동 방식 사이의 괴리를 느낀다. 물질주의가 강한 사람일수록 이 괴리도 클 가능성이 높다. 인식하든 못하든 물질주의자는 종종 자신이 더 나은 사람이 아니라는 데 갈등을 느끼고, 이상적 자기와 실제 자기 사이에서 부조화를 경험한다. 간소한 사람들은 대개 이 괴리가 좁고 조화를 크게 경험한다.

314

이 조화 개념은 간소한 삶을 다룬 여러 글에서 역사 내내 모습을 드러낸다. 보통 조화는 '자기 이해' '자기 통달' '자기통제'라는 이름으로 등장한다. 에이브러햄 매슬로의 유명한 욕구단계이론에서 조화는 '자아실현'이라는 이름으로 등장한다(그리고 피라미드 제일 꼭대기에 위치한다). 이 용어들 하나하나가 질문을 남긴다. 이 이해와 통달과 통제의 최종 결과가 뭐지? 물질주의사회에서 그 목표는 보통 재산이나 명성, 성취, 신체적 매력으로 측정되는 자신의 잠재력을 최대한 실현하는 것이라 할 수 있다. 그러나 더 내재적인 관점을 취할 때 이 질문의 답은 보다 미묘하다. 자신의 마음과 정신을 주의깊게 탐구한 결과 이것이 내가 되고 싶은 모습임을 아는 나의 모습. 이상적 자기와 실제 자기 사이의 완벽한 조화다.

이 개념은 역사가 길다. 우리가 조화에 붙이는 또다른 이름은 진정성으로, 우리는 타고나기를 자신에게 진실한 것처럼 보이는 사람들에게 이 용어를 적용한다. 이 단어는 행동의 주체를 의미하는 고대 그리스어 아우텐테스authentes와 뿌리가 같다. 즉 진정성 있다는 것은 오롯이 자기 행위의 창조자가 된다는 뜻이다. 그리스인이 볼 때 진정성을 얻으려면 자기 이해와 자기통제를 이용해 욕망과 책임의 차이, 덧없는 쾌락과 깊은 만족감의 차이를 이해하고 각각의 가치에 맞게 시간을 부여해야 했다. 애덤 스미스는 경제 발전의 목표가 일상의 걱정에서 해방되어 '완벽한 평정'을 추구하는 것이라 말했는데, 그가 정의한 평정은 평화나 고요함이 아니라, 탐욕과 야심, 허영이 마음과 정신에 동요를 일으키지 않는 삶, 다시 말해 내적 조화였다. "우리의 공상이 뻗어나갈 수 있는 가장 눈부시고 고귀한 상황에서, 진정한 행복을 얻을 수 있으리라 생각하는 즐거움은, 초라할지도 모를 우리의 실제 위치에서 늘 손에 닿는 곳에 있고 우리 힘으로 얻을 수 있는 즐거움과 동일하다"라고, 애덤 스미스는 말했다.

처음으로 반소비자를 연구한 학자 중 한 명은 21세기가 시작될 무렵 다운시프터들의 모임을 관찰한 스티븐 자베스토스키였다. 그는 간소한 삶을 추구하는 많은 이들이 경제적 성공을 거둔 뒤에도 소비문화가 약속한 행복을 얻지 못했을 때 "사기당하고 기만당한" 느낌을 느꼈다고 말했다. 자베스토스키는 많은 사람이 공감한 이 느낌을 잘 드러내는 말을 인용했다. "성공을 가져다준다는 물건을 전부 소유하고 있었어요. 자동차와 옷, 좋은 동네에 있는 집, 좋은 헬스클럽 이용권까지요. 외부의 틀은 전부 훌륭했지만 내면에서는 어떤 구멍이 나를 갉아먹는 것 같았어요."

이들의 삶에서 부족했던 것이 무엇인지를 이해하게 돕는 기준으로, 자베스토스키는 '자아의 필수 요소' 세 가지를 꼽았다. 바로 자아 존중과 자기 효능(자신이 원하는 것, 또는 하려고 하는 것을 해낼 수 있는 능력), 그리고 진정성이었다. 그가 만난 많은 간소한 사람들이 자신이 속한 공동체에서 높은 지위의 역할을 맡고 있었고 집과 자동차, 보석 등 그들을 성공한 개인으로 만들어주는 것들을 소유하고 있었기에, 그는 소비사회에서 자아 존중과 자아 효능의 욕구를 충족할 수 있다는 결론을 내렸다. 부족한 것은 진정성이었다. 소비사회는 이상적 자기와 실제 자기 사이의 괴리를 꾸준히 넓히는 방향으로 흘러가고 있었다. 자베스토스키는 마케터와 광고 전문가가 곧 소비자들에게 진정성을 얻는 방법을 구매할 수 있다는 메시지를 전달할 것이라 예측했다. 굉장한 선견지명이었다. 2016년 광고 전문지 『애드에이지』는 진정성이 "광고에서 가장 남용되는 단어일지 모른다"라고 보도했다.

자신에게 진실하지 못할 때 기분이 얼마나 나쁠 수 있는지를 우리 대다수는 이해한다. 그러나 조화를 이룬 진정성 있는 상태가 얼마나 기분

좋은지를 자주 경험하는 사람은 드물다. 바로 이 점이 식료품을 사러 가게로 걸어가는 길을 스릴 넘치게 만들 수 있다. 이 행위는 내가 되고 싶은 나의 모습을 소소하게 실현해준다. 이것이야말로 자신이 특정한 일을 하고 싶은 바로 그 방식이며, 본인도 그 사실을 알고 이유를 안다. 캐서는 이를 '조용한 스릴'이라 칭하며 이렇게 덧붙였다. "인스타그램에서 하트를 많이 받지는 못할 겁니다."

오랫동안 간소한 삶을 사는 사람들과 그 밖의 다른 반소비자에 대한 연구는 여전히 놀라우리만큼 적다. 지금까지 나온 연구에 따르면 실제로 이들은 평균보다 안녕감이 높다. 그러나 이것이 행복을 뜻한다면, 그 행복은 복잡한 행복이다. 간소한 삶은 질병과 실직, 사랑하는 이의 죽음, 타인의 괴롭힘 같은 삶의 우여곡절을 막아주는 부적이 아니다. 간소한 삶을 사는 많은 사람 또한 한편으로는 자기 삶이 충분히 간소한지를 고심하고, 다른 한편으로는 자신만큼 마음을 다해 살지 않는 주류 소비자에 대한 부정적 판단으로 씨름한다. 한편 내재적 가치의 추구는 삶에서 단순한 것의 가치를 알아보는 데서 시작하고 끝나지 않는다. 마이클 S.W. 리가 찾은 반소비자와 소비자의 또다른 핵심 차이는 폭넓은 '관심의 영역'이다. 즉 이들은 개인적 필요를 넘어서는 문제에 관심이 더 많다. 반소비자는 기후변화와 생물종의 멸종, 인종차별, 빈곤처럼 불안하고 우울하고 심지어 무섭기까지 할 수 있는 문제에 더 많이 관여한다. 이러한 주제에 관여하는 것이 자신이 추구하는 가치와 조화를 이루기 때문인데, 이는 삶을 유의미하게 하지만 아마 쾌활하게 만들어주지는 못할 것이다.

무엇보다 간소한 삶을 사는 사람들은 평생을 아웃사이더로 살아간다는 생각에 시달린다. 자기 자신과는 조화를 이루지만 소비문화와는 부조화하므로 고립과 배제, 차이로 힘들어하는 것이다. 캐플로는 "제 소박한 삶의 방식 때문에 내가 어딘가 부족하다는 느낌과 계속 싸워야 했어요. 오랫동안 제 옷차림에 지나치게 불안해했어요. 세련된 사람들을 데려오기엔 우리집이 충분히 멋지지 않다고 생각했고요"라고 말했다. 그리고 덧붙였다. "저와 비슷한 사람들과의 교류가 그리 많진 않아요. 저 같은 사람이 많지는 않은 것 같아요."

간소한 삶을 시도하는 많은 사람이 그것이 힘들고 외로운 길이라 느끼고 곧 포기한다. 성공하는 사람들은 보통 애초에 반항심이 많거나 자유로운 영혼이거나 인습 파괴자다. 무언가에 찬성하기보다는 주류에 반대하는 데서 정체성을 형성하는 사람인 것이다. 리는 "반소비와 소비는 공존할 수밖에 없습니다"라고 말했다. "유일한 문제는 둘 사이의 균형이죠." 우리 모두의 내면에는 최소 약간이나마 늘 소비자가 존재할 것이고, 물질주의도 있을 것이다. 이는 그 어떤 존재 방식도 절대 인간 삶에서 소비주의만큼 많은 공간을 차지하게 두어선 안 된다는, 지금까지 그래선 안 되었다는 사실을 상기시킨다.

그러나 모든 사회에는 이단아가 필요하다. 소비문화가 사라지면 오늘날 소비에 반대하는 사람 중 일부는 자신의 반항적 영혼을 표출할 새로운 공간이 필요할 것이다. 선택은 명백하다. 그들은 소비가 줄어든 우리의 미래에서 반항적인 과잉 소비자가 될 것이다.

19장

소비주의가 살아남을 마지막 기회

소비를 멈춘 세상에서 소비주의가 살아남을 마지막 기회가 있다. 그건 바로 소비문화를 디지털 영역에 보존하는 것이다. 똑같은 옷을 한 번 이상 입고 사람들 앞에 나타나는 것이 싫은가? 비디오게임에서는 당신의 외양(게임 용어로는 '스킨')을 몇 번이고 바꿀 수 있으며, 토끼 전사가 되거나 마이클 잭슨처럼 춤추는 불타는 좀비가 될 수도 있다. 가상 세계에서는 자동차 수백 대를 소유하고 운전할 수 있고, 신발 수천 켤레를 신을 수 있으며, 성 수십 개를 지을 수 있다. 현실에서 그렇게 할 때 필요한 자원의 극히 적은 일부만 사용하면서 말이다.

우리는 그렇게 할까? 쇼핑몰과 가게, 영화관, 식당, 경기장, 스파, 리조트에 등을 돌리고 가상의 소비자로 살아갈까? 팬데믹 시기의 격리 생활이 그 답을 제공해주는 듯하다. 그리고 그 대답은 확실한 예스다.

팬데믹 동안 발생한 온라인 활동의 폭발적 증가는 '디지털 서지digital surge'라는 이름으로 알려졌다. 그중 일부는 원격 근무, 친구와의 영상통화, 온라인 교육처럼 거의 피할 수 없는 것이었다. 그러나 전에는 그런 적 없던 사람들이 갑자기 가상 카지노에서 포커를 치고, 화면 속 아바타가 실제 실내 자전거와 연결된 자전거 경주에 참여하고, (평소에는 사람들로 붐비는 루브르박물관의 유리 상자 안에 걸려 있는) 〈모나리자〉를 VR 고글을 쓰고 정면에서 감상하고 있었다. 사람들은 게임 '포트나이트'의 세계 속에서 초대형 크기로 애니메이션화된 래퍼들의 콘서트에 참석했고, 디제잉과 수채화를 가르치는 온라인 수업을 실시간 시청했으며, 무엇을 구매할지 결정하기 위해 다른 사람들의 쇼핑 영상을 시청하는 '숍 스트리밍'을 했다. 줌을 통해 실시된 경매에서는 일부 보석이 최고 판매가를 경신했다. 까르띠에의 투티프루티 팔찌(다이아몬드 사이사이에 스키틀즈 젤리가 녹아 있는 것처럼 생겼는데, 사실 스키틀즈가 아니라 사파이어와 루비, 에메랄드로 장식된 팔찌)는 첫번째 봉쇄가 한창일 때 추정가의 거의 두 배에 달하는 134만 달러에 판매되었다.

우리는 구글 어스로 멀리 떨어진 도시의 거리를 걸었다. 직접 보거나 냄새 맡거나 만져보지 않고 온라인에서 과일과 채소를 구매하는 법을 익혔다. 역사상 가장 빠른 속도로 팔려나간 비디오게임 '동물의 숲'은 가상 패션의 플랫폼이 되었고, 사람들은 독점 판매하는 유명 디자이너 의류를 (게임 속 통화로) 구입하기 위해 게임 속에서 몇 시간씩 줄을 섰다. 온라인 수집 회사인 크립토키티는 중국 아티스트 모모 왕이 제작한 한정판 가상 고양이를 출시했고, 이 고양이는 3분 만에 완판되었다. 필수품이 순식간에 뒤바뀌었다. 새 핸드폰 구매가 줄고 게임 콘솔과 고급 텔레비전 구매가 늘었으며, 영상통화를 할 때 우리에게 천사 날개나 후광을 달아주는 증강현실 배경 구매도 늘었다. 일상의 너무 많은 부분이 온라인으로 옮겨가서, 경제 전반이 심각하게 침체되는 와중에도 특정 디지털 분야의 고용률은 팬데믹 이전 수준을 능가했다.

무엇보다, 우리는 영상을 시청했다. 텔레비전을 몰아 보았고, 자동 재생이라는 토끼 굴에 빠졌으며, 24시간 뉴스 채널을 틀어놓았다. 2020년 4월 말 무렵에는 역사상 가장 가파른 증가량에 힘입어 미국 가정의 4분의 3이 스트리밍 서비스를 구독하고 있었다. 봉쇄령이 내려진 그해 봄 영국과 미국의 소비자를 대상으로 한 조사 결과 80퍼센트가 미디어를 평소보다 많이 소비하고 있었고, 사람들이 소비하는 미디어는 대부분(압도적으로) 텔레비전과 영상이었다. 영상 시청 시간이 너무 크게 증가해서 유럽연합은 데이터 수요를 줄여 인터넷 끊김을 막기 위해 넷플릭스와 유튜브에 화질을 낮춰달라고 요청했다. 평균 미국인은 팬데믹 이전보다 텔레비전 시청 시간이 무려 4분의 1 늘어서 매주 텔레비전 앞에서 41시간을 보냈으며, 이는 다른 기기의 화면 앞에서 보낸 시간은 제외한 수치다.

팬데믹 이전에도 디지털 소비가 물질재 소비를 대체할 수 있다는 증거가 점점 쌓여가고 있었다. 이 주제에 관해 글을 써온 플로리다공과대학의 철학 교수 케네스 파이크Kenneth Pike는 내게 네 자녀의 침실에서 영감을 얻었다고 말했다. "제가 어린아이였던 1980년대의 제 방보다 우리 아이들의 방이 훨씬 덜 어수선하다는 생각이 들어요"라고, 파이크가 말했다. "가끔 아이들 방에 들어가면 텅 비었다는 느낌이 들어요. 꼭 아이들이 물건을 더 많이 가져야 할 것처럼요. 그러다 생각하죠. 아냐, 그럴 필요 없어."

파이크의 어린 시절 침실은 플라스틱 장난감이 담긴 통(그는 히맨과 슈퍼프렌즈 같은 액션 피규어를 기억한다)으로 가득했고, 여러 포스터가 붙어 있었으며, 책이 쌓여 있었고, 트로피로 장식되어 있었다. 반면 파이크의 자녀들이 갖고 노는 장난감과 게임은 대개 디지털이며, 책은 킨들로 읽고, 많은 트로피와 상장이 온라인 게임 세계에만 존재한다. 내가 파이크와 이야기를 나누었을 무렵 아이들이 가장 좋아하는 게임은 '로블록스'였다. 인터넷에서 검색해보면 로블록스 플레이어들이 단 한 게임을 위해 가상의 몬스터 트럭과 머스탱, 페라리를 구매하는 데 수백 달러를 쓰는 영상을 쉽게 발견할 수 있다. 파이크는 "그 사람들은 확실히 디지털 소비자입니다"라고 말했다.

이제는 우리 대다수가 그렇다. 예를 들면, 음악 감상의 주요 수단으로 여전히 라이브 음악을 찾는 사람은 거의 없다. 인도의 농촌과 아프리카 전체를 비롯한 전 세계 가난한 지역에서도 많은 사람이 음악 스트리밍 서비스를 이용한다. 디지털 혁명으로 가정집에 시계와 손전등, 타이머, 오디오 기기, 계산기, 팩스, 프린터, 스캐너가 덜 굴러다니게 되었으며, 책과 앨범, 백과사전, 지도는 굳이 말할 필요도 없다. 그 대신 전 세계의 가정집은 디지털 서지가 있기 훨씬 전부터 오로지 클라우드라는 실체 없는 세계에만 존재하는 애플리케이션과 e북, 비디오게임으로 가득차기(또는 차지 않기) 시작했다.

가상 세계라는 완벽한 풍요의 세계

2020년 7월, 디지털 기술이 경제를 어떻게 형성하는지 연구하는 핀란드계 영국인 경제사회학자 빌리 레돈비르타Vili Lehdonvirta는 더욱 가상화된 미래를 언뜻 들여다보는 경험을 했다. 당시 그가 살고 있던 도쿄는 코로나로 인한 제재가 많지는 않았으나 우려의 분위기가 감돌고 있었다. 그러던 어느 날 밤, 레돈비르타가 가장 좋아하는 아티스트가 인스타그램에서 실시간으로 미술관 전시를 방송하기 시작했다.

그 아티스트는 일본의 전통을 바탕으로 현대 예술을 하는 야마모토 타로였다. 그의 가장 유명한 작품은 400년 된 병풍 속의 바람과 천둥의

신을 닌텐도의 슈퍼마리오 형제로 바꾼 것이다. 그의 작품은 질감이 다채롭고 금박 같은 재료를 사용해서 어떤 각도로 보느냐에 따라 빛이 다르게 반사되기 때문에, 온라인 사진으로는 온전히 감상하기 힘들다. 야마모토는 갤러리가 텅 비었다는 사실을 애석해하고 있었다.

평소 옥스퍼드 인터넷 연구소에서 일하는 레돈비르타는 자신이 직접 가서 야마모토의 대화 상대가 되어줄 수 있다는 생각을 불현듯 떠올렸다. 어쨌거나 전시가 열리는 곳도 도쿄였다. 그는 지하철을 타고 고요한 메갈로폴리스를 통과해 갤러리로 들어섰고, 야마모토와 두 시간을 함께 보냈다. 그러나 두 사람의 대화 주제는 관객이 곧 갤러리로 돌아올 것인지나, 어떻게 하면 그들을 실제 세계로 불러낼 수 있을지가 아니었다. 레돈비르타는 그날 밤 도쿄(그리고 나머지 세계)의 수많은 사람이 시간을 보내고 있던 '동물의 숲' 게임 세계 같은 가상현실의 3차원 공간으로 야마모토의 작품을 옮길 수 있을지에 대해 이야기를 나누었다고 말했다. 직접 만나 얼굴을 마주보고 대화를 나누면서 그러한 시대가 끝났음을 받아들이는 두 사람. 이 장면은 묘하게 초현실적이었다.

이 모든 것은 사실 좋은 소식일 수 있다고, 레돈비르타가 말했다. 그는 대여섯 살이었던 1980년대 중반에 처음으로 기본적인 코드 작성을 배우기 시작했다. 21세기 초반에는 핀란드의 연구소에서 일하며 핸드폰 카메라 같은 증강현실 장치를 통해 볼 수 있는 가상 의류와 액세서리를 만들고 있었다. 그는 당시 같은 지역의 다른 회사가 이와 같이 가상의 가구를 만들 방법을 찾고 있었던 것을 기억한다. 오늘날, 정확히 이 작업을 실행하는(증강현실로 립스틱 색조를 테스트하거나 새로 산 선반이 거실 한구석에서 어떻게 보일지 구매 전에 미리 확인할 수 있는) 앱들은 이미 주류가 되었다.

가상현실에서 케인스의 '경제적 문제'는 명백히 해소된다. 가상 세계는 끝없는 새로움과 일시적 유행, 계획적 진부화가 거의 무해한 것으로 변하는, 완벽한 풍요의 세계다. 레돈비르타는 "소비를 가속화할 수 있습니다. 물건을 갖다 버려도 되고요. 필요 자원이나 생태발자국이 늘어나지 않으면서도 유행 주기가 점점 빨라질 수 있습니다"라고 말했다. 가상현실에서 옷을 갈아입을 때 실제로 우리가 하는 것은 '비트 뒤집기', 즉 어느 하나의 디지털 정보를 다른 정보로 바꾸는 것일 뿐이다.

레돈비르타는 매트릭스를 위해 실재하는 세계를 내버리지 않는다. 많은 핀란드인과 마찬가지로 그 역시 매년 소박한 오두막집에서 시간을 보낸다("인터넷 연결이 옥스퍼드보다 늘 낫긴 해요"). 식용 버섯과 독버섯을 구분할 줄 알고, 대량생산된 식품을 먹지 않으려고 핀란드 월귤나무와 함께 야생에서 사냥한 동물 고기를 영국에 가져온다. 그가 상상하는 세계는 오늘날 우리가 물질경제에서 행하는 많은 것(세상에 자신을 표현하고, 자기 정체성을 탐구하고, 자신의 취향이나 능력 등을 드러내는 것)을 가상의 소비를 통해 수행하는 한편, 현실의 소비는 물질적 필요 중심으로 축소되는 세계다.

"모두가 인터넷에 연결되고, 스크린과 입력장치를 갖추면 이러한 안정 상태에 도달할 수 있어요. 가상의 소비에 필요한 건 이게 다예요." 레돈비르타가 말했다. "이 장치에 전력을 공급해야 하고, 기기가 고장나면 교체해야 하겠죠. 하지만 실제 성장은 전부 화면 안에서 이루어질 수 있어요."

1990년대에 인구의 극히 일부가 처음으로 가상의 상품을 구매하기 시작했을 때 이들은 자신의 행동을 부끄러워했다. 기호일 뿐인 브랜드명이 쓰여 있다는 것 외에는 다른 티셔츠와 다를 바 없는 티셔츠에 기꺼이 큰돈을 지불하는 사람들에 대해 "돈을 허공에 뿌린다"며 비웃기도 했다. 주로 쾌락과 불안, 지위(즉, 실체가 전혀 없는 것)에 의해 굴러가는 경제 부문에 소득의 대부분을 쓰던 비평가들이 "아무짝에 쓸모없다"라며 비판했다. 10년 후 비디오게임 '세컨드 라이프' 같은 가상 세계 유저들의 디지털 재산(옷, 자동차, 주택, 장난감) 추정 가치가 총 18억 달러에 달했을 때, 환경에 악영향을 미치는 물질 소비가 가상의 소비로 대체될 가능성은 현실성이 있는 듯 보였다. 2006년 한 가상의 소비자는 일간지 『새크라멘토 비』에 "저는 현실에서 꽤 많은 돈을 저축하고 있어요. 세컨드 라이프에서 하는 소비로 만족감을 얻고 있고, 이 소비는 비용이 거의 들지 않거든요"라고 말했다.

세컨드 라이프는 현재 사람들의 기억에서 거의 잊혔고, 아직까지 우리 대다수는 가상의 물건을 실제 물건의 대체재로 받아들이지 않았다. 디지털 공간에서 가구를 놓아보긴 하지만, 결국 우리가 구매하는 것은 실제로 앉을 수 있는 의자, 인쇄되고 제본된 책을 꽂아놓을 수 있는 선반이다. 그러나 가상의 소비로 풍덩 뛰어드는 것은 그저 기술 발전의 문제일지도 모른다. 비디오게임을 하는 사람들의 수가 세대와 상관없이 크게 증가한 팬데믹 동안, 자신이 가상의 재화를 자주 구매한다는 사실을 깨달은 사람은 많지 않았다. 레돈비르타는 "비디오게임의 최소 절반이 주로 게임 내의 물품 판매로 수익을 얻습니다"라고 말했다. 그 돈을 대신 쓸 수 있는 거의 모든 항목(음식, 옷, 스포츠, 여행)은 일부 게이머가 '육체적 세계'라고 칭한 자신의 물리적 신체가 거주하는 그 기이한 땅에 더 많은 환경 피해를 입힐 것이다.

이미 물질적 공간에서 가상의 물체를 볼 수 있다. 증강현실은 우리에게 디지털 조각, 절대 죽지 않는 실내용 화초, 즉시 색채를 바꿀 수 있는 벽을 제공한다. 그러나 현재로서는 그것들을 보려면 거추장스러운 고글을 써야 한다. 무거운 고글 대신 가벼운 안경을 쓸 수 있다면, 심지어 콘택트렌즈를 사용할 수 있다면, 1세기도 더 전에 라디오와 축음기, 유

325

선전화 같은 기술을 통해 신체 없는 녹음된 목소리를 받아들였을 때만큼 열렬하게 가상의 소유물을 받아들일지도 모를 일이다.

그때가 되면 소비문화가 우리를 기다리고 있을 것이다. "그게 자본주의의 작동 방식이에요. 사람들이 있는 곳으로 가서 그곳에서 물건을 팔죠. 만약 그 공간이 이렇게 생겼다면, (나와의 영상통화에서 레돈비르타가 네모난 화면 프레임을 손가락으로 훑었다) 사업체들은 이 공간을 더욱 상업적으로 만들기 위해 많은 것을 할 수 있어요. 그렇다고 꼭 더 나은 공간이 되는 건 아니지만, 더 상업적인 공간은 될 수 있죠."

어쩌면 우리는 한참을 더 기다려야 할지 모른다

지금까지 디지털 소비는 어느 모로나 평범한 실제 세계의 소비와 똑같이 움직이는 경향을 보였다. 디지털 소비는 끝없이 증가한다. 매년 더 많은 자원을 집어삼킨다. 그리고 소비를 녹색화하려는 모든 노력을 시종일관 앞지른다. 지금으로서는 디지털 소비가 곧 실제 세계의 소비라고 말하는 것이 더 정확하다.

디지털 기술의 에너지 효율 개선은 가히 전설적이다. 오늘날 우리가 사용하는 것과 같은 원리에 따라 제작된 최초의 컴퓨터는 1940년대에 미군에서 개발한 에니악이다. 그러나 당시에는 나가서 이 컴퓨터를 사올 수 없었다. 크기가 흰긴수염고래만큼 크고 제이차세계대전에서 사용한 탱크만큼 무거웠기 때문이다. 환경과학자 레이 갤빈의 계산에 따르면, 오늘날의 평범한 데스크톱 컴퓨터와 성능이 똑같은 컴퓨터를 에니악 기술로 만들 경우 무게가 500만 톤에 달하고, 런던에서부터 서쪽으로 이 컴퓨터를 만들기 시작한다면 대서양을 지나 캐나다 대자연의 한복판까지 이어진다. 이 컴퓨터는 전원을 켜자마자 영국에서 사용되는 전력량의 70퍼센트를 빨아들인다.

오늘날의 컴퓨터는 분명 에너지를 훨씬 효율적으로 소비하고, 제작에 훨씬 적은 자원이 들어간다. 그러나 지난 200년간 에너지 효율과 에너지 총사용량은 꾸준히 함께 증가했다. 컴퓨터를 비롯해 우리가 현재 '테크'라고 부르는 것들을 소유하고 사용하는 비용이 줄어들면서, 테크는 국제사회의 모든 틈새를 파고들었다. 변혁적 리바운드 효과다.

"사회 기반 시설의 에너지 효율은 중요합니다." 영국 랭커스터대학교의 컴퓨팅 연구원인 켈리 위딕스가 말했다. "그러나 에너지 수요의 폭발적 증가로 에너지 효율이 소용없어지고 있어요."

1992년 인터넷은 하루에 100기가바이트의 데이터를 전송했다. 아이폰이 출시된 2007년, 인터넷의 데이터 전송량은 초당 2000기가바이트였다. 오늘날 인터넷은 매초 15만 기가바이트 이상을 전송한다. 1년 전송량은 거의 5제타바이트에 달하는데, 이름만큼이나 머리로 이해하기 힘든 양이다(숫자로 쓰면 5,000,000,000,000,000,000,000바이트다).

최근 연간 데이터 소비량은 약 25퍼센트씩 복리로 증가해왔으며 (이번에도 물질적 소비와 마찬가지로) 우리의 소비 방식 또한 오히려 더욱 자원 집약적으로 변하고 있다. 인공지능과 증강현실, 가상현실, 암호화폐, 스마트홈, 자율주행 자동차, 인터넷에 연결된 장치들을 서로 연결하는 '사물인터넷'처럼 데이터를 많이 요구하는 기술이 가까운 미래에 파도처럼 밀려들 것이다.

그러나 위딕스는 이 모든 것이 지구에 얼마나 해로운 영향을 미칠지 아직 알지 못한다고 말했다. 아이러니하게도 데이터가 환경에 미치는 피해에 대한 데이터는 많지 않다. 그러나 주목할 만한 패턴은 존재한다. 그중 하나는 피드백 루프다. 새로운 디지털 장치 및 서비스가 데이터 수요를 늘리고, 늘어난 데이터 수요는 더 넓고 빠른 연결망을 요구하며,

더 넓고 빠른 연결망은 광케이블과 데이터 센터, 송전탑, 개인 장치 같은 인터넷 기반 시설의 성장을 이끈다. 인터넷 기반 시설이 확장되면 패턴이 다시 되풀이된다. 그 결과 디지털 세상의 물질 및 에너지 수요 모두 끊임없이 증가한다.

인터넷은 여전히 코르누코피아(내용물을 무한히 담을 수 있는 고대 그리스의 풍요의 뿔)로 여겨진다. "많은 사람이 인터넷에 에너지가 쓰인다는 생각을 잘 안 합니다." 위딕스가 말했다. "핸드폰 충전에 들어가는 전력 소비를 더 많이 생각하죠." 한편 디지털 기반 시설과 전자기기의 전력 수요는 전 세계적으로 한 해에 7퍼센트씩 증가해왔으며, 이는 경제 성장률보다 두 배 이상 빠른 속도다. 보수적인 추정에 따르면 2020년대가 끝나기 전에 전 세계 전력의 약 5분의 1이 정보 및 커뮤니케이션 기술에 쓰일 것이다. 다시 한번 이는 곧 기후변화에 맞서려면 현재 우리의 디지털 생활에 쏟아붓고 있는 거의 모든 에너지를 대체할 만큼 재생에너지 전력을 생산해야 할 뿐만 아니라, 미래에는 대체해야 할 디지털 에너지 수요가 더더더 증가하리라는 뜻이다.

위딕스는 겸허하게 대안적 접근법을 제안한다. "인터넷 연결 수요를 줄여야 합니다." 흥미롭게도 그 방법 중 하나는 물질재의 지나친 쇼핑을 멈추는 것이다. 이렇게 하면 개선된 핸드폰과 전자기기, 인터넷과 연결된 새 조명과 샤워기, 토스터, 자동차 시장이 하룻밤 사이에 줄어들고, 이와 함께 온라인 쇼핑에 소비되는 데이터도 줄어든다. 해결책의 다른 한쪽은 온라인에서 더 질 좋은 경험을 더 적게 하는 것이다.

아직 수량화되지는 않았지만, 우리가 온라인에서 하는 활동의 상당수는 스스로도 무의미하다고 생각하거나 심지어 본인의 건강과 이익에 해롭다고 생각하는 '디지털 낭비 행위'다. 예를 들어 우리는 식당에서 친구를 기다릴 때, 공상에 빠지는 따분함을 인터넷의 산만한 따분함으로 메운다. 사람들이 사용하는 용어가 이러한 현실을 잘 보여준다. 우리는 '둠스크롤링'*이라는 '블랙홀'에 빠지거나 영상 자동 재생이라는 '시간 뱀파이어'에게 피를 빨린다. 우리는 고양이 영상을 보느라 기후를 오염시키는 데서 멈추지 않았다. 이제 우리는 고양이들에게 영상을 틀어준다.

몇십 년 전에는 대부분의 가정이 텔레비전 한 대를 함께 보았다. 오늘날의 추세는 여러 사람(심지어 한 사람)이 동시에 여러 장치로 여러 프로그램을 보는 다중 시청으로 향하고 있다. 최근의 또다른 관행은 미디어 멀티태스킹이다. 온라인 쇼핑을 하면서 영상을 재생하고, 소셜미디어를 확인하면서 온라인 쇼핑을 하고, 온라인 게임을 하면서 소셜미디어를 확인하는 것이다. 또한 '하찮은 시청'이라는 것이 있는데, 우리 삶에 별 가치를 더해주지 않는(심지어 길티 플레저나 현실도피조차 아닌) 것들을 시청하는 것이다. 언젠가 위딕스와 그의 동료 아홉 명은 디지털상에서 '더 소박한 생활'을 실천해보았다. 이들은 2주간 반드시 그래야 한다고 생각할 때만 인터넷에 접속하려고 애씀으로써 디지털 소비를 욕구보다는 필요에 가까운 것으로 바꾸었다. 그리고 열 명 모두 별다른 불편함이나 괴로움 없이 디지털 소비 중 일부(집에서 음악 틀어놓기, 집안일 할 때 영상 틀어놓기, 운동할 때 팟캐스트 듣기, 끊임없이 소셜미디어를 확인하거나 인터넷에서 잡다한 정보 찾기)를 줄일 수 있다는 사실을 알게 되었으며, 남는 시간을 독서와 요리, 수다, 창의적 활동, 또는 수면과 목욕으로 채웠다. 위딕스는 "사람들은 인터넷 없는 삶에 적응할 겁니다"라고 말했다.

그러나 위딕스는 인터넷을 자제하지 않는 사람들을 너그럽게 이해

---

* 암울한 뉴스를 강박적으로 확인하는 행위.

한다. 언젠가 그는 환경적으로 지속 불가능한 스트리밍 패턴에 관해 글을 쓰던 시기에 인기 텔레비전 프로그램인 〈브레이킹 배드〉의 62개 에피소드를 틈틈이 전부 시청했다. "너무 좋더라고요." 위딕스가 내게 말했다. "확실히 영상 스트리밍의 동력 중 하나는 영상 자동 재생 같은 설계 방식이에요. 하나를 다 보면 다음 게 자동으로 뜨잖아요. 그럼 계속 봐도 되지 뭐, 하는 생각이 드는 거예요."

위딕스는 우리가 인터넷을 덜 사용할 수 있도록 우리의 전자기기와 디지털 서비스를 "반설계"할 수 있다고 말했다. 예를 들어 앱들은 자동 재생 대신 자동 멈춤 기능을 제공할 수 있고, 우리가 기본 설정에서 직접 최대 이용 시간을 선택하는 기능을 요구할 수도 있다. 스트리밍 일부를 에너지가 훨씬 덜 들어가는 텔레비전 방송으로 바꿀 수도 있고, 과도한 디지털 활동을 장려하는 마케팅을 전부 금지할 수도 있다("마케팅에서 어떻게 과잉이 중립적이거나 심지어 긍정적으로 평가되는 거죠?"라고 위딕스는 말했다). 심지어 건강이나 기후 보호를 근거로 데이터 수요에 한계를 설정할 수도 있다. 이 모든 방법을 비롯해 디지털 소비를 줄일 수 있는 여러 아이디어는 쇼핑 중단만큼 급격한 사회의 방향 전환을 수반한다. 바로 끝없는 확장에서 충족감으로의 변화다.

아마도 우리가 처음으로 충족을 배울 장소는 온라인일 것이다. 레돈 비르타는 온전한 가상의 소비(오로지 가상공간에서만 발생하는 소비)에서는 성장과 변화의 속도가 엄청나게 빠를 수 있고, 이 사실이 점점 더 많은 것을 원하는 마음을 멈출 수 있다고 말했다.

비디오게임과 그 밖의 다른 가상 영역의 디자이너들은 너무 많은 상품이나 선택에 압도되는 것을 사용자들이 그리 좋아하지 않는다는 사실을 이미 알고 있다. GDP 증가에 집중하는 현실 속 경제학자들과 달리, 디지털 세계의 제작자들은 주로 사용자의 만족과 즐거움에 관심이

있다. 그 결과 이들은 가상총생산GVP, Gross Virtual Product을 끝없이 키우기
보다는 안정적으로 유지하는 경향을 보인다. 물건이 너무 많으면 특별
함이 사라지고, 지나친 참신함은 모든 새것을 무의미하게 만들며, 이 모
든 것이 너무 많으면 사람들은 더이상 행복해하지 않는다. 그러면 우리
는 더이상 게임을 플레이하고 싶어하지 않는다.

"장애물은 가상의 재화를 생산하는 능력이나, 그 재화가 더이상 필요
치 않을 때 그것들을 없애는 능력이 아닙니다. 문제는 새로운 소비 주기
를 여는 가상의 재화를 끊임없이 내놓는 능력입니다." 레돈비르타가 말
했다. "새로운 패션과 유행을 받아들이고 거기에 열광하는 소비자의 능
력에는 한계가 있을 수밖에 없습니다. 저는 분명 어떤 평형 상태가 있을
거라고 봅니다. 생태학적 한계에서는 벗어날 수 있을지 모르지만, 완벽
하게 가상으로 자리를 옮긴 무형의 경제라 할지라도, 끝없는 성장에 대
한 욕구는 존재하지 않을 겁니다."

세상이 쇼핑을 멈추는 날, 정말로 우리는 소비문화를 디지털 공간으
로 옮길지 모른다. 그곳에서 소비문화는 우리가 마침내 놓아줄 준비를
마칠 때까지 계속 성장하고 속도를 높일 수 있다. 그러나 주의할 점이
하나 있다. 어쩌면 우리는 한참을 더 기다려야 할지 모른다. 소비자의
욕구가 언젠가는 자연적 한계에 도달할 것이라는 생각은 어쨌거나 새
로운 것이 아니다. 윌리엄 스탠리 제번스는 150년도 더 전에 물질경제
를 두고 정확히 똑같은 말을 했다.

더 좋은 것을, 더 적게 소유하는 경제

20장

오바타 루미코는 자신이 양조장에서 태어났다고 말하는 것을 좋아한다. 그의 가족은 동해 해안에 있는 쿠라라는 외양간 같은 오래된 창고에서 4대째 사케를 주조했다. 그 안에는 방들이 빽빽이 차 있었는데, 그곳은 퀴퀴한 냄새가 해무처럼 떠다니고 어두운 한구석에서 사케의 신에게 바친 신사가 번쩍이는 지하 왕국이었다. 어린 소녀였던 오바타는 이 미로 안에서 놀곤 했지만 나중에는 너무 많은 전통과 유물에서 벗어나는 날을 꿈꿨다. 그는 현대 세계로 걸어들어가고 싶었다. 사도섬을 빠져나가고 싶었다.

지도에서 보면 사도섬은 혼슈 서해안에서 30킬로미터 떨어진 폭풍우 치는 바다에, 돌로 변해서 떨어진 번개처럼 보인다. 멀리 떨어진 곳처럼 보이지만 고속철도와 페리를 이용하면 도쿄에서 겨우 세 시간 거리다. 오바타는 할 수 있는 한 빨리 대도시인 도쿄로 이사했고, 명문대에서 법학 학위를 딴 뒤 일본에서 상영되는 할리우드 영화의 홍보 담당

332

자로 일했다.

버블경제가 한창일 때 오바타는 자신의 도쿄드림을 실현했다. 당시는 젊은 여성이 다른 일본 샐러리맨들이 돈을 내줄 거라 믿고 돈 없이 술집에 갈 수 있는 때였다. 밤늦게까지 먹고 마시던 사람들이 턱없이 비싼 요금을 적은 종이를 들고 서로 경쟁하며 택시를 잡던 때였고, 디저트에 올리거나 칵테일에 장식으로 넣어 마시는 금가루가 등장한 때였다. 무엇보다 당시는 도쿄의 시부야 플라자가 전 세계의 미래상이 되었던 때였다. 그곳에서는 거대한 전광판과 환한 조명을 받은 광고판이 그 아래서 벌어지는 소비의 축제 위로 초현실적인 빛을 뿌렸다. 십대들의 하위문화가 스트리트패션의 선봉으로 데뷔하려고 경쟁을 벌이는 한편 (커다란 양말! 크리놀린! 초귀여운 것들!), 젊은 사람이나 나이든 사람이나 베르사체와 디올, 루이비통을 구매하며 곧 전 세계로 퍼져나간 일상 속 럭셔리라는 유행을 만들어냈다.

엄밀히 말하면 버블경제는 1990년이 되기 직전에 끝이 났지만, 도쿄에서는 뒤풀이가 계속되었다. 그러다 1995년 1월, 고베 근처를 진원으로 강력한 지진이 발생해 6000명 이상이 사망했다. 두 달 후 한 종말론 교파가 도쿄의 지하철을 공격했다. 교인들은 아침의 혼잡한 출근 시간에 지하철에 탑승해 뾰족한 우산 끝으로 액체 사린이 든 봉지를 찔렀다. 신경에 작용하는 유독 물질인 사린은 순식간에 치명적인 가스로 기화했다. 이 사건으로 열세 명이 사망했고 수천 명이 후유증을 앓았다.

일본은 고난 극복 능력이 뛰어난 것으로 유명하지만, 일본인은 단순히 고난을 '이겨내지' 않는다. 이들은 스스로를 성찰하며 트라우마에서 어떤 의미를 얻을 수 있을지 고민한다. 새로 지은 고베의 고층 건물들이 지진으로 무너졌을 때 많은 일본인이 현대성과 발전 개념에 의문을 품기 시작했다. 사린 가스 공격이 발생하자 이들은 버블경제 당시 물질주의의 제단에 조화로운 문화를 바쳤던 것은 아닌지 고민했다. 노벨문학상 수상자인 작가 오에 겐자부로는 이 두 위기로 일본인이 "정신의 막다른 길"에 다다랐음이 드러났다고 말하며 수백만 명의 마음을 대변했다.

그보다 1년 앞서서 오바타 루미코도 비슷한 생각을 하기 시작했다. 사도섬에서 성장하며 꿈꿨던 도쿄의 생활방식은 빛을 잃고 있었다. 1995년에 종말론적 분위기가 자욱이 깔리면서 그는 깨달음 하나를 얻었다. "이렇게 생각했어요. 만약 내일이 세상의 마지막 날이라면, 우리 가족의 작고 캄캄한 양조장에서 사케를 마시며 보내고 싶다고요."

확장과 성숙, 성장의 두 가지 종류

오바타가 사도섬의 고향집으로 돌아온 지 이제 25년이 되었다. 도쿄의 대형 출판사에서 편집자로 일했던 남편과 함께 5대째 오바타슈조 사케의 생산을 감독하고 있다. 그는 자신이 처음 고향에 돌아왔을 때 기업가 정신으로 일본과 해외의 시장을 확대하고자 하는 종래의 접근법을 따랐다고 말했다. 시간이 흐르면서 그는 열정이 사라지는 것을 느꼈다. 그리고 문제는 자신이 '판매를 위한 판매'를 하고 있다는 것임을 깨달았다.

그때가 되어서야 오바타는 사도섬의 빈집들과 쇠퇴한 마을들에 주목했다. 대로를 따라 늘어서 있던 쇼텐가이(상가)들은 너무 많은 상점이 셔터를 내리고 있다는 이유로 샤타가이라는 별명을 얻었다.

"사도섬은 도쿄보다 30년 앞서 있어요"라고, 오바타가 내게 말했다. 가는 세로 줄무늬 정장의 주름 속에서 그는 노래하는 새처럼 보였고, 새처럼 몸집을 능가하는 활력이 있었다. 그는 낙천적인 사람이지만, 외진 시골인 사도섬이 앞으로 펼쳐질 미래에서 도쿄보다 앞서 있다는 것은 매우 기이한 주장이자 골치 아픈 주장이다. 오랫동안 자발적으로 간소한 삶을 살아온 사람들이 쇼핑 없는 몇십 년 이후 우리의 모습을 보여준다면, 사도섬은 더 큰 규모로 미래를 보여준다. 그리고 소비문화에 대해 어떻게 생각하든 간에, 사도섬에 도착해 극심한 공포는 아니더라도 깊은 절망을 느끼지 않을 수 있는 사람은 강력한 인간 혐오자뿐이다.

사도섬의 인구는 한창일 때의 12만 명에서 약 5만 5000명으로 줄었고, 지금도 계속 줄어들고 있다. 인구통계로만 보면 사도섬의 경제 규모는 절반으로 감소했다. 사도섬 주민들과 함께 앉아 섬의 지도를 보면 그들은 손가락으로 마을을 연달아 짚으며 "아키야" 또는 "하이쿄"라고 말할 것이다. 각각 빈집과 폐허라는 뜻이다.

그중 한 곳인 아이카와가 사도섬의 역사를 잘 보여준다. 18세기 초에 사도섬에는 전 세계에서 가장 큰 금광 중 하나가 있었고, 금광석을 하도 많이 파내서 산이 둘로 갈라질 정도였다. 사도섬이 속한 지역인 니가타는 당시 일본에서 인구가 가장 많았고 주민이 수백만 명을 훌쩍 넘었다. 사도섬 또한 제곱킬로미터당 주민 수가 오늘날의 하와이보다 더 많았다. 광산은 20세기 들어 쇠락했으나 버블경제로 사도섬은 인기 여행지가 되었고, 후루사토의 상징적 사례, 즉 향수어린 시골 고향의 이상으로 여겨졌다. 그때 버블이 터졌다. 얼마 지나지 않아 사도섬은 인구통계학자들이 '2중 부정적 인구 불균형'이라 칭한 것을 겪기 시작했다. 사람들은 스릴과 기회를 찾아 도쿄를 비롯한 대도시로 이주했고, 섬에 남은 사람들은 아기를 너무 적게 낳아서 노화로 사망한 사람들을 대체할 수 없었다. 섬 전체에서 버려진 시골집들을 찾아볼 수 있는데, 독특한 적갈색 목재와 검은 기와를 이용해 지은 이 집들은 쑥 꺼진 눈으로 해질녘을 멍하니 바라보고 있다. 아이카와는 황량한 느낌이 더욱 오싹한데, 우리 시대의 풍경과 좀더 비슷하기 때문이다. 마치 핵 사고가 발생한 것처럼 텅 빈 아파트 건물들이 고요한 거리 위로 불길하게 솟아 있다. 벽에 붙은 새파란 포스터가 어이없게 외친다. 젊음의 힘!

사도섬은 종종 작은 일본으로 묘사되며, 과연 일본의 인구는 10년 넘게 천천히 감소하고 있다. 일본은 지리학자들이 '초고령'이라고 묘사하는 사회다. 국민의 거의 3분의 1이 65세 이상이며, 인구수는 매일 수백 명씩 줄고 있다. 유엔은 일본이 이주민에게 문을 열지 않는다면 향후 30년간 거의 2000만 명이 줄어들 거라고 예측한다. 전 세계 많은 지역이 인구과잉으로 씨름하고 있지만, 일본은 인구 감소를 우려한다. 야생 멧돼지와 원숭이가 버려진 마을로 되돌아가고 있다.

일본의 경제는 규모가 줄고 있지는 않지만 아슬아슬한 줄타기를 하고 있다. 버블경제가 무너진 뒤의 첫 10년은 '잃어버린 10년'이라는 이름을 얻었고, 붕괴 이후 처음으로 노동시장에 진입한 세대는 '잃어버린 세대' 또는 '빙하기 세대'라는 이름으로 알려졌다. 버블이 터지고 30년이 지난 지금, 많은 일본인이 이 모든 것을 그저 '잃어버린 세월'이라 칭한다.

일본은 핀란드처럼 바닥을 찍은 적이 없으며, 소련 붕괴 이후 러시아가 겪은 고통에 비하면 상황이 훨씬 나았다. 그러나 선진국 중에서 일본만큼 오랫동안 경제가 침체된 국가는 없었다. 버블이 터진 이후 일본의 가계 소비율은 계속 평평한 선을 그리고 있다. 연이은 정부가 다시 소비를 활성화하려 시도했다. 미국의 경제학자 밀턴 프리드먼은 정부가 돈을 마구 뿌리는 '헬리콥터 드롭' 방식으로 경제를 활성화할 수 있다고 말했고, 일본은 200달러에 달하는 상품권을 수백만 장 배포하며 이 비유적 표현을 두 차례 거의 현실화했다. 그러나 두 번 다 효과는 없었다.

오바타 루미코는 소멸에 둘러싸인 작고 캄캄한 양조장에 앉아 사도섬이 조만간 성장세를 회복하는 일은 없으리라는 사실을 받아들였다.

그리고 오바타슈조가 이 지역 다른 양조장의 희생 위에서 성공하기를 바라지는 않는다는 결론을 내렸다. 100곳이 넘었던 사도섬의 사케 제조업체는 이미 한 줌으로 줄어든 상태였다. 오바타는 수많은 평범한 회사의 목표인 공격적 확장이 사도섬에서는 통하지 않는다는 사실을 깨달았다. 사도섬은 이미 산업형 농업을 통한 쌀(사케는 쌀을 발효해서 만든다) 생산의 확대가 어떤 환경 피해를 불러올 수 있는지에 대해 교훈을 얻은 적이 있었다. 과거에 농약과 화학비료를 지나치게 많이 사용한 결과 **토키**, 즉 따오기가 사라진 것이다. 토키는 학처럼 생긴 흰색 새로, 날개 밑의 은은한 주황빛 분홍색이 매우 독특해서 일본에서는 이 색을 **토키칼라**, 즉 토키색이라고 부른다. 과거에 토키는 널리 퍼져 있었지만 사도섬이 일본에서 토키를 발견할 수 있는 마지막 장소가 되었고, 결국 중국 중부에서 토키를 다시 들여와야 했다. 사도섬 주민들은 지금도 토키가 얼마나 자주 찾아오는지를 보고 논에 화학물질을 얼마나 많이 썼는지를 확인할 수 있다고 말한다.

"사람들이 반드시 성장이 필요하다고 말할 때 불편함을 느껴요." 오바타가 말했다. "성장에는 두 가지 종류가 있어요. 하나는 확장이고, 다른 하나는 성숙이에요. 인간의 몸에서도 똑같은 일이 발생해요. 자라나면서 우리의 몸은 확장해요. 그러다 성장은 건강한 방식으로 세월을 더하는 문제가 되죠."

흥미롭게도, 오바타의 새로운 사업 방식은 **결국** 성장으로 이어졌다. 오바타슈조는 최근 노을을 바라보는 해안가의 폐교된 학교를 인수해(역사적으로 학교를 경치 좋은 곳에 짓는 것이 일본 문화의 뛰어난 특징이다) 교육 센터를 만들며 사업을 확장했다. 이 센터는 사케를 만들기 위한 장소이자 전 세계의 뛰어난 아이디어를 사도섬으로 들여오기 위한 장소다. 이곳에서 이들이 만드는 사케는 오로지 사도섬의 자연적 한계

내에서 생산된다. 공급되는 에너지는 태양전지판에서 나오고, 쌀은 토키 친화적으로 생산되었음이 인증된 것을 사용한다. 오바타슈조 사케는 절반에 살짝 못 미치는 양이 섬 내에서 판매되며, 이와 똑같은 양이 일본의 나머지 지역에서 판매된다. 현재 오바타슈조는 전 세계에도 사케를 수출한다. 오바타는 더이상 사도섬의 주민을 역사의 조난자로 여기지 않는다. 그는 이들이 개척자라고 생각한다. "저는 일본의 미래가 시골에 있다고 생각해요." 오바타가 말했다. "기술이나 돈의 측면이 아니라, 사고방식을 말하는 거예요."

도시생활의 덫에서 해방된 사람들

심지어 사도섬에서는 아름답거나 신성한 것(일본에서는 인간의 손길이 풍경의 아름다움과 신성함에 큰 기여를 한다)까지 쇠퇴하고 있다. 나와 대화를 나눈 한 남성은 최근 신사 관리인이 되었는데, 신사의 지붕이 허물어지고 있다는 사실을 알게 되었다고 했다. 어떻게 할 예정이냐고 물었더니, 그는 아무것도 하지 않을 것이라 말했다. 지붕은 다 허물어질 것이다. 신사를 보수할 돈도, 신사 보수를 위해 힘을 합칠 공동체도 없었다. "시카타가 나이." 사도섬 주민들은 이렇게 말한다. 할 수 있는 일이 없다는 뜻이다.

이러한 이야기들은 인간이 지구에 남긴 흔적이 서서히 사라지기 시작했을지 모른다는 본능적 공포와 슬픔을 불러일으킨다. 그러나 사도섬에서 얻을 수 있는 교훈은, 기술이 발전한 선진국에서 소비가 침체된다 해도 석기시대로 되돌아가기는커녕 빈곤 상태에 빠지지조차 않는다는 것이다. 사도섬에서 인간이 활발히 활동하던 과거의 시대는 쇠퇴하고 있지만, 이곳에 결핍감은 전혀 없다. 사도섬 주민들은 자동차와 스마트폰, 텔레비전이 있다. 부자가 되기는 힘든 곳이지만, 돈은 여전히 순환한다. 즉, 돈은 흐른다. 버블시대의 대형 식당과 호텔은 대부분 문을 닫았지만, 지역의 레스토랑과 작은 여관이 그 자리를 대체했다. 한편 수많은 가게의 영구적 폐쇄는 중앙화된 대형 매장과 온라인 주문이 등장한 직접적 결과다. 사도섬에는 여전히 경제가 있다. 그저 규모가 더 작을 뿐이다.

사도섬에는 크게 두 집단의 사람들이 있다. 한 집단은 오래전부터 이곳에 살아온 주민들이다. 대부분 노인인 이들은 버블시대와 금광시대를 기억하며, 자기 기억 속의 활기찬 장소가 퇴락하고 있다는 사실에 대체로 슬퍼한다. 다른 한 집단은 사도섬의 미래를 보고 비교적 최근에 이곳을 찾아온 젊은 세대다. 사도섬은 각 세대에 대한 고정관념을 거꾸로 뒤집었다. 이곳에서는 보통 노인들이 발전에 향수를 품고, 젊은이들이 오래된 것을 소중히 여긴다.

도시로 나갔다가 다시 시골로 되돌아오는 사람들은 일본에서 'U-터너U-turner'라는 이름으로 불린다. 그리고 도시에서 성장해 처음으로 시골생활을 시도하는 사람들은 'I-터너I-turner'라 불리는데, 이들은 도시에서 시골로 직선 형태의 이주를 하기 때문이다. 그동안 세계 종말의 분위기가 두 추세를 더욱 부추겼다. 2011년 3월, 일본에 심각한 지진과 쓰나미가 발생해 거의 2만 명이 사망하고 후쿠시마 지역에 핵 재난이 발생했다. 최근 사도섬으로 이주한 사람 중 일부는 파괴되거나 방사능에 오염된 집을 떠나온 이들이고, 일부는 이 재앙으로 자신이 추구하던 가치와 생활방식에 의문을 품을 수밖에 없었던 이들이다. 이 재난은 3·11이라는 이름으로 알려졌다.

오이카와 모토에는 10년도 더 전에 사도섬으로 이주한 I-터너다. 도쿄 생활에 싫증난 치위생사였던 그는 사도섬의 전망에 아무런 환상도

품지 않는다. 이곳으로 이사한 이후 사도섬 인구는 1만 명 감소했다.

오이카와가 자기 농가 앞에 서 있는데 새파란 하늘의 몇 없는 구름에서 '눈꽃(커다랗고 부숭부숭한 눈송이)'들이 팔랑팔랑 떨어진다. 늦겨울의 사도섬에서는 익숙한 풍경이다. 오이카와는 튼튼한 가죽 바지와 털모자를 걸쳤지만 여전히 도쿄에서 통근하던 사람의 느낌이 남아 있다. 파란색 양말은 패딩 재킷 색깔과 완벽하게 일치하고, 분홍색 스카프가 환한 포인트가 된다. 오이카와는 (처음 시작할 때는 경험이 거의 전무했지만) 현재 농부이며, 그가 농부가 된 것은 어느 정도는 자기 식탁에 직접 먹을 것을 올리기 위함이다(그가 직접 만든 간장은 소박하고 짭조름한 우마미의 정수다). 그러나 오이카와는 고급 '초유기농' 쌀과 팥도 전문적으로 생산하며, 그중 대부분은 온라인으로 판매해 섬 밖으로 배송된다. "정말 좋은 것을 제대로 만들고 싶었어요. 이 마음으로 모든 위협을 극복했죠." 오이카와가 내게 말했다. "이곳에 사는 사람들은 전부 특별한 프로젝트나 기술이 있어요."

일본에는 이를 뜻하는 코다와리라는 말이 있다. 일종의 긍정적인 집착, 또는 전념해서 추구하는 대상을 의미하는 단어다. 서구인은 이를 열정, 또는 자기만의 '취향'이라 부를지도 모르겠다. 일본에서 들은 출처가 불분명한 이야기인데, 어떤 남성의 코다와리는 매우 정교하게 설계된 서류 가방을 만드는 것이었다고 한다. 그는 정확히 라이카 카메라의 셔터처럼 부드러우면서도 무게감 있게 찰칵 잠기는 걸쇠를 만드는 데 1년을 들였다.

소비자에게도 코다와리가 있을 수 있으며, 그런 사람은 아이요샤일 수 있다. 이 단어는 '애정하는 마음으로 물건을 사용하는 사람'이라는 뜻이다. 아이요샤는 최고급 정원용 괭이를 찾아내 주기적으로 날을 날카롭게 갈고, 손잡이가 손의 모양에 맞게 미묘하게 닳는 방식에서 만족감을 느낄지 모른다. 세계에서 가장 질 좋은 쌀을 먹고자 노력하는 오이카와의 고객들은 아이요샤다. 하지만 자신의 도요타 트럭이나 아이폰에 강렬한 애착을 느끼는 사람도 아이요샤일 수 있다. 아이요샤는 물질주의를 거부하는 것이 아니라, 물질주의를 탈바꿈한다. 물질재와 더욱 깊은 관계를 맺는 것이다.

사도섬 주민들은 여전히 필수품을 구매하지만, 이는 규모가 줄고 간소화된 소비문화다. 이곳의 겨울은 길고 추우며, 그 어떤 거리도 카페와 상점, 식당으로 활기가 넘치지 않는다. "이곳을 찾아온 도쿄 사람들은 도쿄에서의 생활방식을 그대로 유지하고 싶어하지 않아요." 오이카와가 말했다. "그들은 도쿄에서 필요하지 않은 것을 너무 많이 갖고 있었다는 사실을 알아요. 도쿄에서는 수입이 더 많지만 그만큼 일을 해야 해요. 여기서는 그만큼 돈을 못 벌지만, 그만큼 많이 쓰지도 않아요. 돈이 얼마나 많은가가 지위를 결정한다면, 사도섬에서는 그런 종류의 지위를 얻을 수 없어요."

오이카와는 부자인 상태로 사도섬에 오지 않았고, 앞으로 부자가 되리란 기대도 하지 않는다. 이곳으로 이사한 이후 그는 **유토리**에 대해 많이 생각한다. 유토리는 영어로 직역할 수 없는 또다른 단어로, "우리의 일상에서는 유토리를 찾아볼 수 없다" 같은 표현에서 쓰인다. 이 단어의 대략적 의미는 숨쉴 여유라는 뜻에서의 여유다. 유토리는 어떤 이에게는 든든한 저축액이고, 어떤 이에게는 넉넉한 시간이나 아름다운 주거 환경, 차분한 정신, 가능성이 있다는 느낌, 내가 원하는 것을 할 자유다. 대다수의 유토리는 앞에서 말한 것들의 전부나 일부가 섞여 있을 것이다.

도쿄는 돈이 많고 돈으로 살 수 있는 것도 많지만 지금 자신은 그러한 여유를 유토리의 제한적 표현으로 여긴다고, 오이카와는 말한다. "도쿄에서 제게 유토리가 있었는지 모르겠어요." 그가 말했다. "이곳의 생활방식은 바쁘지 않아요. 시간에 쪼들리지 않죠. 바쁠 때도 있지만, 시간이 느리게 갈 때도 있어요. 삶과 마음에 공간이 더 많아요."

오이카와는 지금도 도쿄를 방문하지만 그 횟수가 점점 줄고 있다. "이제 도쿄의 생활방식이 덫처럼 느껴져요. 도쿄는 재미있는 것도 많고 살 것도 많고 먹을 것도 많아요. 하지만 전부 소비하는 것들이에요. 이곳 사도섬에는 아무것도 없어요. 직접 만들어내야 해요. 여기서 즐거움은 소비가 아닌 창조하는 데서 나와요."

사도섬이 그 답을 제공해주었다

이 사고실험을 시작할 때 어떤 결과가 나올지 알 수 없었다. 소비를 멈춘 세상이 기능할 수 있는 수십 가지 다른 방식이 있을까(애초에 기능을 한다면 말이지만)? 아니면 서로 다른 장소와 사람들, 시간 사이에서 한 무리의 존재 방식이 겹치고 되풀이되며 일정한 패턴이 나타날까?

사도섬이 그 답을 제공해주었다. 내가 그곳에서 보고 들은 모든 것이 다른 곳에서 보고 들은 것을 떠올리게 했다. 다른 점이 있다면, 사도섬에서 벌어지는 일들에는 더이상 현실에 순응하는 느낌이 없다는 것이었다. 그보다는 하나의 체계처럼 느껴졌다. 아직 진화의 초기 단계에 있는 가장 기초적인 체계이지만, 그럼에도 체계는 체계였다.

이 체계의 핵심에 있는 경제는 우리가 소비자본주의를 통해 아는 경제보다 더 작고 더 천천히 돌아간다. 구할 수 있는 유급 노동도 더 적은데, 이는 세 가지 주요한 결과로 이어진다. 가장 명백한 첫번째 결과는 대다수가 돈을 적게 벌고 물건을 적게 산다는 것이다. 첫번째와 밀접하게 연결된 두번째 결과는 안식일과 자발적 간소함을 실천하는 이들의 삶을 연상시키는 비영리적 시간이 특이할 만큼 많다는 것이다. 세번째 결과는 사람들이 그중 점점 더 많은 시간을 어떤 식으로든 자급하는 데 쓴다는 것이다. 시골이고 땅값이 저렴한 사도섬에서 이는 곧 적어도 자기가 먹는 음식의 일부를 직접 재배한다는 뜻이다. 또한 (오이카와가 지적했듯이, 그리고 더욱 참여적이고 창조적인 문화를 지지하는 사람들이 보여주듯이) 이는 곧 자신의 즐거움을 더욱 중시한다는 뜻이기도 하다. 후쿠시마의 핵 재난 지역에서 피난 온 한 신규 주민은 180년 된 농가에 콘크리트로 바닥을 깐 간소한 모임 장소를 마련하고 나자 지역 주민들이 가장 좋은 옷을 차려입고 나타나는 모습을 보고 깜짝 놀랐다. 그로부터 5년이 지난 지금, 이 공간은 때로는 식당이 되고 때로는 찻집이 되며, 때로는 영화관, 빵집, 코미디 클럽, 국수 제조 공장이 된다. 그동안 충족되지 않은 사회·문화적 생활에 대한 갈증이 있었던 것이다.

사도섬에서는 물건과의 관계도 다르다. 사람들은 보통 물건을 많이 소유하지 않으며, 물건을 더 오래 사용한다. 이곳에는 천을 덧댄 바지와 빛바랜 페인트, 오래된 자동차 같은 와비사비가 많다. 그러나 이것은 그야말로 더 좋은 것을 더 적게 소유하는 경제. 역시나 역설적이게도, 이곳 사람들이 소유한 물건은 그들에게 덜 중요한 것이 아니라 더 중요해 보인다. 그 물건이 얼마나 오랫동안 자기 삶의 일부가 될지를 인식하고, 음식처럼 빨리 사라지는 것의 경우에는 그 특별한 품질을 인식한다. 사실 사도섬 주민들이 만들고 먹고 소유하는 것들은 늘 엇비슷하게 좋다. 이곳의 경제는 끊임없이 계속되는 새로운 쾌락이 아닌, 평생은 아니라 해도 오랜 세월 함께하는 쾌락의 경제다.

주류경제학자에게 성장은 언제나 해결책이지 결코 문제가 아니다. 피터 빅터는 100년간 『전미경제평론』에 실린 글들을 검토한 뒤 성장의 대가에 초점을 맞춘 글은 단 하나도 없다는 사실을 알게 되었다. 그러나 지리학자들은 끝없는 인구 증가가 심각한 문제를 일으킬 수 있음을 빠르게 간파하고 탈성장과 한 쌍인 인구 감소를 재앙이 아닌 도전으로 여긴다. 2004년부터 주기적으로 사도섬을 방문하고 있는 영국의 지리학자 피터 마탄리Peter Matanle는 인구 성장이 끝나면 '인구 감소의 부수적 이득'이 따라온다고 주장한다. 사도섬에서는 자녀들이 다닐 유치원을 찾거나 대학교에서 원하는 강의를 수강하는 것이 전혀 어렵지 않다. 주택 위기도 없고, 통근도 괴롭지 않다. 이민자에 대한 불안이 점점 커지는 대신 갈수록 개방적으로 변한다. 지구상의 웬만한 지역과 달리 사도섬의 자연은 매일 더욱 풍성하고 다채로워진다. 오바타 루미코의 말처럼, 사람들은 인구는 감소해도 토키의 수는 늘어나고 있다고 말할지 모른다.

다른 면에서 사도섬은 세상이 소비를 멈춘 날 이후의 삶의 모습과는 거리가 멀다. 인구 감소는 어떤 면에서 소비 하락의 결과와 비슷해 보일 수 있지만 그렇다고 똑같은 것은 아니다. 디컨슈머사회는 으스스한 텅 빈 느낌이 나지도, 공동체 자체의 생산능력이 사라지지도 않을 것이다. 또다른 사실은 어떻게 보아도 일본 정부가 성장의 종말을 받아들이거나, 그에 맞는 계획을 세우거나, 최선의 결과를 끌어내기 위해 조치를 취하지 않는다는 것이다. 그 대신 일본 정부는 현실의 흐름에 맞서 다시 소비 중심적 경제 확장으로 되돌아가려 노력하며, 사도섬처럼 성장이 거의 불가능해 보이는 곳들을 가사 상태로 남겨두고 있다. 마지막으로 목가적인 논과 조용한 시골길이 있는, 점점 위축되고 있는 자그마한 사도섬이 지구상에서 가장 거대한 주거지이자 지금도 삶과 빛으로 고동치고 있는 도쿄 같은 곳에 교훈을 줄 수 있는가 하는 문제가 있다.

어쩌면 교훈이 될 수도 있다. 아직까지 오사카와 도쿄 같은 일본의 주요 도시는 나머지 지역에서 이주민들이 유입되면서 여전히 인구가 증가중이다. 그러나 도쿄에서조차 느린 경제 속도가 그림자를 드리우고 있다. 시부야 플라자는 여전히 상징적이다. 지금도 거대한 전광판이 깜빡거리고, 패셔니스타 청년들이 최신 유행 차림으로 거리를 행진하며, '스크램블', 즉 도시생활의 정신없는 느낌을 더욱 강화하는, 동시에 온 방향으로 건널 수 있는 교차로를 관광객들이 무리 지어 체험한다. 그러나 시부야는 지난 40년간 거의 변하지 않았다. 오늘날의 미디어 아키텍처와 비교하면 시부야의 대형 전광판은 거의 낡은 것처럼 보이며, 미래지향적 자재로 지어졌지만 이제 물때로 얼룩지고 변색된 건물들은 우리 눈에 모순적으로 보인다. 어쩌면 시부야는 여전히 이 세계의 미래상일지 모른다.

2010년, 문학 교수인 가토 노리히로가 일본 청년 사이에서 등장한 새로운 유형인 비소비자에 대해 설명한 글이 발표되어 널리 읽혔다. 가토는 "한계가 점점 더 명백해지는 세상에서, 나이보다 성숙한 일본의 청년들은 성장에서 벗어나는 것이 어떤 모습인지를 보여주고 있는지도 모른다"라고 말하며, 한계 없는 성장의 꿈을 '발전의 초기 단계'라고 칭하기까지 했다. 가토가 말한 비소비자는 도쿄 어디에나 있다. 영원할 것처럼 보이는 경제 침체를 마주한 많은 이들이 비자발적으로 간소한 삶을 살며 중고 의류를 입고, 손바닥만 한 아파트에 살거나 부모님 집에 살고, 상점과 나이트클럽에서 돈을 날리기보다는 온라인에서 생활한다. 바깥세상에서 이들의 서식지는, 미국에서 설립되었지만 현재는 일본에 기반을 둔 세븐일레븐 같은 편의점이다. 이들이 편의점에서 먹는 것은 속을 채운 1달러짜리 주먹밥처럼 자신들이 탄생에 기여한 일본 특유의 요리, 바로 **콘비니**(컨비니언스) 식품이다. 베르사체나 루이비통은 보이지 않는다. 문화 저널리스트 타일러 브륄레는 일본이 "세계 최초의 포스트 럭셔리 경제"로 변하고 있다고 말했다.

이 특정 비소비자들은 히키코모리, 즉 집에만 틀어박혀 사는 사람이라고 비난받아왔다. 그러나 이들은 집에 틀어박혔다기보다는 경제에서 차단된 것에 가깝다. 이들은 특정 삶의 방식(이 경우에는 소비자본주의)이 무너지는데 그 무엇으로도 그 방식을 대체하지 못할 때 발생하는 공허를 보여준다. 그러나 나는 도쿄의 고동치는 심장부가 아닌 가장 먼 외곽에서 이와는 다른 도쿄의 미래상을 발견할 수 있을지 모른다는 이야기를 들었다.

상행선 교외 철도를 타고 종착역인 오가와마치에 도착하는 데는 한 시간이 넘게 걸렸다. 역에서 하타 사토코 씨를 찾기는 어렵지 않았는데, 기다리고 있는 사람이 거의 없었기 때문이다. 밥 딜런에게서 빌린 듯한 재킷의 두툼한 양털 칼라에 파묻힌 그는 독특하게도 진심어린 친절함과 회의적이고 신랄한 사고를 동시에 갖춘 인물이었다. 날은 맑고 추웠고, 하타는 즉시 아늑한 비스트로로 향했다. 합판과 회반죽으로 벽을 바른 무척이나 간소한 공간이었다. 하타는 "이 식당은 오가와마치의 상징과도 같아요"라고 말했다.

오가와마치는 원래 사이타마 지역의 낮은 산맥 사이에 형성된 들판에서 생겨난, 미색 종이인 미지米紙를 생산하던 마을이었다. 대도쿄의 물살이 점점 확대되다 마을을 집어삼켰다. 한창때는 약 4만 명이 오가와마치에 살았고, 당시 주민들의 가장 큰 걱정은 아이들을 보낼 학교가 충분치 않다는 것이었다. 그때 이후로 인구의 20퍼센트가 줄었다. 한때 오가와마치는 사이타마현에서 완전히 사라질 가능성이 아주 높은 마을 세 개 중 하나로 꼽히기도 했다.

그러나 도쿄인들이 I-터너가 되어 이 외곽 마을을 찾아오기 시작했다. 대다수가 성인기에 경제 호황을 한 번도 경험하지 못한 사람들이었는데, 일본에서는 중년 이하의 사람들이 전부 그렇다. 도쿄 와세다대학교의 개발학 교수인 나카노 요시히로가 내게 말했듯, "경제에서 배제된 이들은 대안경제를 창조해야만" 한다.

하타의 오가와마치 이주는 천천히 이루어졌다. 처음에 그는 도쿄로 통근을 했다. 그러다 유기농 농장의 물류 일을 맡기 시작했다. 현재 그는 새로 전입한 주민들이 정착할 수 있도록 돕는 일을 한다. 오늘날 사람들을 오가와마치로 끌어들이는 가장 큰 요인은 유기농업이다. 1970년대에 한 선구적인 농부가 이곳에서 유기농업을 시작했고, 그의 제자들이 서서히 주변에 퍼졌다. 한때는 오가와마치 주민 대부분이 매일 열차를 타고 도쿄로 출근했듯 거의 모든 농산물이 도쿄로 보내졌다. 그러나 도쿄의 물살이 빠져나가면서 현재 오가와마치는 유기농업을 경제의 기반으로 받아들이고 있다. 하타가 나를 데리고 간 식당도 유기농 음식을 내놓는다. 슈퍼마켓도 지역 소유로, 오가와마치 생산자를 위한 공간이 따로 마련되어 있다. 조금만 더 걸어가면 나오는 양조장은 반경 4킬로미터 이내에서 가져온 재료로 맥주를 만든다. 심지어 지하철역에서 파는 도넛도 유기농 두부를 만들고 남은 물로 맛을 낸다. 요즘에는 많은 곳에서 이와 비슷한 가게들을 찾아볼 수 있지만, 한때는 평범한 교외 지역이었던 곳에 이러한 가게들이 이만큼 집약된 것은 본 적이 없다.

이 이야기는 적어도 관습적 의미에서는 의기양양한 경제 부흥 신화가 아니다. 하타는 오가와마치가 여전히 줄어들고 있으며 주민들도 부유해지기보다는 그럭저럭 먹고살기만을 기대한다고 말했다. 그러나 놀라운 점은 도쿄와 가까운 지역조차 사도섬과 똑같은 패턴을 향해 나아가고 있다는 것이다. 경제 규모가 작아지고 지역 중심으로 바뀔수록, 개인이 현금경제에 참여해서 얻을 수 있는 성취도 줄어든다. 하타는 오가와마치 주민 대다수가 "농업과 ×"에 종사한다고 말했다. 여기서 ×는 프리랜스 디자인일 수도 있고, 컨설팅과 코딩, 예술, 다양한 아르바이트, 작은 코다와리 사업일 수도 있다. 여전히 도쿄로 출퇴근하는 사람들도 있다. 건물과 자동차, 옷, 카페의 의자, 이 모든 것에서 세월의 흔적이 보인다. 이곳에서 새로움은 일상의 광택이 아닌 드문 즐거움이다. 다른 존재 방식이지만, 결코 나쁜 존재 방식은 아니다. 하타에게 오가와마치에 얼마나 오래 살 생각이냐고 묻자 그는 이렇게 대답했다. "평생이요."

오가와마치로 이주하는 사람들은 자신이 무엇을 하게 될지 알고 오는 것일까? "아니요." 하타가 활짝 웃으며 말했다. 그러나 이들은 기존의 경제가 바뀔 기다리는 데 신물이 났으며, 새로운 경제를 만들 준비가 되어 있다. 다른 사람에게 해줄 수 있는 가장 중요한 조언, 자신과 비슷한 길을 걷고 싶어하는 모든 사람에게 지침이 될 만한 말을 해달라고 부탁했다. 그는 고개를 숙이고 생각에 잠겼다.

마침내 하타가 말했다. "갖지 못한 것을 원하지 말고, 이미 가진 것을 보세요. 제가 자주 하는 말이에요."

모든 것이 불속으로 사라질 것이다

사도섬 전체가 단 하나의 관할권으로 간주될 만큼 위축된 이후 처음 시장에 당선된 다카노 코이치로가 해변 호텔의 광활한 로비에 서 있었다. 커다란 창문을 내다보면 바람으로 뒤틀린 소나무 너머로 잔잔한 만이 보였다. 이 넓은 공간에 있는 유일한 다른 사람은 호텔 접수원이었고, "안녕 로봇"이라고 인사하면 디지털 목소리로 "안녕 악마"라 샐쭉하게 답하는, 제대로 작동하지 않는 작은 로봇 하나가 합류해 있었다. 다카노가 라운지에 앉자 새하얀 가구가 그를 통째로 잡아먹는 것처럼 보였다.

2012년에 은퇴한 다카노는 침울해 보일 만큼 근엄한 인물이다. 그가 입은 코듀로이 바지의 골이 많이 사라졌으며, 캐주얼한 상의의 소매 단추가 떨어졌다는 사실을 언급하는 것은 무례한 듯하지만 분명 맥락과 관련이 있다. 사도섬이 낡아 보이는 것과 마찬가지로 이 전 시장의 옷 또한 낡아 보인다고 말할 수 있다. 또한 사도섬의 나이가 많듯 그의 옷도 오래되었다 말할 수 있을 것이다.

시장으로 일할 때 다카노는 사도섬의 위기에 어떻게 대처할 것인지를 협의할 공개 회담을 마련했다. 섬 주민들은 경제에 무엇을 바랐을까? 일부는 경제성장을 요구했지만, 대다수는 성장은 더이상 중요치 않다고 느꼈다. "저항하는 건 아무 소용이 없습니다." 다카노가 말했다. 주민들이 정한 사도섬 경제의 주요 목표는 사도섬을 "스미야스이 **도코로**", 즉 '살기 편안한 장소'로 만드는 것이었다. 그러려면 건강한 환경과 좋은 사케 양조장이 있어야 했고, 토키의 개체수가 늘어나야 했으며, 노인들에게 돌봄과 복지를 제공해야 했다. 전통을 유지하고, 훌륭한 건축물을 복원해야 했다. 다카노는 "우리의 일은 이곳 주민들의 행복을 보장하는 것이며, 우리는 주민들이 좋은 삶을 살 수 있는 지역공동체를 건설하고 있습니다"라고 말했다.

성장을 포기하는 것이 어렵지는 않았을까? 다카노는 어려울 게 별로 없다고 생각했다. "변화는 하룻밤 사이에 발생하지 않습니다. 더 오랜 기간, 말하자면 10년 정도에 걸쳐 발생하죠. 정말 융통성 없는 사람이 아니라면 적응할 수 있어야 합니다."

요즘 다카노는 장기적 안목을 갖는 여유를 누리고 있다. 그는 어쩌면 사도섬의 이야기가 곧 20세기의 이야기일지도 모른다고 말했다. 현대성을 향해 내달렸다가, 유행에 덜 영향받는 패턴으로 되돌아오는 것이 말이다. 금광시대가 열리기 전이었던 4세기 전에 사도섬의 인구는 약 5만 명이었다. 인구수는 두 배 이상 올랐다가, 이제 다시 5만 명을 향해

가고 있다. 다카노가 말했다. "금광시대를 빼고 보면 변한 것은 별로 없습니다."

현재 다카노가 더 관심 있는 것은 일본 인구 감소의 근원이다. 그는 사람들이 이 현상을 잘못 이해하고 있다고 말했다. 사람들은 시골의 인구 감소, 전 세계에서 나타나는 시골에서 도시로의 이동 패턴이 문제라고 생각한다. 그러나 일본인 대다수는 이미 도시에 살고 있으며, 국가 전체에서 인구가 줄고 있다. 도쿄는 출생률이 가장 낮은 곳 중 하나로, 사도섬보다도 출생률이 낮다. 시골에서 이주해 오는 사람들을 빼면 전 세계적 대도시인 도쿄는 인구학적으로 멸종을 향해 나아가고 있으며, 매 세대가 이전 세대보다 줄어들고 있다. 그렇다면 어떤 면에서 일본의 쇠퇴를 유발하는 것은 시골이 아닌, 거대하고 잠들지 않으며 탐욕스럽고 매력적인 도시다. 사람들은 도시 안으로 사라지고 있다. 왜 그럴까? 다카노는 그동안 이 문제를 깊이 고민했다.

"문화가 성숙 단계에 이르면, 그것을 직접 파괴하고 끝내려는 것이 인간 본성의 경향인지도 모릅니다. 어쩌면 우리는 그렇게 타고났는지도 몰라요." 다카노가 말했다. "어쩌면 일종의 신이 인간 수를 줄이고 있을 수도 있고요."

이를 자신의 세상이 서서히 사라지고 무너지는 것을 목격한 사람의 종말론적 관점이라고 일축하긴 쉽다. 그러나 다카노의 말은 소비의 딜레마를 자꾸 따라다니는 듯 보인다. 우리는 쇼핑을 멈출 수 없지만, 반드시 쇼핑을 멈춰야 한다. 소비는 기후를 파괴하고, 숲을 쓰러뜨리고, 삶을 어지럽게 흩뜨리고, 우리의 머릿속을 쓰고 갖다 버리는 사고방식으로 채우고, 밤하늘에서 별을 빼앗기만 하는 것이 아니다. 가장 심각한 문제는 소비가 달리 무엇을 해야 할지 모르게 만들고, 상황이 달라질 수 있다는 믿음을 잃게 한다는 것이다. 어느 길로 가든, 소비는 우리를 실패로 이끈다.

소비를 뜻하는 일본어는 쇼히消費다. 이 단어는 19세기에 서로 다른 두 단어가 합쳐져 생겨났는데, 히는 쓰다라는 뜻이고 쇼는 불태워서 재로 만들듯 소멸시킨다는 뜻이다. 영단어의 어원도 비슷하다. 본래 소비는 불길이 모든 것을 집어삼키듯 기존에 존재하던 것을 완전히 소진해 아무것도 남기지 않는다는 뜻이었다. 우리가 갈수록 더 많은 것을 소비한다면, 모든 것이 소비의 대상이 될 것이다. 더 많은 기회와 소진, 더 많은 경험과 산만함, 더 많은 깊이와 얄팍함, 더 많은 온전함과 공허함. 우리는 시간과 공간, 삶과 죽음을 소비하게 될 것이다. 우리는 타인을 소비하고 자기 자신을 소비할 것이다. 모든 것이 불속으로 사라질 것이다.

21장

미래를 돌려주기 위한 단절의 순간

된 포스Duin Pos(둔 포스트Dune Post를 아프리칸스어로 쓴 것)라는 이름의 주콴시 마을이 칼라하리사막의 평평한 덤불 사이로 사라져 더이상 보이지 않는다. 다섯 명의 여성이 하나의 손처럼 풍경에 흩어져 빠르고 가볍게 앞으로 나아가는 듯 보인다. 한창 부시포테이토를 수확하는 시기인데, 이 야생 덩이줄기는 구우면 단맛이 나고 생으로 먹으면 부드러운 사탕수수처럼 시원하고 달달하다. 비교적 시원한 이 늦은 오후에 기온이 섭씨 40도를 맴도는데도, 얼마 지나지 않아 다섯 명 중 한 명이 허리를 구부리고 격렬하게 땅을 판다.

　내가 된 포스에 온 것은 수렵·채집인들과 채집에 나서기 위해, 55년 전에 인류학자 마셜 살린스가 말한 "제 능력을 다 발휘하지 않는다는 것"을 직접 목격할 기회를 얻기 위해서였다. 주콴시는 보통 그때 필요한 만큼만 먹을 것을 채집한다. 이런저런 식용작물이나 견과류가 한창 풍부할 때에도 하루이틀 치 이상을 저축해놓지 않는다. 살린스는 이러한 생활방식의 '숨은 의미'를 궁금해했고, 원하는 것이 무한해 보이는 외부인, 생산성의 한계에 도달하려고 늘 무리하는 외부인에게 이들이 무엇을 말해줄 수 있을지 알고 싶었다. 나도 같은 것이 궁금했고, 세상이 소비를 멈춘 뒤 백 년, 천 년, 어쩌면 수천 년이 지난 후에 그 숨은 의미가 우리를 어디로 데려갈 수 있을지 알고 싶었다.

"제 능력을 다 발휘하지 않는다는 것"

니아에니아라는 주칸시 영토로 들어서기까지 나미비아의 포장된 고속도로를 세 시간 동안 달려 뒨 포스에 도착했을 때, 제 능력을 다 발휘하지 않는다는 개념은 무척 위험해 보였다. 마을의 이름이 된 모래언덕의 낮은 꼭대기에서 보니, 오후의 열기로 흐릿해진 광활한 칼라하리사막은 거의 잔잔하게 물결치는 푸른 바다 같았다. 물론 이곳은 정반대로 매우 건조하고 타는 듯이 뜨겁다. 상황이 가장 좋을 때에도 살아남기 어려운 곳이며, 몇 달간 비가 거의 내리지 않은 우기의 끝 무렵에는 더욱 살아남기 어려운 곳이다.

이 마을에는 가게에서 산 음식이 없었고, 아마 돈 또한 없었을 것이다. 정부에서 옥수숫가루를 배급받았지만 그 밖에 그들이 먹는 음식은 전부 덤불에서 나온 것이었다. 여성들이 마지막으로 채집을 다녀온 지 이틀이 지났고, 이들은 태양이 시선을 내리기 시작하자마자 채집에 나설 계획이었다. "상점에서 사거나 정부에서 배급받은 음식이 있다 해도, 덤불에서 채집한 것을 먹고 싶어요"라고, ǀUce('루시'와 비슷하게 발음된다)라는 이름의 한 여성이 내게 말했다. 그는 니트 모자와 연분홍색 셔츠, 밝은 분홍색 치마를 걸치고 있었다. 전부 중고인 이 옷들은 이것만 보면 사막생활의 고됨을 알 수 없을 만큼 단정하고 깔끔했다.

시간이 되자 여성들이 순식간에 준비를 마쳤다. 뒤지개(오늘날에는 보통 금속 막대기의 한쪽 끝을 납작하게 두드려 만든다)를 집어들고, 천을 동여매서 어깨에 메는 가방으로 사용하거나 아기를 업기만 하면 됐다. 이들은 길을 떠난 지 3분 만에 먹을 것을 찾아냈다. 루시가 키 작은 관목을 찔러보다가 소용돌이 모양으로 정교하게 말린 부시포테이토 덩굴을 찾아낸 것이다.

채집은 전문적인 노동이다. 마을에서 출발하기 전에 루시는 불씨만 남은 모닥불 주변에 동그랗게 모인 사람들 너머로 막 자라기 시작한 식물 하나를 가리키며 겜스복 오이 덩굴이라 말했다. 과육이 시원한 뾰족뾰족한 모양의 과일이 열리지만 뿌리에 독이 있는 식물이다(아이들은 이 덩굴을 줄넘기로 쓰기도 한다). 칼라하리 오이 덩굴은 거의 비슷하게 생겼지만 뿌리가 맛있다. 루시는 열다섯 걸음 떨어진 곳에서 겜스복 오이 덩굴과 칼라하리 오이 덩굴을 구분할 수 있다.

그러나 많은 대중이 주로 떠올리는 수렵·채집생활의 이미지는 늘 사냥의 피와 죽음, 위험이다. 수렵·채집인에 대한 서구 과학자들의 관점에 혁명을 일으킨 1966년 학회에서 나온 논문집의 제목 역시 '사냥하는 인간'이었다. 그 학회의 핵심 내용이 채집·수렵인이 더 정확한 용어일 수 있다는 것이었는데도 말이다(리처드 B. 리는 당시 주관시 식단의 60~80퍼센트가 주로 여성이 채집해온 야생식물임을 발견했다). 루시는 대수롭지 않다는 듯 어깨를 으쓱했다. 그리고 채집인도 수렵인처럼 덤불 속에 있는 사자와 표범, 코끼리와 마주칠 수 있다고 말했다. 루시는 자기 팔뚝에 움푹 파인 곳을 보여주었는데, 덩이줄기를 캐다가 '양쪽에서 물 수 있는 뱀'에게 물린 상처였다. 영어에서는 비브론의 스틸레토 뱀이라고 불리는 이 뱀의 주관시 이름은, 이 뱀이 송곳니를 회전해 입의 양쪽에서 튀어나오도록 할 수 있다는 사실에서 나왔다. 다행히도 이 뱀

354

의 독은 보통 치명적이지 않다. 살의 조직이 죽어 움푹 파일 때까지 극심한 통증과 함께 퉁퉁 부어오를 뿐이다.

여성들은 한 시간 삼십 분 동안 사막을 탐색한다. 먹을 것을 발견하는 사이사이 찾은 것에 대해 상의를 하거나 농담을 하거나 방금 찍힌 코끼리 발자국을 가리킨다. 코끼리는 거대하면서도 매우 부드럽게 발을 디디기 때문에 소리도 없이 뒤에서 나타날 수 있다. 마구 뒤얽힌 덤불 아래를 뒤지던 루시가 '양쪽에서 물 수 있는 뱀'을 쫓아내자 여자들 사이에 전율이 인다. 머리 위로는 한 무리의 구름이 하늘에 난 보도 위를 각각 따로따로 이동하고 있다. 비를 품고 있지만 이 비는 다른 곳으로 운반중이다.

그러다 갑자기 채집이 종료된다. 여성들이 호를 그리며 다시 마을로 돌아간다. 내 눈에는 아무런 특징도 보이지 않는 이 사막에서 그들은 마을의 정확한 위치를 아는 것 같다. 이들은 부시포테이토 몇십 개와 다른 뿌리줄기 몇 개, 즙이 많은 독성 양파poison-onion greens(뿌리에만 독이 있다) 한 단을 모았다. 마을 사람들을 하루이틀 먹이기 충분한 양이다.

여성들이 이토록 적은 음식만을 들고 집으로 돌아가기로 한 것에 대한 나의 반응이 나조차 놀랍다. 내가 보기에 이건 간소한 삶을 한참 넘어 위험할 정도다. 부시포테이토가 이렇게 많은데 왜 해가 질 때까지 좀더 돌아다니면서 한 달 치 식량을 모아 창고를 채우지 않는 것일까? 이렇게 열악한 땅에서 여분의 자원을 모을 수 있는데도 생산성을 극대화하지 않는 것이 어떻게 가능할까?

수렵·채집생활을 연구하는 사람들은 지난 수십 년간 이 질문의 답을 다양한 방식으로 설명했다. 일부는 칼라하리사막이 뜻밖에도 매우 풍요로운 낙원이라서, 지식이 많은 수렵인이나 채집인은 언제나 먹을 것을 구할 수 있기에 미래를 생각할 필요가 없다는 결론을 내렸다. 사실

칼라하리사막이 놀라울 만큼 풍요로울 때도 많지만 그러한 풍요는 예측 불가능한 데다, 특히 가뭄에는 고난과 고통의 시기도 드물지 않다. 그 결과 역사적으로 주콴시는 여기저기 흩어진 제철 식량을 찾기 위해 영역 내를 이동하며 살았다. 이 사실은 이들이 제 능력을 다 발휘하지 않는 또다른 이유가 되었는데, 도보로 이동해야 한다면 식량과 소지품을 힘들게 끌고 다닐 이유가 없기 때문이다. 그러나 주콴시가 더 많은 짐을 들고 이동할 수 있었으며, 그게 아니라면 늘 되돌아오는 장소에 물자와 재산을 숨겨둘 수 있었다는 사실에는 의심의 여지가 별로 없다.

많은 수렵·채집인 문화가 과잉 수확을 피하기 위한 조치를 취한다는 것은 오늘날 널리 알려진 사실이다. 예를 들어 부시포테이토를 제철에 다 수확하지 않고 남겨두면 부시포테이토가 다시 번식할 가능성이 더 높아진다. 어쩌면 제 능력을 다 발휘하지 않는 것은 오래된 의미의 경제 행위일지 모른다. 자원이 미래에 사라지지 않도록 신중하게 사용하는 것이다. 또한 긴 노동시간은 주콴시가 생각하는 풍족한 삶의 개념을 훼손한다. 자발적으로 간소하게 살아가는 이들과 비슷하지만 그들보다 더 강력하게, 주콴시는 칼라하리사막의 한가운데에서도 비교적 쉽게 충족할 수 있는 필요만 아주 적게 가짐으로써 케인스의 '경제적 문제'를 해결했다. 더 적게 가진 삶에 주어지는 보상은 본래 풍부한 여가 시간이어야 한다.

인류학자 제임스 수즈먼은 서구인 역시 오래전부터 언젠가는 자신의 물질적 욕망을 충족하고 여유로운 삶을 살 것이라 믿어왔다는 점을 지적한다. 문제는 그러한 만족에 이르지 못한 것이 아니라, 그 만족을 움켜쥐지 못한 것이었다. 2008년에 정치과학자 로버트 E. 구딘과 그의 동료들은 선진국 사람들이 빈곤선을 간신히 넘을 만큼만 노동하고, 집안일을 사회에서 용인하는 기초적 수준으로 유지함으로써 풍족한 자유

시간을 누릴 수 있다는 사실을 발견했다. 그러나 대다수는 별장과 집수리, 더 많은 옷, 최신 유행 가구, 새로 나온 전자기기, 모험 여행을 위해 더 많이 노동하는 쪽을 택했다. 그리고 마침내 기술이 우리를 일상의 노동에서 해방해줄, 영원히 뒤로 미뤄지는 그날이 오기를 꿈꿨다.

주콴시가 간소한 삶을 사는 이유에 대한 이론에는 저마다 진실의 일면이 있을지 모르지만, 여성들이 조금만 더 노력하면 일주일 치 식량을 가져올 수 있는데도 하루이틀 치 식량만 채집해온 이유를 내가 보기엔 그 무엇도 명확히 설명해주지 못한다. 게다가 이들은 가뭄(팬데믹 때 우리가 목격했듯이, 많은 사람이 식량과 물자, 심지어 오락 거리를 비축하게 만드는 일종의 위태로운 상황)에도 똑같이 행동했다.

주콴시와 세계 소비사회의 또다른 분명한 차이를 고려하면 이 모든 것은 더욱 불가해 보인다. 그 차이는 바로 주콴시가 나눔을 아주아주 중요하게 여긴다는 것이다.

'부의 재분배', 그 너머

다시 마을로 돌아온 여성들은 채집해온 식량을 한데 쌓아놓은 뒤 난롯불 주변에 담요를 깔고 앉는다. 작은 장작 몇 개가 불타며 그림자가 길어지고 있음을 알려준다. 사막의 열기는 해질녘이 가까워지면서 순식간에 사라지고, 자정쯤 되면 거의 쌀쌀할 것이다. 행복감이 번진다. 서구인은 움집에 사는 아프리카인을 절망에 대한 묘사로 여기는 경향이 있다. 그러나 이곳에 있는 사람들은 무척 건강해 보이고 피부에서는 빛이 난다. 백내장으로 앞이 거의 보이지 않는 한 노인은 지팡이로 울타리를 두드리며 걸어와 무리에 합류하지만 그럼에도 그는 강해 보이고, 재치 있는 말을 건네며 사람들 틈에 자리잡는다. 모두가 함께 음식을 먹을 것이고, 모든 것을 함께 나눌 것이다.

소비 없는 세상은 부를 더욱 공평하게 분배하는 세상이 될까? 많은 이들이 역사 내내 그럴 것이라 생각했다. "간소하게 살아라, 다른 이들이 그저 살아갈 수 있도록"이라는 오래된 문구에도 이러한 가정이 내재되어 있다. 그러나 자본주의국가는 좀처럼 그런 식으로 돌아가지 않는다. 간소하게 살면 내가 포기한 재산은 결국 애초부터 잘살던 사람의 손으로 들어갈 확률이 매우 높다.

긴 시간을 통과하며 오랜 여정을 이어온 주콴시는 이러한 결과를 거부했다. 역시 그 정확한 이유는 알기 힘들다. 어쩌면 이들은 긴 여정 중에 현대 사회과학자들이 증명한 것, 즉 불평등이 소비율을 높인다는 사실을 깨닫고 자원이 한정된 공간에서 지나친 소비는 결국 재앙으로 이어진다는 것을 이해한 걸지도 모른다. 그 이유가 무엇이든 주콴시는 다른 많은 수렵·채집 문화에서처럼 급진적인 평등주의를 추구하게 되었으며, 이는 재산의 분배뿐만 아니라 개인의 권리와 자유 면에서도 마찬가지다.

주콴시에게 적용되는 '나눔'이라는 단어는 우리가 생각하는 것만큼 따뜻하고 어렴풋한 개념이 아니다. '부의 재분배'라는 용어조차 이들의 행동을 정확히 설명해주지 못한다. 대부분의 국가에서 재산은 국가가 집행하는 세법 및 임금법, 또는 개인 기부자가 자기 재량에 따라 나눠주는 자선기금을 통해 재분배된다. 주콴시에게 나눔은 권리와 책임을 수반한다. 이곳에서는 내게 없는 것을 누군가 갖고 있을 때 그것을 나눠달라고 (보통 직설적으로) 요청할 권리가 있다. 인류학자들은 이를 '나눔 요구'라 칭한다. 그리고 내가 무언가를 얻으면 그것을 공유할 책임이 있다. 주콴시가 지침으로 삼는 일반 원칙은 그것을 어떻게 소유하게 되었든 간에 자신이 가진 것을, 나보다 가진 것이 더 적고 같은 믿음을 고수하는 사람과 나눠 가져야 한다는 것이다. 런던정치경제대학에서 오늘날 니아에니아에에서 수행하는 나눔을 연구하는 인류학자 메건 로스의 표현에 따르면, 이곳 사람들은 '타인에게 취약한 상태'가 되라고 요구받는다.

주콴시의 나눔은 외부인이 이해하기 어려운 것으로 악명이 높지만 매우 분명하게 식별할 수 있다. 주콴시에게 담배 한 개비를 건네면(흡연은 주콴시 문화에 깊이 뿌리내리고 있으며, 담배는 그 습관 중 가장 최근에 등장한 형식일 뿐이다) 담배는 여전히 그것을 건네받은 사람의 '소유'이지만 다섯 명 이상이 모여 함께 나눠 피울 확률이 높다. 이와 유사하게 수렵인은 자신이 사막에서 잡아온 고기를 '소유'하지만 그것을 함께 나누지 않는 것은 상상도 할 수 없는 일이다. 한 수렵인에게 날토끼(캥거루를 닮은 수고양이 크기의 동물) 한 마리로 몇 명을 먹일 수 있느냐고 물었을 때 그는 무척 당황스러워했다. 그리고 각자가 아주 적은 몫만을 받는다 해도 최대한 많은 사람과 함께 나누어 먹는다고 대답했다. 그렇게 하지 않으면 조롱당하고 사람들의 입에 오르내릴 것이다.

니아에니아에는 현금경제가 도입되고 도시생활로 유대감이 약화되면서 불평등이 심화되고 나눔의 전통이 흔들리고 있다. 비교적 부유한 한 주콴시는 자신이 이 새로운 시대를 어떻게 헤쳐나가고 있는지 내게 설명해주었다. 그는 춤퀘에 살게 된 이후로 마을 전체와 매일 가진 것을 공유할 수 없게 되었다고 말했다. 그 대신 그는 연결망을 이루는 수십 명의 사람들과 가진 것을 나눈다. 각각의 사람들과 얼마나 많은 것을 나누느냐는 관계의 끈끈함과 그 당시 자신의 경제 상황, 받는 사람의 필요에 따라 결정된다. 누군가에게는 먹을 것과 돈을 주고, 누군가에게는 겨우 담배 한 개비만 줄 수도 있다. 그 보답으로 그는 사냥한 고기와 신선한 우유, 덤불에서 채집한 채소처럼 자신이 쉽게 구할 수 없는 것들을 받는다. 그는 개개인의 특성으로 구성된 체제가 그렇듯 이 체제도 불완전하다고 말했다. 어떤 사람은 지나치게 관대하고, 어떤 사람은 "지그재그로 걷는다". 자신이 무언가를 가졌을 때는 멀어지고, 가진 것이 없을 때는 다가온다는 뜻이다. 그러나 그는 가진 것을 전부 나눠야 한다고 생각하지는 않았다. 타인에게 도움이 되고 그들의 상황을 고려하는 것만으로도 충분했다. 그는 그동안 사람들에게 비난받지 않고 전화기와 위성 수신기가 달린 텔레비전, 자동차를 구매할 수 있었다.

니아에니아에 있는 많은 마을에서는 여전히 각 주민이 가진 물질적 부에 거의 차이가 없다. 주콴시는 자신들을 '서로 돕는 사람들'로 묘사하고 그들 중 가장 훌륭한 사람은 "가진 것을 그냥 내주는" 사람이라고 말한다. 외부인에 관해서는, 많은 주콴시가 내게 그동안 충분히 많은 외부인을 만났기 때문에 그들이 나누는 데 소질이 없음을 알고 있다고 말했다.

간소한 삶과 가난의 차이는, 하나는 선택이고 다른 하나는 선택이 아니라는 데 있다고들 한다. 이 구분이 늘 명확한 것은 아니다. 주콴시의 경우 전통적인 간소함의 어디까지가 선호의 결과이고, 어디까지가 몰수의 결과인지 구분하기가 무척 어렵다(아마도 불가능하다). 이들은 나미비아에서 인종차별과 인종 분리 정책, 불공평한 대우를 오래 겪었기에 과소비보다는 과소소비 상황에 처하기가 훨씬 쉬웠다. 그러나 주콴시 사이에서 오래된 존재 방식이 여전히 생명력을 잃지 않았다는 사실 또한 똑같이 분명하다. 지금도 이들 중 다수가 노력하면 얻을 수 있는 양보다 돈과 소유물을 적게 축적하고, 자연에서 얻을 수 있는 적절한 양 이내로 필요를 제한한다. 외부인은 보통 이를 보고 주콴시를 과거의 생활방식이 더이상 통하지 않는 세상에 계속 그 생활방식을 적용하려고 분투하는 과거의 유물 취급한다. 이들이 과거에서 벗어난다면 분명 능력을 다 발휘하지 않는 생활을 멈추고 현금경제와 나인 투 파이브 일자리, 가게에서 구입한 물품에 굴복할 것이다. 이들은 구할 수 있는 부시 포테이토를 전부 채집할 것이고, 안전과 개선을 위해 그것들을 보관할 것이다.

마치 주관시는 아슬아슬한 위기 상황에서 벗어나기를 거부하는 것 같다. 알고 보니 이 말은 어느 정도 사실에 가까울지도 모르겠다.

나눔과 제 능력을 다 발휘하지 않는 삶은 하나의 공통된 효과를 낸다. 바로 안정과 불안정 사이의 미묘한 균형을 유지한다는 것이다. 필요한 것만 구하면 '딱 좋은' 상태가 유지된다. 로스가 연구에서 설명한 것처럼 나눔 역시 잉여 재산이나 그 재산이 부여할 수 있는 권력 및 지위를 예방함으로써 비슷한 효과를 낸다. 안정적인 시기에 사람들은 자신의 불안정성을 떠올리고, 불안한 시기에는 더 많은 안정감을 느낀다. (페루 아마존에 사는 우라리나족의 표현을 빌리면) 자신들이 '함께 기대어 서 있다'라는 사실을 모두가 끊임없이 인식하게 된다.

지난 15만 년이라는 안갯속 어딘가에서 주관시는 장기적 생존에 가장 중요한 단 하나의 조건이, 우리에겐 서로가 필요하다는 사실을 절대 잊지 않는 것임을 알아낸 듯하다.

정상으로 돌아오지 못한, 당혹스러운 실패

소비문화는 저항할 수 없는 것으로 여겨졌다. 1984년 개리 라슨이 발표한 한 만평은 수렵·채집 문화의 운명에 대한 당시의 믿음을 드러냈다. 그의 그림 속에서는 코에 뼈를 건 희화화된 모습의 원주민 부족이 우왕좌왕하며 자신들의 조명과 전화기, 텔레비전, 비디오 리코더를 숨기고 있다. 그중 한 명이 다른 부족원들에게 이렇게 외친다. "인류학자다! 인류학자들이 온다!" 저 멀리서 사파리 복장을 한 연구원들이 노를 저어 움막으로 다가오고 있다.

그해 미국의 인류학자인 릭 윌크가 이제는 이 분야의 고전이 된 「인디언들은 왜 아디다스를 입는가?」라는 제목의 논문을 발표했다. 수렵·채집인의 생활방식이 실은 사람들의 생각보다 훨씬 훌륭하다는 사실을 연구자들이 온 세상에 알린 뒤인 1960년대에, 주콴시 같은 이들은 소비주의의 부패한 힘에 파괴되지 않은 문화가 아직 남아 있다는 사람들의 낭만적 믿음(그러면서도 물질적 부를 추구하는 자신의 행동은 별로 바꾸지 않았다)을 떠안아야 했다. 한때 이 분야의 개론서들은 한 평론가의 말처럼 수렵·채집인이 '거의 완벽한 삶'을 살고 있다는 인상을 주었다. 그러나 수렵·채집인들은 쇼핑을 하고 있었다.

"우리가 교육받은 인류학과 실제로 세상에 나가서 본 것이 얼마나 달랐는지는 설명하기 힘들어요"라고, 윌크는 내게 말했다. 그는 1979년에 대학원 현장 연구를 하러 벨리즈 마야 일족의 케치 문화를 찾았다. "첫째 날. 마을에 들어왔고, 코카콜라 상자를 지고 먼 마을로 향하는 노새들을 바라보고 있다."

에릭 J. 아놀드와 공동 집필한 윌크의 논문은 전 세계에서 이와 비슷한 내용을 수집해 담았다. 트랜지스터라디오처럼 보이게 칠한 네모난 바위를 이고 가는 페루의 원주민. 뷰마스터 기기를 통해 〈플루토, 서커스 개가 되려고 노력하다〉라는 제목의 디즈니 3D 슬라이드쇼를 보려고 돈을 지불하는, 에티오피아 외딴곳에 사는 반나족. '탄산음료의 대규모 재분배'를 동반한 애리조나 화이트마운틴 아파치족의 성인식. 많은 서구인에게 이러한 내용은 에덴동산이 마침내 정말로 무너졌다는 실망스러운 증거였다. 또다른 이들은 이 논문을 보고 소비문화 자체가 진보이며, 누군가가 온전한 소비자가 될지 아닐지를 결정하는 유일한 요인은 재화와 서비스에 얼마나 쉽게 접근할 수 있는가, 재화와 서비스를 구매할 돈이 얼마나 있는가뿐이라고 확신했다.

실제로 연구가 보여준 내용은, 전 세계의 여러 다양하고 복잡한 문화가 세계 소비경제와 만나는 동안 소비주의가 불가피한 것과는 거리가 멀다는 사실이 드러나고 있었다는 것이다. 어떤 문화는 엄청난 양을 소비했고, 어떤 문화는 매우 적은 것만을 소비했다. 어떤 문화는 집단적으로, 어떤 문화는 개인적으로 소비했다. 어떤 문화는 물질주의를 사회의 핵심에 놓았고, 어떤 문화는 주변부에 놓았다. 그러나 현재 우리 대다수가 아는 소비문화가 힘을 점점 키워가고 있는 것은 사실인 듯 보였다. "소비문화는 불안정하고 모순적인 상황에서, 사회의 분열과 개인의 이동성이라는 바탕 위에서 번창한다"라고, 윌크는 말했다. 이러한 상황이 현재의 세계 질서를 정의한다는 사실은 쉽게 알아챌 수 있다. 소비문화가 창출하는 환경이 다시 소비문화를 창출한다.

주콴시는 과거에 갇히지 않았다. 오히려 그들은 오늘날 자신들을 둘러싼 세계(불안정하고 분열된 세계)를 바라보고, 늘 그래왔듯 살기 위태로운 장소라 이해하는 것 같다. 오늘날의 세상은 여전히, 어쩌면 그 어느 때보다 더, 서로에게 취약해지는 것이 중요한 장소다. 무작위로 옮는 질병 때문에 일부가 아무런 잘못 없이 다른 일부보다 훨씬 큰 피해를 입었던 팬데믹 동안 명확히 드러났듯이, 우리가 상황이 좋을 때 서로를 포기한다면 상황이 나쁠 때 서로를 포기하지 않기란 힘들 수 있다. 주콴시가 겪는 그 모든 어려움에도 불구하고, 주콴시에게는 그들이 기본을 제대로 이해하고 있다는 느낌이 있다.

황금빛 노른자 같은 태양이 지평선을 적시는 때, 먹을 것이 담긴 커다란 솥이 된 포스의 난롯불 위에 올라와 있다. 아이들은 이미 전채 요리로 구운 딱정벌레를 먹고 있다. 마을 전체가 함께 담요 위에 앉아 대화와 웃음으로 고양되고 있다. 이곳에 외로움은 있을 수 없는 듯하다. 거의 모든 사람이 최소 한 명 이상과 몸을 맞대고 있다. 다리 위에 다리를 놓고, 어깨 위에 손을 올렸으며, 무릎 위에 아이들이 있고, 등을 서로 기대고 있다. 실제로 너무 축제 같은 분위기라 나는 궁금해지기 시작했다. 이건 흔치 않은 이유가 있는 특별한 자리일까?

내 질문을 받은 젊은 여성이 당황한 듯 보인다. 그는 잠시 주변을 둘러본다. "아니요." 마침내 그가 대답한다. "평범한 날이에요."

아마 그의 말이 옳을 것이다. 아마 오늘은 평범한 날일 것이다. 어쩌면 세상이 소비를 멈추고 15만 년이 지난 뒤 우리도 똑같은 결론에 도달할지 모른다. 무엇보다 우리는 서로를 필요로 해야 한다는 결론 말이다. 간소한 삶은 더욱 간소한 삶으로 이어지고, 또다시 더더욱 간소한 삶으로 이어져, 결국 우리는 이런 식으로 살아가는 방법을 서서히 다시 습득하게 되고, 자원을 무한하게 만드는 방법을 알아낸다 해도 마지막 하나까지 남김없이 소비하고 싶지는 않다는 사실을 발견하게 될지도 모른다. 그때가 되면 현재 우리의 소비시대는 어떻게 보일까? 헛발질. 정상으로 돌아오지 못한 당혹스러운 실패. 인간 역사의 긴 연표에 다시 합류해 스스로에게 미래를 되돌려주기 이전의 단절의 순간.

하나의 질문에서 시작되었다

소비에 관한 책을 쓰면서 발생한 뜻밖의 결과는 내가 쇼핑을 더 많이 하게 되었다는 것이다.

　예를 들어 나는 우스울 만큼 윤리적인 청바지를 한 벌 샀다. 이 청바지는 폐쇄되었다가 다시 문을 연 웨일스의 청바지 공장에서 생산되었고, 아마 세계에서 환경의식이 가장 높을 데님 공장에서 만든 내구성 좋은 데님을 사용했으며, 일종의 야자나무에서 나온 자연 폐기물을 이용해 회색으로 염색했다. 50달러짜리 빗자루도 하나 샀는데, 예상 수명이 20년인 이 빗자루는 밴쿠버에 사는 마르고 탄탄한 두 자매(메리 슈비거와 세라 슈비거)가 오래된 기계를 직접 돌려서 짠 것으로, 이것이야말로 진정한 디컨슈머 사업이라 할 수 있었다("우리 경제는 끝없는 성장에 기반하지만 우리는 그렇지 않습니다"라고, 메리는 내게 말했다). 그 밖에 중고 의류와 평생 일회용 면도기를 사지 않게 해줄 안전면도기 하나를 구입했다.

이렇게 한바탕 쇼핑을 한 것은 명료한 이해의 결과였다. 나는 소비 행위가 각종 문제로 너무 복잡하고 무거워져서, 그동안 쇼핑을 아예 회피한 적이 많았다는 사실을 깨달았다. 이 주제를 자세히 조사하고 나니, 나의 소비가 어떤 모습이길 바라는지 알게 되었다. 나는 내가 소유한 물건이 제 역할을 잘 수행하고, 내가 원하는 만큼 오래가고, 내가 추구하는 가치에 부합하는 방식으로 제작되고, 지속적인 만족감을 주기를 바랐다. 또한 나는 많은 쇼핑을 하지 않기도 했다. 트렌치코트를 최신 스타일로 수선했다. 신발의 밑창을 갈고, 토스터를 고치고, 옷의 터진 솔기를 꿰매고, 떨어진 단추를 다시 달고, 고장난 핸드폰을 새로 사는 대신 수리했다. 대공황시대의 격언처럼 끝까지 쓰고, 해질 때까지 입고, 안 되면 되게 하고, 그래도 안 되면 없이 살았다. 사고 싶었지만 사지 않은 것 중 기억나는 것은 딱 하나(새 침낭)뿐인데, 나는 이 사실이 욕망들이 얼마나 덧없는 것인지를 보여주는 증거라고 생각한다. 집안을 돌아보면 최근 구매한 것 중 후회하거나 사용하지 않는 것이 하나도 없다. 나는 내 선택에 만족한다.

이제 소비자로서 나의 목표는 물건에서 여행, 활동, 유튜브 영상, 소셜미디어에서 보내는 시간에 이르기까지 모든 것을 더 질 좋은 것으로 더 적게 갖는 것이다. 이러한 선택을 통해 생긴 시간에는 독서와 산책, 사람들과의 대화처럼, 만족감을 이미 아는 단순한 활동을 한다. 이러한 변화가 내 삶을 더 낫게 해준다고 느끼고, 물질주의가 영향력을 잃는 것을 느낀다. 그러나 잦은 과로는 멈추지 못했고, 이토록 불안정한 시기에 더 적은 소득으로 살아간다는 생각을 편히 받아들이지 못하며, 조용히 자리에 앉아 생각에 잠기는 법을 제대로 배우지 못했다. 적어도 아직까지는.

여러분도 소비를 중단하고 싶을지 모를 여러 타당한 이유가 있다. 어쩌면 소비주의는 당신에게 재정적 피해를 안기고, 당신이 필요로 하거나 사랑하지 않는 것들로 당신의 삶을 어지르고, 더 좋은 곳에 쓸 수 있는 시간과 집중력을 다 써버리고, 당신이 깊이 염려하는 지구의 생태 위기를 악화하고 있을지 모른다. 어쩌면 간소한 생활에서 계획되지 않은 시간, 자유, 차분함, 연결을 더 많이 누릴 수 있는 기회를 발견할지도 모른다. 당신은 소비에서 공허함을 느낄 수 있다. 그 어디로도 향하지 않는, 마음을 산란하게 하는 것들의 가두행진이라고 느낄 수 있다. 어떻게 해서든 속도를 늦춰보자. 멈추자. 다른 많은 사람들처럼, 더 적게 가진 삶이 더 행복한 삶의 한 가지 비결임을 알게 될지도 모른다.

그러나 모순 하나를 더 들어주시길 바란다. 당신이나 내가 쇼핑을 멈춘다고 이 세상이 저소비사회에 더 가까워지는 것은 아니다. 역사는 사회적 관성, 순응하라는 압력, 경제성장의 퍼센트에 따라 흥하거나 실패하는 정부, 거대한 광고기구, 만족시켜야 할 투자자들이 있는 수조 달러 규모의 시장 등, 소비주의 편에 잔뜩 쌓인 힘들이 더 간소한 삶을 살라고 촉구하는 대중운동보다 늘 더 강력한 영향을 미쳤음을 분명히 보여준다.

유럽의 도덕적 타락과 물질주의에 넌더리를 내며 도망친 종교 분파인 청교도는 미국에서 소박하고 독실한 삶을 새롭게 꾸리기 시작했다. 그들은 한 세대도 지나지 않아 땅투기에 빠져 재산과 과시적 소비를 추구했다.

훗날 미국 건국의 아버지가 된 초기 미국 애국파들은 더욱 고결한 미국적 이상의 본보기로서 간소함을 실천했고, 영국을 타도한 뒤에는 당연히 이러한 이상이 따라올 것이라 믿었다. 혁명에 성공한 이들은 자신들이 세운 새로운 국가가 허영과 이기심, 사치스러운 소비에 빠져드는 모습을 보고 절망했다.

헨리 데이비드 소로는 19세기 중반에 상사와 지겨운 일에 너무 많은 삶을 낭비하지 않게 하는 방법으로서 '간소함, 간소함, 간소함'을 제의했다. 심지어 그가 살던 시대에도 이러한 생각은 널리 칭송받았지만 실천하는 사람은 드물었다. 소로 자신도 본인의 말이 행동보다 더 크다는 사실을 인정했다. 그는 이렇게 말했다. "그건 내가 말하는 것들이고, 내가 하는 행동은 다르다."

역사는 그렇게 이어진다. 다시 땅으로 돌아가자는 운동, 다시 자연과 연결되자는 운동, 정리 유행, 신경을 날카롭게 하는 현대생활의 속도에 대한 광적인 염려까지, 이 모든 것이 몇 번이고 등장했다가 전례없이 밀려드는 소비에 쓸려나갔다. 히피들은 베이비부머가 되었다. X세대는 1980년대의 과시적 소비를 거부했지만, 심리학자 제프리 밀러가 말한 '과시적 정확성', 즉 장인의 솜씨와 품질, 출처, 윤리적 덕목을 공개적으로 드러내는 행위를 통해 그 어느 때보다 더 섬세하게 지위적 소비를 구분 지었다. 밀레니얼은 물건보다는 경험을 구매하는 것으로 유명하지만, 그 과정에서 종종 생태발자국을 늘렸다. 팬데믹으로 소비경제가 폐쇄되었을 때 우리는 이제 전과 같은 것은 하나도 없으리라 생각했지만, 역사는 조용히 웃음을 터뜨리고 있었다.

역사가 데이비드 시는 자신이 '메트로놈 작용'이라 칭한 것, 즉 간소함이 유행인 시기와 완전히 무시되는 시기 사이를 오가는 현상을 연구한 뒤 간소한 삶은 "소수의 윤리가 될 수밖에 없다"라는 결론을 내렸다. 간소함은 언제나 일부 사람들에게 호소할 것이고 때로는 많은 사람에게 호소하겠지만, 대부분이 매력을 느끼는 일은 절대로 없다. 소수는 절대로 다수가 되지 않을 것이다. 소비 감축에 관해서라면, 자신이 세상에서 목격하고 싶은 변화를 몸소 실천할 수는 있지만 그것이 세상을 바꾸지는 않을 것이다.

물론 이 사실은 문제다. 소비가 우리가 사는 행성을 파괴하고 있기 때문이다.

다행히도 우리가 간소한 삶을 사는 데 끊임없이 실패한다고 해서 우리가 처한 상황이 그만큼 암담한 것은 아니다. 이러한 좌절을 해석할 또 다른 방법이 있는데, 그것은 바로 다음과 같다. 개인이 더 적게 가진 삶을 살겠다고 선택하는 것만으로는 소비가 줄어든 세상을 이뤄낼 수 없으므로, 무언가 다른 것을 시도해봐야 한다. 소비를 멈춘 세상은 우리가 실행하는 것이 아니라, 우리가 만들어내야 하는 것이다.

종말이거나 아니거나

아마도 세계에서 가장 오래가는 셔츠를 만드는 터커맨앤드컴퍼니의 어맨다 린덜에게 마법의 지팡이를 주었다. 그리고 더 질 좋은 것을 더 적게 사용하는 경제를 만들기 위해 이 지팡이로 딱 한 가지를 바꿀 수 있다면 무엇을 바꾸겠냐고 물었다. 린덜은 잠시(사실은 하룻밤) 생각한 뒤 돌아와, 자신의 대답이 마술이 아니라 꽤 기술적인 것이라며 사과했다. 그의 대답은 가격에 모든 진실이 담기게 하겠다는 것이었다. 그는 "굉장한 마술봉이어야 할 거예요"라고 말했다.

현재 가격은 재화와 서비스의 수요 및 원재료와 에너지, 제조, 마케팅, 운송 등에 들어가는 생산비를 반영한다. 그러나 오염과 토양침식, 탄소 배출, 서식지 감소에서부터, 이 모든 것이 인간의 건강에 미치는 영향, 기후변화시대에 들불과 홍수, 폭풍이 초래하는 엄청난 파멸, 매해 쏟아지는 20억 톤의 쓰레기, 백만 년을 살아온 생물종을 멸종시키는 이루 말할 수 없는 도덕적 외상에 이르기까지, 생산과 소비가 일으키는 결과는 대개 가격에서 제외된다.

지금 이 비용을 짊어지는 것은 생산자와 투자자, 소비자가 아니라 사회 전반이다. 경제학자들은 이 비용을 '외부 효과'라 칭하는데, 수요 공급 사슬의 바깥에서 설명되기 때문이다. 그리고 경제가 창출하는 부와 마찬가지로, 외부 효과 역시 결코 공정하게 분배되지 않는다. 홍수와 사이클론, 유독성 공기와 물의 공격을 정면으로 받고 있는 방글라데시인들을 떠올려보라. 소비주의의 가장 잔혹한 아이러니는 가장 적게 소비하는 이들이 가장 많이 소비하는 이들보다 소비의 폐해에 훨씬 많이 시달린다는 것이다.

기후변화는 외부 효과의 극치다. 문명의 미래에 위협이 되기 전까지는 책에 실리지조차 않은 소비의 대가이기 때문이다. 영국의 경제학자 니컬러스 스턴은 기후변화를 '지금껏 본 것 중 가장 심각하고 광범위한 시장 실패'라 이름 붙였다. 전 세계 정부는 이제 막 기후 오염에 가격을 매기기 시작했다. 주로 탄소 배출량에 세금을 부과하는 방식을 이용하는데, 산업체와 쇼핑객이 본인의 이익을 위해 태워지는 화석연료의 진짜 비용을 좀더 제대로 지불하게 만들기 위해서다. 린덜은 다른 천연자원에도 비슷한 접근법을 취하면 터커맨앤드컴퍼니 셔츠의 가격 경쟁력이 더 높아질 거라고 말했다. 그때가 되면 땅을 고갈시키는 것이 아니라 재생하는 방식으로 재배한 유기농 면은, 환경을 오염시키는 비료와 살충제를 이용해 재배한 면과 가격이 비슷하거나 더 저렴해질지도 모른다. 갑자기 내구성 좋은 셔츠 한 벌이 제각기 사회·생태적 발자국을 크게 남기는 질 나쁜 셔츠 십여 벌보다 더 경제적으로 변할 수 있는 것이다.

모든 제품이 마찬가지다. 숲은 물을 저장하고, 수천 가지 생물종에게 서식지를 제공하고, 기후를 안정화하고, 숲에 살거나 숲을 방문하는 사람들에게 기쁨과 위안을 준다. 만약 나무를 벌채할 권리에 높은 비용이 매겨진다면 나무 선반은 짧게 쓰고 버리는 것이 아니라 오래 사용할 수 있도록 제작될 것이고, 철거한 집에서 나온 목재는 결코 쓰레기장에 버려지지 않을 것이다. 디지털 기기에 들어가는 희토류광물의 가격에 채굴 과정에서 파괴되는 땅과 수로의 가치가 포함된다면, 우리의 핸드폰은 2년마다 버려지고 교체되는 대신 수리되고 업데이트될 것이다.

더 질 좋은 물건을 더 적게 사고 싶다면, 그런 것들을 골라서 살 수 있다. 점점 더 많은 사업체가 품질 좋은 상품을 만들고 있다. 그러나 그렇게 한다 해도, 시스템 자체가 그러한 사업체와 그 사업체의 고객인 당신에게 불리하게 짜여 있다는 사실은 거의 바뀌지 않는다. 유기농 식품과 녹색 소비주의처럼, 극소수만 구매할 의지나 능력이 있는 오래가는 고가 상품의 틈새시장을 만들 수는 있겠지만, 쇼핑을 통해 쇼핑을 멈춘 세상을 만들 수는 없다.

비소비의 거의 모든 측면이 소비를 줄이겠다는 개인의 선택으로 이뤄낼 수 있는 것 이상의 변화를 요구한다. 예를 들어 나는 벌고 쓰는 행위를 잠시 멈출 수 있지만, 비영리적 시간을 되찾기 위해서는 한 국가까지는 아니더라도 공동체 전체의 노력이 필요하다. 나는 디컨슈머가 될 수 있지만 그러면 사회에서 외부인이 되거나 심지어 따돌림을 받을 것이고, 그렇게 되면 내가 그 변화를 고수할 확률은 낮아진다. 내가 개인적 소비를 줄인다고 해서 수리 가능한 제품을 만들도록 강제하고, 과소비를 부추기는 소득 불평등과 불안정을 해결하고, GDP 성장의 틀 바깥에서 사고하라고 정부를 압박할 수 있는 것은 아니다. 시민의식과 참여, 또는 소비자 역할을 대체할 다른 사회적 역할을 위한 사회 기반 시설이 생기지도 않을 것이다. 바우터르 판 마르컨 리흐턴벨트와 엘리자베스 셔브의 연구에 흥미를 느끼고 집에서 광범위한 자연 온도에 맞게 사는 실험을 해보기도 했다. 과학이 예측한 대로 나는 하루나 계절에 따

371

라 변화하는 더위와 추위의 패턴을 즐기게 되었다. 그러나 온도 제어에 들어가는 에너지가 점점 증가하는 사회·기술적 추세는 전혀 바꾸지 못했다.

다행히도 이 책에서 소개한 디컨슈머사회의 모든 측면을 실현할 아이디어들이 이미 존재한다. 상품에 수명을 표시하게 하면 상품의 내구성 향상을 촉진할 수 있다. 한 번 쓰고 버리는 것보다는 수선해서 사용하는 것이 유리하도록 새로운 과세 제도와 규제를 마련할 수 있다. 일자리 공유 프로그램을 실시하거나 근무일 또는 근무 주수를 줄임으로써 규모가 더 작고 느린 경제에서 고용률을 유지할 수 있다. 부의 재분배로 저소비사회에서의 불평등을 완화하거나 악화를 막을 수 있다. 기본소득을 보장하면 간소하게 살고자 하는 사람들이 일하는 시간을 줄일 수 있거나 아예 노동력을 제공하지 않을 수 있다. 소비자본주의 문화에서 이러한 선택은 종종 게으르고 야심 없는 행위라며 비난받지만, 디컨슈머사회에서는 충족을 아는 행위, 충분함을 이뤄낸 행위로 칭송받을 것이다.

나는 관찰자로서 이 사고실험에 나섰다. 다른 이들의 이론을 따르는 대신, 쇼핑을 멈춘 세상이 어디로 흘러갈 것인지를 직접 보고 싶었다. 결국은 두 접근법 다 같은 곳에 도달한다. 탈성장과 안녕 중심 경제(GDP가 아닌 시민의 삶의 질을 높이는 능력으로 측정되는 경제)를 추구하는 운동들은 무자비하고 가차없이 피해를 입히는 경제 확장의 필요에서 우리를 구해줄 일련의 아이디어와 생활방식을 꾸준히 다듬어왔다. 소비자본주의의 대안은 별자리처럼 퍼진 가능성이 아니라 점점 한 점으로 수렴하고 있다.

개인적인 이유로 소비를 줄이는 행위는 여전히 타당하다. 그러나 개인이 할 수 있는 다른 역할도 많다. 소비를 멈춘 세상은 새로운 상품과 서비스, 경제가 기능할 방법에 대한 새로운 이론, 우리 삶을 유의미하게 만들 새로운 방식, 새로운 사업 모델, 새로운 습관, 새로운 정책, 새로운 저항운동, 새로운 사회 기반 시설이 필요하다. 크리스 드 데커가 한 말처럼, "모든 것을 다시 생각해야" 한다.

지구에 사는 거의 모두가 이러한 규모의 변화에 익숙하다. 자동차와 컴퓨터, 스마트폰 같은 상품의 도입에서, 우주여행과 일일 국제 운송 같은 서비스의 도입, 전 세계적인 인터넷 연결 같은 시스템 변화에 이르기까지, 우리는 그야말로 혁신의 시대를 살고 있다. 팬데믹 이전에도 우리는 존재의 전 영역에서 변화에 휩쓸리고 있었고, 그중 다수가 무척 신나는 것이었다. 저소비사회로의 이행 역시 딱 그만큼 광범위하고 심도 있는 변화일 것이다.

한편 우리는 파괴의 시대를 살고 있으며, 자본주의는 계속해서 그러한 파괴를 권리로 주장하고 있다. 부유한 국가의 제조업이 가난한 국가로 이동하면서 러스트벨트 지역 전체가 버려졌고, 온라인 쇼핑은 '소매업의 몰락'이라는 말이 나올 만큼 전면적인 오프라인 사업의 폐업으로 이어졌다. 우리가 조만간 닥칠 변화에 이전보다 더 신중하게 접근하고 있다는 증거는 없다. 인공지능과 가상현실은 대규모 사회 격동을 일으킬 수 있는 기술 중 단 두 가지에 불과하다(굿바이 트럭 운전사, 헬로 자율주행차량). 이것이 올바른 방향이라는 말이 아니라, 이것이 통상적인 방향이라는 말이다. 모든 소비 둔화는 우리가 인류 역사에서 직면한 것들만큼이나 심각한 경제적 영향을 미칠 위험이 있으며, 여기에는 반드시 취약 계층에 대한 돌봄이 수반되어야 한다. 동시에 소비의 딜레마를 해결하는 것은 우리 시대의 가장 시급한 도전이자, 다른 모든 심각한 문제를 낳는 가장 큰 문제다. 우리는 그동안 중요성이 덜한 이유로도 몇 번이나 전면적인 변화를 견뎌왔다.

지금까지 지구를 구할 최선의 방법이자 유일한 희망으로 제시된 기술적 해결책들은 어떻게 해야 할까? 재생에너지는? 재활용과 물 보존, 유기농업, 자전거도로, 전기차, 걷기 좋은 도시와 그 밖의 모든 것들은? 자원 소비를 줄일 수 있는 이 기술들의 잠재력은 여전히, 또는 더욱더 중요하다. 중요한 차이는, 이 기술들이 더이상 소비문화로 크게 훼손되고 좌절되지 않는다면 마침내 목적을 이룰지도 모른다는 것이다. 기술은 우리가 줄여야 하는 소비의 양을 줄여줄 수 있다. 소비의 감소는 기술이 메워야 할 간격을 좁힌다. 각각이 서로를 위해, 또 우리를 위해 시간을 벌어준다.

이 책은 다음과 같은 하나의 질문에서 시작되었다. 우리는 소비의 딜레마를 해결할 수 있을까? 답은 예스다. 끝없는 확장에 얽매인 경제의 속도를 늦추면, 대부분의 인류 역사에서 나타난 더욱 완만한 성장의 추세에 다시 합류하게 될 뿐이다. 독창성을 발휘한다면 우리는 적응할 수 있다. 이보다 더욱 개인적인 질문, 즉 우리가 정말로 그 길을 따르고 싶은가는 답하기가 더 어렵다. 여러 증거는 저소비사회에서의 생활이 더 좋고, 스트레스가 적고, 노동이 줄거나 유의미한 일이 늘어나고, 사람들이나 가장 중요한 일에 쓸 시간이 더 많아질 수 있음을 시사한다. 우리를 둘러싼 물건들은 제대로 만들어졌거나 아름답거나 둘 다일 수 있고, 우리의 기억과 이야기를 담을 그릇이 될 만큼 우리와 충분히 오래 함께할 것이다. 무엇보다 우리는 소진되었던 지구가 다시 생기를 되찾는 모습을 지켜보는 경험을 만끽할 수 있다. 더 깨끗한 물, 더 새파란 하늘, 더 많은 숲, 더 많은 나이팅게일, 더 많은 고래. 세상이 소비를 멈추는 날, 많은 이들이 정말로 살고 싶은 세상을 만나게 될 것이다. 어떤 이들은 디스토피아를 만나게 되겠지만.

보다 소소한 목표로 시작해보자. 선진국에서 소비를 5퍼센트 감축하는 것이다. 이렇게 하면 두어 해 전의 생활방식으로 되돌아가게 되는데, 이는 거의 체감되지 않는 작은 변화일 수 있다. 그러나 우리의 욕망에서 경제의 역할, 지구 기후의 미래까지 모든 것이 변하기 시작할 것이다. 그건 우리가 아는 세상의 종말일 수 있다. 그러나 이 세상의 종말은 아닐 것이다.

감사의 말

먼저 집필 과정에서 인터뷰에 응해준 모든 분께, 자신의 통찰과 경험을 나눠주고 가상의 논픽션에 협조해주어 감사하다는 말을 전하고 싶다. 여기에 이름이 실리지 않았더라도 당신의 도움이 매우 귀중했으며, 마음을 열고 대화를 나눠준 것에 내가 무척 감사해한다는 사실을 믿어주길 바란다.

이 책은 논픽션 사고실험과 현실의 허구적 재창조라는 전통을 따랐다. 특히 내게 큰 영향을 미친 두 권의 정본은 앨런 와이즈먼의 『인간 없는 세상』과 윌리엄 모리스의 『에코토피아 뉴스』다.

내가 정보원에 접근하고 수월하게 이동할 수 있도록 많은 분이 필요 이상으로 노력해주었다. 리바이스의 앰버 매캐스랜드와 필 자브리스키, 에콰도르의 후안 안드레스 포르틸라, 핀란드의 베라 슐츠와 아누 파르타넨, 안나 알란코, 사스카 사리콥스키, 영국의 제니 폴터와 제이미 버넷, 런던에서 함께 잊지 못할 밤을 보냈지만 책에 따로 언급되지는 않은 광고업계 관련자(조너선 와이즈, 루시 클래이턴, 제임스 파)에게 감사드린다. 시애틀에서는 작가 에마 매리스가 유용한 만남을 마련해주었으며, 일본에서는 지리학자 피터 마태널이 통찰력 있는 연구로 나를 사도섬으로 이끌어주었고, 이케다 테츠코와 나카노 요시히로, 앤드루 서터, 사토 야스유키가 관용을 베풀어주었다. 나미비아에서는 제임스 수즈먼과 메건 로스에게서 매우 중요한 지침을 얻었다. 미국 노동통계국과 경제분석국, 브리티시컬럼비아대학교도서관과 밴쿠버공립도서관의 늘 신속한 직원분들께도 감사드린다. 도서관은 언제나 저소비사회의 본보기다.

집필 과정에서 많은 분과 동료로서 함께 일했다. 놀라울 만큼 유능한 조앤 월은 준비 작업을 도와주었다. 하라다 마호는 일본에서 나의 통역사이자 번역가, 해결사였으며, 무엇보다도 그의 우정에 감사한다. 나미비아에서는 토마 레온 참크자오와 스티브 쿤타가 나의 등대였다. 투오모 누보넨과 타이테 프리드릭 쿤타가 번역을 도와주었다. 마지막 교정을 솜씨 좋게 보조해준 틸만 루이스와 알린 바우만, 디어드레이 몰리나에게도 감사를 전한다.

친구들 또한 내가 제대로 보답할 수 없을 만큼 열심히 나를 도와주었다. 제니퍼 자케와 라라 온라두, 조애나 윙, 스기야마 요시, 버네사 티머, 폴 슈브리지, 마이클 시몬스, 로널드 라이트, 루빈 앤더슨에게 크게 감사드린다. 끊임없는 지지와 유용한 제안을 보내준 나의 메일링 명단에 있는 독자들에게도 깊은 감사를 전하고 싶다.

집필 세계에서는 짐 루트먼이 초기에 중요한 피드백을 제공해주었고, 그뒤로는 그와 동료들이 말 그대로 이 프로젝트를 실현해주었다. 맷 웨일랜드는 이 산업에서 만날 수 있는 가장 뛰어난 사람 중 한 명이다. 시기적절한 도움을 준 에마 자나스키에게 감사드린다. 편집자분들

은 이 책을 더욱 훌륭하게 매만져주고 내가 지금까지 쓴 그 어떤 책보다
도 내 본래의 비전에 가까워질 수 있도록 도와주었다. 앤 콜린스와 사라
버밍엄, 스튜어트 윌리엄스께 감사드린다. 책을 완성하기 전 일부 원고
가 뉴욕 타임스와 『애틀랜틱』에 실렸다. 편집 과정에서 뛰어난 지침을
제공해준 제러미 킨과 미셸 나이하우스에게 특히 감사드린다. 밴쿠버
FCC의 모든 구성원에게 큰 빚을 졌다.

알리사에게 일평생 모든 것을, 그저 모든 것을 감사드린다.

마지막으로 내가 언급을 잊은 분들께 사과와 감사의 말을 전한다. 내
가 이름을 언급한 분들은 이 책의 가장 좋은 부분에만 책임이 있다. 모
든 오류를 포함한 나쁜 부분은 오로지 나의 몫이다.

이 프로젝트의 중요한 단계에서 작가와 다른 창작자들을 대변하는
비영리 저작권 라이선싱 단체인 액세스카피라이트재단의 자금 지원을
받을 수 있었던 것에 감사드린다.

참고문헌

장별로 열거한 다음 내용은 나의 글쓰기와 생각에 정보를 제공하거나 영향을 미친 주요 출처다. 구체적 사실 정보의 더 자세한 출처를 알고 싶다면 jbmackinnon.com을 통해 나에게 직접 연락주길 바란다.

　여러 장에 큰 도움이 되었음을 특별히 언급해야 할 두 권의 책이 있는데, 바로 소비의 역사를 다룬 프랭크 트렌트먼의『물건의 제국』과 토마 피케티의『21세기 자본』이다. 미국의 개인 소비에 대한 통계는 주로 미국 경제분석국과 노동통계국 자료에서 나왔으며, 이와 유사한 전 세계 규모의 자료는 대개 유엔 자료(예를 들면 유엔 경제사회국)나 세계은행에서 가져왔다. 뉴욕 타임스와 가디언의 보도에서도 자주 도움을 받았다.

프롤로그

아래 열거한 도서와 기사, 연구 이외에 이 장에 실린 여러 사실은 지구생태발자국네트워크, 유엔 식량농업기구, 국제에너지기구, 카본브리프, 백악관 아카이브, 중국 국가통계국, 세계경제포럼에서 가져왔다.

Elhacham, Emily, Liad Ben-Uri, Jonathan Grozovski, Yinon M. Bar-On, and Ron Milo. "Global human-made mass exceeds all living biomass." *Nature* 588 (2020): 422-444.

Ellen MacArthur Foundation. *A New Textiles Economy: Redesigning Fashion's Future.* Ellen MacArthur Foundation, 2017.

Kaza, Silpa, Lisa Yao, Perinaz Bhada-Tata, and Frank Van Woerden. *What a Waste 2.0: A Global Snapshot of Solid Waste Management to 2050.* World Bank, 2018.

Laws, Megan. "All Things Being Equal: Uncertainty, Ambivalence and Trust in a Namibian Conservancy." PhD diss., The London School of Economics and Political Science, 2019.

Lee, Richard Borshay, and Irven DeVore. *Man the Hunter.* Transaction, 1968.

MacKinnon, J.B. "Can We Stop Global Warming and Still Grow?" *New Yorker*, March 27, 2017.

Mueller, Paul D. "Adam Smith's Views on Consumption and Happiness." *Adam Smith Review* 8 (2014): 277–89.

Oberle, Bruno, Stefan Bringezu, Steve Hatfield-Dodds, Stefanie Hellweg, Heinz Schandl, et al. *Global Resources Outlook 2019: Natural Resources for the Future We Want*. UN Environment Program International Resource Panel, 2019.

Remy, Nathalie, Eveline Speelman, and Steven Swartz. *Style That's Sustainable: A New Fast-Fashion Formula*. McKinsey & Company, 2016.

Rose, A., and S. B. Blomberg. "Total Economic Impacts of a Terrorist Attack: Insights from 9/11." *Peace Economics, Peace Science, and Public Policy* 16, no. 1 (2010): 2.

Shi, David E. *The Simple Life*. New York: Oxford University Press, 1985.

Suzman, James. *Affluence without Abundance*. New York: Bloomsbury, 2017.

Zalasiewicz, Jan, Mark Williams, Colin N. Waters, Anthony D. Barnosky, John Palmesino, et al. "Scale and Diversity of the Physical Technosphere: A Geological Perspective." *Anthropocene Review* 4, no. 1 (2017): 9–22.

1장

추가 출처로는 리바이스와 미국 경제분석국, 전미경제연구소가 있다.

Dittmar, Helga, Rod Bond, Megan Hurst, and Tim Kasser. "The Relationship between Materialism and Personal Well-being: A Metaanalysis." *Journal of Personality and Social Psychology* 107, no. 5 (2014): 879-924.

Jacobs, Meg. "America's Never-Ending Oil Consumption." *The Atlantic*, May 15, 2016.

Jacobs, Meg. *Panic at the Pump: The Energy Crisis and the Transformation of American Politics in the 1970s*. New York: Hill and Wang, 2016.

Lee, Michael S.W., and Christie Seo Youn Ahn. "Anti-consumption, Materialism, and Consumer Well-being." *Journal of Consumer Affairs* 50, no. 1 (2016): 18–47.

Miller, Daniel. *The Comfort of Things*. Cambridge: Polity, 2008.

Miller, Daniel. *Consumption and Its Consequences*. Cambridge: Polity, 2012.

Museum of Modern Art. *Fashion Is Kale* (symposium), New York. Filmed October 19, 2017.

Putt del Pino, S., E. Metzger, D. Drew, and K. Moss. "The Elephant in the Boardroom: Why Unchecked Consumption Is Not an Option in Tomorrow's Markets." Washington, DC: World Resources Institute, 2017.

Trentmann, Frank. *Empire of Things*. London: Allen Lane, 2017.

Wilk, Richard R. "Consumer Cultures Past, Present, and Future." In *Sustainable Consumption: Multi-disciplinary Perspectives*, edited by Alistair Ulph and Dale Southerton, 315 – 36. Oxford: Oxford University Press, 2014.

2장

추가 출처로는 에콰도르 정부와 경제정책연구소, 유엔개발계획, 미국 인구조사국, 세계은행, 월드워치, 세계행복보고서, 행복지수가 있다.

Jacobs, Meg. *Pocketbook Politics: Economic Citizenship in Twentieth-Century America*. Princeton: Princeton University Press, 2005.

Steinbeck, John. *Log from the Sea of Cortez*. New York: Viking, 1941.

Trentmann. *Empire of Things*.

York University Ecological Footprint Initiative and Global Footprint Network. National Footprint and Biocapacity Accounts, 2021 edition.

3장

이 장은 미국 연방 대법원 기록의 도움을 받았다.

Cohen, Lizabeth. "From Town Center to Shopping Center: The Reconfiguration of Community Marketplaces in Postwar America." *American Historical Review* 101, no. 4 (1996): 1050 – 81.

Laband, David N., and Deborah Hendry. *Blue Laws: The History, Economics, and Politics of Sunday-Closing Laws*. Lexington, MA: Lexington Books, 1987.

MacKinnon, J.B. "America's Last Ban on Sunday Shopping." *New Yorker*, February 7, 2015.

Mass‑Observation and R. Searle. *Meet Yourself on Sunday*. London: Naldrett, 1949.

Shi. *The Simple Life*.

Shulevitz, Judith. *The Sabbath World: Glimpses of a Different Order of Time*. Random House Incorporated, 2011.

Trentmann. *Empire of Things*.

4장

컨커디어대학교의 기후과학 및 지속 가능성 연구 의장인 데이먼 매슈스와 벨기에 왕립 우주항공연구소의 트리세브게니 '제니' 스타브라쿠에게 특별한 감사를 전한다. 추가 출처로는 뉴욕 타임스와 국제에너지기구, 나사 과학시각화 스튜디오, 글로벌탄소프로젝트, 카본브리프, 대기오염 기술 회사인 IQ에어가 있다.

IEA. *World Energy Outlook*. Paris: IEA (multiple years).

Jackson, Robert B., Josep G. Canadell, Corinne Le Quéré, Robbie M. Andrew, Jan Ivar Korsbakken, et al. "Reaching Peak Emissions." *Nature Climate Change* 6, no. 1 (2016): 7–10.

Knight, Kyle W., and Juliet B. Schor. "Economic Growth and Climate Change: A Cross-National Analysis of Territorial and Consumption-Based Carbon Emissions in High-Income Countries." *Sustainability* 6, no. 6 (2014): 3722–31.

Masson-Delmotte, V., P. Zhai, H.-O. Pörtner, D. Roberts, J. Skea, et al., eds. *Global Warming of 1.5°C: An IPCC Special Report on the Impacts of Global Warming of 1.5°C above Pre-industrial Levels and Related Global Greenhouse Gas Emission Pathways, in the Context of Strengthening the Global Response to the Threat of Climate Change, Sustainable Development, and Efforts to Eradicate Poverty*. IPCC, 2019.

Meadows, D.H., D.L. Meadows, J. Randers, and W.W. Behrens III. *The Limits to Growth: A Report for the Club of Rome's Project on the Predicament of Mankind*. New York: Universe Books, 1972. (도넬라 H. 메도즈·데니스 L. 메도즈·요르겐 랜더스, 『성장의 한계』, 김병순 옮김, 갈라파고스, 2021.)

Mian, Atif, and Amir Sufi. *House of Debt*. Chicago: University of Chicago Press, 2014. (아티프 미안·아미르 수피, 『빚으로 지은 집』, 박기영 옮김, 열린책들, 2014.)

Ward, James D., Paul C. Sutton, Adrian D. Werner, Robert Costanza, Steve H. Mohr, and Craig T. Simmons. "Is Decoupling G.D.P. Growth from Environmental Impact Possible?" *PloS One* 11, no. 10 (2016): e0164733.

Wiedmann, Thomas O., Heinz Schandl, Manfred Lenzen, Daniel Moran, Sangwon Suh, et al. "The Material Footprint of Nations." *Proceedings of the National Academy of*

Sciences 112, no. 20 (2015): 6271 – 76.

York, Richard. "De-carbonization in Former Soviet Republics, 1992 – 2000: The Ecological Consequences of De-modernization." *Social Problems* 55, no. 3 (2008): 370 – 90.

5장

추가 출처로는 나사, 국제밤하늘협회, 케네디우주센터, 1962년 2월 21일과 24일의 뉴욕 타임스가 있다. 라이스타드에너지의 분석가 토머스 라일스와 곤충학자 존 윌리스 또한 귀중한 정보를 제공해주었다.

Bundervoet, T., et al. "Bright Lights, Big Cities, Measuring National and Subnational Economic Growth in Africa from Outer Space, with an Application to Kenya and Rwanda." Policy Research Working Paper WPS7461, World Bank Group, 2015.

Davies, Thomas W., and Tim Smyth. "Why Artificial Light at Night Should Be a Focus for Global Change Research in the Twenty-first Century." *Global Change Biology* 24, no. 3 (2018): 872 – 82.

Elvidge, Christopher D., Feng-Chi Hsu, Kimberly E. Baugh, and Tilottama Ghosh. "National Trends in Satellite-Observed Lighting." *Global Urban Monitoring and Assessment through Earth Observation* 23 (2014): 97 – 118.

Falchi, Fabio, Pierantonio Cinzano, Dan Duriscoe, Christopher C. M. Kyba, Christopher D. Elvidge, et al. "The New World Atlas of Artificial Night Sky Brightness." *Science Advances* 2, no. 6 (2016): e1600377.

Glenn, John H., Jr. "Description of the MA-6 Astronomical, Meteorological, and Terrestrial Observations." *Results of the First U.S. Manned Orbital Space Flight February 20, 1962.* NASA: 1962.

Green, Judith, Chloe Perkins, Rebecca Steinbach, and Phil Edwards. "Reduced Street Lighting at Night and Health: A Rapid Appraisal of Public Views in England And Wales." *Health & Place* 34 (2015): 171 – 80.

Henderson, J. Vernon, Adam Storeygard, and David N. Weil. "Measuring Economic Growth from Outer Space." *American Economic Review* 102, no. 2 (2012): 994 – 1028.

Hough, Walter. "The Development of Illumination." *American Anthropologist* 3, no.2 (1901): 342 – 52.

Kyba, Christopher C.M., and Franz Hölker. "Do Artificially Illuminated Skies Affect

Biodiversity in Nocturnal Landscapes?" *Landscape Ecology* 28 (2013): 1637 – 40.

Kyba, Christopher C.M., Theres Kuester, Alejandro Sánchez De Miguel, Kimberly Baugh, Andreas Jechow, et al. "Artificially Lit Surface of Earth at Night Increasing in Radiance and Extent." *Science Advances* 3, no. 11 (2017): e1701528.

Shaw, Robert. "Night as Fragmenting Frontier: Understanding the Night That Remains in an Era of 24/7." *Geography Compass* 9, no. 11 (2015): 637 – 47.

Steinbach, Rebecca, Chloe Perkins, Lisa Tompson, Shane Johnson, Ben Armstrong, et al. "The Effect of Reduced Street Lighting on Road Casualties and Crime in England and Wales: Controlled Interrupted Time Series Analysis." *Journal of Epidemiology and Community Health* 69, no. 11 (2015): 1118 – 24.

Trentmann. *Empire of Things.*

6장

추가 출처로는 JFK도서관이 있다. 다음은 성장에 관해 중요한 질문을 제기하는 훌륭한 책들의 짧은 추천 목록이다.

Blyth, Mark. *Great Transformations: Economic Ideas and Institutional Change in the Twentieth Century.* Cambridge: Cambridge University Press, 2002.

Kallis, Giorgos, Susan Paulson, Giacomo D'Alisa, and Federico Demaria. *The Case for Degrowth.* Oxford: Polity, 2020. (요르고스 칼리스·수전 폴슨·자코모 달리사·페데리코 데마리아, 『디그로쓰』, 우석영·장석준 옮김, 산현재, 2021.)

Jackson, Tim. *Prosperity without Growth: Foundations for the Economy of Tomorrow,* 2nd ed. Routledge, 2017. (팀 잭슨, 『성장 없는 번영』, 전광철 옮김, 착한책가게, 2013.)

Hickel, Jason. *Less Is More: How Degrowth Will Save the World.* London: Penguin Random House, 2020. (제이슨 히켈, 『적을수록 풍요롭다』, 김현우 외 옮김, 창비, 2021.)

Pilling, David. *The Growth Delusion.* Tim Duggan Books: New York, 2018. (데이비드 필링, 『만들어진 성장』, 조진서 옮김, 이콘, 2019.)

Raworth, Kate. *Doughnut Economics: Seven Ways to Think Like a Twenty-first-Century Economist.* White River Junction, VT: Chelsea Green Publishing, 2017. (케이트 레이워스, 『도넛 경제학』, 홍기빈 옮김, 학고재, 2018.)

Victor, Peter. *Managing without Growth: Slower by Design, Not Disaster,* 2nd ed. Cheltenham, UK: Edward Elgar, 2019.

이 장은 소비사회연구센터의 패이비 티모넨, 중독과 통제, 거버넌스 연구센터의 안나 알란코, 역사학자 유하 실탈라, 미디어연구 연구원 아누 칸톨라, 헬싱키 도시 및 지역 연구소의 마티 코르테이넨을 비롯한 헬싱키대학교 학자들의 전문지식과 연구에 큰 도움을 받았다. 저널리스트 사스카 사리콥스키와 핀란드의 가정경제단체 마르타트에게도 큰 빚을 졌다. 그 밖의 추가 출처로는 세계보건기구가 있다.

Barro, Robert J., and José F. Ursúa. *Macroeconomic Crises since 1870*. No. w13940. National Bureau of Economic Research, 2008.

Barro, Robert J., and José F. Ursúa. "Rare Macroeconomic Disasters." *Annual Review of Economics* 4, no. 1 (2012): 83 – 109.

Fligstein, Neil, Orestes P. Hastings, and Adam Goldstein. "Keeping Up with the Joneses: How Households Fared in the Era of High Income Inequality and the Housing Price Bubble, 1999 – 2007." *Socius* 3 (2017).

Hennigan, Karen M., Linda Heath, J. D. Wharton, Marlyn L. Del Rosario, Thomas D. Cook, Bobby J. Calder. "Impact of the Introduction of Television on Crime in the United States: Empirical Findings and Theoretical Implications." *Journal of Personality and Social Psychology* 42, no. 3 (1982): 461-477.

Jonung, Lars, and Thomas Hagberg. *How Costly Was the Crisis of the 1990s?: A Comparative Analysis of the Deepest Crises in Finland and Sweden over the Last 130 Years*. No. 224. Directorate General Economic and Financial Affairs, European Commission, 2005.

Riihelä, Marja, Risto Sullström, and Matti Tuomala. *What Lies behind the Unprecedented Increase in Income Inequality in Finland during the 1990s*. Working Paper 2, Tampere Economic Working Papers Net Series. University of Tampere, 2001.

Salokangas, Raimo. "Why Recessions Lower the Impacts on Mental Health." *Duodecim* 111, no. 16 (1995): 1576.

Schor, Juliet. "Do Americans Keep Up with the Joneses?: The Impact of Consumption Aspirations on Savings Behaviour." (Courtesy of the author.) May 1997.

Schor, Juliet B. *The Overspent American*. New York: Basic Books: 1998.

Solnit, Rebecca. *A Paradise Built in Hell*. New York: Viking Penguin: 2009. (리베카 솔닛, 『이 폐허를 응시하라』, 정해영 옮김, 펜타그램, 2012.)

Veblen, Thorstein B. *The Theory of the Leisure Class*. Oxford: Oxford University Press, 2009 [first published 1899]. (소스타인 베블런, 『유한계급론』, 김성균 옮김, 우물이있는집, 2012.)

8장

추가 출처로는 글림프스 컬렉티브(weglimpse.co), 리바이스의 역사가 트레이시 파넥, 파타고니아, 새로운 시민권 프로젝트(newcitizenship.org.uk)의 존 알렉산 더가 있다.

Kotler, Philip, and Sidney J. Levy. "Demarketing, Yes, Demarketing." *Harvard Business Review* 49, no. 6 (1971): 75–77.

MacKinnon, J.B. "Patagonia's Anti-Growth Strategy." *New Yorker*, May 21, 2015.

Okazaki, Shintaro, and Barbara Mueller. "The Impact of the Lost Decade on Advertising in Japan: A Grounded Theory Approach." *International Journal of Advertising* 30, no. 2 (2011): 205–32.

Picard, Robert G. "Effects of Recessions on Advertising Expenditures: An Exploratory Study of Economic Downturns in Nine Developed Nations." *Journal of Media Economics* 14, no. 1 (2001): 1–14.

Ridgeway, Rick. "The Elephant in the Room." Patagonia.com. Fall 2013.

Sekhon, Tejvir S., and Catherine A. Armstrong Soule. "Conspicuous Anticonsumption: When Green Demarketing Brands Restore Symbolic Benefits to Anti-consumers." *Psychology & Marketing* 37, no. 2 (2020): 278–90.

Trentmann. *Empire of Things*.

9장

『차이나 다이얼로그』(chinadialogue.net/en)의 샘 기올에게 특별한 감사를 전한 다. 추가 출처로는 세계은행과 『차이나 다이얼로그』가 있다.

Brown, Kirk Warren, Tim Kasser, Richard M. Ryan, and James Konow. "Materialism, Spending, and Affect: An Event-Sampling Study of Marketplace Behavior and Its Affective Costs." *Journal of Happiness Studies* 17, no. 6 (2016): 2277–92.

Dittmar et al. "The Relationship between Materialism and Personal Well-being."

Geall, Sam, and Adrian Ely. "Narratives and Pathways towards an Ecological Civilization in Contemporary China." *China Quarterly*, 236 (2018): 1175 – 96.

Kasser, Tim. "Materialistic Values and Goals." *Annual Review of Psychology* 67 (2016): 489 – 514.

Kasser, Tim, Katherine L. Rosenblum, Arnold J. Sameroff, Edward L. Deci, Christopher P. Niemiec, et al. "Changes in Materialism, Changes in Psychological Well-being: Evidence from Three Longitudinal Studies and an Intervention Experiment." *Motivation and Emotion* 38, no. 1 (2014): 1 – 22.

Keynes, John Maynard. "Economic Possibilities for Our Grandchildren." 1930.

Lekes, Natasha, Nora H. Hope, Lucie Gouveia, Richard Koestner, and Frederick L. Philippe. "Influencing Value Priorities and Increasing Well-being: The Effects of Reflecting on Intrinsic Values." *Journal of Positive Psychology* 7, no. 3 (2012): 249 – 61.

Offer, Avner. *The Challenge of Affluence*. Oxford: Oxford University Press, 2006.

Nasr, Nada. "The Beauty and the Beast of Consumption: A Review of the Consequences of Consumption." *Journal of Consumer Marketing* 36, no. 7 (2019): 911 – 25.

Wang, Haining, Zhiming Cheng, and Russell Smyth. "Wealth, Happiness and Happiness Inequality in China." In *Wealth(s) and Subjective Well-being*, edited by Gaël Brule and Christian Suter, 445 – 61. Springer, 2019.

10장

Burawoy, Michael, and Kathryn Hendley. "Between Perestroika and Privatisation: Divided Strategies and Political Crisis in a Soviet Enterprise." *Soviet Studies* 44, no. 3 (1992): 371 – 402.

Burawoy, Michael, Pavel Krotov, and Tatyana Lytkina. "Involution and Destitution in Capitalist Russia." *Ethnography* 1, no. 1 (2000): 43 – 65.

Eichengreen, Barry. *Hall of Mirrors: The Great Depression, the Great Recession, and the Uses—and Misuses—of History*. Oxford: Oxford University Press, 2015.

Gessen, Masha. "The Dying Russians." *New York Review of Books*, September 2, 2014.

Greasley, David, Jakob B. Madsen, and Les Oxley. "Income Uncertainty and Consumer Spending during the Great Depression." *Explorations in Economic History* 38, no. 2 (2001): 225 – 51.

Kindleberger, Charles P., and Robert Z. Aliber. *Manias, Panics, and Crashes*, 6th ed. Palgrave MacMillan, 2011.

Oberle et al. *Global Resources Outlook 2019*.

Southworth, Caleb. "The Dacha Debate: Household Agriculture and Labor Markets in Post-Socialist Russia." *Rural Sociology* 71, no. 3 (2006): 451–78.

Romer, Christina D. "The Nation in Depression." *Journal of Economic Perspectives* 7, no. 2 (1993): 19–39.

Terkel, Studs. *Hard Times: An Oral History of the Great Depression*. Pantheon: New York, 1986 [first published 1970].

York. "De-carbonization in Former Soviet Republics."

11장

지속 가능한 소비연구와 행동계획(scorai.org)의 구성원들에게서 유용한 지침을 얻었다.

Cooper, Tim, ed. *Longer Lasting Products: Alternatives to the Throwaway Society*. CRC Press, 2016.

Cooper, Tim, Naomi Braithwaite, Mariale Moreno, Giuseppe Salvia. *Product Lifetimes and the Environment: Draft Conference Proceedings*. Nottingham: Nottingham Trent University, 2015.

Dupuis, Russell D., and Michael R. Krames. "History, Development, and Applications of High-Brightness Visible Light-Emitting Diodes." *Journal of Lightwave Technology* 26, no. 9 (2008): 1154–71.

Karana, Elvin, Owain Pedgley, and Valentina Rognoli, eds. *Materials Experience*. Butterworth-Heineman, 2014. (엘빈 카라나·오웨인 페즐리·발렌티나 로놀리, 『소재 경험으로 감성을 디자인하다』, 황인경 옮김, 생능, 2019.)

Krajewski, Markus. "The Great Lightbulb Conspiracy." *Spectrum, IEEE* 51, no. 10 (2014): 56–61.

Jackson, John Brickerhoff. *The Necessity for Ruins*. Amherst, MA: University of Massachusetts Press, 1980.

MacKinnon, J.B. "The LED Quandary: Why There's No Such Thing as 'Built to Last.'" *New Yorker*, July 14, 2016.

MacKinnon, J.B. "Trying to Solve the LED Quandary." *New Yorker*, Oct. 5, 2016.

Mostafavi, Moshen, and David Leatherbarrow. *On Weathering*. Cambridge, MA: MIT

Press: 1993.

Trentmann. *Empire of Things*.

Weiser, Harald, and Tröger, Nina. "The Use-Time and Obsolescence of Durable Goods in the Age of Acceleration." BEUC/ European Consumer Organization, 2015.

12장

추가 출처로는 노동자권익컨소시엄(workersrights.org)이 있다.

Ashmore, Sonia. "Handcraft as Luxury in Bangladesh: Weaving Jamdani in the Twenty-first Century." *International Journal of Fashion Studies* 5, no. 2 (2018): 389-97.

Berg, A., M. Heyn, E. Hunter, F. Rölkens, P. Simon, and H. Yankelevich. *Measuring the Fashion World*. McKinsey & Company, 2018.

de Wit, Marc, Jelmer Hoogzaad, Shyaam Ramkumar, Harald Friedl, and Annerieke Douma. *The Circularity Gap Report*. Circle Economy, 2018.

Ellen MacArthur Foundation, *A New Textiles Economy*.

Leitheiser, Erin, Syeda Nusaiba Hossain, Shuvro Sen, Gulfam Tasnim, Jeremy Moon, et al. "Early Impacts of Coronavirus on Bangladesh Apparel Supply Chains." RISC Briefing, Danida—Ministry of Foreign Affairs of Denmark, 2020.

Majima, Shinobu. "Fashion and the Mass Consumer Society in Britain, c. 1950-2001." PhD diss., University of Oxford, 2006.

Putt del Pino et al. "The Elephant in the Boardroom."

Remy, Speelman, and Swartz. *Style That's Sustainable*.

ThredUp. *Resale Report*. ThredUp, 2019.

Trentmann. *Empire of Things*.

US Bureau of Labor Statistics. *100 Years of US Consumer Spending: Data for the Nation, New York City, and Boston*. US Department of Labour, 2006.

13장

다른 출처로는 토라야그룹 아카이브, 에노키앙(henokiens.com), 인시아드 웬들 국제가족기업센터, 페어폰, 『로테크 매거진(lowtechmagazine.com and solar. lowtechmagazine.com)』이 있다.

Anthony, Scott D., S. Patrick Viguerie, Evan I. Schwartz, and John Van Landeghem. *2018 Corporate Longevity Forecast: Creative Destruction Is Accelerating*. Innosight, 2018.

Daepp, Madeleine I. G., Marcus J. Hamilton, Geoffrey B. West, and Luís M. A. Bettencourt. "The Mortality of Companies." *Journal of The Royal Society Interface* 12, no. 106 (2015).

Pilling, David. *Bending Adversity: Japan and the Art of Survival*. New York: Penguin, 2014.

Mulgan, Geoff. *Good and Bad Innovation: What Kind of Theory and Practice Do We Need to Distinguish Them?* London: Nesta, 2016.

Wang, Yangbo, and Haoyong Zhou. *Are Family Firms Better Performers during the Financial Crisis?* SSRN Working Papers Series, 2012.

14장
―――

추가 출처로는 참여도시재단(participatorycity.org), 에브리원에브리데이 (weareeveryone.org), 새로운 시민권 프로젝트, 그레이터 런던 당국과 리디파잉 프로그레스(rprogress.org)가 있다.

Britton, Tessy. *Hand Made*. 2010.

Open Works. *Designed to Scale*. n.d.

Participatory City Foundation. *Made to Measure: Year One Report*. Participatory City Foundation, n.d.

Participatory City Foundation. *Y2: Tools to Act*. Participatory City Foundation, n.d.

15장
―――

추가 출처로는 DEMAND 센터(demand.ac.uk)와 『로테크 매거진』이 있다.

Ackermann, Marsha. *Cool Comfort: America's Romance with Air-conditioning*. Washington and London: Smithsonian Institution Press, 2002.

C40 Cities, Arup, and University of Leeds. *The Future of Urban Consumption in a 1.5 C World*. 2019.

Cabanac, Michel. "Physiological Role of Pleasure." *Science* 173, no. 4002 (1971): 1103-7.

Cooper, Gail. *Air Conditioning America*. London: The Johns Hopkins University Press, 1998.

de Wit et al. *The Circularity Gap Report* (2018).

de Wit, Marc, Jacco Verstraeten-Jochemsen, Jelmer Hoogzaad, and Ben Kubbinga. *The Circularity Gap Report 2019*. Circle Economy, 2019.

Heschong, Lisa. *Thermal Delight in Architecture*. Cambridge, MA: MIT Press, 1979.

Hui, Allison, Theodore Schatzki, and Elizabeth Shove, eds. *The Nexus of Practices: Connections, Constellations, Practitioners*. Taylor & Francis, 2016.

Oberle et al. *Global Resources Outlook 2019*.

Shove, Elizabeth. *Comfort, Cleanliness and Convenience: The Social Organization of Normality*. Oxford: Berg, 2003.

Trentmann. *Empire of Things*.

van Marken Lichtenbelt, Wouter, Mark Hanssen, Hannah Pallubinsky, Boris Kingma, and Lisje Schellen. "Healthy Excursions Outside the Thermal Comfort Zone." *Building Research & Information* 45, no. 7 (2017): 819-27.

van Vliet, Bas, Heather Chappells, and Elizabeth Shove. *Infrastructures of Consumption*. Earthscan, 2005.

16장

Bataille, Georges. *The Accursed Share, Vol. 1: Consumption*. New York: Zone Books, 1988 [first published 1949]. (조르주 바타유, 『저주받은 몫』, 최정우 옮김, 문학동네, 2022.)

Dütschke, Elisabeth, Manuel Frondel, Joachim Schleich, and Colin Vance. "Moral Licensing—Another Source of Rebound?" *Frontiers in Energy Research* 6, no. 38 (2018).

Hood, Clifton. *In Pursuit of Privilege*. New York: Columbia University Press, 2017.

Fouquet, Roger, and Peter J.G. Pearson. "Seven Centuries of Energy Services: The Price and Use of Light in the United Kingdom (1300-2000)." *The Energy Journal* 27, no. 1 (2006).

Fouquet, Roger. "Historical Energy Transitions: Speed, Prices, and System Transformation." *Energy Research & Social Science* 22 (2016): 7-12.

Inoue, Nozomu, and Shigeru Matsumoto. "An Examination of Losses in Energy Savings after the Japanese Top Runner Program." *Energy Policy* 124 (2019): 312–19.

Jevons, William Stanley. *The Coal Question*. 1865.

Kallis, Giorgos. *Limits*. Stanford, CA: Stanford University Press, 2019.

Kropfeld, Maren Ingrid, Marcelo Vinhal Nepomuceno, and Danilo C. Dantas. "The Ecological Impact of Anticonsumption Lifestyles and Environmental Concern." *Journal of Public Policy & Marketing* 37, no. 2 (2018): 245–59.

Makov, Tamar, and David Font Vivanco. "Does the Circular Economy Grow the Pie?: The Case of Rebound Effects from Smartphone Reuse." *Frontiers in Energy Research* 6 (2018).

Mueller. "Adam Smith's Views on Consumption and Happiness.".

Murray, Cameron K. "What If Consumers Decided to All 'Go Green'?: Environmental Rebound Effects from Consumption Decisions." *Energy Policy* 54 (2013): 240–56.

Smith, Adam. *The Wealth of Nations*. 1776. (애덤 스미스, 『국부론』, 김수행 옮김, 비봉출판사, 2007.)

Stepp, John Richard, Eric C. Jones, Mitchell Pavao-Zuckerman, David Casagrande, and Rebecca K. Zarger. "Remarkable Properties of Human Ecosystems." *Conservation Ecology* 7, no. 3 (2003).

Trentmann. *Empire of Things*.

Welch, Evelyn. *Shopping in the Renaissance*. New Haven and London: Yale University Press, 2005.

17장

추가 출처로는 국제자연보전연맹IUCN, 멸종 위기에 처한 야생 동식물의 국제 거래에 관한 협약CITES, 국제동물복지기금, 사모아보존협회, 사모아국립대학교 사모아연구센터가 있다.

Drury, Rebecca. "Hungry for Success: Urban Consumer Demand for Wild Animal Products in Vietnam." *Conservation and Society* 9, no. 3 (2011): 247–57.

Duffy, Rosaleen. *Nature Crime*. New Haven and London: Yale University Press, 2010.

Filous, Alexander, Alan M. Friedlander, Haruko Koike, Marc Lammers, Adam Wong, et al. "Displacement Effects of Heavy Human Use on Coral Reef Predators within the Molokini Marine Life Conservation District." *Marine Pollution Bulletin* 121, no. 1–2

(2017): 274 – 81.

Kraus, Scott D., and Rosalind M. Rolland (eds.). *The Urban Whale*. Cambridge, MA: Harvard University Press, 2007.

MacKinnon, J.B. "It's Tough Being a Right Whale These Days." *The Atlantic*, July 30, 2018.

MacKinnon, J.B. "The Rich Meals That Keep Wild Animals on the Menu." *The Atlantic*, March 19, 2020.

Parry, Luke, Jos Barlow, and Heloisa Pereira. "Wildlife Harvest and Consumption in Amazonia's Urbanized Wilderness." *Conservation Letters* 7, no. 6 (2014): 565 – 74.

Pirotta, Vanessa, Alana Grech, Ian D. Jonsen, William F. Laurance, and Robert G. Harcourt. "Consequences of Global Shipping Traffic for Marine Giants." *Frontiers in Ecology and the Environment* 17, no. 1 (2019): 39 – 47.

Serra, Gianluca, Greg Sherley, S. Afele Faillagi, S. Talie Foliga, Moeumu Uili, et al. "Traditional Ecological Knowledge of the Critically Endangered Tooth–Billed Pigeon *Didunculus strigirostris*, Endemic to Samoa." *Bird Conservation International* 28, no. 4 (2018): 620 – 42.

Stirnemann, R.L., I.A. Stirnemann, D. Abbot, D. Biggs, and R. Heinsohn. "Interactive Impacts of By–catch Take and Elite Consumption of Illegal Wildlife." *Biodiversity and Conservation* 27, no. 4 (2018): 931 – 46.

Truong, V. Dao, Nam V.H. Dang, and C. Michael Hall. "The Marketplace Management of Illegal Elixirs: Illicit Consumption of Rhino Horn." *Consumption Markets & Culture* 19, no. 4 (2016): 353 – 69.

Quintus, Seth, and Jeffrey T. Clark. "Ritualizing Hierarchy: Power Strategies and Pigeon Catching in Ancient Samoa." *Journal of Anthropological Research* 75, no. 1 (2019): 48 – 68.

York, Richard. "Why Petroleum Did Not Save the Whales." *Socius* 3 (2017).

18장

추가 출처로는 미국 노동통계국과 국제반소비연구센터(icar.auckland.ac.nz)가 있다.

Belk, Russell W. "Worldly Possessions: Issues and Criticisms." *ACR North American Advances* 10 (1983): 514 – 19.

Brown, Kirk Warren, and Tim Kasser. "Are Psychological and Ecological Well–Being

Compatible?: The Role of Values, Mindfulness, and Lifestyle." *Social Indicators Research* 74, no. 2 (2005): 349 – 68.

Gregg, Richard B. "The Value of Voluntary Simplicity." *Pendle Hill Essays* 3 (1936).

Lee and Ahn. "Anti-consumption, Materialism, and Consumer Well-being."

Miller, Geoffrey. *Spent*. New York: Viking, 2009. (제프리 밀러, 『스펜트』, 김명주 옮김, 동녘사이언스, 2010.)

Oral, Cansu, and Joy-Yana Thurner. "The Impact of Anti-consumption on Consumer Well-being." *International Journal of Consumer Studies* 43, no. 3 (2019): 277 – 88.

Psychology & Marketing 37, no. 2 (2020). Special Issue on Anti-consumption.

Schor, Juliet B. "Voluntary Downshifting in the 1990s." In *Power, Employment, and Accumulation: Social Structures in Economic Theory and Practice*, edited by Jim Stanford, Lance Taylor, Ellen Houston, and Brant Houston, 66 – 79. M.E. Sharpe, 2001.

Seegebarth, Barbara, Mathias Peyer, Ingo Balderjahn, and Klaus-Peter Wiedmann. "The Sustainability Roots of Anticonsumption Lifestyles and Initial Insights Regarding Their Effects on Consumers' Well-being." *Journal of Consumer Affairs* 50, no. 1 (2016): 68 – 99.

Zavestoski, Stephen. "The Social – psychological Bases of Anticonsumption Attitudes." *Psychology & Marketing* 19, no. 2 (2002): 149 – 65.

1990년대의 자발적 간소함에 관한 짧은 추천 도서 목록은 다음과 같다.

Andres, Cecile. *The Circle of Simplicity*. New York: HarperCollins, 1997.

Dominquez, Joe, and Vicki Robin. *Your Money or Your Life*. New York: Viking, 1992. (비키 로빈·조 도밍후에즈, 『부의 주인은 누구인가』, 강순이 옮김, 도솔플러스, 2019.)

Elgin, Duane. *Voluntary Simplicity*. Quill, 1998. (두에인 엘진, 『단순한 삶』, 유자화 옮김, 필로소픽, 2011.)

Luhrs, Janet. *The Simple Living Guide*. New York: Harmony, 1997.

Schor, Juliet B. *The Overspent American*. New York: Basic Books, 1998.

19장

프리시전OS의 CEO 대니 고엘과 밴쿠버 VR/AR협회의 회장 댄 버거에게 특별히 감사드린다. '디지털 서지'에 관한 설명의 상당 부분은 뉴욕 타임스와 가디언에서 나왔다.

Belk, Russell W., and Rosa Llamas. *The Routledge Companion to Digital Consumption*. New York: Routledge, 2013.

Devine, Kyle. *Decomposed: The Political Ecology of Music*. Cambridge, MA: MIT Press, 2019.

Galvin, Ray. "The ICT/Electronics Question: Structural Change and the Rebound Effect." *Ecological Economics* 120 (2015): 23–31.

Lehdonvirta, Vili. *Virtual Consumption*. Series A-11. Turku, Finland: Turku School of Economics, 2009.

Lehdonvirta, Vili, and Edward Castronova. *Virtual Economies: Design and Analysis*. Cambridge, MA: MIT Press, 2014.

Pike, Kenneth R., and C. Tyler DesRoches. "Virtual Consumption, Sustainability and Human Well-Being." *Environmental Values* 29, no. 3 (2020): 361–78.

Preist, Chris, Daniel Schien, and Paul Shabajee. "Evaluating Sustainable Interaction Design of Digital Services: The Case of YouTube." In *Proceedings of the 2019 CHI Conference on Human Factors in Computing Systems*, 1–12. 2019.

Widdicks, Kelly. "Understanding and Mitigating the Impact of Internet Demand in Everyday Life." PhD diss., Lancaster University, 2020.

Widdicks, Kelly, and Daniel Pargman. "Breaking the Cornucopian Paradigm: Towards Moderate Internet Use in Everyday Life." In *Proceedings of the Fifth Workshop on Computing within Limits*, 1–8. 2019.

World Economic Forum, Global Web Index, and Visual Capitalist. "This Is How COVID-19 Has Changed Media Habits in Each Generation." 2020.

20장

탈성장 학자인 앤드루 서터와 나카노 요시히로 또한 중요한 지침과 연구를 제공해주었다.

Kishida, Ittaka. "Preparing for a Zero-growth Economy." *Forum Report 008: Reexamining Japan in Global Context Forum*. Tokyo, Japan, May 26, 2015.

Matanle, Peter. "Towards an Asia-Pacific 'Depopulation Dividend' in the Twenty-first Century: Regional Growth and Shrinkage in Japan and New Zealand." *Asia-Pacific Journal: Japan Focus* 15, no. 6 (2017).

Matanle, Peter, and Yasuyuki Sato. "Coming Soon to a City Near You!: Learning to Live 'Beyond Growth' in Japan's Shrinking Regions." *Social Science Japan Journal* 13, no. 2 (2010): 187–210.

Pilling. *Bending Adversity*.

Salsberg, Brian, Clay Chandler, and Heang Chhor, eds. *Reimagining Japan: The Quest for a Future That Works*. San Francisco: McKinsey & Co., 2011.

21장

워싱턴 DC에 기반을 둔 정책연구소가 Inequality.org에서 불평등에 관한 훌륭한 추천 도서 목록을 제공한다.

Dittmar et al. "The Relationship between Materialism and Personal Well-being."

Goodin, Robert E., James Mahmud Rice, Antti Parpo, and Lina Eriksson. *Discretionary Time: A New Measure of Freedom*. Cambridge: Cambridge University Press, 2008.

Kaplan, David. "The Darker Side of the 'Original Affluent Society.'" *Journal of Anthropological Research* 56, no. 3 (2000): 301–24.

Laws. "All Things Being Equal."

Oishi, Shigehiro, Kostadin Kushlev, and Ulrich Schimmack. "Progressive Taxation, Income Inequality, and Happiness." *American Psychologist* 73, no. 2 (2018): 157.

Partanen, Anu. *The Nordic Theory of Everything*. New York: HarperCollins, 2016. (아누 파르타넨, 『우리는 미래에 조금 먼저 도착했습니다』, 노태복 옮김, 원더박스, 2017.)

Payne, Keith. *The Broken Ladder: How Inequality Affects the Way We Think, Live, and Die*. New York: Penguin Random House, 2017. (키스 페인, 『부러진 사다리』, 이영아 옮김, 와이즈베리, 2017.)

Suzman. *Affluence without Abundance*.

Wilk, Richard R., and Eric J. Arnould. "Why Do the Indians Wear Adidas?: Or, Culture Contact and the Relations of Consumption." *Journal of Business Anthropology* 5, no. 1 (2016): 6–36.

Wilkinson, Richard, and Kate Packett. *The Inner Level: How More Equal Societies Reduce*

Stress, Restore Sanity and Improve Everyone's Well-being. New York: Penguin, 2019. (리처드 윌킨슨·케이트 피킷, 『불평등 트라우마』, 이은경 옮김, 생각이음, 2019.)

에필로그

Cohen, Maurie J. *The Future of Consumer Society.* Oxford: Oxford University Press, 2017.

Cohen, Maurie J., Halina Szejnwald Brown, and Philip J. Vergragt. *Social Change and the Coming of Post-consumer Society.* Milton Park, UK: Routledge, 2017.

Kallis et al. *The Case for Degrowth.*

Pilling. *The Growth Delusion.*

Raworth. *Doughnut Economics.*

Roscoe, Philip. *I Spend Therefore I Am.* Toronto: Random House Canada, 2014. (필립 로스코, 『차가운 계산기』, 홍기빈 옮김, 열린책들, 2017.)

Shi. *The Simple Life.*

디컨슈머

1판 1쇄 2022년 12월 5일 | 1판 4쇄 2024년 7월 1일

지은이 J. B. 매키넌 | 옮긴이 김하현
책임편집 신기철 | 편집 임혜원 고아라 권한라
디자인 강혜림 | 저작권 박지영 형소진 최은진 서연주 오서영
마케팅 정민호 서지화 한민아 이민경 안남영 왕지경 정경주 김수인 김혜원 김하연 김예진
브랜딩 함유지 함근아 고보미 박민재 김희숙 박다솔 조다현 정승민 배진성
제작 강신은 김동욱 이순호 | 제작처 상지사

펴낸곳 (주)문학동네 | 펴낸이 김소영
출판등록 1993년 10월 22일 제2003-000045호
주소 10881 경기도 파주시 회동길 210
전자우편 editor@munhak.com | 대표전화 031)955-8888 | 팩스 031)955-8855
문의전화 031)955-3579(마케팅), 031)955-3571(편집)
문학동네카페 http://cafe.naver.com/mhdn
인스타그램 @munhakdongne | 트위터 @munhakdongne
북클럽문학동네 http://bookclubmunhak.com

ISBN 978-89-546-8952-6 03330

* 잘못된 책은 구입하신 서점에서 교환해드립니다.
  기타 교환 문의: 031) 955-2661, 3580

www.munhak.com